KB204190

대학 시절 래리 크랩의『영적 가면을 벗어라』를 읽고 에리히 프롬의『소유나 존재냐』를 읽었을 때만큼이나 영혼의 큰 흔들림을 경험했다. 우리의 '신앙'이 어떻게 우리를 수술하려는 하나님의 칼을 막는 갑옷이 될 수 있는지, 영적 자기방어 기제가 될 수 있는지를 깨달았기 때문이다. 저자는 지금 당장의 행복을 약속하는 모조 복음에 속지 말고 진짜 그리스도인의 삶 속으로 뛰어들라고 초청한다. 정직하게 자신의 내면을 들여다보며 거기 있는 탄식과 환멸과 고통을 대면하고, 그때 알아차려지는 깊은 영적 갈망의 안내를 따라 참된 변화의 여정을 떠나라고 호소한다. 지난 30여 년간, 특별히 복음주의 문화권 사람들에게 내적 '갈망'의 세계에 눈뜨게 하고 심리적 성숙으로서의 영적 성장의 길을 도전하고 응원한 대표적 저자가 있다면 바로 래리 크랩일 것이다. 많은 이들이 래리 크랩의 책을 읽고 눈빛이 깊어지고 표정이 투명해졌다. 하나님 그리고 지금 내 옆에 있는 이웃과 진실하고 깊은 관계를 맺고자 하는 지향이야말로 우리에게 꼭 필요한 한 가지 훈련이며, 우리를 참되고 가득한 삶으로 인도해 주는 좁은 문이다. 이 책은 그리스도 중심적 '존재' 형성이라는 드문 길로 우리를 안내해 주는, 지금도 여전히 귀한 책이다.

이종태 서울여자대학교 교목실장

"영적 가면을 벗어라!" 이 문장은 내게 책 제목 그 이상이다. 젊은 날 이 책을 처음 읽었던 그때, 내 심장에 화살처럼 꽂힌 사랑의 메시지였다. 벌써 30여 년 전의 일인데, 흐릿해질지언정 사라진 적은 없는 불화살의 흔적이다. 그 시절을 떠올리자 바로 얼굴에 열감이 느껴지고 속이 울렁거리는 것을 보니 나의 회심 체험이었지 싶다.
모태 신앙으로 태어나 빠르게 신앙의 행위들을 배우고 내면화하며 자랐다. 태어나 보니 한국 사람이었던 것처럼, 태어나 보니 기독교인이었고 목사의 딸이었다. 나의 첫 번째 정체성이었고 자부심이었다. 자부심은 열정을 낳았다. 교회 공동체와 후배들을 위해 시키지 않는 희생과 헌신을 자처하며 열정을 냈다. 그렇게 젊음을 불태우던 시절에 래리 크랩의『영적 가면을 벗어라』를 읽었다. 아니, 그 책에 나를 읽혀 버렸다. 자부심이었던 그것들이 영적 포장지라는 진단을 받았고, 부끄러움과 충격으로 책을 읽는 내내 얼굴이 화끈거리고 심장이 빠르게 뛰었던 기억이 생생하다. 영적 포장지가 벗겨진 실체는 '이만하면 됐지, 나만큼만 해라'는 바리새적인 자부심과 특권 의식이었다. 공동체를 위해, 사람들을 위해 그렇게 열정을 다하는 나이건만, 왜 자꾸만 크고 작은 갈등에 휘말리며 평화를 누리지 못하는지도 설명이 되었다. 입에 쓴 책이었다. 써도 보통 쓴맛이 아니었다.
그러나 쓴맛에 그치지는 않았다. 가면 너머의 초라한 민낯을 마주하는 일은 밀할 수 없이 수치스러웠고 고통스러웠지만, 끝은 아니었다. 열심히 한 신앙생활의 대가로 잘되고, 복 받고, 이름을 얻고 싶은 죄된 욕망이 전부는 아니었다. 내 마음 깊은 곳에는 하나님을 향한 갈망이 있었다. 사랑의 예수님을 흉내 내는 것으로는 다다를 수 없는, 예수님처럼 될 때만 행복이 있음을 알게 되었다. 래리 크랩이 일깨우려 했던 것은 바로 그것이었다. 거룩한 행동이 아니라 거룩한 존재가 되고 싶은 내 안의 갈망이 깨어났다. 그러니 "영적 가면을 벗어라!"는 책 제목에 그칠 수가 없다. 내 안의 빛과 그림자를 있는 그대로 마주하고 수용하는 영적 여정을 안내하는 이정표 같은 문장이다.

그렇게 오래전 이 화살을 맞았건만 나는 또 래리 크랩이 책에서 예언한 그 구렁텅이에 빠지고 말았다. 이런 충격적 경험과 회심 체험으로 나는 단번에 변화되지 못했다. 태어나자마자 그리스도인이 된 운명인지, 일찍 만들어 쓰고 오래도록 썼기에 이 가면은 거의 피부에 달라붙어 있다. 가면이 나인지 내가 가면인지 구분이 쉽지 않다. 가면 뒤에 숨어 밖을 바라보며 외적인 행위에 매인 습관을 당장 떨쳐 버리지 못하고, 어느 순간 더욱 세련된 영적 가면을 개발하고 살았던 것 같다. 래리 크랩의 책이 번역될 때마다 가장 먼저 찾아 읽고 그의 가르침에 귀를 기울였는데, 그 첫 만남 이후 십수 년이 지나 나는 '신앙 사춘기' 또는 '영혼의 어두운 밤'을 길게 겪었다. 내 적인 삶을 돌아보지 않으면 삶과 신앙이 붕괴할 수밖에 없다고 래리 크랩이 경고하는 바로 그 일을 겪었다. 신앙 사춘기를 통해 다시금 "영적 가면을 벗어라!"는 말을 들어야 했다. 그리고 지금 이 순간에도 새롭게 들어야 한다.

영성 생활은 '과정'이다. 영적 '여정'이라 부를 수밖에 없음이다. 영적 가면을 인식하고 벗기 위해 정직한 기도로 나아가는 것은 한 번 체험으로 가능한 일이 아니다. 그러니 이번 개정판의 출간은 참으로 반가운 일이다. 심지어 내게는 마땅한 일이다. 언젠가 이 책으로 영성 생활에 도움받았던 이들이라면, 오늘 이 자리의 삶을 개정판으로 쓰는 의미의 일독이 되었으면 좋겠다. 열정을 다하는 신앙생활이지만 뭔가 빠진 것 같은 헛헛함이나 삶과 유리된 분열감을 느끼는 사람에게는 뒤통수를 때리는 망치가 될 것이다. 얻어맞아 아플수록 더 큰 사랑에 안기게 될 것이라 확신한다. 『영적 가면을 벗어라』는 이 책이 처음 출간된 36년 전보다 오늘 더욱 필요한 책이다.

정신실 정신실마음성장연구소 소장

래리 크랩의 책은 야구에서 적시타와 같다. 그가 타석을 밟을 때마다 우리들은 홈으로 전진하게 된다. 당신이 그리스도인으로서 어떻게 변화될 수 있을지에 대한 통찰을 얻고 싶다면 이 책을 읽으라.

맥스 루케이도

래리 크랩의 책을 통해, 그가 성숙하고 정직한 영성을 향하여 자신의 여정을 계속해가는 모습을 지켜보는 일은 언제나 즐겁다. 내가 아직 밟아 보지 못한 영역을 모험하는 그가 정말 존경스럽다.

필립 얀시

영적 가면을 벗어라

Dr. Larry Crabb
Inside Out

영적 가면을 벗어라

내면으로부터 참된 변화를 갈망하는 당신에게

INSIDE OUT

LARRY CRABB

래리 크랩 지음
홍종락 옮김

복 있는 사람

영적 가면을 벗어라

2010년 11월 15일 초판 1쇄 발행
2020년 4월 22일 초판 10쇄 발행
2024년 6월 7일 개정증보판 1쇄 인쇄
2024년 6월 14일 개정증보판 1쇄 발행

지은이 래리 크랩
옮긴이 홍종락
펴낸이 박종현

(주) 복 있는 사람
주소 서울특별시 마포구 연남동 246-21(성미산로23길 26-6)
전화 02-723-7183(편집), 7734(영업·마케팅)
팩스 02-723-7184
이메일 hismessage@naver.com
등록 1998년 1월 19일 제1-2280호

ISBN 979-11-7083-124-2 03230

나의 두 아들 쳅과 켄에게

시간이 지날수록
너희를 향한 나의 사랑이 깊어져 가는구나.

너희가 그리스도 안에서 잘 성장하도록 기도하는 것은
내게 가장 귀한 특권이란다.

차례

I
내면의 삶 들여다보기

II
우리는 목마른 사람들이다

III
터진 웅덩이 파기

IV
내면으로부터의 변화

25년 전 『영적 가면을 벗어라』를 쓸 때는 깨닫지 못했지만, 지금은 반갑게도 분명하게 보이는 사실이 있다. 이 책은 좁은 길을 걸어가는 그리스도인의 삶의 모습을 묘사한다는 것이다. 예수님은 그 길을 따라가면 그분처럼 다른 사람들과 관계를 맺게 될 것이라고 말씀하셨다.

하지만 또 다른 사실도 불안할 만큼 분명해졌는데, 그 사실은 내가 이 책을 처음 썼던 때보다 지금 더욱 심화된 것 같다. 소수의 예외가 있긴 하지만, 오늘날의 그리스도인들은 넓은 길을 선호한다는 사실이다. 우리는 넓은 길을 걷고 있는데도 좁은 길에서 예수님을 따르고 있다고 생각한다.

우리는 거룩한 여행보다 편안한 여행을 더 중요하게 여기지만, 그래도 그리스도인들이라서 거룩함을 중요하게 여겨야 한다는 것은 안다. 여기서 비롯된 긴장에 대한 우리의 해결책은 우리가 원하는 행복을 계속 추구하면서도 여전히 하나님과 따스하게 이어져 있다고 느낄 수 있도록 거룩함의 의미를 재규정하는 것이다. 이렇게 해서 하나님은 우리가 예배해야 할 창조주가 아니라 우리 자신을 위해 이용해야 할 대상이 된다.

이것은 새로운 문제가 아니다. 이사야 시대에 하나님의 백성은 자기들이 입맛에 맞게 이해한 영성 생활을 방해하지 말라고 영적 지도자들에게 요구했다. 그들은 이렇게 말했다. "우리의 생각이 옳다고 말씀해 주세요. 하나님, 우리가 듣고 싶어 하는 메시지를 들려주세요. 인생에서 내 고난과 어려움이 더 심해질 것이라는 이야기는 그만두세요. 좁은 길을 걸어가는 삶에 대한 우울한 설교는 듣고 싶지 않아요. 좁은 길은 고작 우리를 더 나은 사람으로 만들 뿐이잖아요. 우리가 원하는 것은 더 나은 삶입니다."

우리는 분명히 하나님을 따르고 싶어 하고 선해질 의향도 있지만, 여기에 두 가지 조건을 내건다. 하나는 거룩한 하나님이 요구하시는 선함이 우리가 원하는 안락하고 좋은 삶을 방해해서는 안 된다는 것이다. 두 번째는 우리가 선하게 살면 하나님이 복을 보장하셔서 우리 자신과 우리 삶에 있어서도 기분이 좋아져야 한다는 것이다(사 30:10-11).

바울은 초대교회에서 바로 이와 같은 태도와 맞닥뜨렸다. 그는 그런 태도를 제지하고 이의를 제기하지 않으면, 그리스도인들이 예배로 오인할 얄팍한 열정이 교회 안에 흘러넘치고, 영적 능력은 텅 비어 버릴 것임을 깨달았다. 사람들은 교회에서 사라진 영적 능력을 큰 손실로 여기지 않을 것이고, 어쩌면 그 사실을 인식조차 못할 터였다. 바울은 그런 일이 곧 일어날 것이라고 말했다. "때가 이르면, 사람들이 건전한 교훈을 받으려 하지 않고, 귀를 즐겁게 하는 말을 들으려고 자기네 욕심에 맞추어 스승을 모아들일 것입니다"(딤후 4:3, 새번역).

그리고 그때가 이르렀다. 나는 25년 전에 그때가 왔다고 생각했다. 과연 그랬다. 그러나 오늘날의 상황이 더 나쁘다. 2,000년 전, 바울은 사람들이 다른 복음으로 돌아서고 있다고 염려했다. 오늘의 우리는 이미 전혀 다른 복음으로 돌아섰다. 잘못된 내용을 미묘하게 섞어 놓고 예수님이 전해 주러 오신 좋은 소식으로 행세하는 거짓 복음이다.

예수님을 따르는 많은 이들은 그분이 주실 것으로 믿고 싶은 것을 얻기 위해 그분을 섬긴다. 영성 형성을 강조하는 건강하고 새로운 복음주의 교회에서조차 때로는 영적 경험을 누릴 수 있다는 약속에만 초점을 맞추고 영적 사귐에는 별 관심을 두지 않는다. 이런 상황에서는 기준점이 '우리'에서 '나'로 쉽게 바뀔 수 있다. 이제부터 내가 생각하는 문제점을 간결하게 진술해 보고자 한다. 내가 볼 때 여기서 작동하는 술책은 압축된 용어로 표현되는데, 여러분도 함께 문제점을 찾아보았으면 한다.

십자가에 못 박히신 구주이자 부활하신 주님은 타인을 중심으로 하는 생명을 우리 안에 부으신다. 그런데 미국 전역의 설교자들이 이런 주님의 복음을 왜곡한다. 그들은 특정한 도덕적 행위가 복을 가져다줄 것이라고 주장하면서 예수님을 따르는 사람들에게 '관리된 삶'을 영위하라고 격려한다. '관리된 삶'은 하나님을 설득하여 하늘의 문을 열어 '복 받는 삶'을 사는 데 필요한 모든 것을 우리 삶과 사회에 부어 주시도록 하는, 윤리적이지만 자기중심적인 삶이다. 1달러의 윤리적 삶을 투입하면 개선된 세상에서 1,000달러짜리 개인적 행복이 나오는 자판기 같은 기독교랄까. 우리가 원하는 삶으로 가는 길을 잘 관리하는 것이 넓은 길의 첫 번째 구간이다. 우리는 그 길이 우리 생각대로 생명으로 이어지는 길이라고 맹목적이고 오만하게 착각한다.

이것은 착각이 아니라 현실처럼 느껴질 수 있다. 때로는 인생이 그런 식으로 흘러가기도 한다. 올바르게 살다 보면 인생이 제대로 풀리는 것이다. 한동안 그럴 수도 있고, 그 기간이 오래 이어질 수도 있다. 십일조를 성실하게 하라. 써야 할 돈을 다 쓰고도 돈이 남을 것이다. 하나님은 선하시다. 자녀를 사랑으로 훈육하라. 그들이 잘될 것이다. 하나님은 선하시다. 건강을 달라고 기도하라. 어떤 심각한 질병도 인생을 방해하지 않을 것이다. '관리된 삶'은 효과가 있고 '복 받는 삶'을 누리게 한다. 이 내용을 교회에서 설교하라. 이 좋은 소식을 강조하는 세미나를 주최하라. 모든 시련이 곧 축복으로 변할 것이라고 약속하는 책을 집필하라. '하나님은 선하시다'는 메시지를 전하라!

많은 이들에게 이 환상은 깨졌다. 인생이 늘 그런 식으로 풀리는 것은 아니다. 충실하게 십일조를 바치는 사람들이 직장을 잃기도 한다. 좋은 부모라도 자녀들 때문에 상심할 수 있다. 하나님이 유쾌하고 명랑한 삶을 허락해 주실 것이라고 믿은 그리스도인들이 어두운 밤을 맞기도 한다. 관리된 삶이라는 공식은 신뢰할 수 없다. 복을 관리하려고 최선을 다했지만 기대한 결과를 얻지 못한 그리스도인들은 '상처 입은 삶'을 살게 된다. '복 받는 삶'이 실패하는 단계다.

이 단계에서 우리는 하나님과 끊어진다. 기도는 부질없는 일 같고, 화가 나고 답답하고 외롭고 두렵다. 사람들과 잘 어울리지 못하고, 그들의 문제에는 관심이 없으면서도 그들이 우리에게 무신경한 것에 짜증이 난다. 다른 사람들이 나를 제대로 대접하지 않는 것 같아 분개한다. 고통을 해소하고 마음의 공허함을 채우는 것보다 더 급박한 일은 없는 것 같다. 우리 영혼을 달래 주는 것이라면 무엇이든 정당해 보인다. 과로, 성질부리기, 강박적 사역, 약간의 술, 이혼, 잘못인 줄 알지만 너무나 만족스러운 성적 향락에 이르기까지 그 종류는 다양하다.

'상처 입은 삶' 한가운데에 있을 때는 위로를 찾는 것이 정당한 일이라는 확신이 든다. 때로는 '보다 나은' 방식의 위안을 추구하기도

한다. 회복 모임, 기독교 상담, 영성 수련회, 영적 훈련 등이다. 개인적 행복감의 회복이라는 목표를 위해 우리가 가끔씩 이용하는 좋은 것들이다. 회복된 영혼은 관계적으로 거룩한 삶, 예수님처럼 사랑하는 법을 배우는 삶의 부산물이라는 사실은 이미 잊은 지 오래다. 우리는 상처 입은 삶에 떠밀려 '치유받은 삶'을 찾아 나선다. 온갖 수단을 동원하여 우리의 고통을 마비시키고, 하나님과 더 가까워지고 평안을 누리며 산다고 느끼게 해줄 그 삶을 말이다.

우리가 원하는 치유를 얻는 데 필요한 위안을 추구하는 것, 이것이 넓은 길의 두 번째 구간이다. 우리는 넓은 길을 생명으로 인도하는 영적 여행으로 오해한다. 넓은 길의 여행자들은 복을 누리고 치유를 기뻐하면서도 자신이 성령께서 주시는 사랑하는 능력을 잃어버린 상태임을 인지하지 못한다. 자신이 그리스도인임을 알아볼 수 있게 하는 표지를 놓치고 있다는 생각은 꿈에도 하지 못한 채 종교적으로 위장한 자기중심성에 몰두한다.

나는 새로운 확신을 갖고 출간 25주년을 맞이한 『영적 가면을 벗어라』를 관계 안에서의 거룩함으로 나아가자는 초청장으로 여러분 앞에 내놓는다. 이것은 좁은 길로 제대로 찾아가자는 초청이자 '관리된 삶'('복 받는 삶'을 그 무엇보다 귀하게 여기는 삶)에서 벗어나자는 초청이다. '치유받은 삶'에서 쉽게 해줄 위안을 요구하지 말고 '상처 입은 삶'을 환영하자는 초청이다.

『영적 가면을 벗어라』는 '영성 형성의 삶'으로 들어가라고 말한다. 인생의 어떤 상황, 영혼의 어떤 상태에서도 예수님처럼 살고 사랑하는 '풍성한 삶'의 기쁨으로 인도할 유일한 길을 걸어가자고 초청한다.

『영적 가면을 벗어라』의 메시지는 급진적이지만, 그렇게 느껴지는 이유는 우리의 기독교 문화가 관계 안에서의 거룩함에 미온적이기 때문이다. 이 메시지는 복잡하지 않지만, 예수님이 약속하신 풍성함이 이 세상에서 여러 가지 복을 풍성히 누리는 것이라고 잘못 이해하는 한, 매력적으로 느껴지지 않을 것이다. 하나님은 우리를 사랑하시므로 모든 역경의 고통에서 우리를 틀림없이 건지실 것이고 우리에게는 그것을 주장할 권리가 있다는 자기중심적 생각에 계속 머무는 한, 이 메시지를 열정적으로 받아들이지 못할 것이다.

예수님은 하나님의 사랑 이야기의 달갑지 않은, 예상 밖의 플롯에 한사코 눈을 감았던 당대의 종교적 나르시시스트들에게 말씀하셨다. "내가 온 것은 양으로 생명을 얻게 하고 더 풍성히 얻게 하려는 것이라"(요 10:10). 또 다른 대화에서는 그분의 계획이 다른 이들을 위해 목숨을 바치시는 것일 뿐 아니라 그들에게 자신과 같은 삶을 주시는 것이라고 분명히 밝히셨다. 예수님은 풍성한 삶을 사셨다. 시련과 슬픔이 풍성한 삶, 어려움과 고통이 풍성한 삶, 거절과 외로움이 풍성한 삶을 사셨다. 아버지와의 교제와 새 하늘, 새 땅에서의 더 나은 날을 바라는 소망으로만 견딜 수 있었던 삶이었다. 예수님은 많은 이들이 '풍성함'이라고 부르고 예수님으로부터 받게 될 것이라고 믿는 복을 전혀 알지 못하셨다.

그러나 예수님은 기쁨을 아셨다. 다른 사람들이 우리를 어떻게 대하든 관계없이 우리가 그들을 대하는 방식을 통해 하나님의 마음을 전하는 데서 오는 기쁨이었다. 그분은 평화를 아셨다. 아직 우리 것으로 누리지 못하고 있는 것을 바라며 지속적으로 탄식하고 아파할 때조차, 다른 이들을 사랑하면 우리 영혼이 소망에 닻을 내리게 하는 하나님의 평화였다.

이것이 『영적 가면을 벗어라』의 핵심 메시지다. 이 메시지를 하나의 긴 문장으로 요약하면 다음과 같다. 우리는 예수님의 타자 중심적 삶, 자기희생적 죽음, 생명을 주시는 부활 덕분에 지금 '예수님의 풍성한 삶'을 살 수 있는 것이고, 그 삶의 중심에는 타자 중심적이고 자기희생적이며 생명을 주시는 예수님의 열정적인 사랑을 동력으로 하여 하나님 및 다른 사람들과 관계하는 방식 그리고 예수님처럼 아버지의 거룩한 사랑을 드러내게 하는, 성령의 능력으로 이루어지는 관계 방식이 자리 잡고 있다.

한번 생각해 보라. 하늘에 속한 모든 신령한 복을 받은 우리는 이제 예수님 덕분에 하나님에 대해 살아 있고, 성부, 성자의 관계의 영이신 성령께서 우리 안에 계신다. 우리가 받는 영적 복을 몇 가지 소개하면 다음과 같다.

□ 거룩한 사랑의 공동체의 신성(神性)에 참여함
□ 삼위일체의 사랑의 리듬에 맞추어 춤추는 법을 배우면서 각 위격과 교제함
□ 죄 용서로 시작하여 사랑할 자유로 이어지고 영원한 잔치로 마무리되는 구원
□ 하나님의 관계 방식을 드러내는 식으로 다른 사람들과 관계함으로써 하나님을 영화롭게 할 특권과 능력

이것이 진정한 변화다. 내면에서부터 시작할 의향이 있다면 이 변화를 느리게나마 점점 더 많이 경험할 수 있다. 그 출발점은 우리의 내면을 들여다보고 하나님이 인류에게 나누어 주신 "괴로운 것"을 알아보는 것이다(전 1:13). 우리는 하나님이 우리 안에 만들어 두신 위로할 길 없는 갈망, 내세에 이를 때까지 결코 온전히 채워지지 않을 욕망을 안고 매일매일을 살아간다. 우리는 온전한 방식으로 사랑하는 사람들이 되어 온전한 세상에서 온전한 공동체의 일부로 살아가도록 만들어졌다. 이 세상에는 우리가 갈망해 온 그 현실이 존재

하지 않는다.

그 갈망을 인식하게 되면 우리는 영혼의 깊은 아픔을 느끼고 탄식하게 될 것이다. 그 이후에 하나님이 기다리라고, 지금은 어떤 축복도 어떤 위안도 구하지 말라고 말씀하시는 것을 들으라. 복이 주어지면 즐기라. 하나님이 치유하시면 감사하라. 그러나 어느 쪽이든, 기다리라. 최고의 상태는 아직 오지 않았다. 천국의 소망에서 장래의 기쁨을 소망할 근거를 찾으라. 그리스도께서 우리를 사랑하시듯 다른 사람들을 사랑함으로써 하나님의 신성에 참여하는 가운데 현재의 기쁨을 경험하라.

도스토옙스키의 『카라마조프가(家)의 형제들』에는 노령의 지혜로운 영적 지도자 조시마 장로가 등장한다. 그가 생각한 지옥은 사랑할 능력이 없는 고통의 장소였다. 그렇다면 천국은 사랑할 수 있는 기쁨의 장소라는 결론이 따라온다. 그리고 우리는 지금 누리는 하늘에 속한 영적 복에 힘입어 사랑할 수 있다. 지상에서 복을 누리든 괴로움을 견디든, 기쁨으로 생기가 넘치든, 너무 외로워서 죽을 것 같든 상관없이 지금 사랑할 수 있다.

내면을 들여다보는 일의 시작은 위로할 길 없는 갈망의 가차 없는 아픔을 인식하고 받아들이는 것이다. 그 일은 지속적 실패라는, 죄책감 가득한 현실을 직시함으로써 계속 이어진다. 우리는 예수님처럼 사랑할 힘이 있지만, 결코 그분처럼 완벽하게 사랑하지는 못한다. 아무리 의도가 좋아도, 예수님이 이 세상에서 33년을 사시면서 모든 순간에 온전하게 드러내셨던 삼위일체의 관계적 영광에는 단한순간도 미치지 못한다. 바울은 이른바 '삶의 원리'를 발견했다. 그것은 "나는 선을 행하려고 하는데, 그러한 나에게 악이 붙어 있다"(롬 7:21, 새번역)는 현실을 가리키는 말이다. 그는 로마서 8장에서 복음을 기뻐하면서도 계속해서 "속으로 탄식"한다. 그러면서도 소망에 기대어 "양자 될 것 곧 우리 몸의 속량"(롬 8:23)과 고통 및 죄로부터 영원히 자유롭게 되기를 열렬히 기다린다.

그때까지 우리 모두는 매일매일 온전한 사랑에 미치지 못할 것이다. 내면을 들여다보고 우리가 하나님을 드러내는 방식으로 관계를 맺기보다 교묘한 자기 보호에 급급함을 분명히 깨달으면서, 자신이 부서진 존재임을 알게 될 것이다. 내면을 들여다보고, 겸허해지고, 부서진 자신의 상태를 인정하라. 때때로 자신이 얼마나 감정이 상했는지 알 때 인식하는 가짜 부서짐이 아니라 자신이 관계 안에서 얼마나 지독한 죄를 짓는지 깨달을 때 발견하게 되는 진정한 부서짐을 인정하라.

하나님의 성령은 우리의 위로할 길 없는 갈망을, 영원히 그리스도와 함께 있고 싶고 지금 그리스도처럼 다른 사람과 관계를 맺고 싶은 목마름으로 바꿔 주신다. 그래서 우리는 하나님의 신실하신 성령의 부드러운 손 안에서 죄로 인해 부서진 자신의 상태를 깨닫고 십자가 앞에 무릎을 꿇게 된다. 우리의 시선은 더 이상 비참한 죄인인 우리 자신이 아니라(물론 우리는 비참한 죄인이지만) 경이로운 은혜로 우리를 압도하시는 주님께 고정된다. 사랑의 임재 앞에서 우리의 못난 모습이 드러날 때, 죄로 인한 우리의 부서진 상태는 기적적으로 변화하여 은혜를 흠모하는 찬양으로 바뀐다. 이 변화는 느리게 이루어질 수도 있지만 분명히 일어난다.

영혼이 소망에 닻을 내리고 마음에 감사가 넘쳐날 때 우리는 사랑할 힘을 얻는다. 더 이상 '관리된 삶'이 우리를 '복 받는 삶'으로 이끌어 준다고 믿지 않는다. 더 이상 권리라도 빼앗긴 듯 '상처 입은 삶'을 불평하고, 울부짖고, '치유받은 삶'을 얻어 기분이 나아지기만을 고대하지 않는다. 이제 우리는 '영성 형성의 삶'으로 들어간다. 그 안에서 자신의 내면을 들여다보고, 채워지지 않은 욕망과 평계할 수 없는 실패를 발견하고, 최고의 보물이신 하나님에 대한 목마름을 느끼고, 놀라운 은혜를 주신 그분께 감사를 드린다. 바로 그때, 우리는 자신이 좁은 길을 걷고 있음을 깨닫는다. 그 길을 따라 '풍성한 삶'의 기쁨, 곧 예수님이 우리를 사랑하시는 것처럼 다른 사람들을 매일 조금씩 더 온전히 사랑하는 기쁨을 향해 나아가고 있음을 깨닫는다. 이것이 진정한 변화다. 하나님이 우리 각 사람 안에서 만들어 내기 원하시는 변화다. 이 변화는 내면에서부터 달라질 의향이 있을 때 시작된다.

25년 전에 쓴 이 부족한 책을 하나님이 사용하셔서, 우리 자신의 내면을 들여다보던 눈을 다시 들어 이번에는 한층 또렷해진 시각으로 더 높은 곳을 바라보게 하시기를 바란다. 그리하여 우리가 사랑의 삼위 하나님이 들려주시는 주권적 사랑의 이야기, 우리가 합류하도록 초대받은 이야기를 보게 되기를 기도한다. 그리고 그때 우리 눈이 바깥을 바라보게 되고, 하나님을 드러낼 수많은 기회들을 보게 되기를 기도한다. 사랑으로 우리 마음을 얻으신 하나님을 드러낼 방법은 예수님이 전해 주러 오신 '풍성한 삶'을 우리가 살아 내는 것.

이것이 복음이다. 하나님의 좋은 소식이다. 이 책이 여러분이 내면에서부터 변화하는 삶을 배우는 데 도움이 되기를 바란다. 그래서 여러분이 하나님의 영광과 그리스도의 교회의 갱신과 그분의 나라가 이 세상에 도래하는 일에 기여하고, 이 세상에서 천국을 맛보게 되기를 바란다. 온전한 만찬이 우리 앞에 영원히 펼쳐질 그날까지 우리가 경험할 수 있는 것은 천국을 살짝 맛보는 것뿐이다.

1988년, 나는 펜을 집어 들고 이렇게 썼다. "현대판 기독교는 성경적 기독교의 메시지를 극적으로 뒤집어서 타락한 세상에서 살아가는 고통을 덜어 주겠다고 약속한다." 이 책의 초판은 이 문장으로 시작되었다. 당시 나에게는 사람들을 진짜 기독교로 되돌아가게 해야 한다는 부담이 있었다. 상처 입어도 괜찮다고, 죄는 우리가 생각하는 것보다 더 큰 문제라고, 피할 수 없는 탄식과 다루기 힘든 죄를 배경으로 한 복음은 천국의 광채로 빛난다고 말하는 진짜 기독교로 말이다. 그 부담은 지금도 여전하다.

삶에 깊이 실망하여 내세에 오롯이 소망을 두는 그리스도인은 드물다. 자신의 죄를 철저히 직시하고 용서를 가장 귀한 축복으로 여기게 된 그리스도인은 더 적다. 그러나 그리스도인이라면 대부분 자신이 매일매일 경험하는 것보다 훨씬 많은 것을 갈망한다는 막연한 느낌을 받고, 누구라도 자신을 온전히 알고 나면 친구가 되고 싶어 하지 않을 것이라는 두려움을 꾹꾹 누르며 살아간다. 이것 때문에 이 책이 많은 공감을 얻은 것인지도 모르겠다. 『영적 가면을 벗어라』의 메시지를 간단히 정리하면 다음과 같다.

천국에 이르기 전까지는 결코 온전히 채워지지 않을, 영혼 속 가장 깊은 갈망을 느끼라. 슬픔을 두려워하지 말라. 마음속에 숨겨진 죄, 자신이 철저히 불만족스러운 상태에 있음을 분명히 알려 주는 죄를 직시하라. 부서짐을 두려워하지 말라. 채워지지 않은 갈망이 주는 고통과 끔찍한 죄로 인한 죄책감이 이끄는 곳으로 나아가 하나님의 은혜의 복음을 새로운 방식으로 숙고하라. 그때 비로소 그리스도께서 우리 삶에 들어오셔서 내면에서부터 우리를 변화시키시고 그분의 한결같이 맹렬한 사랑과 더 나은 날을 향한 굳건한 소망에 대한 인식이 점점 더 커지게 하실 것이다.

나는 『영적 가면을 벗어라』의 메시지가 몇 년 전보다 오늘날 더욱더 필요하다고 믿는다. 그동안 여러 책을 집필했지만 이 책으로 인해 가장 많은 편지를 받았다. 독자들 중에는 내가 깊은 갈망과 자기 보호의 죄는 잊어버리고 성경이 말하는 바를 가르쳐야 한다고 생각하는 이들이 조금 있다. 그러나 그런 메시지는 복음과 다르다. 그리스도인의 삶을 단순한 순응으로 쪼그라들게 하고 가장 풍성한 진미인 은혜를 누리지 못하게 하는 어설픈 대체품이다.

그런가 하면 내가 진정한 변화를 촉발하는 데 종종 필요한 요소로서 심리 치료를 보다 분명하게 옹호하기를 바라는 이들도 있다. 그러나 진정한 변화를 위해 다루어야 하는 핵심 문제들은 다음의 두 질문으로 요약할 수 있다고 나는 믿는다.

1. 누군가 내 영혼을 만족시킬 수 있을 정도로 나를 사랑할 수 있을까? 내가 가장 갈망하는 것은 무엇인가?
2. 자기중심적이고 자기기만적이고 독선적인 나를 있는 그대로

사랑할 수 있는 이가 존재할까?

변화를 일으키려면 이 질문들에 성경적으로, 제대로 대답해야 한다. 이것이 심리 치료가 하는 일이라면 나는 심리 치료에 찬성한다. 하지만 내가 알기로 지난 100년 동안 서구인들은 평화와 기쁨이 개인의 '온전함'에 달려 있다고 생각해 왔다. 우리는 어려운 관계, 특히 어린 시절의 어려운 관계가 원인이 되어 '정신 장애'라는 꼬리표가 붙은 심리적 손상이 생겨난다고 본다. 천국의 소망과 죄 용서와 성령의 역사가 영적 문제를 다루는 데 유용하다 해도, 우리 자신이 온전하고 건강하다고 느끼도록 돕는 진정한 변화에는 전문가의 도움이 있어야 한다는 생각이 굳게 자리를 잡았다. 다시 말해, 심리 치료가 꼭 필요하다는 것이다. 그래서 우리는 사람들을 진단한다.

- 오랜 친구가 5년 전에 들은 무심한 발언에 대해 지금까지 응어리를 품고 있음을 인정한다. 이것은 그 친구가 '편집성 인격 장애' 초기라는 증거일 수 있다.
- 욱하는 성질은 충동 조절 문제, 어쩌면 '간헐적 폭발성 장애'(분노 조절 장애)의 징후일 수 있다.
- 2년간 사귀다가 헤어진 남자친구를 지금도 생각하는 십대 후반의 소녀는 '강박 장애'를 앓고 있을 수 있다.
- 중년의 아내는 무관심한 남편과의 결혼 생활이 주는 고통을 더 이상 감당할 수 없다고 생각한다. 음주와 과소비 같은 평소답지 않은 행동으로 절규하듯 남편의 관심을 요구하는 그의 모습은 '연극성 인격 장애'로 진단받을 가능성이 높다.
- 불면의 밤이 여러 날 이어진다면 '주요 우울 장애'가 시작되었다는 신호일 수 있다.

이런 식의 사고방식에 따르면, 정신 질환에는 심리 치료가 유일한 해결책이다. 화학 요법으로 병든 표피를 태운 다음에야 부드러운 새살이 돋아날 수 있는 것처럼 말이다.

그러나 이런 비교는 유효하지 않다. 영적 열매가 자라려면 진짜 문제들을 다루어야 하는데, 정신과적 꼬리표는 진짜 문제들로부터 거리를 두게 만든다. 우리는 심리적으로 장애가 있는 사람들이 아니라, 온전함을 경험하기 위해 갖추어야 할 것에 대한 거짓말을 믿는 죄인들이다. 목표를 세웠는데 가로막히면 화가 난다. 확신이 들지 않으면 염려하게 된다. 무슨 일을 해도 목표를 달성할 수 없다는 것을 깨달으면 자신이 무능하다는 생각이 든다. 실망이 낳은 분노, 두려움, 자기혐오는 우리가 살아가면서 겪는 여러 문제의 내적 토대다.

사람들과 그들의 문제를 성경적 틀 안에서 이해해 보면, 고쳐야 할 정신 장애 같은 것은 없다는 것을 알 수 있다. 정신 장애가 아니라 우리가 마주해야 하는 괴로운 내적 현실이 있을 뿐이다. 우리가 기필코 해소하리라 마음먹는 채워지지 않는 목마름과, 제 몫을 해줄 것 같은 자기 보호적 전략들이 바로 그 내적 현실이다. 우리가 내면을 들여다볼 때 이 현실이 드러나야 한다. 우리의 고통을 느끼고 우리 죄를 직시할 때, 소망과 용서를 제공하는 그리스도의 복음을 더욱 귀하게 여기게 된다. 그리고 그 과정에서 우리는 [천국의] 잔칫상에 앉아 가장 풍성한 진미를 누릴 날까지 이 세상에서 살아갈 힘을 얻는다.

내가 받은 절대 다수의 편지들에 담긴 내용을 잘 대변하는 한 통의 편지를 소개한다.

『영적 가면을 벗어라』를 읽는 것은 내 인생에서 손에 꼽을 만큼 고통스러운 경험이었습니다. 이 책은 이전에 한 번도 직시하지 못했던 목마름과 내 안에 존재하는지도 몰랐던 이기심을 파헤처 드러냈습니다. 그러나 내 고통을 느끼고 내 죄를 직시할수록 은혜가 더욱 귀하게 느껴졌습니다. 내면 깊은 곳에서 뭔가가 달라졌습니다. 나는 더 이상 절망스럽거나 외롭지 않습니다. 이전에는 가능한 줄도 몰랐던 방식으로 그리스도를 신뢰하고 있습니다. 그분은 내게 더 실재적인 분이 되고 있습니다. 나는 더 자유롭고, 더 활력 있고, 덜 방어적이고, 하늘의 기쁨을 지금 요구하지 않고 좀 더 기다릴 마음이 있고, 하나님이 내게 허락하신 소망과 용납을 다른 이들에게도 전하고 싶은 생각이 더 커졌습니다.

하나님은 『영적 가면을 벗어라』의 메시지를 사용하여 수십만 명의 사람들 안에 그분을 향한 깊은 욕구를 불러 일으키셨다. 나는 그것이 놀라우면서도 감사하다. 그러나 지난 몇 년 동안 이 책에서 뭔가 중요한 것이 빠졌다는 느낌이 들었고 그 생각이 점점 커졌다. 한 독자는 그것을 이렇게 표현했다.

『영적 가면을 벗어라』를 읽고 큰 도움을 받았습니다. 그런데 마지막 장을 다 읽고 난 뒤에, 책이 여기서 끝나면 안 된다는 생각이 들었습니다. 한 장이 더 있었으면 했습니다. 그 장에 무슨 내용이 담겨야 하는지는 확실하지 않지만, 제 생각엔 기쁨에 대한 내용이면 좋을 듯합니다. 우리가 내면을 들여다볼 때 좌절된 갈망과 자기 보호적 동기 말고는 아무것도 발견하지 못할까요? 구원받은 마음 안의 모든 고통과 죄 아래에는, 제대로 끌어내기만 한다면 새로운 기쁨을 만들어 낼 어떤 것이 있지 않을까요? 나 혼자서 해본 생각입니다.

나는 좋은 생각이라고 보았다. 내가 설명한 내면으로부터의 변화는 계속 조금씩 나아지긴 하지만 공허한 죄인에 머무는 데 그칠까? 더 나은 날이 오기까지 인내하면서 그 사이에 죄를 덜 지으려고 노력하는 수준에서 벗어나지 못할까? 아니면 내면에서 시작된 변화는 말할 수 없는 기쁨으로 이어질까? 실망을 적나라하게 경험하고 이기심을 인정하면 즐거운 감사와 소망이 생겨날까, 아니면 그보다 못한 상태에 머물까?

이런 질문들이 머릿속을 맴도는 가운데, 나는 출간된 지 10년 된 『영적 가면을 벗어라』를 읽었고 2007년판에는 이 서문과 '나쁜 것 아래 있는 "좋은 것"'이라는 제목의 장을 추가하기로 결정했다.[1]

『영적 가면을 벗어라』를 읽은 50만 명에 달하는 독자들에게 말씀드린다. 이 책을 다시 읽고 추가된 장을 새로 읽음으로써 진정한 변화로 나아가는 여러분의 여행이 계속 이어지고 더욱 깊어지기를 바란다. 『영적 가면을 벗어라』를 처음 읽는 분들에게는 성령이 내주하시는 여러분의 마음속 감추어진 곳에서 진정한 기쁨이 일어나기를 바란다는 말씀을 드리고 싶다. 땅 아래 깊은 샘에서 따뜻한 물이 솟아올라 눈 쌓인 얼음장을 녹이고 꽃들을 활짝 피워 내는 것처럼 말이다. 내면을 들여다봄으로써 여러분 모두 즐거운 성숙에 이르게 되기를 바란다.

기쁨이 있다. 소망이 있다. 사랑이 있다. 그리스도와의 관계에는 우리가 상상했던 것보다 더 많은 것이 있다. 계속 전진하라. 그리스도께서 곧 오신다! 그리고 그날이 이르기 전에도 진정한 변화, 즐거운 변화는 가능하다는 것을 기억하라. 내면에서부터 시작할 의향만 있다면 말이다.

들어가는 말:

현대판 기독교의 거짓된 소망

현대판 기독교는 성경적 기독교의 메시지를 극적으로 뒤집어서 타락한 세상에서 살아가는 고통을 덜어 주겠다고 약속한다. 그 메시지가 특정한 규칙들에 따라 살라고 요구하는 근본주의자의 입에서 나오든, 성령의 능력에 더 깊이 순복하라고 촉구하는 은사주의자의 입에서 나오든, 내용은 대개 동일하다. 지금 당장 지복을 누릴 수 있다는 약속이다! 이 세상에서 온전한 만족을 맛볼 수 있다는 것이다.

그들 중에는 교제와 순종의 기쁨에 대해 말하는 이들이 있고, 자신의 가치와 존귀함을 풍성하게 인식하는 것에 대해 말하는 이들도 있다. 마음이 놓이는 성경 용어들이 쓰이기도 하고 최신 심리학 사상의 영향이 반영된 표현이 등장하기도 한다. 어느 쪽이든, 그리스도인의 삶의 목적은 그리스도께서 재림하실 때까지 그분을 알고 섬기는 것에서 영혼의 아픔을 달래거나 적어도 무시하는 법을 배우는 것으로 바뀌었다.

우리가 더 이상 가족 간의 갈등이나 두렵고 낙심되는 일이나 소식들로 인해 영향을 받을 필요가 없다는 말이 들려온다. 그런 메시지를 명시적으로 듣기도 하지만, 더 많은 경우는 사례를 통해 접한다. 우리는 말할 수 없는 기쁨을 누릴 수 있다, 그 기쁨은 힘든 시기를 버티게 해주는 정도가 아니라 우리의 경험에서 부담, 염려, 고통을 실제로 제거할 수 있다는 내용이다. 살다 보면 힘든 순간들이 있을 수 있지만 그리스도의 임재와 축복이 우리 영혼을 황홀하게 만들어 그 고통을 사실상 느끼지 못하는 정도가 될 수 있다고 한다. 우리는 내면의 어려움과 무질서로 씨름할 필요가 없고, 그저 신뢰하고 순복하고 인내하고 순종하면 된다고 한다.

그런 가르침의 결과는 불완전하고 때로는 악한 공동체의 일원으로 살아가는 현실의 고통에 둔감해지는 것이다. 천국에 가서야 느낄 수 있는 것을 지금 느낀다고 가장하는 법을 배운다.

그러나 모두가 그런 가장 놀이에 능한 것은 아니다. 진실한 탓에 가장하기가 힘든 사람들은 자신의 믿음이 부족하다고 염려하기도 한다. '나는 왜 다른 사람들처럼 행복하고 자신만만하지 못할까? 나의 신앙생활에 뭔가 문제가 있는 게 분명해.' 설상가상으로, 이런 정직한 사람들은 부인에 능한 이들보다 대개 미성숙하거나 덜 매력적으로 보인다. 교회조차도 온전한 사람이라는 환상을 만들어 내는 데 능한 교인들을 모든 그리스도인이 본받아야 할 사례로 추켜세우는 경향이 있다.

누구에게나 삶의 내면에는 사라지지 않는 아픔이 있다. 성숙한 사람이라면 더욱 그렇다. 그 아픔을 무시하고 위장하고 다른 이름을 붙이거나 온갖 분주한 활동으로 감출 수는 있지만, 그래도 그 아픔 자체는 사라지지 않는다. 여기에는 그럴 만한 이유가 있다. 우리는 이 세상보다 더 나은 세상을 누리도록 지음 받은 존재다. 그렇기 때문에 더 나은 그 세상이 올 때까지 우리는 이곳에서 누리지 못하는 것에 대해 탄식할 것이다. 영혼의 아픔은 신경증이나 영적 미성숙의 증거가 아니라 현실을 제대로 안다는 증거다.

하지만 현대판 기독교는 이 탄식의 경험으로부터 탈출하라고 우리를 부추긴다. 건강과 부의 복음은 고통을 덜고 싶은 우리의 합당한 갈망에 호소하고, 고통을 감내하라는 부름은 무시하게 만든다. 어떤 상황에서도 만족하는 법을 배우게 해주었던 믿음이 이제 더 많은 위안을 제공하도록 상황을 재배열하는 수단이 된다.

정통 신학을 따르는 설교자들이 대놓고 번영 복음을 선포하는 경우는 드물다. 하지만 탄식에서 벗어나기를 바라는 열망을 겨냥한다는 점에서는 그들의 메시지도 번영 복음과 같다. 그들은 더 많은 지식을 얻고, 더 헌신하고, 더 바치고, 더 기도하고, 기독교적 훈련들을 여러모로 조합하면, 내면 깊은 곳에서 느끼는 현실들과 분투할 필요가 없어질 것이라고 말한다.

우리는 영적 훈련들을 오용할 수 있다. 영적 훈련들을 사용하여 하나님의 임재를 가득 느낄 만한 공간을 영혼 안에 만들어 낸다 해도, 우리 영혼에서 그리스도의 생명이 흘러넘쳐 다른 사람들에게 전해지게 해달라고 의식적으로 기도하지 않으면 영적 훈련의 가치를 완전히 놓치게 된다.

하지만 영혼의 아픔을 부정할 수 있을 뿐 그로부터 벗어날 길은 없다. 언젠가 온전한 세상에서 예수님과 함께 있을 것이라는 약속만이 그리스도인이 온전한 위안에 대해 품을 수 있는 유일한 소망이다. 그때까지는 탄식하거나, 탄식하지 않는 척 가장할 뿐이다.

삶의 표면에서 경직되게 살아가서든, 감정주의에 사로잡혀서든, 광범위한 가장을 이어 간 결과는 교회에 큰 충격을 주었다. 우리는 세상의 빛과 소금이 아니라, 신학적으로 다양하지만 하나같이 무력한 바리새인들의 공동체가 되었다. 삶의 경험과 정직하게 씨름하기를 거부한 탓에 사회 안으로 파고들지 못했다.

우리는 정통 신앙을 내세우지만, 거기에는 그리스도에 대한 형편없는 믿음을 반영하는 도덕적 비겁함이 깔려 있다. 우리는 그리스도께서 우리의 죄를 용서하시고 점잖은 사람들의 공동체답게 대체로 규칙을 지키게 해주실 것이라고 믿지만, 그분은 현실을 있는 그대로 정말 감당하실 수 있을까? 우리는 좋은 부모 밑에서 반항하는 자녀가 나오고 나쁜 부모 밑에서 헌신된 선교사가 나오는 세상의 혼란스러운 현실을 제대로 직시할 줄 아는가? 시편 72편의 시인처럼 삶의 불편한 사실들로 뛰어들었다가 하나님에 대한 확신이 새로워지고 그분에 대한 갈망이 더욱 깊어진 모습으로 나올 수 있을까? 우리는 영혼의 그런 감춰진 영역들로 들어갈 수 있을까? 하나님의 임재에 대한 강렬한 인식보다 공허함이 더 분명한 현실인 영역, 정직하게 들여다보면 가장 고결한 행동조차 이기적인 동기로 얼룩져 있음이 드러나는 영역으로 들어갈 수 있을까? 그리스도께서는 그런 내면의 혼란을 충분히 감당하실 수 있는 분일까? 아니면 이런 생각들은 던져 버리고 그저 그리스도인의 삶을 이어 가는 것이 나을까?

우리 영혼의 내면과 바깥세상 모두에서의 삶이 정말로 어떤 상태인지 깊이 성찰하면 은밀한 두려움이 우리를 집어삼킬 듯 엄습한다. 영혼 안팎의 삶 모두를 직면하면 살아남을 수 없을 것이라고 염려한다. 그런 순간에 현실을 부정하고 물러나는 것은 비겁한 처사가 아니라 꼭 필요하고 영리한 일로 보인다. 그저 계속 전진하고, 정신을 똑바로 차리고, 자기연민을 중단하고, 하나님을 신뢰하겠다는 헌신을 새롭게 하고, 보다 진지하게 순종하기로 다짐하면 될 것 같다. 실제 상황은 직관적으로 느껴지는 깃만큼 나쁘지 않을지 모른다. 균형 잡힌 관점을 잠시 상실했을 뿐이니 하나님의 말씀을 접하는 데 시간을 더 내고 도덕적 노력을 배가하여 균형 잡힌 관점을 되찾으면 될 것 같다.

상황 개선을 위해 무엇을 해야 할지 안다는 것은 아주 매력적인 일이다. 우리 마음이 왜 그렇게 엉망인지, 구체적이고 교정 가능한 해법을 제시하는 식으로(경건의 시간이 부족했다는 식으로) 설명할 수 있다면, 그때는 우리가 그에 대해 뭔가를 할 수 있다. 우리는 이런 방식을 좋아한다. 직접적인 해결책이 없는 문제를 들여다보는 것보다 더 무서운 일이 있을까. 타인을 신뢰하는 것은 그리스도인의 삶에서 가장 어려운 요구 사항일 것이다. 우리는 남에게 의지하기를 싫어한다. 누구도 믿어서는 안 된다고, 적어도 온전히 믿어서는 안 된다고 배웠기 때문이다. 우리가 믿었던 모든 사람에게 어떤 식으로든 실망을 경험했다. 우리는 남을 온전히 믿는 것은 자살행위라는 결론을 내렸다.

타락한 인간은 무엇보다 자신이 삶을 지휘하기에 충분하다는 것을 증명하기 위해 삶의 주도권을 틀어쥐고 살아간다. 자신의 자동차 보험료를 내기 시작할 때까지 스스로 부유하다고 느끼는 십대처럼, 우리는 자기 영혼의 실체를 직면할 때까지 삶을 관리할 수 있다고 확신한다. (1) 다른 누군가에게 온전히 의존해야만 채울 수 있는 지독한 목마름과 (2) 우리가 하는 모든 일, 심지어 개혁을 위한 시도들마저 이기심으로 더럽히는 부패의 깊이를 인식하는 것만큼 사람을 겸허하게 만드는 일도 없다. 우리 안의 실상을 현실적으로 직시하면 경험하고 싶지 않은 수준의 무력감과 맞닥뜨리게 된다.

친절하고 사려 깊은 남편에 대한 모든 낭만적 감정이 사라졌음을 시인한 한 여성이 있었다. 담임목사의 조언에 따라, 그는 남편을 향한 친밀함을 되찾게 해달라고 기도하면서 의식적으로 순종하며 남편에게 다가갔다. 그는 감정의 불꽃이 다시 일어난다고 믿고 싶었지만 그런 일은 생기지 않았다. 그는 자신의 감정은 중요하지 않고 순종만이 중요하다고 믿으려고 노력했지만, 잘해 주는 남편에게 낭만적 감정이 들지 않아서 마음이 크게 불편했다. 내면의 상태를 변화시키기 위해 그가 할 수 있는 일은 없었다. 그는 절망했다.

내면의 상태를 인식하는 일이 내가 바라는 변화를 위해서는 내 통제력을 벗어난 자원에 철저히 의존해야 함을 인정하게 만든다면, 무력함이 내 존재의 핵심에 자리 잡고 있다면, 차라리 표면적인 삶을 추구하는 것이 낫겠다는 생각이 든다. 그것이 훨씬 더 편하다. 나에게 내면의 모든 것을 처리할 능력이 없음을 인정하는 것은, 인간이 자기충족적 존재라는 주장에 치명타가 된다. 그래서 내 영혼의 무서운 현실을 부정하는 것이 숨을 쉬는 것 만큼이나 필요한 일로 보인다.

감정을 자극하는 예배, 열정적인 선교 활동, 신중하게 조직된 회복 그룹에 몰두하고, 진정한 공동체를 등지고 전문적인 상담으로 물러나면, 우리의 관계는 얄팍한 상태에 머물고 내면의 무서운 현실이 우리 자신과 다른 사람들에게 폭로되지 않는다.

이런 사태는 너무나 이해할 만하다는 말을 해야겠다. 상처받는 것을 좋아하는 사람은 없다. 타락한 인간에게 자신이 채울 수 없는 공허함을 직면하는 일보다 더한 고통은 없다. 현실을 부정하고 고통을 피해 달아날 수 있는데 굳이 고통 속으로 들어가는 것은 어리석어 보인다. 기쁨으로 가는 길에는 언제나 상상할 수 있는 최악의 내적 고통이 따른다니, 죄로 본성이 왜곡된 우리로서는 도무지 이해할

수가 없다. 우리는 그런 생각에 반발한다. 우리는 상처를 받도록 설계된 존재가 아니다. 하나님이 우리 안에 신체 능력과 대인관계 능력을 심어 두신 이유는 건강과 친밀한 관계 같은 즐거움을 주시기 위해서였다. 이 일이 원활하게 이루어지지 않을 때, 긴장한 탓에 머리가 지끈거리고 거절로 인해 마음이 무너질 때 우리는 위로를 원하게 된다. 우리가 누리도록 만들어진 것을 열렬히 갈망하게 된다. 탄식 한복판에 있는데 상황이 나아지지 않을 수 있다는 생각이 들면 참을 수 없다. 끔찍하다. 딸의 임신 중절이나 아내의 냉담함으로 인한 영혼의 상처를 안고 어떻게 계속 살아간단 말인가? 걸핏하면 못되게 굴고 자신이 옳다고 확신하는 남편과 어떻게 계속 함께할 수 있겠는가? 몸을 망치는 질병, 연로한 부모를 모실 때 드는 억울한 마음과 죄책감, 언제나 쪼들리는 수입에 어떻게 대처한단 말인가?

이런 개인적 불안을 향해 현대판 기독교가 위로의 메시지를 전한다. 우리는 위안을 얻을 수 있다고! 충분한 믿음을 기르면 세상의 불안 요소는 잦아들 것이라고. 우리는 높은 수준의 영적 경험을 할 수 있고, 그런 경험 가운데 상황에 대응하기 위한 몸부림이 잦아들고 영혼의 충만함을 누릴 수 있을 것이라고. 어느 방향으로건 만족을 누릴 수 있고, 그것도 지금 누릴 수 있다고 말이다.

현대판 기독교는 우리가 갈망하는 위로를 확보하는 일이 가능하다고 말한다. 더 큰 믿음으로 하나님의 약속을 우리 것으로 주장하는 법을 배울 수 있다. 죄를 관리 가능한 여러 범주로 분류해 놓고 용의주도하게 피함으로써 우리가 갈망하는 복들을 확보할 수 있다. 새로운 형태의 묵상 훈련을 실천할 수 있다. 교회 활동과 성경 공부에 더 활발히 참여할 수 있다. 현대판 기독교에 따르면, 우리가 할 수 있는 어떤 일에 힘입으면 우리는 영혼 깊숙이 느끼는 지속적 현실로서의 고통과 고뇌가 사라지는 새로운 수준의 영성으로 나아가게 될 것이다.

이 메시지의 매력은 크다. 영혼이 목마를 때 스스로 우물을 팔 수 있다는 것이다. 기독교 지도자들이 삽을 제공하고 물이 나올 법한 곳을 지목하면 우리는 땅을 파기 시작한다. 제자 훈련 프로그램부터 전도 전략, 성경 암송 체계, 새로운 형태의 공동체, 더 풍성한 성령 체험, 새로운 헌신의 다짐까지 목록은 계속 이어진다. 모두 선한 일들이지만, 이것들을 추구하는 동력은 모든 갈급함을 끝내 줄 물을 발견할 것이라는 기대다. 더 이상의 분투, 실망, 상심이 없을 것이고 천국이 지금 바로 임할 것이라는 기대.

물론 모두가 이와 같은 신학을 가르치는 것은 아니다. 그러나 많은 사람들이 이렇게 가르치고 있고, 더 많은 사람들은 지금 진행되는 자신의 분투를 정직하게 나누지 않고 다른 사람들의 분투 역시 현실적으로 다루지 않는 방식으로 동일한 소망을 전파한다. 준비된 답변이 없는 문제들에서 떨어져 있고 싶은 생각은 솔깃한 유혹이다. 어떻게 순종해야 할지 모를 혼란스러운 삶의 구체적인 정황에 관여하는 일보다 우리에게 필요한 것은 상담이 아니라 순종이라고 설교하는 쪽이 훨씬 쉽다. 얽히고설킨 복잡한 삶에서 떨어져 나오면, 그 결과로 삶을 있는 그대로 다루지 못하는 지나치게 단순화된 설교가 따라오게 된다. 그런 설교는 자유를 안겨 주는 진리로 삶을 꿰뚫지 못하고, 상황이 실제보다 낫다고, 또는 그리스도의 재림 이전에는 이보다 나을 수 없다고 가장하는 모의를 이어 간다. 그 결과 우리는 살아갈 준비를 갖추지 못하고 현실 부정의 태도만 강해진다.

아담에게 물려받은 뿌리 깊은 독립의 열망과 우리가 원래 누려야 할 온전한 관계를 향한 갈급함이 있다 보니, 우리는 천국의 기쁨을 요청만 하면 낭장에라도 누릴 수 있다는 소망에 열렬히 반응하게 된다. 십대 자녀가 반항할 때, 마음이 아픈 부모는 끔찍한 상심을 행복한 확신으로 대체할 길이 있다고 간절히 믿고 싶을 것이다. 독신 생활이 더 많은 이들을 섬길 기회가 아니라 감옥처럼 느껴질 때, 외로움을 상실감 없는 만족으로 금세 바꿀 수 있다면 멋질 것이다.

하지만 이런 이해할 만한 바람들은 우리 손에 닿지 않는 것일 수도 있다. 사람들이 인생의 폭풍을 견디게 하고 그 과정에서 성장할 수 있게 해줄 닻은, 그리스도의 십자가에서 이루어진 일에 대한 감사와 그분이 다시 오실 때 벌어질 일에 대한 열정적 확신일 것이다. 현재의 우리에게 진정한 안정(성품을 훼손하는 현실 부정을 요구하지 않는 안정)을 가져다줄 유일한 근원은 과거에 대한 감사와 미래에 대한 소망이 아닐까? 말씀과 성령 안에서 지금 이루어지는 그리스도의 임재는 그에 힘입어 과거와 미래를 모두 바라보는 수준에서만 향유할 수 있는 것 같다.

그러나 이런 말은 절망적일 만큼 멀게 느껴지는 그림의 떡 같은 위안이다. 우리는 지금 뭔가를 원한다! 지금 이루어질 수 있고 멋지고 실제적인 것을 원한다. 그러나 우리가 그 무언가의 모조품을 찾는 데서 그치지 않으려면 먼저 필요한 것이 있다. 삶에 대한 우리의 강한 실망과 그것을 지금 없애 주겠다고 약속하는 현대판 기독교가 결합하면서 우리 신앙의 토대가 근본적으로 달라지고 있다는 사실을 깨달아야 한다. 우리는 탄식하면서도 신실하게 그분을 기다리는 백성을 위해 다시 오실 못 자국 난 그리스도를 더 이상 결연히 의지하지 않는다. 우리의 소망은 아파하는 백성에게 빠르게 반응하는 그리스도, 우리가 요구하는 구원을 즉시 베풀어 만족을 선사하는 그리스도로 바뀌었다.

하지만 그 소망은 그리스도의 좋은 소식을 매력적이지만 기괴하게 왜곡한 거짓이다. 그 거짓에 넘어가 수십만 명의 구도자들이 현실 부정의 무력한 생활 방식 또는 날조된 기쁨에 빠지거나, 환멸과

혐오에 사로잡혀 기독교에서 돌아섰다. 그 거짓이야말로 지금 누릴 수 있는 성품의 깊은 변화로 가는 길을 가로막는다. 우리가 그리스도인으로 살아 있음을 풍성하게 의식하게 되는 것은 가능하다. 우리는 그분의 선하심을 흡족하게 맛볼 수 있다. 그러나 천국에 가기 전에 우리의 탄식이 끝나게 해달라고 요구하면 지금 누릴 수 있는 모든 것에서 멀어지게 된다.

하나님은 우리를 참으로 고귀한 사람들, 하나님의 성품을 흔들림 없이 확신하는 사람들로 변화시키기 원하신다. 그 확신에 힘입어 우리는 삶을 고스란히 직면하면서도 여전히 신실할 수 있다. 가장에 의거한 영성은 결코 영성이 아니다. 하나님은 우리가 용감한 사람들이 되기를 원하신다. 타락한 인류의 일원으로 살아가는 참혹한 경험에 깊이 괴로워하는 사람들, 모든 분투를 정직한 시선으로 바라보고 그 광경들에 어쩔 줄 모르면서도 대응하여 살아갈 준비를 하는 사람들, 한마디로 상처를 입고 계속 괴로워하면서도 깊이 사랑하는 사람들이 되기를 원하신다. 삶이 심각하게 실망스럽다는 사실을 직시하면서 버틸 수 있는 길은 사랑하는 법을 배우는 것뿐이다. 그리고 지금 만족을 얻겠다고 연연하지 않는 사람들만이 사랑할 수 있다. 우리가 깊이 신뢰하게 된 아버지께 온전한 기쁨을 향한 우리의 열망을 맡길 때만 아픔이 끊이지 않는 현실 속에서도 다른 사람들을 자유롭게 사랑할 수 있다.

이 책은 위안이 아닌 변화에 관한 책이다. 이 책의 핵심 메시지는 "여기 당장에 기분이 나아지는 법이 있다"가 아니라, 성품의 변화로 나아가는 길을 다룬다.

교회의 핵심 목적은 그 구성원의 영성 형성이다. 아버지의 마

음을 드러낼 수 있고, 자기 영혼을 통해 성령의 생명을 다른 이들에게 흘러보낼 수 있고, 세상에서 그리스도의 사명을 펼쳐 나갈 수 있는 '작은 그리스도들'을 배출하는 것이다.

그 길은 입구였던 좁은 문에서는 보이지 않는 예상 밖의 방향으로 놀랍게 이어진다. 한동안 그 길을 여행하다 보면(그 시간이 얼마나 될지는 아무도 모르지만, 즉각적 위안을 기대하는 사람들이 견딜 수 있는 것보다 긴 것은 분명하다) 뜻밖의 놀라운 일이 일어난다. 자신의 본질이 희미하게 드러나고, 살아 있다는 것의 의미를 엿보게 된 영혼이 그동안 실현되지 않았던 잠재적 기쁨에 눈을 뜬다. 그렇게 엿본 광경은 그리스도와 우리의 아름다운 관계를 너무나 분명하게 드러내어 자신의 가치가 자신에게서 나온다는 교만은 생각할 수도 없게 된다.

우리 영혼의 타락한 현실이 더 많이 폭로되면서 아픔은 여전하고 심지어 더 심해진다. 그러나 현재의 고난은 장차 나타날 영광에 비하면 아무것도 아니라는 말이 이해가 되기 시작한다.

나는 그리스도 안에서 깊은 생명과 기쁨을 누리는 길에서 그리 멀리 전진하지 못했지만, 그래도 그 길에 들어섰다고 생각한다. 이생에서 우리가 누릴 수 있는 것이 무엇인지 여러분이 나와 함께 생각해 보았으면 한다. 그것은 성품의 변화다. 그에 힘입어 우리는 지금 하나님을 충분히 맛보고 입맛을 다시며 이후의 잔치를 기대하게 된다.

하나님을 더 풍성히 맛보게 해주는 내면의 변화는 가능하다. 하지만 그 변화를 위해서는 수술이 필요하다. 우리가 하나님을 누릴 수 없게 가로막는 질병이 주체할 수 없이 널리 퍼졌기 때문에 더 많이 노력하는 것만으로는 옳다고 생각하는 바를 행할 수 없다. 그리고 수술 칼이 우리 영혼을 파고들 때를 위한 마취제는 없다.

그러나 이런 변화, 내면에서 바깥으로 퍼져 나가는 변화는 수술의 고통을 감내할 가치가 있다. 이 변화가 그리스도인의 삶을 가능하게 만든다. 이 변화는 우리가 탄식하되 불평하지 않게 하고, 비어 있으면서도 다른 이들을 사랑하게 하고, 너무나 절실히 바라는 온전한 만족을 기다릴 자유를 준다.

일러두기

이 책에 인용된 성경구절은 『개역개정』을 사용했으며, 다른 번역본일 경우 별도로 표기
했다.

I
내면의 삶 들여다보기

"내 안을 들여다보지 말아요.
나도 거기 있는 것이 맘에 들지 않으니까."

Chapter 1

진정한 변화를 위해서는 내면을 들여다봐야 한다

이 책은 진정한 변화가 어떻게 가능한지 더 잘 이해하고 싶은 모든 사람을 위해 썼지만, 책을 쓰다 보니 특정 부류의 사람들을 생각하게 되었다. 첫째, 성경의 명령대로 행하려고 열심히 노력하지만 답답함을 느끼는 이들이다. 이들은 아는 대로 다 행하고 있다. 물론 온전하지는 않지만 진심으로 하고 있다. 하지만 내면의 상황이 바르지가 않다. 이들도 그 사실을 안다. 기쁨보다는 부담을 느낀다. 아무리 기도해도 바뀌는 게 없는 것 같다. 하나님이 기도를 듣기는 하시는 것인지, 우리의 분투에 과연 관심이 있으신 것인지 의아해진다.

이들은 돈이나 자녀로 인한 걱정, 친구나 배우자에게 받은 상처, 내일 벌어질 어떤 문제를 감당할 수 없을 것 같은 두려움에 밤새 잠 못 이룬다. 성경은 밤에는 눈물을 흘려도 아침이면 기쁨이 찾아온다고 말하는데(시 30:5 참고), 해가 떠도 나아지는 게 없고 부담만 더할 뿐이다. 푸른 초장과 잔잔한 물(시 23편)을 찾기 위해 무엇을 더 해야 할지 알 수가 없다. 그럭저럭 잘 지내는 것처럼 보이지만 등에 짊어진 무거운 짐 때문에 마음이 무겁다.

이들에게 내가 전하고 싶은 메시지는 '소망이 있다'는 것이다. 더 많이 노력하는 것은 답이 아니다. 물론 계속 순종하는 일이 필요하지만, 하나님이 실감 나게 다가올 때까지 더 많은 고생을 해야 하는 것은 아니다. 자유와 차분한 안식이 영혼의 부담과 동요를 대체할 수 있다. 그러나 평화를 찾으려면 모종의 어려운 일들이 있을 때 자신의 삶을 정직하게 들여다봐야 한다. 때로는 내면의 괴로운 일을 직시하는 것보다 더 많은 고생을 자처하는 것이 차라리 쉽다. 그러나 내면을 들여다보아야 진정한 변화, 내면에서 시작된 변화가 일어날 수 있다.

둘째, 상당히 잘 해내고 있고 대부분의 시간에 만족함과 행복을 느끼는 사람들이다. 이들은 주님을 정말 사랑한다. 어려운 시기를 거치면서 하나님이 실재하시고 신실하심을 확인했다. 이들은 하나님의 말씀을 묵상할 때 종종 풍성한 경험을 한다. 이들에게 기도는 단순한 종교 의식보다 훨씬 의미심장하다. 교회를 좋아하고 좋은 친구들과 가족의 복을 누린다. 자신이 하는 일에 만족하고 여가 시간을 즐긴다. 삶에 긴장이 없지는 않지만, 하나님은 이들에게 확신 있게 밀고 나갈 힘을 주신다. 하나님의 은혜로, 좋은 인생을 누리고 있다.

내가 이들에게 전할 메시지는 '더 있다'는 것이다. 하나님의 복 주심을 감사하게 누리고 그분이 내면에 허락하시는 만큼 성숙하게 살아가되 거기에 안주하지 말기를 바란다. 정당한 위안을 누리되 자기만족에 빠지거나 기쁨이 안일함으로 미끄러지는 일이 없기를 바란다. 하나님을 아는 지식에는 가장 성숙한 그리스도인이 이제껏 상상했던 것보다 더 많은 것이 들어 있다. 하나님을 더 잘 알기 위해 안정된 삶이 흐트러져야 한다면 기꺼이 감수했으면 한다. 선한 싸움을 제대로 싸우려면 땀 흘리는 열정이 있어야 하는데, 그런 열정은 영혼의 평정이 어지럽혀질 때만 생겨난다. 하나님은 좋은 제자를 강력한 사랑의 종들로 변화시키고 싶어 하신다. 만나는 사람들에게 지울 수 없는 흔적을 남기는 종들로 말이다. 그러나 내면에서부터 우리를 변화시키는 그분의 방법은 충격적일 수 있다. 새로운 수준의 분투에 마음을 열자.

셋째, 완고해진 사람들이다. 이제껏 이들은 자기 생각대로 무엇인가가 이루어지는 것을 경험하지 못했다. 이들에게 하나님의 약속은 실현되지 않는 것 같다. 아마도 이들은 언제나 자신이 다른 사람과 다르다고 느꼈을 것이고, 형제나 자매와 달리 교회 생활이 잘 맞지 않았을 수도 있다. 주일학교의 지도자들은 이들의 이름을 교회에서 뽑는 '올해의 소년·소녀' 후보로 생각한 적이 없다. 부모들도 이들을 다른 아이들의 본으로 생각한 적이 없다. 이들의 십대 시절(어쩌면 지금 그 나이대일 수도 있겠다)은 험난했다. 술과 마약에 탐닉했고 (부모들이 생각도 못했던 수준으로) 도덕적 선을 넘나들며 성행위를 했다. 수련회에 참석해서는 이제 달라지겠다고 하나님께 여러 번 약속했지만 일주일도 못 가서 원래대로 돌아갔다. 이들은 심각하게 낙심했다. 이들은 교회에 다닌다. 어쩌면 다른 사람들은 이들이 평범하고 괜찮은 그리스도인이라고 굳게 믿을 수도 있다. 이들은 신자 행세를 할 줄 안다. 그러나 내면에는 분노와 냉담함과 두려움이 있다. 이들이 "하나님의 말씀대로 다시 해볼" 이유가 있을까? 한 번도 효과가 없었는데 말이다.

이들에게 내가 건네고 싶은 메시지는 '생명이 있다'는 것이다. 기계적인 답변은 효과가 없을 테고, 이들도 그것을 안다. 매일 성경을 읽고 신앙 일기를 쓰는 것이 고만고만한 질병에는 좋은 약일 수 있지만, 이들에게는 효과가 없을 것이다. 더 좋은 친구들을 사귀고 교회에서 더 많은 시간을 보내겠다고 약속해 봐야 생명에 이르지 못한다. 이들은 이미 그것을 시도해 봤다. 어쩌면 이들은 생명이 없는데 있는 척 가장을 이어 오면서 세속적 쾌락으로 가끔 자신을 위로했을 수도 있다.

사람들이 잘 보지 못하는 사적인 문제들에 대해 정직하게 이야기하고, 무관심과 완고함 아래 감춰진 삶의 어떤 진실을 직시할 마음이 있다면, 풍성한 삶에 대한 이야기는 짜증나는 미사여구 이상의 것이 될 수 있다. 우리가 삶을 직시하면, 그 마음을 감동시켜 기쁨과 차분하고 온전한 느낌을 갖게 해줄 관계들을 충분히 누릴 수 있다. 물론 그런 관계는 하룻밤 사이에 만들어지지 않는다. 그 길은 힘들지만 이들은 내면에서부터 변화할 수 있다.

넷째, 기독교 지도자의 위치에 있는 사람들이다. 다른 사람들 앞에서 성숙한 모습의 본이 되어야 한다는 부담은 신경쇠약이나 교만으로 이어질 수 있다. 이들은 다른 사람들이 자신을 실제보다 더 좋게 생각한다는 것을 안다. 좋은 이미지를 유지하는 것은 힘든 일이다. 그런데도 이들은 하나님이 그분께 삶을 내맡긴 이들에게 어떤 일을 하실 수 있는지 보여줌으로써 사람들을 격려해야 한다는 부담 때문에 자신을 괴롭히는 몇 가지 진짜 문제를 감춘다.

이들 중에는 수년간의 헌신으로 성숙해진 자신의 모습에 감사하는 경우도 있지만, 다들 알다시피, 감사와 교만은 종이 한 장 차이다. 이들 중 일부는 탈진 상태라고 할 수 있을 만큼 지쳤고, 누구와도 나눌 수 없는 유혹과 싸우면서 느끼는 외로움에 진저리를 친다.

내가 이들에게 전할 메시지는 '사랑이 있다'는 것이다. 교회는 거짓 없는 사랑을 확신하고 다른 사람들을 돕기 위해 자신을 기꺼이 드러내고 진실하고 명료한 기쁨으로 다른 사람들의 삶에 관여할 수 있는 지도자들이 필요하다. 리더십의 아우라가 만들어 내는 사람들과의 끔찍한 거리는 메울 수 있다. 때때로 영혼을 괴롭히는 고뇌들을 다룰 수 있다. 취약함, 겸손, 친밀함, 감화력처럼 리더십의 부담 아래 종종 약해지는 성품들을 함양할 수 있다. 우리는 주님이 보여주시고 가르치신 섬기는 사랑의 본을 따라갈 수 있다. 그러나 기대와 책임의 바다에서 간신히 떠 있는 것 정도로는 안 된다. 그 이상이 필요하다. 바람직하게는 신뢰하는 친구와 함께 자신의 삶을 오랫동안 면밀히 살펴야 할 것이다. 그래야만 사역에 헌신하느라 정신없이 돌아가는 삶의 속도를 늦추고 리더십의 요구 아래에 묻힌 내면의 문제들을 포착할 수 있을 것이다. 내면에서부터 변화하는 사람들은 영향력을 발휘하는 기쁨을 누릴 수 있다.

어쩌면 여러분은 이 집단 중 어디에도 딱 들어맞지 않을지 모른다. 그러나 여러분은 분명 하나님의 형상을 지니고 있다. 하나님을 닮도록 만들어졌다. 기독교의 메시지는 우리가 그리스도와 관계를 맺을 수 있다는 것이고, 그 관계가 우리 삶의 모든 부분에 영향을 주고 하나님의 구원 목적에 합당한 사람이 되도록 우리를 이끌어 줄 수 있다는 것이다. 진정한 변화는 가능하다!

소망이 있다. 더 많은 것이 있다. 생명이 있다. 사랑이 있다. 모든 좋은 것은 하나님을 아는 일에서 나온다. 그리고 우리는 하나님이 들려주시는 성경 말씀을 통해 그분을 가장 온전히 알고 그분의 음성을 가장 또렷하게 듣는다. 성경이 어떤 책인지 제대로 알고 읽자. 성경은 하나님이 우리에게 보내시는 66통의 연애편지다.

이 책을 읽을 때 인내심을 가지기를 바란다. 내가 말하는 내용 중 일부는 불명확하게 다가갈 것이고, 여러분 자신과는 상관없는 남의 이야기로 느껴질 수 있다. 그래도 계속 읽어 나가기를 권하고 싶다. 우리가 누구이고 어떤 고민들을 겪고 있는지 살펴보면 우리 모두

는 상당히 비슷하다. 다들 실제적이고 충만하고 행복한 삶을 갈망하며 그런 삶이 가능해 질 수 있다고 생각한다.

주님은 생명을 주러 오셨다. 우리는 그분의 생명을 지금 소유할 수 있고, 이후에 누릴 온전한 삶을 고대한다. 주님은 우리에게 생명을 주시는 순간부터 그 생명이 가져다주는 모든 기쁨을 누릴 그날까지, 우리를 변화시켜 그분을 매순간 깊이 누리고 다른 사람들에게 그분을 잘 대변하는 사람들로 만들고 싶어 하신다. 이런 변화를 일으키는 데 필요한 수술은 언제나 고통스럽다. 그러나 하나님은 우리 성품의 심오한 변화가 나타나기까지, 우리가 삶에 접근하는 방식의 근본적 혁신과 재구성이 나타날 때까지, 그보다 못한 그 어떤 것에도 만족하지 않으실 것이다. 이 책은 그런 변화, 내면에서 흘러나오는 변화를 다룬다.

변화한다는 것은 무엇을 의미하는가?

최근에 친구가 내 사무실을 찾아와 머리에 떠오르는 대로 이런저런 이야기를 했다. 주제는 결혼 생활(꽤 실망스러운 부분들이 있었다)부터 장래의 사역 계획, 주님과의 동행 상태까지 다양했다. 대화가 이어지면서 그는 점점 더 사색적이 되었다. 우울해졌다는 것이 아니라 차분하게 자신을 깊이 성찰하고 있었다. 패스트푸드 식당에서는 누구도 경험하지 않는 일이었다.

그 친구가 헌신된 그리스도인이고 유능한 상담가이며 아주 명확한 사고를 하는 사람이라는 점을 먼저 지적해야겠다. 그의 삶에도 몇 차례 시련이 있었지만, 대부분의 중년 남자들이 경험하는 것과 그리 다르지 않았다. 친구들은 그가 친절하고 근면하고 충실하고 진실하다고 말한다. 몇몇 사람들은 그의 스스럼없고 유쾌한 측면을 알아본다. 그가 견실하고 적응력이 뛰어난 그리스도인이라는 데 다들 동의한다.

거의 한 시간 동안 자신을 돌아보며 두서없이 말을 이어 간 후, 사색적인 분위기는 대단히 서글프고 심각한 외로움에 가깝게 변했다. 딱히 누군가에게 말하는 것이 아닌 듯, 그는 담담하게 말했다. "딱 10분만 정말 기분이 좋으면 어떨지 궁금하군."

그 말에 나는 깜짝 놀랐다. 10분간 정말 기분이 좋은 상태가 어떤 것인지 내가 알았던가? 많은 사람들이 상당히 행복해 보인다. 그들은 정말 기분이 좋은 것일까? 희미한 공허함이나 슬픔도 없이 온전히 행복할까?

질문이 잘못되었는지도 모른다. 그리스도인들은 "한결같은 순종이 무엇인지 내가 아는가?"라고 물어야 하고 감정에 대해서는 염려하면 안 되는지도 모른다. 하지만 그렇다면 베드로는 무엇을 두고 "말할 수 없는 즐거움"(벧전 1:8 참고)을 말한 걸까?

성숙한 그리스도인의 내면은 어떤 모습일까? 그는 무엇을 느낄까? 옳은 일을 행하고자 하는 일관된 바람을 갖고 있을까? 아니면 나쁜 일을 하고 싶은 충동과 옳은 일을 해야 한다는 다짐 사이에서 격렬한 싸움을 벌일까?

성숙해지면 기분이 좋을까? 아니면 외로움과 분투의 감정이 더 깊어질까? 온갖 동기가 철저히 변화되어 하나님의 뜻을 행하기를 기뻐하게 될까? 아니면 내면의 부패를 알리는 증거가 여전히 남아 있을까? 거룩을 추구하면 더 행복해질까? 강해지면 어떤 느낌이 들까? 강해진 것 같을까, 약해진 것 같을까?

어떤 사람들은 정말로 아주 행복하다고 느낀다. 그들은 가장하고 있는 걸까? 그들에게 더 많은 분투가 필요한 걸까? 다른 사람들이 깊은 고통과 저항하기 힘든 불만을 드러낼 때, 이들은 공감하지 못한다. 든든하게 먹은 사람이 굶주림의 공포를 느낄 수 없는 것과 마찬가지다. 어쩌면 이 '행복한' 사람들의 삶은 우리가 모두에게 바라는 건강한 안정감과 만족을 보여주는지도 모른다. 이 사람들에게 더 높은 수준의 성숙을 향해 전진한다는 것은 무엇을 의미할까?

변화하고 성장하고 점점 더 그리스도의 형상을 닮아 간다는 것은 무슨 의미일까? 어떤 변화가 가능하고 그런 변화는 어떻게 생겨날까?

성숙해 보이는 모습: 좋아 보임

얼마 전 나는 기독교 지도자들의 큰 모임에서 강연을 했다. 기업계와 교계 모두에서 두각을 드러내는 남녀들이 모인 자리였다. 강연장은 극장에서 볼 수 있는 푹신한 좌석을 갖춘 편안한 대형 강당이었고, 분위기는 유쾌하고 화기애애했다. 사람들은 행복해 보였다. 유행에 맞는 옷차림과 모임 시작 전에 편안하게 어울리는 모습은 그들이 내 친구와 달리 정말 기분이 좋다는 것을 드러내고 있었다. 심각한 고민이 있다는 증거는 없었다. 모든 게 괜찮아 보였다. 주일 아침에 교회에서 교인들이 보여주는 모습과 비슷했다. 교인들은 교회 복도에서 따뜻하게 잡담을 나누고 예배 중에는 집중하며 앉아 있지 않은가.

그렇게 자신만만해 보이는 사람들 앞에 서 있으면 좀 겁이 나기도 한다. 나는 눈앞에 펼쳐진 수많은 사람들의 얼굴을 살피며 궁금해한다. '내면의 무엇인가가 심각하게 왜곡되어 있다는 느낌에 시달리는 사람은 나뿐인가? 아무리 열심히 노력해도 여전히 내 사랑은 얄팍하기 그지없음을 깨닫는 사람, 피상적인 관계로 어려움을 겪는 사람은 나뿐인가? 자신이 실패자라고 가끔이라도 느끼는 사람은 나뿐인가?'

어쩌면 나는 긴장을 풀고 삶을 있는 그대로 수용하면서 좋은 일에는 감사하고 나쁜 일은 그저 받아들이는 법을 아직 배우지 못한 강박적 완벽주의자인지도 모른다. 나보다 더 건강한 사람들은 하나님을 제대로 의지하여 내적 혼란과 부대낌이 적은 균형 잡힌 삶이 가능한지도 모른다. 하지만 강연에 앞서 사람들을 살펴보면서 나는 큰 시련과 씨름하고 있는 몇몇 사람을 발견했다. 어느 정도 규모가 큰 집단에는 재정 압박, 건강 문제, 십대 자녀의 반항, 부부 관계의 갈등에 짓눌려 삶이 무너지는 사람들이 꼭 있기 마련이다. 그날 내가 강연했던 집단처럼 존경받고 성공한 사람들로 구성된 멋진 모임이라고 해도 말이다.

앞줄에 내 선교사 친구가 앉아 있었다. 그는 어려운 상황에서 25년의 신실한 선교 사역을 막 마무리한 상태였다. 그 주 초반에 그는 눈물을 억누르며 결혼 생활에 긴장이 가득한데 아내에게 어떻게 다가가야 할지 모르겠다고 내게 털어놓았었다. 십대 아들들은 록 음악을 들으며 미국 생활에 적응하고 있는데, 록 음악을 못 듣게 해야 하는지 아무 말도 말아야 하는지 확신이 서지 않는다고 했다. 그는 자신이 실패자 같다고 말했다. 선교 사역은 할 수 있지만 자신의 가족은 이끌고 나갈 능력이 없다고 했다. 어려운 일들로 고민하는 이가 청중 가운데 그만은 아닐 것이라고 나는 확신했다.

그러나 어려움을 겪는 사람들 중에도 나로선 그저 부러울 만큼 담담하고 흔들림 없이 시련을 헤쳐 가는 사람들이 상당수 있었다. 나 같으면 엄청난 충격을 받았을 소식을 듣고도 하나님의 신실하심에 감사하고 힘을 달라고 기도하고 꿋꿋하게 할 일을 하는 반응을 보여 준 이들을 나는 곁에서 지켜보았다.

그런 반응은 진짜였을까? 그들은 사람을 숨 막히게 짓누르고 앞으로 나아갈 의욕을 꺾어 버리는 나쁜 소식들의 무게를 느끼지 않는 걸까? 어려운 결정 앞에서 자신의 능력이 부족하게 느껴져 괴롭지 않은 걸까? 겉으로 보이는 것만큼 그들의 내면도 차분하고 확신에 차 있을까?

문제에 휘둘리는 사람들은 분명히 있다. 술이나 마약, 소비, 섹스 등을 도피처로 삼는 이들이 있고, 내적 긴장이 우울감이나 불안 발작, 자살 충동으로 표현되는 이들도 있다. 다들 동의하다시피, 이 사람들이 생활의 궤도를 되찾기 위해서는 전문가의 도움이 필요하다. 그러나 이와 다른 사람들, 자세히 들여다봐도 잘 하고 있는 것 같은 사람들이 나를 불안하게 한다. 그들은 너무나 안정되어 보인다. 그들은 차분함과 행복을 유지하게 하고 옳은 일을 향한 의욕이 넘치게 하는 삶의 길을 정말 찾은 것일까? 어떤 이들은 그런 것 같다.

그러나 늘 좋아 보이는 사람들 대부분이 실은 자신을 돌아보지 못하고, 자신이 다른 이들에게 어떤 영향을 주는지 모르며, 즐거운 활동과 성취로 마음속 깊은 고통을 은폐하고 있지 않나 하는 생각이 든다. 어쩌면 영적 성숙으로 통용되는 모습은 많은 부분 내면에서 일어나는 모든 일을 한사코 부인함으로써 유지되는 것일지도 모른다. 어떤 사람들의 모습처럼 안정되게 사는 것은 이생에선 불가능할지도 모른다.

겉모습 아래의 실상

우리가 아무리 안정되어 보이더라도, 심지어 자신의 눈에까지 그렇게 보이더라도, 우리 마음 깊은 곳에는 뭔가 심각하게 잘못되었다는 막연한 느낌이 도사리고 있다. 누군가가 우리를 곤혹스럽게 만들면 불편한 마음이 확 밀려온다. 친구의 어조가 비판적이 될 때는 신중하게 행동해야 한다는 부담을 느낀다. 아내가 나를 오해하면 분노가 일어난다. 자신이 감당할 수 있는 주제로 대화를 몰아가는 것을 스스로도 인식한다. 나를 근사해 보이게 만들 정보를 겸손하게 공유할 기회를 찾는다. 영적인 일에 실제보다 더 관심이 있는 척 가장한다. 불쾌한 감정이 드는 주제는 피한다.

내면의 삶을 살짝 들여다보기만 해도, 하나님을 사랑하고 이웃을 사랑하는 것 말고도 아주 많은 일이 벌어지고 있음이 분명해진다. 잠깐 동안만 정직하게 자기 성찰을 해보면 우리가 지금까지 얼마나 달라졌든 상관없이 아직 가야 할 길이 멀다는 것을 깨닫게 된다. 우리 대부분은 자신에 대해 다른 사람은 짐작도 못할 내용을 안다. 몰래 하는 생각, 공상, 행동, 우리를 부끄럽게 만드는 비밀들 말이다. 우리는 내면의 상황이 올바르지 않다는 것을 안다. 뭔가 잘못되었다.

하나님이 아담과 하와를 에덴동산에서 쫓아내신 이래, 우리는 부자연스러운 환경에서 살아왔다. 우리는 원래 이런 세상에서 살도록 만들어진 존재가 아니다. 잡초 없는 동산, 마찰이 없는 관계, 거리가 없는 교제를 나누도록 만들어졌다. 그러나 뭔가 잘못되었고 우리는 그 사실을 안다. 세상이 잘못되었고 우리 내면도 그렇다. 우리는 보금자리에서 벗어났다. 집이 아니라 모텔 방에서 하루를 마무리한다는 것을 마음 깊은 곳에서 느낀다. 솔직히 말하면 우리가 불편함을 관리하는 방식은 사람들과의 거리를 유지하는 것, 사랑을 바라는 다른 사람의 마음보다 우리의 두려움에 반응하는 것이다.

우리는 자신의 모습이 지금보다 나아지기를 바라지만 현실은 그렇지 않다. 그리고 그 깨달음으로 인해 수치심을 느낀다. 숨고 싶고 진정한 접촉을 피하고 싶고 남들이 잘 받아들일 것 같은 부분만 드러내고 싶어진다. 우리의 추한 모습으로 다른 사람들을 불쾌하게 히기 싫어서가 아니라 그들이 우리를 거절할까 봐 두려워서 그렇게 한다. 우리는 자기 보호를 위해 살아간다. 행복과 안도감을 가져다

주는 것이라면 무엇이든 붙든다. 그 결과 우리가 가까워지고 싶은 사람과의 거리는 실망스러울 만큼 멀어진다. 그리고 삶의 질은 나빠진다.

아이들 침대 밑에 있다는 악어와 달리, 우리의 문제는 진짜다. 바닥을 기어 다니는 악어에게 물릴까 봐 침대 가장자리로 손이 나가지 않게 조심하는 어린 아이들의 두려움은 진짜지만, 그 두려움에는 아무 근거가 없다. 침실에는 악어가 없으니까. 그러나 우리의 세상은 실제로 뭔가 잘못되었다. 현실은 우리가 원하는 상태가 아니다. 우리가 자신의 내면과 세상의 무엇인가가 심각하게 뒤틀렸다고 느끼는 것은 실제로 그렇기 때문이다. 온전한 만족을 바라는 우리의 갈망을 항상 신경증적 불만과 연결할 수 있는 것은 아니다. 그 갈망은 타당한 것일 수도 있다. 우리는 가지지 못한 것을 바라고, 그리스도께서 재림하셔서 우리를 포함한 모든 것을 제대로 된 모습으로 회복시키시기 전까지는 가질 수 없는 것을 바란다. 그때가 오기 전까지, 우리의 가장 행복한 순간들을 흐릿하게 만드는 인류의 문제를 직관적으로 인식하는 것은 상상의 악어에 대한 두려움이 아니라 타락한 세상에서의 삶에 관한 기본적 진리를 드러낸다.

우리 대부분은 상황이 실제보다 낫다고 가장하려 애쓰며 살아간다. 그러다 문득 현실이 모습을 드러낼 때가 있다. 우리가 얼마나 실망한 상태이고 불완전한지 엿보게 되는 그런 순간에 우리는 꾸며 낸 행복감을 되찾기 위해 뭐든 하려고 든다. 받은 복을 세어 보고, 잔디를 깎고, 힘을 달라고 기도하고, 단 것을 먹고, 전문가에게 상담을 받고, 교회 성가대에 자원하고, 배우자와 싸우고, 좋아하는 시편을 읽고, 텔레비전을 켜고, 처진다고 자책하고, 하나님께 자신을 맡기고, 친구들과 피자를 먹으러 나간다. 뭔가 빠졌다는 느낌, 잘못되었다는 성가신 느낌에서 벗어나려고 몸부림치는 것이다. 우리 대부분은 피자를 먹는 것이 그런 불편함을 없애 보려는 시도라는 것을 의식하지 못한다. 그저 피자를 좋아해서 먹는 것이라고 생각한다. 그러나 우리가 하는 일들이 평소에는 인식조차 못하는 막연한 공허감을 덜어 보려는 시도인 경우가 생각보다 많을 것이다.

10분 동안 온전히 만족한 상태가 어떤 것일지 궁금했던 내 친구는 집에 있고 싶지만 언제나 모텔에서 사는 고통스러운 현실을 겪고 있었을지도 모른다. 그는 안정된 사람들보다 세상의 실상을 더 정직하게 인식하고 있었을 수도 있다. 안정된 사람들은 대부분 내 친구처럼 우울한 사람에게 우려를 표명할 것이다.

가끔 힘든 일이 있지만 대체로 기분이 유쾌하다고 말하는 이들의 다수는 어쩌면 가장하는 식으로 행복을 보존함으로써 모래 위에 집을 짓고 있는지도 모른다. 비유를 바꿔 보면, 모텔 방에서 가구를 재배치하면서 그곳이 집처럼 느껴지기를 바라는 것일 수 있다.

모든 것이 괜찮아 보이도록 삶을 배치하는 데 성공하면 내면에서 벌어지는 일을 직시하지 않게 된다. 그러면 외부적으로 하는 일을 의미 있는 방식으로 변화시킬 힘을 모두 잃게 된다. 우리는 변화하기보다는 재배치하고, 그로 인해 하나님이 부르시는 대로 변화된 사람들이 되지 못한다. 파괴적 생활 방식에서 벗어나 자유를 경험하지 못한다.

이 책에서 나는 변화한다는 것이 무엇을 의미하는지 탐구하고자 한다. 어릴 때 추행을 당한 여성이 어떻게 하면 남편과 기뻐하며 성적으로 결합할 수 있을까? 쉽게 위협을 느끼는 남자가 집안에서 강한 리더가 될 수 있을까? 잘 적응하여 인생이 꽤 잘 굴러가고 있는 사람들이 어떻게 하면 [영적으로] 부요해져서 하나님에 대한 직접적 지식으로 사람들을 그분께 이끌 수 있을까? 자녀들이 크게 잘못된 방향으로 나아가고 있을 때 어떻게 하면 부모가 삶을 이어 갈 수 있을까? 어떻게 하면 우리가 고귀한 사람으로 바뀌어 그리스도 안에서 안식처를 찾고 참된 능력과 기쁨의 근원을 발견할 수 있을까?

이 책에서 나의 주된 관심사는 우리가 직면한 구체적인 문제들을 들여다보는 것이 아니라, 변화를 위한 모든 성경적 시도 아래 놓인 몇 가지 기본 개념을 연구하는 것이다. 대부분의 사람들이 삶의 문제를 헤쳐 나가는 방법은 변화가 아니라 대응이다. 우리는 하는 일을 이리저리 재조정해 보지만 우리의 진정한 사람됨을 포함한 핵심적인 문제들은 부분적으로만 다루는 데 그친다.

우리 주님이 말씀하시는 변화는 가시적 행위를 깨끗이 하는 것 그 이상이다. 주님은 우리에게 거리를 빗자루로 쓰는 것 이상의 조치를 원하신다. 하수구로 내려가 콘크리트 아래의 오물까지 치우기를 원하신다. 그분은 우리 영혼의 어두운 지역으로 들어가 빛을 발견하라고, 더없이 외롭게 느껴질 때 그분의 임재를 경험하라고 말씀하신다. 성경적 변화를 이루려면 상황이 실제보다 나은 척 가장할 필요가 없다. 그리스도께서 원하시는 것은 모든 두려움, 상처, 적개심, 자기 보호적 동기들까지 포함하여 우리가 감추려고 애를 쓰는 현실을 있는 그대로 직면한 다음 변화된 사람으로 나타나는 것이다. 가장하는 사람이 아니라, 완벽한 사람이 아니라, 그리스도의 사랑을 더욱 의식하여 더 깊이 사랑할 수 있게 된 사람 말이다.

우리는 내면을 정직하게 직시할 수 있을까

사람들이 자신의 삶을 면밀히 들여다보기 시작할 때 토로하는 가장 큰 두려움은 "내 속에 있는 모든 것을 감당할 수 있을지 모르겠다"는 것이다. 우리 삶을 정직하게 탐구하려면 용기가 필요하다. 악어가 진짜로 있기 때문이다. 우리의 두려움에는 실체가 있다. 사실 우리가 얼마나 외롭고 자기중심적인지 작은 부분만 분명히 인식하게 되어도 감당하기 버겁다. 사람들이 우리에 대해 정말로 어떻게 느끼는지, 동료와 어울리거나 파티에서 농담을 할 때 우리의 동기가 무엇인지, 부모나 배우자, 자녀에게 얼마나 실망하고 분노하는지 등 우리 영혼에 대한 새로운 통찰이 더해질 때마다 우리의 관 뚜껑에 못이 하나 더 박히는 기분이다.[1]

대부분의 사람들이 그럭저럭 안정되게 살아가는 것은 그들 안에서 일어나는 괴로운 일에 대해 생각하지 않기 때문이다. 우리는 뭔가 잘못되었고 뭔가 더 있어야 한다는 성가신 느낌을 억누른 채 꾸역꾸역 계속 나아간다. 우리는 삶의 비결을 찾았다고, 이제 모든 것을 감당할 수 있다고, 빈 마음이 채워졌다고, 죄와의 싸움은 이제 승리의 행진이 될 것이라 생각하고 싶어 한다. 그러나 그런 행복한 확신을 유지하려면 우리가 여전히 사랑할 줄 모른다고 생각하는 이들의 평가에 귀를 막아야 하고, 우리가 감당할 수 없을 만큼 많은 것이 잘못되었다는 영혼의 증거를 완강히 부인해야 한다. 부인하기는 많은 이들에게 삶의 방식이 된다. 몇 년에 걸쳐 연습하다 보면 우리가 믿고 싶은 것과 반대되는 모든 자료를 의식하지 못하게 분리시키는 일이 가능해진다. 자신의 영적 성숙도를 착각하기는 무서울 만큼 쉽다.

호세아 선지자는 당대의 유대인들이 흰머리가 잔뜩 생기는데도 알아차리지 못한다고 조롱했다(호 7:9 참고). 흰머리 같은 신체적 쇠퇴와 노화의 증거를 제일 먼저 발견하는 것은 흔히 본인이지만, 영적 쇠퇴의 징후를 제일 늦게 알게 되는 사람도 대개는 본인이다. 이것이 호세아의 논점이다. 우리는 자신이 실제보다 훨씬 잘하고 있다고 믿을 수 있다는 것이다

우리 주님은 부인하기가 선매특허인 사람들을 가장 가혹하게 비판하셨다. 바리새인들은 근사해 보이도록 꾸미는 데 전문가였다.

그들은 죄를 가시적 위법 행위로 정의한 다음 자신들이 세운 기준을 용의주도하게 지켜 내는 방식으로 자신들의 이미지를 유지했다. 남들의 존경은 그들의 기쁨의 원천이었고, 그런 존경을 확보할 효과적인 수단을 알고 있었다. 그들은 연기를 잘했다. 외부의 기대에 부응하는 훈련이 아주 잘 되어 있었다. 그들 중에서 딱 10분만 정말 기분이 좋았으면 하는 갈망을 털어놓는 사람은 거의 없었을 것 같다. 그들은 안정된 사람들이었다.

내가 그들의 모임에 강사로 초청받았다면 잔뜩 겁을 먹었을 것 같다. 그들은 어려움이 없는 것 같은 사람들이었다. 자신들이 추구하는 것을 발견했고 부러울 정도의 적응력을 발휘하며 자신 있게 전진했다. 그들의 삶은 괜찮아 보였다.

그러나 우리 주님이 그들에게 하신 말씀을 들어 보자. 그들은 다른 사람은 몰라도 주님께는 깊은 인상을 주지 못했다.

화 있을진저 외식하는 서기관들과 바리새인들이여, 잔과 대접의 겉은 깨끗이 하되 그 안에는 탐욕과 방탕으로 가득하게 하는도다. 눈먼 바리새인이여, 너는 먼저 안을 깨끗이 하라. 그리하면 겉도 깨끗하리라(마 23:25-26).

주님은 더 나아가 그들의 삶을 보기 좋게 회칠한 묘비와 비판적으로 비교하셨다. 묘비를 치우면 죽은 시체의 썩은 살이 드러나는 것처럼, 겉으로만 의로운 그들 행위의 내면을 들여다보면 부패와 타락의 악취가 풍길 것이라고 말씀하셨다. 당연히 주님은 바리새인 집회의 인기 강사가 아니었다.

우리는 주님이 바리새인들을 꾸짖으시면서 선포하신 원리를, 하나님이 바라시는 모습으로 변화하기 위한 모든 노력의 지침으로 삼아야 할 것이다. 주님은 가식이 전혀 소용없을 것임을 분명히 하셨다. 우리는 삶의 회칠한 겉모습 배후에서 벌어지는 일을 제대로 이해해야 한다. 우리의 모습 전체를 직시하지 않으면 인생을 제대로 살수 없다는 것이 주님의 가르침인 것 같다. 우리가 경험하는 일들 중에서 자연스럽게 부인하게 되는 부분들을 정직하게 직시하는 것은 고통스러운 일이다. 죽음에 비유하는 것이 무리가 아닐 만큼 고통스럽다. 그러나 그리스도의 가르침에 따라 변화하기 위해서는 우리가 부인하고 싶은 모든 것을 똑바로 보아야 한다. 진정한 변화를 위해서는 내면을 들여다봐야 한다.

얄팍한 대처 vs. 괴로운 사색

사람들은 보통 다음 두 범주 중 하나에 해당한다. (1) 내면의 아픔과 부패를 무시하고 정도의 차이는 있지만 어찌어찌 살아가는 데 성공한 사람들. (2) 어떤 이유에서건 뭔가 잘못되었다는 인식에 사로잡혀 인생을 살아가기가 힘든 사람들.

나를 포함한 절대 다수의 그리스도인들은 무엇이든 즐거운 일을 누리고, 해야 할 일을 하고, 어떤 시련이 닥치더라도 견디는 법을 기꺼이 배우려 할 것이다. 대부분의 그리스도인들에게 성장은 하나님이 자신에게 주셨다고 믿는 능력을 사용하여 해야 할 일들을 모두 감당하기 위해 계속 노력하는 것을 뜻한다. 어떤 이들은 하나님의 성령을 더욱 충만하게 체험하기를 추구한다. 다른 이들은 자신을 결정적으로 내려놓는 지점으로 가려고 한다. 또 다른 이들은 기도하고 교제하고 하나님의 말씀을 공부함으로써 살아가는 데 필요한 도움을 얻으려 한다. 이 모든 접근 방식은 하나님의 도움으로 그분의 명령을 행하는 데 초점을 맞춘다. 물론 이것은 옳고 합당하다. 그리스도를 따르고 그럴 힘을 주실 그분을 의지하며 살기로 헌신하지 않고는 성장이 있을 수 없다. 진정한 변화에는 무엇보다 순종과 의존이 필수적이다.

그러나 순종할 책임과 하나님의 능력을 의지할 책임에 초점을 맞추다 보면, 우리 삶에서 가장 어려운 영역에 소홀해지는 결과가 따라올 수 있다. 우리는 제대로 변해야 한다는 거의 강박에 가까운 부담을 느끼고 외양을 깨끗이 하는 데 힘쓴다. 바리새인들처럼 죄를 관리 가능한 범주로 축소하고는 자신이 정한 기준을 유지하는 데 온 힘을 기울인다. 그러면 영성을 측정하는 기준이 극장에 가는 대신에 교회에 빠짐없이 출석하는 것이 되어 버린다. 다른 사람들과 깊이 있고 건설적인 관계를 맺는 것을 방해하는 우리 영혼의 다루기 어려운 문제들은 무시하고, 좀 더 다루기 쉬운 예절과 적절한 언어 같은 것들을 영적 건강의 지표로 받아들인다.

이렇게 측정 가능하고 피상적인 행동에 초점을 맞추면 흔히 그렇듯 우리는 영혼 속의 괴로운 현실에 관심을 갖지 않게 되고, 그 결과로 무엇이든 자신이 정한 기준에 맞춰 행동하는 것으로 변화를 이루려고 하게 된다. 그러나 그로 인한 변화는 대체로 외적인 것이다. 내면에서부터 시작되는 변화가 아니다. 그로 인해 부담만 더욱 커질 뿐 자유는 주어지지 않는다.

이 첫 번째 집단을 얄팍한 대처자들이라고 부르자. 이들은 자신들이 감당할 수 있는 것만 다루고 나머지는 무시하는 식으로 삶에 대처한다. 이 사람들이 설교를 무엇보다 우선시하게 되면 [성도 간의 진정한] 교제는 형식적인 활동과 엄격한 책임 추궁의 자리로 쪼그라들 수 있다. 풍성한 격려와 감동적인 사랑은 사라져 버릴 수 있다. 제자 훈련은 더 많이 가르칠 기회에 불과할 뿐, 삶의 진짜 문제들과 정직하게 씨름하는 자리는 되지 못한다. 자신의 마음을 깊이 들여다보는 일은 불필요한 행위가 되고 자기에게 몰두하게 만든다는 이유로 만류된다.

두 번째 집단의 사람들은 얄팍한 대처자들의 공동체에 적응하는 데 어려움을 겪는다. 이들은 순종의 노력을 새롭게 다듬는 정도로는 바로잡을 수 없을 만큼 많은 것이 잘못되었다는 괴로운 인식을 떨치지 못한다. 이 사람들을 괴로운 사색가들이라고 부르자. 이들은 해답을 찾을 수 없는 자기 삶의 어려운 부분들을 가지고 정직하게 씨름한다.

힘든 부분들을 무시하고 어떻게든 유쾌한 기분을 유지하는 이들보다는 냉철하게 어려움을 직면하는 이들이 진정한 변화로 가는 길을 발견하는 경우가 더 많다. 문제를 정직하게 바라보는 일은 괴롭지만 그 괴로움은 부인에 근거한 자기만족보다 더 나은 심오한 변화로 이어질 가능성이 높다.

인생을 감당할 수 있다는 확신을 부술 만한 충격적인 일은 얄팍한 대처자가 괴로운 사색가로 바뀌는 계기가 될 수 있다. 딸이 거식증을 앓거나, 배우자가 가정을 버리거나, 아들이 반항하면서 분노를 터뜨리는 것 같은 일들 말이다. 그러나 얄팍한 대처자들은 그런 일이 일어날 때조차 상황에 대처할 방법을 모색할 뿐 도무지 자기 마음의 문제들과 관계의 실상을 정직하게 살펴보려 하지 않는다. '그래, 아들이 주님과 멀리 떨어져 있는 것은 사실이야. 우리로선 할 수 있는 일을 다 했지만 당장엔 사탄이 이기고 있어. 우리는 이 아이를 주님께 의탁할 수밖에 없어. 하나님이 곧 아이를 되돌려 주실 줄 믿고 기도하면서 말이지.' 상황 종료 선언이다. 이런 식으로 문제에 대처하려는 노력은 얄팍할 뿐 아니라 경직된 태도이기도 하다. 살펴볼 것이 더 있을지 모른다는 제안, 이를테면 아들이 영영 돌아오지 않을지 모른다거나, 아빠가 아들에게 화를 내며 지나친 순종을 요구했던 것은 아들이 아닌 자신을 위한 것이었을 가능성을 언급하는 것은 주님을 신뢰하지 않는 처사로 치부된다.

순종하겠다는 헌신은 하나님을 추구하고자 하는 열망보다는 깊은 좌절과 개인적 고통을 피하고 싶은 지독한 두려움에서 나온 결심일 때가 아주 많다. 고통을 부인하고 싶은 마음이 우리의 순종을 끌고 가는 동력일 때, 우리 영혼의 따뜻하고 부드러운 부분은 하나님을 따르는 일에 관여하지 않게 된다. 우리는 뻣뻣해진다. 도덕적인 일에 대한 우리의 생각을 다른 사람들을 받아들이게 해야 한다는 독단적 자세가 도드라지면서 하나님이 우리에게 정말 원하시는 일을 탐구하려는 열린 자세를 몰아낸다. 사람들과의 정직한 소통이라는 가슴 뛰는 현실과 접촉하는 일이 사라진다. 우리는 다른 사람들을 이끌어 그리스도를 더 알고 싶어지게 만드는 열정적인 그리스도인이 아니라 하나님의 기준을 지키라고 사람들을 몰아붙이는 경직된 도덕주의자가 된다.

하나님의 신실하심을 생각하고 위로를 받으면 버겁게만 보이는 엄청난 고통과 혼란에서 안전하게 떨어져 나와 삶의 표면에서 계속 살아갈 수 있다. 그러나 하나님을 가장 온전히 알 수 있는 자리는 혼란스러운 현실 한복판이다. 곤란한 질문들을 던지고 어려운 문제를 직시하지 않으면 하나님을 만나 변화할 수 없다.

변화를 위해서는 내면을 들여다봐야 한다

부인하는 방식으로 편안한 적응을 유지하는 데 어려움을 겪는 이들이 늘고 있다. 삶은 너무나 혼란스럽고, 관계는 너무나 어려우며, 경험은 너무나 실망스럽고 책임은 부담스럽기에 그저 의무를 이행하고 괴로운 일은 다 부인하는 것이 성공적인 삶의 비결인 것처럼 쉽사리 가장할 수가 없다.

거짓말이 점점 늘어 가는 자녀들을 키우는 상황에서 부모는 온갖 대중적 공식과 원리들의 도움을 거의 받지 못한다. 자신이 아는 온갖 방법을 시도하면서도 더 이상 자신이 제대로 하고 있는지 확신하지 못한다. 좋은 가정에서 자란 수많은 다른 아이들이 타락하는 것을 보면서 결국 모든 일이 잘 될 것이라고 행복하게 확신할 수가 없다.

여성들은 자신의 여성성을 특별한 기쁨의 원천으로 보지 않고 중립적인 사실로 받아들이고 있다. 상처받을 것을 두려워한 나머지 그 생기 없는 중립성 아래에서 자신을 내어 줄 기회를 누리지 못하는 여성들이 늘어나고 있다.

남성들은 자신의 부족함을 느끼고 가족들과 의미 있게 관계 맺는 법을 배우기를 전심으로 바라지만, 사랑으로 가정을 이끄는 가장이 되려는 그들의 노력은 실패로 끝난다. 그러면 그들은 어디든 자신이 유능하다고 느낄 수 있는 영역으로 물러나게 되고, 가족의 삶에 관여하는 남편과 아버지의 풍성한 기쁨을 모른 채 살아간다.

그리스도인들은 늘 하던 식으로 교회 활동에 참여하고 말씀을 읽는 시간을 갖고 옳은 일을 하기로 다짐하고 하나님의 약속을 자기 것으로 주장하고 하나님의 능력에 순복하지만, 어찌된 일인지 그런 일들이 마음의 핵심 문제들을 해결하지 못하는 것을 깨닫고 있다.

우리 마음속 핵심 문제들을 파악하고 인정할 때 하나님의 성령이 우리를 더 깊은 곳으로 인도하시고, 거기서 우리는 자신의 행복보다 타인의 행복에 더 깊은 관심을 갖는 경지를 발견한다. 우리기 다른 누군가를 사랑하고자 할 때, 성령께서 우리 내면의 시선을 인도하고 계시다는 것을 알 수 있다.

우리는 더 많은 것을 원하기에, 누가 되었든 더 많은 내용을 설득력 있게 약속하는 사람을 쉽사리 따라간다. 우리는 유행하는 영적 활동을 시도하고 인기 있는 세미나나 운동에 참여하거나, 좋아하는 설교자의 테이프를 부지런히 듣는다. 그러나 늘 부족함을 느낀다. 그 어떤 것도 만족을 주지 못하고, 어떤 것도 효과가 없다. 그리스도를 따르려는 최근의 노력이 우리의 깊은 문제들을 건드리지 못했음을 마음속으로는 안다.

우리 존재의 중심부에서 변화하는 일은 가능할까? 얼마나 많은 변화를 기대할 수 있을까? 우리는 내면의 괴로운 현실이 아예 존재하지 않는 것처럼 가장하지만, 그 현실은 우리가 과연 얼마나 변화될 수 있을지 의심스럽게 만든다.

이 책의 주제는 내면으로부터의 변화다. 그 변화의 과정은 우리 삶에서 벌어지는 모든 일을 정직하게 바라보는 일로 시작되고, 상황이 실제보다 낫다고 가장하지 않아도 계속 이어진다. 우리 주님이 가능하게 만드시는 그 변화를 경험하려면 정직해지려는 용기가 필요하다. 진정한 변화를 위해서는 내면을 들여다봐야 한다.

Chapter 2
내면을 들여다보는 일은 답답하게 느껴질 수 있다

어릴 때 주일학교 시간에 선생님이 착하게 살고자 하는 그리스도인의 분투를 설명해 주는 것을 주의 깊게 들었던 기억이 난다. 선생님은 각 사람 안에 못된 개와 착한 개가 있다고 했다. 못된 개는 사랑스러운 애완동물로 길들일 수 없다. 하지만 착한 개는 우리가 그리스도인이 되면 하나님이 우리 마음속에 들여보내시고 이미 길들여진 상태라고 했다. 착한 개는 언제나 옳은 일을 하고 싶어 한다.

못된 개는 우리 내면에 도사리고 있으면서 나쁜 일을 하도록 어김없이 부추기는 우리의 옛 본성이다. 우리의 새 본성인 착한 개는 못된 개와 싸우면 늘 이길 수 있지만, 녀석이 싸움에 나서려면 우리가 그렇게 하라고 시켜야 한다. 이것이 바로 비결이다. 우리가 우등생의 맞춤법 시험지를 훔쳐보고 싶은 유혹을 받는다면, 못된 개가 짖고 있는 것이다. 그 순간, 그리스도인이 할 일은 착한 개에게 "물어"라고 말하는 것이고, 그러면 합당한 일에 시선을 두게 된다.

선생님은 더 나아가 우리가 천국에 이를 때까지는 못된 개를 결코 죽일 수 없다고 엄중하게 경고했다. 그리고 이후 내가 수많은 설교에서 거듭거듭 듣게 되는 내용을 가르쳐 주었다. 우리는 죄의 형벌과 권세로부터 구원을 받았지만, 내세에 이르기 전에는 여전히 죄가 존재한다는 내용이었다. 우리의 죄악 된 본성은 언제나 어떻게 해서든 상처를 회복하고 다시 우리를 잘못된 방향으로 몰아 댄다. 우리의 유일한 소망은 남은 평생 동안 착한 개에게 "물어"라고 말하는 것이다. 그것을 실행하는 만큼 계속적으로 죄를 이기고 하나님과 즐거운 교제를 나누는 삶을 누릴 수 있다.

이 가르침을 듣고 혼란스러웠던 기억이 난다. 나는 이런 의문이 들었다. '하지만 착한 개에게 어떻게 "물어"라고 말하지? 내가 뭘 해야 하는지도 잘 모르겠는데 말이야.'

선생님의 비유는 생생했고 두 세력이 우리 안에서 전쟁을 벌인다는 성경의 사상과도 일치하는 것 같았다. 하지만 그것이 맞춤법 시험에 어떻게 적용되는지는 알 수가 없었다. 내가 급우의 시험지를 보지 않는 데 성공했을 때는 어떤 이유로든 옳은 일을 하기로 선택한 것이 전부인 듯 보였다. 거기에 하나님의 능력이 발휘되었는지는 알 수 없었다. 나는 선택을 내렸고 그것은 도덕적인 비기독교인이 할 법한 방식과 다르지 않았다. 그리고 내가 부정행위를 하고 싶은 마음이 들 때는 가공의 개에게 명령을 내려도 도움이 되지 않았다. 나는 유혹의 강도 및 기타 여러 요인에 따라서 유혹에 지기도 하고 맞서기도 했지만 그중 어떤 요인도 [행동을 결정하는] 나의 내면적 과정과 하나님의 능력 간의 상호작용을 분명하게 드러내 주는 것 같지 않았다. 나는 정말 착해지고 싶었지만, 내 어린 시절의 가르침은 분명한 길잡이가 되기보다는 답답함이 더 커지게 했다. 내면을 들여다보는 일은 내게 도움이 되지 않았다. 이것은 단지 선택의 문제인 것 같았기에 나는 좋은 선택을 하려고 열심히 노력했다.

요즘 제대로 된 사람, 곧 즐겁고 자기희생적이고 헌신적이며 겸손하고 타협하지 않으면서 사랑이 많은 사람이 되는 법을 다룬 설교를 듣거나 책을 읽을 때 종종 그때와 같은 느낌을 받는다. 나는 그리스도께서 내게 원하시는 모습을 갖추는 길이 존재하고, 그 길을 걸어갈 방법이 있다는 느낌이 든다(이 느낌에는 정당화가 쉽지 않은, 강한 확신이 실리기도 한다). 그러나 그저 순종하기로 선택하는 것 말고 이 모든 내용을 어떻게 한데 맞춰 낼지는 잘 모를 때가 많다.

선을 행하는 것 vs. 선하게 되는 것

내가 갖추고 싶은 특성들 중 하나 또는 몇 가지를 보여주는 사람들이 있지만, 내가 원하는 모습 전체를 온전하게 구현한 사람은 (우리 주님 외에는) 없다. 이런 관찰 내용은 내가 그리스도인의 바람직한 모습을 갖춘다고 할 때 영적 발전의 어느 단계에서든 기껏해야 결함 있는 정도에 그칠 것임을 말해 준다. 그런데 완벽할 순 없어도 나아질 수는 있다. 나는 우리 주님을 좀 더 닮을 수 있고, 그분의 아름다움을 구성하는 몇 가지 면모를 보여주는 제자들을 좀 더 닮을 수 있다.

하지만 내가 정말 갈망하는 개선은 외적인 닮음이 아니라 훨씬 더 깊은 수준의 변화다. 내가 본받고 싶은 행동 양식을 보여주는 수십 명의 이름을 댈 수 있지만, 내가 흠모하는 성품을 갖춘 사람들의 명단은 그보다 훨씬 짧다. 많은 사람이 근면하고 절제력이 있고 박식하고 심지어 친절하다. 그 모두가 좋은 것들이다. 그러나 정말로 자신을 내주고 긍휼을 베풀고 고결해 보이는 사람은 소수다. 나는 여러 가치 있는 특성들 중에서 표면적인 것들을 대단하다고 생각하지만, 의미심장한 성품의 변화를 보여주는 더 깊은 특성들은 흠모한다.

___

우리는 하나님의 사랑 안에서 차분히 안식한다는 것이 무엇을 의미하는지 알아야 한다. 타인을 향한 우리의 사랑은 이것을 이해하는 만큼만 진실해지고 깊어질 수 있다. 하지만 그분의 사랑 안에 안식하는 것이 늘 그 사랑을 느낀다는 뜻은 아니다. 사랑받는 느낌은 순식간에 생겨났다가 바로 사라질 수 있다. 우리가 최악의 모습일 때도 하나님이 우리를 사랑하심을 겸손히 신뢰할 때 비로소 사랑 안에서 안식할 수 있다. 안식만이 성품을 변화시킨다.

내가 말하려는 바를 명확히 해두고 싶다. 중요한 논점이기 때문이다. 건강에 좋은 습관을 잘 지키는 한 친구가 떠오른다. 그는 단 것을 많이 먹고 싶은 유혹에 지지 않고 꾸준히 조깅을 하고 업무량도 조절한다. 나는 그 부분에서 그가 대단하다고 생각한다. 그의 행동은 대단한 수준의 의지력을 보여준다. 적당히 먹고 운동하고 일하려는 나의 노력이 그 앞에서는 때때로 부끄러워질 정도다.

또 다른 친구는 끔찍하게 실망스럽고 고통스러운 시련을 겪을 때 다른 사람들을 더 깊이 사랑하는 것으로 대응한다. 그는 고통을 느끼지만 어떤 식으로든 그 고통을 사용하여 다른 이들의 고통과 격려하시는 하나님의 능력을 더욱 분명히 의식하게 된다. 그의 삶을 보면 고결한, 경건한, 풍성한 같은 단어들이 떠오른다.

자기 관리의 습관, 질서정연함, 전반적으로 친절한 그를 볼 때 나는 사뭇 다른 느낌이 든다. 나는 자기 훈련이 잘 된 친구를 인상적이고 대단하고 근사하다고 묘사한다. 그를 보면 '더 절제해야겠다'는 생각이 든다. 약간의 부담이 느껴지고 죄책감이 들면서 가끔은 동기부여도 된다. 반면 어려움을 겪는 두 번째 친구가 주는 효과는 다르다. 그를 보면 "자기관리를 더 해야겠어"가 아니라 "더 사랑하는 사람이 되고 싶다"는 말이 나온다.

그 차이는 어마어마하다. 어떤 사람들은 더 열심히 노력하고 더 잘 행하도록 나를 몰아붙인다. 다른 사람들은 그리스도와의 비범한 관계에서 싹트는 듯한 형언할 수 없는 특성으로 나를 매료시키고 더 나은 사람이 되도록 이끈다. 참으로 의미심장한 이 특성은 올바른 교리와 각 사람이 느끼는 현실에 걸맞은 헌신을 뛰어넘는다. 그리스도를 가끔씩 엿보고 그 일로 삶의 다른 어떤 경험보다 더한 감동을 받는다고 말하는 소수의 사람들이 있다. 바로 이들이 변화의 가능성으로 나를 설레게 한다. 나는 행동 양식과 성경 지식이 훌륭한 사람이 아니라 종류가 다른 사람이 되고 싶다. 사람됨이 바뀌려면 내가 하는 일이나 아는 바를 바꾸는 데 필요한 과정과는 아주 다른 과정이 필요하다. 성형 수술 정도로는 내가 염두에 둔 변화를 만들어 낼 수 없다.

나는 아내에게 친절하게 대하는 것 이상의 일을 하고 싶다. 내면 깊숙한 곳에 있는 자원을 끌어 와 아내에게 아낌없이 내주고 싶다. 우리 아이들에게 내가 기대하는 바를 가르치고 규칙을 따르게 하는 것 이상의 일을 하고 싶다. 내 삶을 통해 아이들이 하나님을 추구하도록 이끌고 싶다. 성경적으로 건전한 설교를 잘 전달하여 교인들의 열렬한 반응을 얻는 것 이상의 일을 하고 싶다. 내 영혼에서 쏟아져 나오는 인격적 감화력으로 진리를 전달하고 싶다. 우울함에 빠지는 나의 성향을 통제하는 것 이상의 일을 하고 싶다. 나는 미래의 온전한 기쁨을 지금 확신할 수 있을 만큼 하나님의 선하심을 깊이 맛보고 싶다.

이런 변화가 생기려면 내가 만들어 낼 수 있는 헌신적 노력을 능가하는 것이 필요하다. 이것은 내 존재의 가장 깊은 곳에서 일어나는 변화, 내가 잘 맛보지 못하면서 꿈꾸기만 했던 변화다. 나는 많은 이들을 통해 이 변화의 극히 일부를 보았고, 소수의 사람들에게서 제법 많은 부분을 보았다. 이 변화가 온전히 나타난 경우는 단 한 분에게서뿐이었다. 나는 이런 변화를 원하지만, 누군가 이런 변화를 성취할 방법을 설명하는 것을 듣고 있으면 답답해진다.

나의 주일학교 선생님이 이렇게 말했다고 해보자. "자, 너희는 학교에서 시험 칠 때 부정행위를 하고 싶은 유혹을 받지. 그건 잘못된 일이야. 하다가 걸릴 수도 있고, 나중에 인생을 망가뜨릴 나쁜 습관이 생길 수도 있어. 그러니 부정행위를 하지 마. 너희 시험지만 보겠다고 결심하고 거기서 시선을 떼지 않으려고 힘껏 노력해. 어려운 일일 거야. 때로는 실패도 하겠지. 실패할 때는 하나님께 용서를 구하고 다시 부정행위를 하지 않으려고 노력하는 거야." 이런 가르침이라면 마음속에서 두 마리 개가 으르렁거린다는 이야기보다 훨씬 이해가 잘 되었을 것이다. 사람들이 내면의 변화를 위해 필요한 것을 말할 때 나는 혼란스러워진다. 도덕적 노력은 나도 이해하지만, 좋은 행동 양식이 아무리 확고히 자리 잡아도 그것만으로는 내가 흠모하고 합당하게 갈망하는 심오한 성품의 특성들이 만들어지지 않는다.

수행인가, 의존인가?

여러 세기 동안 그리스도인들은 어떻게 하면 우리가 우리의 구원을 이루되(이 말은 진정한 노력을 포함하는 것 같다) 우리 안에서 일하시고 그분의 능력으로 그분의 뜻을 우리가 바라고 수행할 힘을 주시는 하나님을 어떤 식으로든 의지하는가 하는 문제와 씨름했다. 우리가 자신의 자원에 의지하여 달성 가능한 모든 것을 이루는 인본주의적 방식을 넘어서려면, 하나님께 순종하기를 구하면서 하나님을 의지하는 것이 영감을 주는 미사여구에 머물러서는 안 된다. 하나님을 의지하는 일이 생생한 현실이 되어야 한다.

하지만 도대체 어떻게 하나님을 온전히 의지하는가? 그 답은 파악하기가 어렵다(나는 그 내용이 단순하다고 생각하고 이후의 여러 장에 걸쳐 그것을 제대로 제시하기를 바라지만, 파악하기는 여전히 어렵다). 그래서 우리 자신과 변화를 이해하려는 현대의 접근 방식은 대부분 노력이라는 중심 요소로 되돌아간다. 우리의 문제가 나중에 후회할 만한 일을 하는 것이든, 자신을 하나님께 온전히 맡기고 싶은 것이든, 정말 하나님의 사랑을 받는 자임을 믿으려고 애쓰는 것이든, 해결 방안은 모두 동일하다. '더 힘껏 노력하라!'는 것이다.

노력에 의거한 변화 전략은 하나님께 의존하는 전략보다 정의하기가 더 쉽다. 그래서 설교가 흔히 성경의 내용을 가르치고 그 말씀대로 살아가라고 권고하는 구조로 이루어지는 듯하다. 지식과 순종. 더 많이 배우고 옳은 일을 행하라. 그러나 지식을 얻고 올바르게 사는 일에만 집중하는 삶의 결과물은 [앞서 말한] 첫 번째 종류의 성품적 특성이다. 그런 특성은 대단하긴 하지만 우리를 관계 안으로 더 깊숙이 이끌지는 못한다.

우리 주님이 인정하시는 옳은 일을 행하기 위해서는 특정 행위들을 수행하는 것을 훨씬 능가하는 일이 필요하다. 주님은 분명히 그렇게 말씀하셨다. 그분은 율법 전체를 하나님을 사랑하고 이웃을 사랑하라는 두 계명으로 요약할 수 있다고 말씀하셨다(마 22:36-40). 심오한 내면적 변화 없이는 아무리 작은 형태라도 그 권고들을 따를 수 없다. 도덕적 노력만으로는 진정한 사랑을 결코 만들어 낼 수 없다.

나는 사람이 바꾸기 원하는 모든 개인적 문제 또는 행동의 문제(나쁜 성질, 변태 성욕, 우울증, 불안, 과식 등)가 궁극적으로는 사랑하라는 명령을 어긴 결과라는 것을 충분히 논증할 수 있다고 믿는다. 그것이 사실이라면, 사랑하기를 배우는 것은 영적 성숙을 위해 필요할 뿐 아니라 심리적 문제들을 극복하는 데도 중심적인 역할을 한다는 의미다. 사람들 사이의 문제든 내면의 문제든 삶의 모든 문제가 하나님의 사랑의 기준을 어긴 관계 방식의 산물임을 확신할 때, 그리고 사랑하기를 배우는 것이 도덕적 노력보다 훨씬 큰 것을 요구하는 내면의 일임을 인식할 때, 우리는 내면을 들여다보고 싶은 마음이 강하게 들 것이다.

이제 우리는 출발점으로 돌아왔다. 진정으로 변화하기 위해서 내면의 삶을 들여다봐야 함을 인정한다면, 우리는 자신의 내면을 어떻게 파악하고 그 내용을 가지고 정확히 무엇을 해야 하는지 알아내야 하는 상당한 고민 앞에 서게 된다. 어디서부터 시작해야 할까?

수면 아래의 삶을 다루기

우리 자신을 빙산이라고 생각해 보자. 수면 위로 솟아 눈에 보이는 빙산의 봉우리는 우리가 하는 일, 의식적으로 하는 생각, 우리 안에서 감지할 수 있는 감정에 해당한다. 수면 아래 잠긴 거대한 덩어리는 또렷이 보이지 않는 부분을 나타낸다. 우리 마음의 동기와 태도, 충동적으로 살지 않겠다는 결심을 가끔씩 압도하는 이상한 충동, 삶의 수면 아래에 숨겨 두고 싶은 고통스러운 기억과 격렬한 감정들이다.

다들 알다시피, 우리라는 빙산에서 수면 위의 부분을 다루는 데는 노력이 필요하다. 옳은 일을 하겠다고 선택해야 한다. 올바르게 생각하려면 공부해야 한다. 감정 표현을 통제하되 자연스러움을 잃지 말아야 한다. 그러나 올바른 일을 하고, 바르게 생각하고, 자신의 감정을 통제하려는 노력은 금세 좌절로 이어진다. 우리의 기준을 높게 유지하려면, 우리 내면에서 추가적인 노력으로는 감당할 수 없을 만큼 많은 일이 벌어지고 있음을 인정해야 한다. 그러면 질문은 이렇게 바뀐다. 수면 아래 있는 부분, 옳은 일을 하려고 더 강하게 노력해도 변하지 않는 요소들을 어떻게 해야 할까? 우리는 이 내용을 이렇게 스케치해 볼 수 있을 것이다.

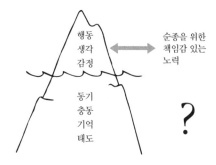

     기독교 공동체는 수면 아래의 혼란스러운 현실을 상대하는 세 가지 선택지를 제시한다. 셋 모두 깊은 내면의 변화를 약속한다. 이번 장 나머지 부분에서 이 세 선택지를 간략히 요약하려 한다. 하나하나가 분명히 가치가 있지만 불완전하고 불필요한 답답함을 느끼게 하는 것이 사실이다.

선택지 1: 그리스도인의 의무를 다하라

변화가 일어나는 방식에 대한 가장 일반적인 이해는 아마 이 접근법일 것이다. 무슨 일이든 하나님이 말씀하시는 대로 행하기로 결심하고, 그런 마음으로 기독교적 활동에 참여하면, 하나님의 능력이 어떤 식으로든 드러나 제대로 살 수 있는 힘을 얻게 된다는 것이다.

     우리는 하나님의 능력으로 하나님께 순종해야 한다고 들었다. 육신의 힘으로 살아가려는 모든 노력은 실패할 수밖에 없다고 했다. 우리는 수면 위에서 해야 할 일을 한다. 하나님의 말씀에 집중하고, 기도하고, 다른 사람들을 섬긴다. 그런 일들을 할 때, 하나님의 능력이 수면 아래의 모든 문제를 결국 압도하고 우리는 계속 승리하며 살 수 있는 힘을 얻는다는 이야기다.

수면 위에서 실패할 때는 더 많은 노력이 요구된다. 하나님의 말씀을 배우고 기도하는 데 더 많은 시간을 내고 교회의 전도 활동에 참가해야 한다. 그리스도인의 의무를 다하고 우리의 지성과 영혼이 하나님의 진리에 잠기게 하면 성령을 소멸하거나 근심케 하는 일이 없어진다. 우리 삶에서 강력하게 일하실 자유를 성령께 내어드리면 그분의 은혜에 힘입어 우리는 옳은 일을 할 수 있다. 굳이 내면을 들여다볼 필요는 없다. 기독교적 의무 수행을 통해 하나님이 우리 삶을 붙잡으실 때, 수면 아래서 요란한 소리를 내는 모든 문제가 저절로 풀려 나갈 것이다. 내면을 들여다보는 것은 성숙으로 나아가는 길에 불필요하고 유해한 심리학적 탈선으로 보인다.

수년간 기독교적 의무를 다하고도 기대했던 유익을 경험하지 못하고 나에게 전문 상담을 받으러 온 이들이 많다. 그들은 뭐가 잘못된 것인지 의아해한다. 더 일찍 일어나 경건의 시간을 갖는 것은 도움이 되지 않았다. 그들은 지치고 낙심했으며 환멸에 빠졌다. 또 어떤 이들은 수년간 성경 공부, 기도, 교회 활동에 전념했고, 그 결과 옳은 일을 하긴 하지만 사람들과의 관계에는 서툰, 엄격하고 잘 훈련되었으나 거리감이 느껴지는 사람이 되었다. 모두가 이렇듯 극단으로 치우치는 것은 아니지만, 우리 대부분은 영속적 변화의 비결을 찾지 못했다.

여러 해 동안 급한 성미와 씨름했던 한 젊은이가 떠오른다. 그는 신랄한 말로 아내에게 여러 차례 깊은 상처를 주었다. 자신의 분노가 초래한 고통을 깨닫고 나서 깊이 후회했고 달라지기를 간절히 원했다. 할 수 있는 일은 다 해보았다. 성경 묵상과 열렬한 기도에 전념하다시피 했고, 이른 아침에 잠을 줄이고 몇 시간씩 그 일에 매달렸다. 그의 부목사 사역은 줄곧 찬사를 받았다. 사람들은 그를 사랑했다. 그러나 그는 자신이 위선자처럼 느껴졌다. 겉으로는 괜찮아 보이지만 속으로는 가망 없이 부패한 사기꾼 같았다.

기도, 성경 공부, 교회 활동은 그가 분노를 토해 낼 때마다 어김없이 함께 분출되던 수면 아래의 온갖 문제들을 해결하지 못했다. 그는 절망한 채 내게 말했다. "무슨 일을 더 해야 할지 모르겠습니다. 성질을 다스리려는 노력을 지금보다 더할 수는 없습니다. 제가 아는 기독교적 처방을 모두 써보았거든요. 그러나 제 삶에는 능력이 없습니다. 어떻게 해야 더 잘할 수 있을지 모르겠습니다." 기독교적 의무를 다했지만 내면의 변화는 이루어지지 않았다.

또 다른 남자가 있다. 중년의 사업가였던 그는 유능한 성경 교사, 지칠 줄 모르는 교회 봉사자, 신실한 기도의 용사였다. 그러나 아내를 포함한 누구도 그에게 가까이 갈 수 없었다. 수년간의 기도와 성경 공부로 여러모로 대단해졌지만 사랑의 사람이 되지는 못했다. 그리고 사도 바울이 딱 잘라 말한 것처럼, 사랑이 없으면 최고의 노력들도 아무것도 아니다. 이 사람은 기독교적 의무를 수행하는 데 헌신했지만, 다른 사람을 더 깊고 열정적으로 하나님을 추구하도록 이끄는 실질적 능력은 전혀 없었다.

결론은 분명하다. 우리가 내면에서부터 변화하려면 외부적 노력의 증가 이상의 것이 필요하다. 빙산의 모델을 사용하면, 내면에서 시작하여 바깥으로 퍼져 가는 변화를 모색하는 이 접근법을 다음과 같이 정리할 수 있다.

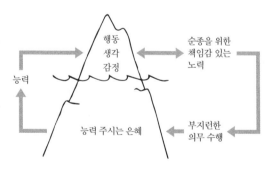

두 번째 접근법은 변화가 일어나려면 기독교적 의무를 수행하고 거기에 뒤따르는 은혜가 수면 아래 문제들을 처리해 주기를 기대하는 일보다 더 많은 것이 필요함을 인정한다. 타락의 영향과 죄에게로 끌리는 우리의 완고한 성향에 대해, 성령의 결정적인 역사하심을 통해 보다 강력하게 다루어야 하는 것이다. 물론 우리는 옳은 일을 하기로 선택해야 하고 하나님과 그분의 말씀을 계속 더 배워 나가야 하지만, 그러한 경건의 추구가 더 높은 수준으로 올라가려면 특별한 능력이 필요하다. 그리고 우리는 그 능력을 누릴 수 있다.

그 능력을 우리 것으로 삼는 방법에 대해서는 성령께서 인생 가운데 자유롭게 활동하시게 해드려야 한다고 생각하는 사람들 사이에서도 의견이 분분하다. 어떤 이들은 제2의 축복을 구하거나 구원 이후의 경험으로 성령 세례를 받아야 한다고 주장한다. 이들은 성령의 특별한 역사에는 새로운 차원의 영적 현실을 나타내는 증거가 따라온다고 생각한다. 방언 같은 것이 그 사례이다.

또 다른 사람들은 우리 힘으로는 합당하게 사는 것이 불가능함을 납득시키고 우리 마음을 조건 없이 하나님께 내어놓도록 가르친다. 자신의 절박한 필요를 깨닫고 나서 하나님을 온전히 신뢰하겠다고 결단하는 일은 하나님에 대한 특별한 수준의 의존을 보여준다. 이렇게 하나님을 의지할 때 성령께서는 우리 존재 가장 깊은 곳에서 자유롭고 강력하게 역사하시고 우리가 영적 열매를 맺을 수 있게 하신다.

"이상하게 마음이 뜨거워졌다"는 존 웨슬리의 증언을 강조하는 이들도 있다. 그들은 하나님이 우리를 사랑하신다는 진리 안으로 더 깊이 들어갈 때, 더 풍성하게 사랑할 능력이 자연스럽게 자라난다고 말한다.

또 다른 사람들은 우리의 생명이 그리스도의 생명으로 바뀌는 지점에 이르도록 우리가 그리스도와 함께 십자가에 못 박히고 함께 부활했다고 여기라고 격려한다. 우리가 그리스도 안에 있는 존재라는 진리를 굳게 붙들고 우리 안에 엄연히 계시는 그분의 생명에 의존하기로 선택할 때 새로운 수준의 승리를 누리며 살 능력을 얻는다.

내면의 변화를 다루는 이 두 번째 선택지의 공통 주제는 성령을 자유롭게 해드려서 이루어져야 할 일을 친히 하시게 할 수 있고, 그러기 위해서는 우리 쪽에 뭔가 결정적인 믿음의 행위가 있어야 한다는 믿음이다. 이 생각은 다음과 같이 정리할 수 있다

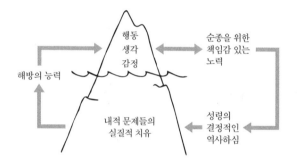

선택지 3: 장애물을 돌파하여 성장하라

위의 두 선택지 모두 우리에게 수면 아래의 문제들을 직접 다루라고 요구하지 않는다는 데 주목하자. 어린 시절의 성적 학대로 시작된 낭만적 관계에 대한 두려움, 무관심한 부모가 심어 준 낮은 자존감, 이상한 일을 저지르고 싶은 강한 충동 같은 문제들을 굳이 들여다보고 이해하고 다룰 필요가 없다는 것이다. 첫 번째 접근법은 바른 일을 하려는 노력만 있으면 충분하다고 장담한다. 우리가 기독교적 의무를 수행하면 하나님의 능력이 우리 삶에 들어올 것이라고 말한다. 우울한 감정들 때문에 괴로운 상황이라면, 내면을 들여다볼 필요 없이

그저 성경 공부, 기도, 기독교적 봉사에 더욱 열심히 참여하면 된다는 것이다.

두 번째 접근법도 내면을 들여다볼 필요가 없다는 입장을 취한다. 성령께서는 우리 내면에 있는 모든 것을 이해하시고, 우리가 그분이 일하시도록 맡기면 지저분한 것들을 깨끗이 치워 주실 수 있다고 본다. 자신의 태도, 감정, 목표, 자아상을 오랫동안 골똘히, 면밀히 바라보는 것은 기껏해야 자신에게 몰두하는 자기 성찰이다. 깊이 있는 변화를 위해 해야 할 일은 자신을 더욱 열렬히 성령께 맡기는 것뿐이다.

이런 접근 방식들을 경험한 이들의 좌절이 쌓이자 현대에 와서는 상담, 나눔 집단, 자기이해 세미나를 강조하는 문이 열렸다. 옳은 일을 행하고 하나님의 영에게 복종하는 일이 우리가 바랐던 변화로 항상 이어지진 않았던 것이다. 변화에 대한 전통적 기독교의 접근 방식에 실망한 사람들은 새로운 생각들에 열광한다. 더 많은 공부나 더 깊은 순복으로 성장의 장애물들을 극복할 수 없을 때, 모종의 상담이 적절해 보이기도 한다.

나는 상담가다. 수백 명의 사람들과 일했고 많은 이들에게 실질적 도움을 주었다고 믿는다. 내가 지금처럼 상담을 강조하는 데 공감하는 것은 대부분의(전부는 아니다) 상담가들이 수면 아래를 정직하게 들여다보라고 권하기 때문이다. 나는 그것이 큰 도움이 된다고 생각한다. 우리가 정말 누구인지 직시하는 일의 중요성을 종종 교회보다 상담가들이 더 잘 인식한다는 것은 비극이다.

이런 상황이 달라져서 하나님 백성의 공동체들이 기꺼이 서로의 삶을 용감하게 바라보고 어려운 질문들에 대한 하나님의 답변을 찾아 나서기 전까지는, 전문 상담이 깊은 변화를 촉진하는 데 꼭 필요한 핵심적 역할을 감당할 것이다. 불행히도, 개별 상담가들은 절박한 내담자에게 성경적 해결책을 제공하지 못할 것이다. 교회가 사람들에게 내면을 들여다보라고 격려하고 나서지 않는 한, 마음의 상처를 가진 사람들은 거짓되고 일시적인 해결책밖에는 발견하지 못할 것이다.

선택지 3은 도움이 주어지는 통로가 기억을 치유하는 것이든, [환자가 억압된 유년기의 트라우마를 떠올리고 내지르는] 원초적 절규이든, 기독교화된 심리 요법이든, 수면 아래에 깊이 잠겨 있는 문제들을 직접 다루는 것이 성장의 장애물을 제거하는 데 필수적이라고 주장한다. 하지만 대부분의 심리학적 시도들은 가장 깊은 문제들은 해결하지 못한다. 그런 문제들은 영적인 것이기 때문이다. 상담을 통한 변화라는 말이 의미하는 것은 깊숙이 숨어 있는 죄의 회개가 아니라 수면 아래 있는 문제의 해결이다. 여기에 담긴 메시지는 자기 인식과 심리적 성숙을 통해 힘이 주어진다는 것이다. 우리 안에서 일하시고 변화의 의지와 변할 능력을 주시는 하나님은 진정한 변화의 주변부로 밀려나 버린다.

사람들은 흔히 거룩이라고 하면 옳은 일을 하는 것과 잘못된 일을 안 하는 것이라고 생각한다. 상담을 진행하면서 행동 아래에 숨겨진 것들을 보다 보면, 심리적 역동만 드러나고 참된 거룩에 대한 치열한 관심은 밀려나는 경우가 너무나 많다. 관계적 죄, 사랑 없는 관계 형성은 거룩하지 않은 관계라는 땅에서 자라나고, 모든 타락한 인간 마음 안에서 요란한 소리를 내는 자기중심적 에너지를 먹고 성장한다.

선택지 3은 다음과 같이 정리할 수 있다.

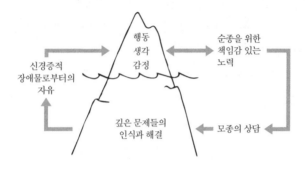

내면을 다루는 일은 답답하게 느껴질 수 있다. 그리스도인의 엄격한 삶이 우리 영혼의 모든 문제를 해결하지는 못한다. 성령께서 우리 삶을 다스리시도록 초대해도 우리 존재의 어떤 부분은 바뀌지 않는다. 상담가의 도움을 받아 내면을 정직하게 살펴보다가 혼란과 병적인 자기 몰두로 빠지기도 한다. 하지만 그럼에도 우리 주님은 우리 인격의 내면을 깨끗하게 하라고 요구하신다. 그런 다음에야 겉으로도 합당한 깨끗함을 경험할 수 있다. 내면을 들여다봐야만 진정한 변화가 일어날 수 있다.

이 책의 나머지 부분에서는 내면에서 바깥으로 뻗어나가는 변화를 이해할 틀을 설명해 나가고자 한다. 이 틀은 우리가 삶의 기쁨과 시련을 헤쳐 나가도록 이끌어 줄 수 있다. 내면을 들여다보는 일은 답답할 수 있지만, 우리는 두 마리 개가 우리 삶의 통제권을 놓고 서로 으르렁댄다는 이야기보다 더 나은 설명을 내놓을 수 있다.

Chapter 3

무엇을 찾아야 할지 알아야 한다

마음을 탐구하는 것은 중요하고도 까다로운 일이다. 긴장감 때문에 속이 울렁거릴 지경이 되면 도대체 왜 이러는지 알고 싶어진다. 우리의 기만적인 마음과 어리석은 정신에 무슨 일이 벌어지고 있기에 이런 끔찍한 느낌이 생길까? 내면을 들여다보는 것은 필요한 일이지만 혼란스럽다. 그리고 기독교계 안에서 우리 내면을 주의 깊게 살펴 무엇이 잘못되었는지 알아보는 데 도움 될 만한 것이 별로 없다.[1]

수 세기에 걸쳐 교회는 영혼을 돌보고 치료하는 책임을 맡았다. 하나님만이 인간 마음의 부패와 외로움을 제대로 다루실 수 있다고 믿었기 때문이다. 그러나 프로이트와 함께 '심층 심리학'의 시대가 열리면서 목사들은 죄의 고백, 용서, 화해라는 단순한 처방이 사람들의 내면에서 새롭게 발견되는 복잡한 문제들을 치료할 약으로 충분한지 의문을 품게 되었다. 억압된 감정, 파편화된 자아, 심리성적(psychosexual) 고착 같은 것은 선의로 가득해도 심리학에 무지한 목사에게 너무 버겁게 보였던 것이다.

20세기 중반에 한 운동이 구체화되면서 사람들이 변화하도록 돕는 법에 대한 현대적 이해에 심오한 영향을 미쳤다. 유일하게 영적 문제(하나님과의 관계와 영원한 운명 같은 것)에 대응할 수 있는 교회가 심리학으로 눈길을 돌려 이 세상에서 자기 자신 및 타인과 잘 지내는 법에 대한, 일상적이지만 흔히 더 절박한 문제를 다루는 데 도움을 주고자 했다. 이런 결합의 이면에는 깊은 자기 이해를 이루는 데 심리학의 통찰이 성경의 지혜보다 더 나은 통로라는 전제가 분명하게 깔려 있다.

이런 시각에서는 성경적 개념들에 의지하여 내면에서 벌어지는 일을 이해하려는 시도가 다소 피상적이라고 여기고, 반항이나 불신앙 같은 영적 문제를 밝히는 데는 예리할지 모르나 우리 모두가 직면하는 많은 인간적 문제를 설명하는 데는 약하다고 본다. 딸의 거식증이나 본인의 자신감 결핍을 제대로 이해하려면 교회 바깥으로 나가거나, 하다못해 심리학 훈련을 받은 목사라도 찾아가야 한다고 생각하는 것이다.

이런 '편향'의 문제점은 정당한 부분과 그렇지 않은 부분이 섞여 있다는 것이다. 우선 교회는 사람들이 경험하는 문제들에 대해 한심할 만큼 단순한 이해를 자주 보여준다. 내면은 들여다볼 필요가 없다고 주장하고 자신의 무지를 자랑스러워하는 이들이 교회에 많은 듯하다. 어떤 이들은 자기 이해를 위한 모든 시도가 '병적인 자기 성찰일 뿐'이라고 말한다. "하나님의 말씀을 마음에 두고 무릎 꿇고 기도하고 이웃을 찾아가 그리스도를 증거하면, 개인적 아픔과 고통을 느낄 시간이 없을 것이다. 내면을 들여다보는 심리학의 일들일랑 다 잊고 그리스도께 온전히 헌신하라."

괴로움에 시달리는 많은 진실한 그리스도인들 앞에 놓인 선택지는 두 가지다. (1) 내면의 성품을 계발하는 중요한 문제들을 무시하고 내면에서 일어나는 일을 전혀 이해하지 못한 채 좋은 그리스도인이 되려고 더 열심히 노력한다. (2) 성경의 계시보다는 현대 심리학 이론의 안내에 따라 내면을 들여다본다. 자신의 기질을 파악하고,

아픈 기억을 치유하고, 묻혀 있던 상처를 드러내는 법을 배우고, 부모의 실수가 끼친 해로운 영향을 재구성하고, 파괴적 감정과 숨은 속마음을 직시하고 의식적으로 통제하는 일은 모두 두 번째 선택지의 사례들이다.

그러나 두 선택지 중 어느 것으로도 주님이 원하시는 심오한 성품의 변화를 이룰 수 없다. 내면에서부터 겉모습까지 변화하려면 어떤 내적 문제들을 바로잡아야 하는지 알아야 한다. 그러기 위해서는 내면을 들여다봐야 한다. 그리고 이 과정은 내면의 껍질들을 벗기고 그 아래 도사린 것을 살필 때 무엇을 만나게 될지 알려 주는 성경의 가르침에 따라 이루어져야 한다. 나는 우리 내면의 모습이 어떤지 정직하게 들여다보고 성경의 빛으로 안내를 받아 변화의 방법을 이해하는 일이 이미 많이 지체되었다고 생각한다.

우리는 성경의 말씀을 모두 신뢰할 수 있다. 그런데 내면에서부터 시작하여 겉모습까지 변화하는 데 필요한 모든 내용을 성경이 충분히 말하고 있을까? 성경을 우리의 아버지께서 우리가 그분의 창조 목적에 합당한 존재가 되기 위해 알아야 할 모든 것을 가르치고자 쓰신 66통의 연애편지로 읽으면 성경의 충족성을 알게 될 것이다.

내면을 들여다보는 것은 중요하지만, 이미 말했다시피 그것은 까다로운 일이다. 우리에게 마음을 지키라고 가르치는(잠 4:23) 성경이 우리 마음은 거짓되고 사악하며 이해하기가 불가능하다고 말한다(렘 17:9). 알 수 없는 마음을 지키라는 명령은 보이지 않는 죄수를

시야에서 놓치지 말라는 말처럼 들린다.

성경이 말하는 것처럼 우리 내면을 알기가 어렵다면, 정확하게 내면을 들여다볼 일말의 소망은 도와주시려는 하나님의 의향에 전적으로 달려 있다. 인간의 성격을 연구하는 학자들은 그에 관한 많은 내용을 알아내고 그것을 흥미롭고 어쩌면 통찰력 있는 이론으로 정리할 수 있을 것이다. 그러나 하나님의 도움 없이 마음을 탐구하는 그 어떤 시도도 변화가 필요한 핵심 문제들을 집어내지 못할 것이다.

물론 좋은 소식도 있다. 그 반대도 사실이라는 것이다. 하나님이 도우시면 우리는 이해해야 할 내용을 파악할 수 있다. 우울함이 활력을 서서히 갉아먹을 때, 나쁜 일을 하고 싶은 강한 충동이 불쑥 튀어오를 때, 남들의 정직한 평가를 통해 우리가 사랑을 전하는 데 서툴다는 것이 분명해질 때도 우리는 다음의 사실을 여전히 확신할 수 있고 그래야만 한다. 우리가 관심을 기울여야 할 문제가 무엇이든, 내면을 들여다볼 때 성경이 그 문제를 놓치지 않도록 우리를 이끌어 줄 것이라는 사실을 말이다.

깊은 갈망과 잘못된 전략

이번 장의 나머지 부분에서는 우리의 내면을 들여다보는 일을 시작해 보려 한다.[2] 하나님의 백성이 역사 속에서 그분을 멀리 떠났던 시기에 하나님이 그들의 마음을 깊이 들여다보시고 무엇을 발견하셨는지 기록한 대목을 살펴보는 것이 유용한 출발점이 될 것이다. 예레미야 2:13에서 하나님이 하시는 말씀을 들어 보자.

내 백성이 두 가지 악을 행하였나니 곧 그들이 생수의 근원 되는 나를 버린 것과 스스로 웅덩이를 판 것인데 그것은 그 물을 가두지 못할 터진 웅덩이들이니라.

　본문이 말하는 두 가지 관찰 내용에 주목해 보자. 첫째, 사람들은 목마르다. 누구나 목마르다는 사실을 본문이 직접 진술하고 있지는 않지만 분명하게 전제하고 있다. 성경이 목마른 심령을 자주 언급하고 사람들이 하나님 안에서만 얻을 수 있는 만족을 누리도록 만들어졌다는 사실을 자주 이야기하는 것은 모든 사람이 목마르다는 생각을 뒷받침한다. 하나님이 우리가 누리도록 만드신 것, 곧 타인을 사랑으로 깊이 수용하고 누군가에게 변화를 만들어 줄 기회로 충만한, 긴장 없는 관계를 우리 모두 갈망한다. 예레미야 2:13의 본문에서 하나님은 그분의 백성이 목마르다는 것을 전제하지만 결코 그것을 가지고 그들을 나무라지 않으신다. 목마름은 문제가 아니다. 하나님이 꾸짖으시는 두 가지 죄 모두 백성들이 목마르다는 사실과는 관련이 없다.

　둘째, 사람들은 목마름에 반응하여 잘못된 방향으로 나아가고 있다. 그들은 하나님이 자신들의 목마름을 책임지실 것이라고 믿지 않는다. 그리고 스스로 만족을 찾아내는 주도권을 유지하겠다고 고집한다. 그들은 삽을 집어 들고, 땅을 파기에 적합한 지점을 찾고, 자기들이 만들어 낼 수 있는 성취를 모색한다. 간단히 말해 사람들은 자기 인생을 직접 경영하고 싶어 한다. 타락한 인간은 취약함을 두려워하면서도 독립을 유지하기를 간절히 바란다. 자기 뜻대로 독자적으로 살아가면 더 큰 만족을 얻을 것이라는 사탄의 거짓말에 하와가 넘어가면서 인류는 심각하게 잘못된 발걸음을 내디뎠다. 아담은 하와와 합류하여 하나님이 계시하신 뜻 바깥에서 삶을 추구함으로써 자기 경영이라는 질병을 모든 후손에게 감염시켰나. 이제 누구도 생명을 찾기 위한 노력의 일환으로 하나님을 추구하지 않는다. 우리가 가장 자연스럽게 하는 일은 자신의 자원을 의지하겠다는 다짐에 충실한 삶의 전략을 세우는 것이다. 단순한 신뢰는 유행이 지났고 자기 보호가 표준이 되었다.

성경은 사람들이 목마른 동시에 어리석다고 일관되게 폭로한다. 우리는 만족을 누리도록 만들어졌고 그 만족을 갈망하지만, 모두가 하나님을 벗어나서 그것을 찾고자 한다. 그렇다면 내면을 들여다볼 때 우리 마음 깊은 곳에 있는 다음의 두 요소가 드러날 것이라고 예상할 수 있다. (1) 우리가 갖지 못한 것에 대한 목마름 또는 깊은 갈망. (2) 우리가 바라는 생명을 찾기 위한 잘못된 전략에서 엿볼 수 있는 완고한 독립성.

우리가 일상적 문제들의 표면 아래를 탐구하여 생산적인 결과를 얻으려면 이 두 가지 근본적 요소에 대한 이해가 있어야 한다. 첫 번째 요소인 깊은 갈망은 우리의 인간됨과 하나님의 형상을 지닌 자로서 부여받은 존엄을 반영한다. 우리는 다른 어떤 피조물도 향유할 능력이 없는 특별한 관계와 의미를 갈망한다. 우리는 하나님이 공급하시는 것들과 하나님 그분을 풍성하게 누리도록 만들어졌다.

두 번째 요소인 잘못된 전략은 우리가 죄인이기 때문에 존재한다. 오직 어리석고 반역하고 교만한 사람들만이 자기가 통제할 수 있는 성취를 찾겠다고 생명의 근원이신 분을 떠날 것이다. 그런데 우리가 바로 그렇게 했고, 지금도 그렇게 하고 있다. 배우자들은 같이 살기 위한 조건으로 서로에게 특정한 반응을 요구한다. 사람들은 이전의 트라우마에서 받았던 것과 같은 상처를 다시는 받지 않으려고 한다. 그래서 안전한 거리를 유지하며 훈훈한 관계를 만들기 위한 전략을 세운다. 다른 사람들을 통해 생명을 얻으려고, 목숨을 위협할 것 같은 모든 것에서 자신을 보호하려고 분투한다.

우리는 내면을 들여다볼 때 채워지지 않은 갈망들을 발견하게 될 것을 예상해야 한다. 그 갈망들은 우리의 존엄성을 증언할 뿐 아니라 고통을 면하게 해줄 어리석고 무력한 전략들도 증언한다. 그리고 이 전략들은 우리의 부패성을 드러낸다. 우리 각 사람은 영광스러운 폐허이고, 마음속을 깊이 들여다볼수록 상처받지 않게 자신을 지키겠다는 비극적 결심과 함께 관계를 향유하는 경이로운 능력을 발견할 수 있다.

한쪽 렌즈는 우리의 존엄성을, 다른 렌즈는 우리의 부패성을 보여주는 안경으로 자신을 들여다보라. 우리의 존엄성은 하나님의 형상을 지니는 데 있고, 부패성은 하나님의 선하심 안에서 안식하려는 욕망이 자기 이익만 챙기려는 열정으로 변질된 데 있다.

내면을 들여다보기

간단한 사례 하나면 이 두 요소가 수면 아래서 어떻게 작용하는지 명확히 파악할 수 있을 것이다. 한 부부가 술 문제로 대학을 중퇴한 뒤 집에 돌아오고 싶어 하는 22살의 아들을 어떻게 해야 할지 고민한다. 그들의 문제를 해결하기 위한 통상적인 기독교적 방식은 소수의 '전문가'들과 상의해서 이 일에 성경의 원리들을 적용하는 합의된 방식이 있는지 살피는 것일 테다. 부부는 조언자들과 상의하고 자신들이 혹시 잘못된 결정을 내린다면 하나님께서 바로잡아 주시기를 기도한 후, 아들이 집으로 돌아오지 못하게 해서 책임감을 가르칠지, 기꺼이 받아들여 은혜를 보여줄지 결정한다.

그러나 이들이 결정을 내리기 전에 내면을 들여다본다고 해보자. 존중과 합당한 관계를 바란 젊은이의 갈망이, 어쩌면 냉담하고 적대적이고 무정한 아빠와 남편이 허락하지 않았던 친밀함을 얻기 위해 아들에게 과잉 집착한 엄마 때문에 채워지지 않았을 지도 모른다. 이런 상황이라면 부모는 아들을 집으로 받아들여야 할 것이다. 아빠는 차가운 태도로 아들을 멀리했던 일을 사과하고 따뜻한 관계를 맺는 법을 배우겠다고 약속해야 할 것이다. 엄마는 남편과 터놓고 상처를 나누는 법을 배우면서 아들과는 건강한 거리를 유지하겠다고 약속해야 할 것이다.

이런 변화를 이루기 위해 부모는 자신의 채워지지 않은 목마름과 자기 보호적 관계 형성 스타일을 알아보기 위해 내면을 들여다봐야 할 것이다. 예를 들면 아빠는 스스로가 너무나 부족하다고 느껴서 자신을 내어 주면 존경을 받을 것이라는 희망을 품을 수 없다는 사실을 직면해야 할 수도 있다. 그리고 어쩌면 본인의 아버지가 아들의 일하는 습관만을 존중했을지 모른다. 그렇다면 그는 열심히 일하면서 자신은 내어 주지 않는 법을 배웠을 것이다. 그런 식의 관계 형성으로 그가 원하는 모든 것을 갖게 되기를 바랐을 것이다. 아들이 십 대로 접어들어 애를 먹이기 시작하면서 아빠는 더 열심히 일하는 상태로 물러났을 것이다. 실망을 안겨 준 아들에게 분노하면서도 자신의 우려와 애정을 터놓고 드러내지 않았을 것이다. 아들에게 자신을 내보여도 아들이 받아들이지 않을 것이라는 두려움 때문이다. 그는 아들에게 존경받고 아들과 깊은 관계를 누리기를 바란다. 그 갈망은 합당한 것이다. 그러나 거절당하지 않게 자신을 보호하려고 거리를 유지하는 전략은 죄악 된 것이다.

결코 마음을 주지 않는 남편과 여러 해 동안 살았던 엄마는 매정한 여자가 되었을 것이다. 엄마의 의무를 그저 사무적으로 수행했을 것이다. 그의 여성스러운 영혼은 외로움과 방치된 고통으로 아파했겠지만, 그 끔찍한 고통에 대한 그의 유일한 해결책은 (그가 생각할 때) 다시는 누군가를 상처받을 만큼 가까이 하지 않겠다고 결심하는 것이었다. 아들에 대한 그의 깊은 사랑은 자기 보호적 냉담함이라는 방어벽 뒤에 숨겨져 있었을 것이다. 설상가상으로 그는 엄마 노릇을 의무적으로 수행하면서도 친밀함을 바라는 꺼지지 않는 욕망에 굴복하여 아들을 조종하는 식으로 행동했을 수도 있다. 이런 상황에서 아들은 아버지가 자기를 원하지 않고, 어머니는 자기를 통제하려고만 한다고 느꼈을 것이다.

부모의 실패에 초점을 맞추는 방식으로 아들의 문제 행동을 봐줄 생각은 전혀 없지만, 그래도 나는 이 젊은이가 집으로 돌아오려면 가족이 그들 사이의 관계를 직시해야 한다고 생각한다. 이런 상황과 다르게, 이 가족의 특징이 아들의 소원을 다 들어주는 만만한 아버지와 어떤 일도 안 된다고 말하지 못하는 온순한 어머니라면, 아들을 집으로 환영해 들이기에 앞서 부모가 그에게 책임감 있는 모습을 보일 것을 요구하는 것이 지혜로운 결정일 것이다.

내면을 아무리 들여다봐도 무엇을 해야 할지 온전하게 확신할 수는 없겠지만, 우리 안에서 벌어지는 상황을 어느 정도 이해하면 어떤 변화가 일어나야 효과적인 외적 변화를 기대할 수 있는지 파악하는 데 도움이 될 것이다.

2부에서는 인간의 마음에 있는 깊은 갈망을 탐구할 것이고, 3부에서는 그 갈망을 다루기 위한 우리의 잘못된 전략들을 살펴볼 것이다. 4부에서는 자기 보호에서 하나님을 추구하는 일로 방향을 전환하기 위한 성경적 방법을 제안할 것이다. 나중에 알게 되겠지만, 이 전환이 내면에서 시작하여 바깥으로 퍼져 가는 변화의 핵심이다.

II
우리는 목마른 사람들이다

"인정하고 싶지 않지만,
뭔가 잘못되었다는 것은 알아요."

Chapter 4

누구든지 목마르거든

하나님을 아는 사람, 거절과 상실의 힘든 시기를 견디게 해줄 부요함으로 하나님을 경험하는 사람이 되려면 내면을 들여다봐야 한다. 많은 그리스도인에게 풍성한 삶과 영적 성숙에 필요한 것은 딱 정해져 있다. 하나님 말씀을 꾸준히 공부하고, 믿음으로 열심히 기도하며, 그리스도를 전할 기회를 놓치지 않는 열정적인 복음의 증인이 되고, 시간, 재능, 십일조를 교회에 기꺼이 바치는 열심 있는 교인이 되는 것이다.

많은 이들이 그리스도인의 책임을 더 잘 감당하기를 바란다. 그들은 기대에 못 미치는 데 따른 죄책감을 안고 살아가고, 그 부분에서 더 많이 노력한다면 자신들의 문제가 풀릴 것이라고 생각한다.

어떤 이들은 있는 힘을 다하지만 실패한다. 자신이 해야 한다고 생각하는 모든 것을 해내려고 최선을 다했던 그들은 이제 속았다는 느낌과 압박감, 환멸감에 시달리며 교회에 멍하니 앉아서 예배하는 시늉을 하며 의아해한다. 하나님은 내가 어떤 관문을 더 통과해야 삶을 평탄하게 해주시고 행복하게 만들어 주실까?

내가 볼 때 그리스도인의 다수에 해당할 또 다른 이들은 성경 공부, 기도, 복음 증거, 봉사에 열정적으로 헌신하는 모습이 특별히 부름받은 이들에게 적절한 것이라고 여긴다. 예레미야는 태어나기 전에 선택을 받았다. 바울은 천상의 빛을 만나 눈이 머는 경험을 통해 부름을 받았다. 목사들은 특별한 섬김을 위해 안수를 받고 구별되었다. 그러나 평범한 신자들은 사람들에게 친절하고, 배우자에게 충실하고, 맡은 일을 열심히 감당하며, 가족과 교회와 개인의 여가 사이에서 시간을 적절히 분배하는 정도면 충분하다고 생각한다. 교회의 대다수를 차지하는 사람들은 자신의 삶을 돌아보게 되는 텔레비전 광고 시간이나 의례적인 성경 공부 시간이 아니면, 대체로 삶에 상당히 만족하고 자부심도 있다. 복 주시는 하나님께 이만큼 감사를 드리는 게 어디냐는 마음도 아마 조금은 있을 것이다.

여기서 우리는 두 범주의 그리스도인들을 볼 수 있다. 헌신의 기준이 높은 그리스도인들과 평범하고 괜찮은 삶에 만족하는 그리스도인들이다. 첫 번째 무리에는 고귀한 이상에 미치지 못하는 자신을 답답해하는 다수와 자신의 성취에 만족하는 소수가 있다. 두 번째 무리의 다수는 재정, 건강, 관계가 잘 굴러가는 한 꽤 행복하게 살아간다. 그러다 상황이 무너져 내리면 조금이라도 삶의 질서를 회복하려고 분주하게 움직인다. 그것이 여의치 않으면 위안을 얻을 다른 원천을 모색하기 시작한다. 위안을 압도하는 고통이 피할 수 없이 밀려오면, 억울함, 우울함, 달아나고 싶은 마음이 생긴다.

우리 주님은 빈틈없고 높은 기준에 따라 종교적 행동을 수행하는 것을 삶의 전부로 여기는 이들을 혹독히 꾸짖으셨다(마 23:13-36). 그리스도께서는 종교적이고 도덕적이고 훈련된 삶 아래 감추어진 위선을 폭로하셨다. 우리가 바리새인들에 대해 생각할 때는 그리스도의 통찰이 뻔한 내용처럼 보이지만, 초점이 우리에게 옮겨지면 그 통찰은 거북할 만큼 예리하고 날카롭게 느껴진다. 기준에 부응하려는 열정이 우리 주님이 인정하시는 삶을 만들어 내지 못했다는 데 주목하자. 그리고 주님은 평범한 사람들, 헌신적이기보다는 느긋한 사람들을 메스껍게 여기신다. "나는 네 행위를 안다. 너는 차지도 않고, 뜨겁지도 않다. 네가 차든지 뜨겁든지 하면 좋겠다. 네가 이렇게 미지근하여, 뜨겁지도 않고 차지도 않으니, 나는 너를 내 입에서 뱉어 버리겠다"(계 3:15-16, 새번역).

열정의 산물이든 자기만족의 산물이든, 우리 주님은 외적 청결함에 깊은 인상을 받지 않으신다. 그분은 우리가 표면 아래 계속 감춰 두려 하는 더러움을 치우기를 너무나 분명하게 원하신다. 우리가 하나님이 원하시는 대로 살려면 내면의 더러움을 찾아내야 하고, 그것을 청소하기 위해 무엇을 해야 하는지 배워야 한다. 내면을 들여다봐야 한다.

두 가지 반응

'더 많은 노력이 답이 아니라는 것'은 수년간 모든 것을 제대로 하려고 힘껏 노력한 끝에 결국 환멸을 느끼고 낙심한 사람들에게 반가운 소식이다. 그러나 기독교적 기준에 열정적으로 부응한 삶에 만족하는 사람들, 또는 절묘하게 균형을 잡고 삶에 도덕적으로 편안하게 접근하는 데 만족하는 사람들에게는 위협적인 소식이다. 이들은 내면의 문제를 반드시 다루어야 한다는 주 예수 그리스도의 말씀 앞에 정면으로 설 필요가 있다.

심리학자가 사람들에게 자신을 들여다보라고 촉구하면, 우리 사회의 그리스도인들은 흔히 둘 중 한 가지 방식으로 반응한다. 어떤 이들은 이것을 대뜸 자신에게 몰두하라는 말로 알아듣고는, 지역 교회가 개인의 아픔과 고통에 몰입하는 자기 발견 그룹들로 쪼개져 다른 이들에게 다가가는 일에 대한 관심이 빠르게 식을까 봐 염려한다.

그런가 하면 어떤 이들은 감사한 마음으로 반응한다. 이들은 내면 깊숙한 곳에 있는 필요에 초점을 맞추는 일이 '이것을 하라, 저것을 하라' 식의 기독교 안에 있는 숨 막히는 율법주의에서 벗어나게 하고, 그것을 경험한 이들이 스스로를 용납하기 어려워하는 수많은 사람들에게 긍정의 메시지를 전하게 되기를 바란다.

내면을 들여다보는 일을 본격적으로 다루기에 앞서, 나는 이 두 반응 중 어느 쪽도 편안하게 받아들일 수가 없음을 분명히 밝혀 두고 싶다. 첫 번째 반응, 곧 자기 이해가 자기중심성으로 이어질 것이라고 우려하는 반응은 개인의 문제가 성경 지식과 기독교적 활동이라는 해법으로 모두 해결된다는 생각을 흔히 전제하고 있다. 이런 반응을 보이는 이들은 죄를, 하나님의 기준을 의도적으로 위반하는 행동 정도로 취급한다. 우리 삶을 간단히 대략적으로 살펴보기만 해도 어느 부분에서 잘못되고 있는지 충분히 알아볼 수 있다고 여기는 것이다. 이들은 우리 마음에 대한 장기간의 탐구는 불필요하고 분명히 해로울 수 있으며 옳은 일을 행하겠다는 굳은 다짐이 승리하는 삶의 비결이라고 본다.

두 번째 반응, 곧 자기 수용을 풍성한 삶의 토대로 생각하고 그 중요성에 전적으로 초점을 맞추는 반응은 죄를 피상적으로 위반 행위로만 보지는 않지만, 죄란 자기 자신을 사랑할 만큼 하나님을 충분히 신뢰하지 못하는 것이라고 잘못 규정한다. 이들은 사람들의 문제가 깊고 완고한 죄악성보다는 긍정의 결핍에 근거한다고 생각한다. 이런 관점에서 보면, 내면을 들여다보는 일의 결과물은 진정한 회개가 아니라 자신의 가치를 분명히 깨닫는 것이 된다.

내면을 들여다보는 일의 목적

하나님 앞에서 책임감 있게 살아가려면 내면을 들여다봐야 하지만, 그 일의 직접적인 목적은 자기 수용의 증진이 아니라는 게 내 생각이다. 이번 장에서 분명히 드러나기 시작하겠지만, 내면을 들여다보면 하나님에 대한 우리의 의존성을 직시하게 되는 동시에 깊이 있게 신뢰한다는 것의 의미를 놓고 씨름할 수밖에 없게 된다. 내면을 들여다보면 자력으로 삶을 경영하겠다는 우리의 결심이 그와 관련된 온갖 미묘한 추악함과 함께 폭로된다. 우리는 이 폭로에 떠밀려 더 깊은 회개와 보다 철저한 순종으로 나아갈 수 있다.

내면에서 시작된 변화의 목표는 기독교적 기준을 충족하는 것이 아니며 더 행복해지는 것도 아니다. 충족과 행복 모두 성숙의 부산물로 나타나야 한다. 진정한 변화는 성숙을 낳는다. 성숙은 진정한 사랑을 가능하게 만드는 희귀한 성품이다. 타인의 영혼을 깊이 파고드는 양질의 관계를 맺는 이들은 성숙한 사람들이다. 그리고 성숙해지기 위해서는 내면을 들여다보는 작업이 필요하다.

진정한 변화는 우리의 사랑이 커지게 만든다. 깊은 사랑으로 다른 사람들을 예수 그리스도께 이끄는 역량이 자라나는 통로는, 올바른 일을 하려는 엄격한 노력이 아니며 우리 자신을 더 온전히 수용하도록 돕는 소그룹 내의 상호작용도 아니다. 둘 중 어느 것도 표면 아래의 더러움에 이르게 하지 못한다. 우리의 제한된 사랑의 노력들이 교묘한 자기 보호적 태도로 깊이 오염되어 있음을 폭로하지 못한다. 내면에서부터 겉모습까지 변하도록 돕지 못한다. 우리는 정직하게 내면 깊숙한 곳을 들여다보고 우리 성품의 진정한 결함을 다룰 필요가 있다.

앞장에서 나는 성경의 두 가지 주요 주제가 내면을 들여다보는 일에 대한 적절한 지침이 될 수 있다고 말했다. 두 주제는 사람들이 목마르다는 것과 어리석다는 것이다. 하나님의 형상을 지닌 우리는 원래 하나님과 그분이 만드신 모든 것을 누리도록 만들어졌다. 그러나 타락과 함께 그 모두를 잃었고 이후 그것들을 갈망하게 되었다. 하나님과 별도로 생명을 찾겠다는 의도를 선포한 타락한 우리는, 자신의 만족을 직접 도모하는 어리석고 비효율적이고 부도덕한 전략을 고안한다. 우리 삶의 껍질들을 벗겨 내고 그 아래를 들여다보면, 여러 갈망—그중 일부는 깊고 강하다—과 그것들을 채우기 위한 전략을 발견하게 될 것이라 예상할 수 있다. 그 전략은 우리가 혼자 힘으로 삶에 대처하려고 어떤 식으로 노력하는지 잘 보여준다. 이제 나와 함께 우리의 갈망을 먼저 살펴보자.

욕망에 대처하기

잠시만 생각해 보면 우리가 무엇인가를 원한다는 것을 알 수 있다. 우리는 특정한 방식으로 느끼고 싶어 하고, 특정한 사람들이 우리를 제대로 대우하여 기분 좋게 만들어 주기를 원한다. 즐거움과 안정을 가져다줄 일자리와 재정적 기회를 원한다. 우리가 누군가에게 중요한 사람이기를 바라고 어딘가에 소속되기를 바란다. 토요일 오후의 나들이에 어울리게 날씨가 화창했으면 한다. 하루의 어떤 시점에서 시간을 멈출 수 있다면, 어떤 욕망이 우리가 하는 일의 동기가 되는지 알아내기 어렵지 않을 것이다.

종종 그리스도인들은 자신이 뭔가를 원하고 있음을 자각할 때 곧장 자기가 이기적이라는 느낌을 받는다. '나는 내 생각만 하고 있잖아. 상황이 내 뜻대로 돌아가는지 여부에 관심을 가져서는 안 돼. 다른 사람들의 필요에 더 관심을 가져야 마땅해.' 그래서 그들은 하나님께 자신의 이기심을 극복하도록 도와달라고 기도한다.

그러나 보다 이타적으로 행동하게 해달라고 열심히 기도하고 치열하게 노력해도 뿌리 깊은 개인적 욕망이 남는다는 사실을 부인하기는 어렵다. 우리의 갈망을 '극복하게' 해달라는 기도는 효과가 없다. 그 욕망을 극복할 유일한 방법은 그런 것이 존재하지 않는 것처럼 행동하고, 우리 자신보다 다른 사람들을 우선시하기로 억지로 선택하는 것뿐이다.

그러나 타인 중심의 성숙을 추구하고 자신에 대해서는 잊으려고 노력하면, 인간관계에 기계처럼 임하는 성향이 만들어진다("나의 감정과는 상관없이 당신에게 가장 유익한 일을 하겠습니다"). 이런 성향에 우리의 친구들은 따뜻함을 느낀다. 승무원이 건네는 작별인사에 비행기를 떠나는 승객의 마음이 따뜻해지는 것처럼 말이다. 욕망이 거의 절박함에 가깝게 끊임없이 이어진다는 것을 인정하는 정직한 사람들은 영적 수단을 동원하여 욕망을 몰아내려고 힘껏 노력하기도 한다. 하나님 말씀에 더욱 착념하고, 기도 제목을 더 늘리고, 더 많은 교회 위원회에서 활동하는 것이다.

그러나 욕망은 여전히 남는다. 이것은 좋은 일이다. 내면의 욕망들을 부인하면 우리 존재의 아주 실질적인 부분과 접촉이 끊어질 수밖에 없다. 아내들은 남편이 자신을 잘 대해주기를 분명히 바란다. 남편들은 아내가 자신을 존경하기를 정말로 원한다. 부모는 자녀들이 통금 시간 전에 귀가하기를 원한다. 독신들은 즐거운 시간을 함께 보내는 것 이상의 의미 있는 관계를 형성하기를 원한다.

간단히 사라지지 않는 이런 완강한 욕망들을 어떻게 해야 할까? 이것들이 죄악 된 본성에서 나온다고 여기고 그 영향력에서 벗어나려고 노력해야 할까? 아니면 반대쪽 극단으로 가서 이 욕망들을 적법하다고 여기고 하나님이 우리 마음의 모든 욕망을 만족시키실 것이라는 확신을 심어 주는 신학을 받아들여야 할까?

한 여자의 남편이 30년의 결혼 생활을 뒤로하고 젊은 애인에게 떠났다. 아내는 남편이 돌아오기를 원했다. 그는 어떻게 해야 할까? 첫 번째 노선의 사고방식을 따른다면, 재결합의 욕망을 내려놓고 하나님이 허락하시는 우정과 섬김의 기회를 바라보아야 할 것이다. 두 번째 사고방식을 따른다면 자신이 정말 원하는 것을 밝히고 하나님이 그것을 주실 것을 믿어야 할 것이다. 금욕적 태도로 욕망을 부인하든지, 아니면 욕망의 만족을 보장하는 조작된 기독교에 접근하든지, 양자택일의 상황인 것 같다. 우리 스스로가 기계가 되든지 하나님을 욕망의 자판기로 만들든지 선택해야 하는 것이다.

하지만 더 나은 대안이 분명히 있다. 우리의 개인적 활력도 서로 사랑하라는 주님의 명령도 훼손하지 않고 내적 욕망이라는 현실을 어떻게든 다루어야 한다. 내면에서 시작된 변화는 다음 두 가지 결과로 우리를 이끈다. (1) 우리의 열정과 진실성을 유지하게 해주는, 갈망에 대한 깊은 인식. (2) 다른 이들에게 진심 어린 관심을 가질 자유를 주는 편안한 스타일의 관계 맺기.

개인적 진정성이나 타인에 대한 진실한 관심을 잃지 않고 우리의 욕망을 정직하게 다루는 비결은 그 욕망에 대한 두 가지 사실을 이해하는 것이라고 말하고 싶다. 첫째, 우리의 욕망이 복잡하고 다양한 여러 가지 죄악을 향해 나아갈 동력을 제공하기는 하지만, 그 욕망은 우리의 타락한 상태와 관련이 있을 뿐 아니라 더욱 심오하게는 우리의 인간됨과도 관련이 있다. 다시 말해, 욕망해도 괜찮다. 둘째, 우리가 깊이 욕망하는 바를 주의 깊게 살피면, 우리가 천국에 이르기 전까지는 확보할 수 없는 것임을 깨닫게 된다. 우리의 가장 열정적인 갈망을 의식하면 할수록, 더욱 외롭고 슬퍼진다. 한 동료는 '보금자리를 떠난' 것 같은 느낌이라고 이 경험을 묘사했다.

자주 무감각해지기는 하지만, 우리의 가장 깊은 욕망은 예수님의 영광에 참여하는 것이다. 이 말은 우리가 그럴듯한 모습이 되어 존경과 경외심을 자아내는 변모된 얼굴을 환히 빛내게 될 것이라는 뜻이 아니다. 그보다는 하나님이 우리를 기뻐하며 바라보신다는 뜻이고, 우리가 그분의 기쁨 안에 안식할 때 다른 사람들을 자유롭게 사랑할 수 있다는 뜻이다. 그리고 우리가 그렇게 사람들을 사랑할 때 하나님은 기뻐하신다. 그 기쁨은 예수님을 향한 것과 똑같다.

우리의 갈망을 소란스러운 기독교적 활동으로 감추는 것도, 그 갈망에 초점을 맞추어 만족을 얻으려고 하는 것도 모두 잘못된 대응 방식이다. 두 방식 모두 우리가 이 세상에서 가질 수 없는 것을 원하고, 그 원함 자체는 정당하다는 단순한 진실을 부인한다. 우리는 불화와 서먹함의 잡초로 뒤덮이지 않은 완벽한 세상에서 살도록 만들어졌다. 하지만 그 세상에 자리 잡고 살기 전까지, 우리는 상처받을 것이다. 그러므로 욕망해도 괜찮을 뿐 아니라 상처 입어도 괜찮다.

분투와도 같은 일상생활 아래에서 목마른 영혼들은 만족을 간절히 원한다. 우리는 채워지지 않은 목마름이 삶에서 어떻게 모습을 드러내는지 인식해야 한다. 우리가 잘 알아보지 못하는 합당한 욕망들에 대해 먼저 함께 생각해 보자.

욕망해도 괜찮다

얼마 전, 아내와 나는 차 뒷좌석에 친구 부부를 태우고 좋아하는 피자집으로 가고 있었다. 내가 차를 운전했는데, 운전하는 일뿐 아니라 식당을 찾는 데도 자신이 있었다. 전에 여러 번 가본 곳이었다.

나는 글레이즈로(路)를 타고 동쪽으로 달려 2번가로 접근했다. 식당은 2번가에서 북쪽으로 1.1킬로미터 정도에 위치하고 있었기에 글레이즈로에서 좌회전을 해야 했다. 나는 [중앙분리대에서 가까운] 왼쪽 차선으로 이동했고 신호등이 빨간불이어서 차를 세우고 좌회전 깜빡이를 켰다.

잠시 기다리자 신호등이 녹색으로 바뀌었다. 그 순간, 내가 계획을 행동에 옮길 새도 없이 아내가 말했다. "좌회전이야, 여보."

좌회전이야, 여보. 이 짧은 말에 나는 격분했다. 아내 쪽으로 고개를 홱 돌리고 "알아" 하고 쏘아붙이고 속도를 높였다. 우회전을 해버리고 싶은 마음이 굴뚝같았지만, 피자를 먹고 싶은 욕망이 복수의 욕망보다 컸기에 좌회전을 했다. 도와줘서 고맙다는 말이 아니라 다른 감정을 표현하는 말들이 머릿속을 가득 채우며 어서 밖으로 나가겠다고 아우성을 쳤다. 친구 부부가 차에 있었기 때문에 나는 그 말을 참기로 했다.

나는 화가 났다. 아내가 나의 길 찾는 실력을 믿지 않아서 나온 반응이라기에는 지나친 감이 있었다. 나는 아내에게 깊이 헌신한 남편이라고 정직하게 말할 수 있지만, 그 순간 그 헌신에는 감정적 온기를 찾아볼 수 없었다.

나의 탁월한 길 찾기 능력에 힘입어 2번가를 따라 내려가니 '피자'라고 적힌 거대하게 빛나는 간판이 보였다. 그리로 들어설 준비를 하는데, 아내가 손가락을 가리키며 말했다. "여기네!" 나는 두 배로 격분했다. 왜 그랬을까? 이 평범한 사건은 많은 질문을 하게 만든다. 그중에는 다소 위협적인 질문들도 있다.

□ 내가 느낀 분노의 강도는 나의 성숙도에 대해 무엇을 말해 주는가?

□ 아내는 내가 길을 안다는 확신이 정말 없었을까, 아니면 평소 하던 대로 나를 돕고 싶었던 걸까?

□ 남편은 아내에게 느끼는 분노의 감정을 어떻게 다루는 것이 최선일까? 나중에 아내에게 이야기해야 할까? 과민한 반응이라고 생각하고 잊어야 할까? 아내의 지적들이 정당했음을 떠올리고 상황을 균형 있게 보도록 노력해야 할까? 솔직한 자세로 임한다는 핑계로 감정을 쏟아내야 할까? 자신의 분노를 회개하고 아내를 향한 따뜻한 마음이 생기도록 하나님의 도움을 구해야 할까?

이와 같은 평범한 부부 갈등을 잘 생각해서 이해하려는 시도는 대부분 문제의 뿌리를 충분히 파고들지 못한다. 갈등을 무시하라, 과민하게 굴지 말라, 감정을 터놓고 이야기를 나누어 상호 이해의 증진을 시도하라 등의 권고는 반드시 다뤄야 할 통렬한 질문 하나를 무시하고 있다. '그 대화에선 드러나지 않았지만 마음 깊은 곳에서 내가 바라는 것은 무엇인가?'

내면을 들여다보면 보다 근본적인 결함을 알아낼 수 있고, 그 결점을 바로잡는다면 남편 노릇을 더 잘할 수도 있을지도 모른다. 나의 욕망을 들여다보니 내가 존중받기 원한다는 사실이 분명히 드러났다. 존중받기를 갈망한다는 말은 지나치게 강한 표현이 아니다. 나는 누군가 내 안의 귀중한 것을 알아봐 주었으면 좋겠고, 변화를 만들어 낼 수 있는 내가 중요한 존재라는 것을 확인하고 싶다. 많은 사람들이 이 갈망을 의미심상한 존재, 좀 더 구체적으로는 의미 있는 개인이 되고 싶은 욕망이라고 말한다. 사람들이 나를 진지하게 대해 주고, 내가 무슨 말을 하면 그것의 정확한 의미와 내 감정에 대해 물어 주는 것이 나는 좋다. 심지어 내가 어리석은 말을 하고 난 다음에도 사람들이 여전히 내 말을 듣고 싶어 할 때는 마음 깊은 곳에서 뭔가 뭉클한 느낌을 받는다. 나는 잘할 때는 물론이고 실수할 때도 존중받고 싶다.

이 갈망은 정당한 것이기에 아내를 친절하게 대해야 할 책임에만 초점을 맞추고 이 갈망을 무시해서는 안 된다. 이 갈망을 부인하는 것은 하나님이 만드신 나의 일부를 무시하는 것이다. 하나님이 아담에게 에덴동산을 돌보라고 하신 것은 의미 있는 활동을 제공하신 것이었다. 아담은 '중요한 존재라는 느낌을 줄 만한' 일거리를 맡은 것이 아니었다. 아담의 일은 중요했다. 그는 영향력 있는 사람이었다. 아담이 진정한 자유를 행사하여 순종을 선택하는 것이 세상이 제대로 된 모습을 유지하는 조건이었다. 그가 자유를 행사하여 반역했을 때 그 영향으로 그날 뒤흔들린 세상이 지금까지 그 모습으로 남아 있다.

내가 중요한 존재이기를 갈망한다는 사실은 두 가지를 드러낸다. (1) 나를 자유로운 존재로 만드신 창조주의 지혜와 친절. (2) 죄로 인한 하나님과 나의 분리. 죄를 짓지 않았다면 우리는 의미를 찾고 싶은 절박한 바람에 시달리기보다는 하나님의 세상에서 자신의 역할을 멋지게 실현하며 살 것이다. 존중을 바라는 나의 마음은 나의 타락성과 인간성 둘 모두와 이어져 있다. 나의 깊은 갈망은 죄로 얼룩진 상태로 존재하지만, 내가 존중받기 원한다는 것은 분명한 사실이다. 나는 중요한 존재로 만들어졌기 때문에 자신이 존중받지 못한다는 것을 인식하면 부주의한 사람에게 발이 밟힐 때와 같은 반응이 나온다. 나는 아프다.

아내가 단순한 임무를 수행하는 내 능력을 존중하지 않는 것 같을 때, 유능한 존재로 인정받고 싶은 내 깊은 부분이 고통을 느낀다. 나는 그 고통을 없앨 수 없다. 남에게 밟힌 발이 안 아픈 척 가장할 수 없는 것과 같다. 내 발가락이 가끔 밟히기는 하지만, 원래는 그보다 나은 대접을 받도록 만들어졌다. 나 역시 존중을 받도록 만들어졌고, 그 사실은 바꿀 수 없다. 그런데 그러나 나는 존중에서 더 나아가 관계를 누리는 존재이기도 하다. 나의 전부를 알고도 물러나거나 위협을 느끼지 않고 감당할 수 있을 만큼 강한 사람과 관계를 맺고 싶다.

우리 대부분은 서로에게 마음을 열기를 두려워한다. 다른 사람에게 상처를 주거나 실망시킬까 봐 무서워서가 아니라 다른 사람이 우리를 멀리할까 봐 너무나 두렵기 때문이다. 우리가 의지하는 사람들이 우리의 모든 것을 알게 되면 깊은 관계를 이어 가지 못할 나약한 이들이라는 사실을 인정하기 싫어한다. 타락 이후로 어떤 인간도 우리를 온전하게 사랑할 능력이 없다는 사실을 받아들이고 싶지 않은 것이다.

한 젊은 여성은 자신이 믿음과 성적 유혹의 문제로 고심한다는 것을 아버지에게 넌지시 말할 때마다 아버지가 교묘하고 재빠르게 화제를 바꾼다고 말했다. 아버지의 메시지는 분명했다. "나는 너의 어떤 부분들은 알고 싶지 않으니 내게 말하지 마라." 그 결과 딸은 자신의 모든 것을 감당할 사람은 세상에 없을 것이라는 끔찍한 두려움을 갖게 되었다. 그는 다른 사람들이 위협을 느낄 만한 생각이나 감정을 극도로 무서워하게 되었다. 남들이 불편해할 만한 것은 모두 회피하려다 보니 평소의 의심과 충동이 더 강해졌고, 하나님에 대한 의문들과 성적 욕망은 감당할 수 없을 만큼 버겁게 느껴졌다. 의심과 욕정은 그가 빠져나갈 수 없는 강력한 집착이 되었다. 이 모든 것 아래에는 자신의 모든 것을 알게 되어도 여전히 깊은 관계를 유지할 수 있는 사람을 원하는 갈망이 끔찍하게 좌절된 상태로 놓여 있었다.

가족과 친구들의 호의를 떠올려 봐야 소용이 없다. 우리가 아무리 애써 봐도 누구도 줄 수 없는 것을 갖고 싶은 욕망을 제거할 수 없다. 우리는 본래 의존적인 존재다. 외부의 자원이 있어야 육체적으로도 한 개인으로도 살아갈 수 있다. 우리보다 강한 누군가가 우리를 보살펴 주고 우리가 누리도록 만들어진 것을 제공하는 일이 말 그대로 절대적으로 필요하다. 하나님은 우리가 다른 사람이 보여주는 사랑의 힘에 따뜻하게 반응하게 하고자 하셨다. 그리고 우리는 우리가 향유하도록 만들어진 것을 간절히 욕망한다. 하나님의 계획은 정말이지 아주 간단하다. 아담과 하와는 하나님을 자신들이 의지할 수 있는 강한 분으로 바라봐야 했고, 그 다음에는 서로를 바라보면서 상대만이 제공할 수 있는 것을 누리고 자신을 내주어 상대의 즐거움이 더 커지게 해야 했다.

우리는 존중과 상호 관여, 영향과 관계를 모두 갈망한다. 우리 영혼이 번성하게 해줄 것들에 목말라한다. 타락한 세상이라는 사막에서 우리 영혼은 바싹 말랐다. 존중과 상호 관여를 간절히 바라지만 원하는 만큼 얻지 못한다.

우리 주 예수님은, 의식을 지키는 방식으로만 종교를 실천하다 영혼이 철저히 마비되고 자신의 채워지지 않은 욕망을 더 이상 인식조차 못하게 된 사람들의 무리 속으로 걸어 들어가셨다. 그들을 죽은 의식에서 하나님을 아는 활력으로 이끌기 위해 예수님은 일어나 이렇게 외치셨다. "누구든지 목마르거든 내게로 와서 마시라"(요 7:37). 목마른 사람과 목마르지 않은 사람이 있을 것이라는 생각 같은 것은 없었다. 하나님을 누리도록 창조된 타락한 인간은 예외 없이 목마르다. 그러나 예수님이 초대하신 사람들 중 상당수가, 어쩌면 대부분이 자신의 목마름을 의식하지 못했다. 그들은 만족을 찾을 희망을 포기하고 내면의 아픔에서 관심을 거두는 데 성공했는지도 모른다. 목마른 사람들은 때때로 다른 문제들에 집중함으로써 자신의 갈급한 영혼을 잊기도 한다.

우리 주님이 유대인들에게 그들의 목마름을 인정하라고 하셨을 때, 분명히 겁에 질린 이들이 있었을 것이다. 죽어 가는 사람에게 물을 약속하고서 빈손을 내미는 것은 얼마나 잔인한 일인가. 주님은 자신의 손이 비어 있지 않음을, 사람들이 원하는 물을 공급할 수 있음을 아셨지만, 사람들이 그분을 신뢰할 수 있었을까? 그들의 눈에 예수님은 줄 수 없는 것을 약속하는 사람으로 보였을지 모른다. 자기가 내놓을 수 있는 것보다 더 많은 것을 약속하는 사람들을 다들 겪어 보았을 것이다. 주님과의 관계는 이전의 다른 관계들처럼 실망스러운 것으로 밝혀질까? 우리가 절실히 원하지만 누구도 갖고 있지 않을 것 같은 것을 제안하는 사람, 그를 믿는 것은 얼마나 위험한 일인가.

요한복음 7:37에서 나는 예수님이 이렇게 말씀하시는 것을 듣는다. "너희 마음은 너희에게 없는 수많은 것을 갈망한다. 부모로서 성공했든 실패했든 너희는 자신의 삶이 의미 있는 것으로 밝혀지기를 원한다. 너희의 실체를 알게 되기를 두려워하지 않고 너희에 대해 시시콜콜 물어봐 주고 그 결과로 무엇을 알게 되건 개의치 않고 너희와 사랑의 관계를 이어 갈 만큼 강한 누군가가 존재하기를 원한다. 누구든지 목마르거든……."

소수의 용감한 사람들이 외면할 수 없는 목마름에 압도되어 예수님에게 달려가는 모습이 상상된다. "네, 주님. 저는 목마릅니다. 인정합니다. 제가 갈망하는 만큼 저를 만져 준 사람은 없었습니다. 저는 제게 없는 것을 간절히 원합니다."

"누구든지 목마르거든……." 예수님은 그들에게 뭐라고 하셨을까? 그분이 다음과 같이 말씀하진 않았다는 데 주목하자. "좋아! 인정하다니 기쁘구나. 이제 그렇게 이기적으로 구는 건 그만두어라. 너의 목마름을 회개하고 다른 사람들을 사랑하기 시작해라. 네 상처는 생산적으로 부지런히 섬기겠다는 새로운 결심 아래에 묻어라. 그런데 사람들과는 안전한 거리를 유지해야 한다. 너무 가까이 다가가면 다시 상처를 입을 테고 그러면 네 자신에게 지나치게 집중하게 될 수 있으니 말이다."

예수님은 이렇게 말씀하시지도 않았다. "이제 너의 목마름을 알게 되었으니, 그것을 깊이 탐구해 보아라. 자신의 욕망을 인정하는 다른 교인들과 함께 모여 기분이 나아질 수 있는 방안을 공부해 보아라."

예수님이 하신 말씀은 "오라!"였다. 자신의 목마름을 부인하지 말고 거기에 초점을 맞추지도 말자. 목마름을 인식했으면 나에게 오라고 말씀하시는 그리스도의 초대는 우리 영혼의 갈망이 정당한 것임을 알려 준다. 욕망해도 괜찮다.

상처 입어도 괜찮다

두 번째 논점을 제기할 차례다. 이 논점은 첫 번째 논점과 긴밀하게 이어져 있다. 우리는 지금 가질 수 없는 것을 갈망한다. 하나님이 그분의 기준에 따라 세상을 바꾸실 때가 되어야 비로소 상황이 달라질 것이다. 온전한 세상에서 온전한 사람들과 온전한 관계를 누리기 전까지는 고통 없는 행복이 현실화되지 못할 것이다.

존경받는 신학자인 내 친구가 신학교에서 내가 두 학기 동안 매주 네 시간씩 진행한 내 수업을 들었다. 그는 지식 철학에 대한 나의 긴 논의를 참을성 있게 견뎠고, 하나님의 형상을 지닌다는 것의 의미를 정의하기 위한 장시간의 시도에도 군소리 없이 앉아 있었고, 죄가 세상을 어떻게 망쳐 놓았고 그렇게 훼손된 것을 회복하기 위해 무엇을 할 수 있는지에 대한 나의 생각을 품위 있게 들어 주었다.

늦봄의 어느 상쾌한 날, 나는 마지막 강의를 마쳤다. 학생들이 줄지어 나가며 치열하게 필기하느라 경직된 손목을 문질러 혈액순환을 도왔고, 시험 전에 수업 내용을 복습할 계획을 세웠다. 나는 지친 상태였지만 기분이 좋았다. 수업을 통해 전한 내용이 복잡하긴 했지만, 학생들에게 잘 전달하고 싶었던 몇 가지 중요한 주제는 명확했다는 확신이 있었다.

신학자 친구와 함께 복도를 걸어가는데 그가 생각에 잠긴 듯한 모습으로 이렇게 말했다. "자네의 두 강좌 정말 잘 들었네. 자네가 말한 내용을 진지하게 생각해 봤어. 나를 포함한 대부분의 학생들이 그리스도인들은 상처 입어도 정말 괜찮다는 참신한 생각을 갖게 되었을 것이라고 생각하네."

처음에 나는 기분이 좀 상했다. 상담을 위한 포괄적 틀을 제시하려는 시도에 혼신의 힘을 다했는데, 그가 그 모든 내용을 한 가지 단순한 생각으로 축소시킨 것이다.

며칠 후 그는 이렇게 덧붙였다. "자네가 두 번째 개념, 그러니까 죄는 우리 대부분이 생각하는 것보다 훨씬 큰 문제라는 것도 잘 전달한 것 같아." 변변찮은 격려였다. 거의 90시간에 걸쳐 진행한 강의가 이제 하나가 아니라 다음의 두 가지 생각으로 압축(혹은 확장)되었다. 상처받아도 괜찮고, 죄는 우리 생각보다 더 큰 문제다.

살짝 상처 입은 자아를 달래다 보니, 이 두 생각이 사람들을 이해하고 돕는 데 실제로 중심적인 내용이라는 생각이 들었다. 두 번째 생각은 7, 8, 9장에서 다룰 것이다. 상처받아도 괜찮다는 첫 번째 생각은 온전해지도록 만들어진 불완전한 사람들이 꼭 파악해야 할 명백하고도 중요한 진리다. 이 진리를 이해하는 것이 왜 그토록 중요한

지 이제 설명해 보겠다.

한 젊은이가 있었다. 그는 20년 전, 때 이른 죽음을 맞이한 아버지의 사인이 자살이라는 사실을 27살이 되어서야 알게 되었다. 당시 다섯 살이었던 아들은 아버지가 뜻밖의 심장마비를 일으켰다고 들었다. 이후 그는 줄곧 그 말을 믿었다.[1] 그런데 어머니가 그에게 사실과 다른 말을 했다는 걸 몰랐던 사촌형이 어느 날 오래전에 있었던 그의 아버지의 죽음을 무심코 언급했다. 그렇게 해서 드러난 진실은 그의 어머니가 딴 남자와 불륜을 벌이다 들통이 나자 그의 아버지와 이혼하려 했다는 내용이었다. 아내의 불륜 사실과 이혼 의사를 알게 되고 얼마간의 시간이 지난 어느 날 밤, 아버지는 파경의 고통을 견디지 못하고 비틀대며 욕실로 걸어가서 눈에 보이는 모든 약을 삼켰다. 다음날 아침 그는 손님용 방의 침대에서 죽은 채로 발견되었다.

진실을 알게 되었을 때 혼란과 공포, 원통함의 급류가 젊은이의 영혼에 격렬히 몰아쳤다. 지금 그의 어머니는 과거의 '딴 남자'와 재혼했고, 그는 20년이 넘도록 그 남자를 편안하게 아빠라고 불렀다. 이제 그가 고향집을 찾아갈 수 있을까? 그가 느끼는 압도적인 감정들을 어떻게 다룰 수 있을까?

젊은이는 아버지의 자살이라는 진실을 듣고 3년이 지나 30살이 되었을 때 나를 찾아왔다. 그는 그날 이후로 자신의 유일한 목표는 마음의 고통을 이겨 내거나 적어도 줄이는 것이 되었다고 털어놓았다. 독실한 그리스도인이었기 때문에 술 같은 것에 기대고 싶은 마음은 떨쳐 냈다. 그는 누구와도 가까워지고 싶지 않았고 여자에게는 더욱 그러했기에 마음의 짐을 아무에게도 털어놓지 않았다.

욱신거리는 영혼을 달래 줄 방법으로 그가 찾아낸 유일한 길은 성경 암송이었다. 긴 성경 본문을 암기하는 데 정신을 집중하고 말씀의 내용을 되새기다 보면 고통에서 시선을 거두고 위로를 얻을 수 있었다. 그는 자신이 하나님을 향해 도움을 구하고 있다고 여겼다. 말씀을 가까이하며 마음을 새롭게 하고 있다고 생각했다. 제정신이 아닌 아버지가 무모하게 몇 병의 약을 입에 털어 넣는 장면이 떠오를 때마다, 어머니의 죄악과 기만을 생각하고 어머니와 현재의 남편을 향한 반감이 밀려들 때마다, 그는 성경으로 손을 뻗어 더 많은 구절들을 암송했다. 이렇게 한 지가 벌써 3년째였다. 그 결과, 그는 아주 긴장한 상태에 있었다. 인생이 그에게 큰 고통을 안겼지만, 그는 그 고통을 느끼지 않겠다고 결심했다.

우리 각 사람이 누구에게도 얻을 수 없는 것을 절실히 바라고 있다면, 모두가 이 불행한 젊은이와 정확히 똑같은 딜레마에 처해 있는 것이다. 삶의 세부 내용이 다르고 기괴함은 덜할 수 있겠지만, 우리 존재의 핵심에는 절대 직시하고 싶지 않은 공허함이 있다. 그 공허함의 근원은 짬을 내어 우리에게 어떻게 지내느냐고 전혀 묻지 않았던 아버지나 과보호로 무력감을 안겨 준 어머니, 늘 우리를 부족한 사람으로 여기는 배우자, 피상적인 관심만 보여주던 친구들, 하나님께 무관심하여 우리 마음을 아프게 하는 자녀들일 수도 있다. 이야기는 다양하지만 주제는 동일하다. 우리 모두는 지금까지 경험한 모든 중요한 관계에서 예외 없이 극심한 실망을 맛보았다는 것이다. 그래서 우리는 아픔을 느낀다.

이 젊은이는 어떻게든 하나님을 알고자 성경 암송에 몰두한 것이 절대 아니었다. 그 일의 목적은 고통을 줄이는 것이었다. 물론 도보 여행을 이어 가기 전에 신발에서 돌멩이를 빼내는 것은 잘못된 일이 아니다. 책임감 있고 도덕적인 삶을 사는 데 방해가 되지 않도록 심신을 편안하게 하는 것은 온당한 일이다. 그러나 타락한 세상에서 살아가는 데 따라오는 불가피한 고통을 해소하는 것이 최우선적인 일이 되면, 그 순간에 우리는 하나님을 추구하는 길에서 벗어난 것이다. 삶을 다루는 하나님의 처방은 고통을 제거하는 것이 아니다. 우리의 아픔은 이 세상에선 멈추지 않을 것이다. 하나님의 처방은 우리가 그 아픔 한가운데서 신실할 수 있는 힘을 준다. 때로는 순종의 길이 고통을 증폭시켜 하나님이 철저히 불공평하고 불친절한 존재처럼 보이기도 한다.

자신에 대한 실망이나 삶에 대한 실망은 붙잡아야 할 기회이지 해결해야 할 문제가 아니다. 목마른 그리스도인들은 하나님을 추구할 가능성이 크다. 받은 복으로 목마름을 채운 그리스도인들은 하나님을 의지하여 복된 상태에 머무르려고 할 뿐, 그분을 즐거워하는 데까지 이르려 하지 않는다.

삶의 고통 직시하기

삶에 대한 우리의 무책임하고 악한 반응의 배후에는 이 세상의 고통을 제거하겠다는 결심이 놓여 있다. 그 결심의 양분은 고통을 마주하면 행복의 소망이 철저히 파괴될 것이라는 두려움이다. 목숨을 보존하려면 채워지지 않는 갈망에서 솟아나는 영혼의 아픔을 해소해야 한다고 우리는 생각한다. 그 생각은 틀렸다. 하지만 거절, 고립, 실패, 나약함의 고통이 뱃속으로 밀려들기 시작하면, 마치 죽음이 다가오는 것처럼 느껴진다. 생존하려면 고통을 마비시키고 기분이 나아질 방법을 찾아야 할 것 같다. 먹는 일부터 성경 암송, 수음, 욕실 청소, 교회 성가대 합류까지, 뭐라도 해서 너무나도 두려운, 끔찍한 아픔을 피해야 할 것 같다.

우리 영혼이 느끼는 모든 아픔에 병적으로 귀 기울이는 것도 큰 문제지만, 어느 정도의 불가피한 고통마저 피하려 드는 것은 현실 부정에 해당한다. 자신이 간절히 원하는 것을 온전히 누리는 사람은 없다. 사람들은 우리를 실망시킨다. 우리도 사람들을 실망시킨다. 모든 것이 잘못되었다. 우리는 이 단순한 사실을 직시해야 한다. 주님과 아무리 가까이 동행해도, 실망스럽고 때로는 악한 세상의 영향을 피할 수는 없다. 극심한 슬픔이 가시지 않는 것은 영적 미성숙의 증거가 아니라 슬픈 세상에서 정직하게 살아간다는 증거다.

수많은 그리스도인이 기분이 좋아야 한다는 부담을 느낀다. 지극히 개인적인 문제를 나누는 데 신중해야 한다는 것은 인정하지만, 나는 더 많은 그리스도인 지도자들이 자신이 분투하는 문제를 드러내어 이야기하면 좋겠다. 목사의 부도덕에 대해 자세한 내용은 듣고 싶지 않다. 나는 겉으로는 점잖고 훌륭하게 사는 것처럼 보이는 지도자들이 자신의 무심함 및 교만(모든 면에서 부도덕 못지않게 심각한 죄들이다)과 어떻게 싸우고 있는지, 두려움과 피로에 맞서 어떻게 분투하고 있는지 말하는 것을 듣고 싶다. 다른 그리스도인들이 자신의 의심, 답답함, 낙심에 대해 들려줄 때, 그것이 나에게는 격려가 된다. 내가 혼자가 아니라는 것을 깨닫고, 자신의 분투 가운데서 하나님을 만날 수 있음을 배우고 있는 다른 사람들의 이야기에서 소망을 얻는다.

물론 투명성을 과장하면 자칫 그리스도의 아름다움보다 우리의 문제를 더 곱씹는 지경에 이르기 쉽다. 그러나 '대중적으로 알려진' 그리스도인들이 간증하는 그들의 훌륭한 삶을 들을 때, 나머지 사람들은 자신의 무엇이 잘못된 것인지, 설교자는 안 그런데 왜 우리는 아프고 염려하고 화가 나는지 의아해지는 경우가 너무나 많다. 그런 지도자들은 수백만 명의 그리스도인들에게 고통에서 벗어나고 죄 없는 온전함에 근접한 상태를 누릴 수 있다는 메시지를 전한다. 그들은 모든 상처를 삼키는 수준 높은 기쁨을 경험하는 것이 가능하다고 가르친다. 지금 낙원을 누릴 수 있고, 나중에는 더 많은 것을 누릴 수 있다고 말한다.

우리는 주님이 오늘의 낙원을 약속하신 상대가 곧 죽을 사람이었다는 것을 기억해야 한다. 지상에서 남은 시간이 많은 이들에게 주님은 지복이 아니라 실패, 핍박, 고난을 말씀하셨다.

□ "네가 세 번 나를 부인하리라"(요 13:38).
□ "그가 내 이름을 위하여 얼마나 고난을 받아야 할 것을 내가 그에게 보이리라"(행 9:16).
□ "무릇 그리스도 예수 안에서 경건하게 살고자 하는 자는 박해를 받으리라"(딤후 3:12).

건강과 부의 약속은 진짜이지만, 지금을 위한 약속은 아니다. 지금의 상황은 의사가 산고를 치르는 여인에게 "곧 품에 아기를 안게 되실 겁니다"라고 말하는 것과 비슷하다. 해소할 수 없는 혹독한 고통이 먼저 있고 그 다음에 기쁨이 있을 것이다. 밤에는 눈물이, 아침에는 기쁨이 있다. 예수님은 슬퍼하는 제자들에게 "너희는 마음에 근심하지 말라"고 말씀하셨다. "지금은 아니지만 잠시 후면 너희는 내가 너희를 위해 예비하는 집을 보게 될 것이다. 너희는 남은 생애 동안 나의 임재로 힘을 얻고 내 약속으로 기쁨을 누리겠지만 삶은 힘들 것이다. 너희는 아플 것이다. 그러나 그때도……형언할 수 없는 행복을 맛볼 것이다. 나를 믿어라"(요 14:1-3을 보라).

우리는 우리가 누리도록 만들어진 것을 갈망한다. 욕망해도 괜찮다. 그리고 천국에 가기 전에는 가질 수 없는 것을 원한다. 아파도 괜찮다. "누구든지 목마르거든 내게 오라."

나는 목마르다. 내가 갖지 못한 것을 갈망한다. 그리스도께 간다는 것은 무엇을 의미할까? 나는 이미 그리스도인이다. 내 마음을 들여다보면, 그리스도를 따르고 싶어 하는 내가 있다. 내 영혼의 이 채워지지 않은 욕망들을 어떻게 다루어야 할까? 내 아픔을 가지고 어떤 식으로 하나님을 신뢰해야 더 깊이 사랑할 자유를 누릴 수 있을까?

이 질문들에 답하기 위해서는 우리 안에서 생수의 강이 흐르게 하시겠다는 우리 주님의 약속을 면밀히 살펴봐야 한다.

Chapter 5

생수의 강? 그러면 왜 그토록 고통이 많은 걸까?

한 남자가 상담을 시작하면서 절박하게 말했다. "빨리 기분이 나아졌으면 좋겠습니다."

나는 잠시 가만히 있다가 대답했다. "좋아하는 술 한 상자를 구입하시고, 잘 맞는 여자들을 찾으시고, 바하마로 가서 한 달 정도 지내십시오."

이번에는 그가 가만히 있을 차례였다. 그는 어리둥절한 표정으로 나를 빤히 쳐다보더니 물었다. "선생님, 그리스도인이십니까?"

"그건 왜 물으시는 거지요?"

"글쎄요, 선생님의 조언이 그리 성경적인 것 같지 않아서요."

"환자분의 바람에 따라 제가 드릴 수 있는 최선의 조언입니다. 당장 기분이 좋아지고 불쾌한 감정이 싹 사라지기를 정말로 원하신다면, 그리스도를 따르는 일은 추천하지 않습니다. 술에 취하고 부도덕한 쾌락을 즐기고 휴가를 떠나는 쪽이 훨씬 효과가 좋을 겁니다. 물론 효과가 오래가지는 않겠지만 단기적으로는 원하는 것을 얻으실 겁니다."

미국 전역에서 설교자들이 당장의 흠 없는 행복을 약속하며 거대한 교회를 세우고 있다. 현대인들이 이해하는 기독교적 기쁨은 열

럴한 기대로 매일매일을 맞이하다가 나이가 들면 차분히 따스함을 누리고 마침내 영원한 천국의 지복을 맞이하는 것이다.

그러나 성경의 저자들은 상황을 다르게 본다. 우리에게 믿음이 필요한 이유는 삶이 감당하기 어려울 만큼 혼란스러울 수 있기 때문이다. 인생의 실망들을 직시하는 정직한 순간에 우리가 붙들 수 있는 것은 더 나은 날에 대한 소망뿐이다. 그리고 하나님의 목적을 성취하고 그리스도 및 다른 이들과의 관계를 의식하게 해주는 유일한 삶의 방식이 사랑이다. 어려운 세상 한복판에서 누리는 믿음, 소망, 사랑. 이것은 우리가 늘 만족스러운 상태일 수 있다고 약속하는 견해와 전혀 다르다. 인생에서 기대할 수 있는 바를 완전히 다르게 본다.

그러나 우리 주님은 그분에게 나아오는 사람들의 영혼에서 생수의 강이 흘러나올 것이라고 분명히 말씀하셨다. 주님은 무슨 뜻으로 그 말씀을 하셨을까? 보아하니 그리스도인의 삶에는 고통을 잘 관리하는 것 이상의 무엇이 있는 듯하다.

풍성한 삶 정의하기

내 삶에는 즐거운 경험들이 많다. 나는 소파에 털썩 주저앉아 좋은 책과 함께 보내는 두어 시간, 친구들과 함께하는 저녁 시간, 화창한 가을날 치는 골프, 사랑하는 사람들과 함께하는 저녁 식탁을 즐긴다.

생계를 위해 내가 하는 일은 엄청난 만족을 안겨 준다. 물론 많은 좌절도 있다. 때로는 사람들과 그들의 여러 문제가 범람하는 강물처럼 느껴지고, 그 속에서 나는 물 위에 떠 있는 것조차 버겁다. 이번이 세 번째 물에 잠기는 건가, 싶을 때도 있다. 그러나 물은 결국 빠지고, 나는 뭍에 오른다. 학생들을 가르치고 책을 쓰고 세미나를 다니고 사람들에게 그들의 삶에 대해 이야기한다. 내 시간의 대부분을 이루는 그 일들이 나는 정말 좋다.

가족과 친구들도 진정한 기쁨의 원천이다. 모든 인간관계에는 나름의 긴장이 있고 때로는 그 긴장이 극심해지고 오래가기도 한다. 나의 경우도 다르지 않지만, 충분히 잘 작동하는 많은 관계들이 있어서 깊은 감사와 따스함을 느끼게 된다.

어떤 그리스도인 집단에서든 비슷한 삶의 경험을 말하는 경우가 많을 것이다. 삶을 안락하게 만드는 것들, 의미 있는 일, 좋은 관계들 말이다. 다들 알다시피, 부와 성공을 위해 살면서 모든 것을 소유했으면서도 끔찍한 공허감을 토로하는 경우도 있다. 그러나 우리 중 많은 이들은 좋은 삶의 요소들에 더해 진실한 헌신, 도덕성, 뭔가 빠진 듯한 느낌을 면하게 해주는 교회 참여 등으로 이루어진 기독교의 세트를 갖고 있다.

그리스도께서 우리 안에서 생수의 강이 흘러나올 것이라는 말씀으로 약속하신 것은 바로 이런 방식의 삶일까? 정직하게 말한다면, 우리 대부분은 안락한 삶과 영적 헌신이 예수님이 제시하시는 풍성한 삶이라고 믿고 싶을 것 같다. 나는 안락함을 좋아한다. 아이들이 잘 지내고 아내와 내가 서로를 속속들이 즐거워하는 것이 정말 좋다. 친구들과의 좋은 식사 자리를 고대한다. 그러나 내 안의 깊은 곳에 있는 무엇인가는 그 이상을 요구한다. 그래서 나는 헌신을 새롭게 하고 성경 말씀을 묵상하는 식으로 하나님과의 관계에 힘을 쏟는다. 그렇게 개인적 안락과 영적 헌신을 다 누릴 때, 나는 정말로 만족스럽다. 그러나 물어야 할 질문은 달라지지 않는다. 이것이 생수의 강이 뜻하는 바로 그것인가?

예수님은 우리에게 풍성한 생명을 약속하셨지만, 무엇이 풍성하다는 말일까? 우리를 기분 좋게 해주는 축복이 꾸준히 흘러 들어온다는 것일까? 아니면 하나님이 기뻐하시는, 잘 사랑하는 능력의 강물이 흐른다는 것일까? 예수님은 그분이 제공하시지 않는 것을 원하는 사람에게는 아무것도 주시지 않는다.

많은 교회, 특히 텔레비전으로 예배를 중계하는 교회들은 관행적으로 당장의 삶이 순조로운 사람들만 초대하여 그들에게 그리스도가 어떤 의미가 있는지 나누게 한다. 메시지는 한결같다. 위안과 헌신, 둘 다 누릴 수 있다는 것이다. 하나님을 따르기로 선택할 때, 우리를 불편하게 만드는 모든 것을 그분이 바꿔 주실 것임을 믿으라는 것이다.

이런 간증들이 그리스도께 최선을 다해 헌신했지만 삶에 끔찍한 불편이 가득한 사람들에게 얼마나 큰 죄책감과 영혼을 괴롭히는 고통을 안겨 주었을까. 연사들이 따뜻한 가족 상봉, 선교 사역을 준비하는 자녀들, 긴장된 관계가 즐거운 화해를 맞이한 사연, 재정 손실을 하나님이 기적적으로 회복시키신 이야기를 들려줄 때, 얼마나 많은 이들이 하나님의 선하심을 즐거워할까?

30년 동안 함께 산 남편이 3년 전에 가정을 버리고 나이가 그의 절반인 여자와 보란 듯이 같이 사는 것을 지켜보는 여성은 어떤 마음일까? 소망? 혼란? 원통함? 며느리가 설명할 수 없는 이유로 시부모를 싫어하여 손주들과 함께 시간을 보낼 수 없는 노인들은 어떤 심정일까? 즐기운 활동 위주의 교회 모임에 진력이 났고, 의미 있는 성숙한 관계를 갈망하는 독신자는 또 어떨까? 개인적 안락함을 허락하신 하나님을 찬양하고 굳건한 헌신으로 이끄신 하나님께 겸손하게 감사하는 사람들의 간증에 행복해할까? 아니면 진정한 기쁨을 찾을 소망을 조용히 포기할까?

나처럼 많은 합당한 즐거움을 누리고 그리스도를 추구하는 데 헌신하는 이들을 포함한 우리 대부분은 답이 없는 많은 질문들, 정말로 실망스러운 일들, 최고의 관계들도 결코 덜어 주지 못하는 끈질긴 공허함의 존재를 인정할 수밖에 없다. 이런 내면의 현실을 무시하고 개인적 위안을 주는 축복들에 초점을 맞추면서 그리스도인으로서 헌신하는 삶에 충실하려고 노력해야 할까? 삶이 충분한 즐거움을 제공하여 괴로운 질문들과 감정들에 대해 생각할 필요가 없었던 사람들 대부분이 바로 이렇게 하는 것 같다. 그리고 파경과 자녀들의 반항과 가슴 아픈 외로움 같은 보다 절박한 문제로 분투하는 사람들에 대해서는 그들이 하나님을 계속 신뢰하고 하나님이 편안한 삶을 회복시켜 주시기를 기도할 뿐이다.

이런 식의 반응으로 교회는 회원 자격을 갖춘 운 좋고 점잖은 사람들에게 혜택을 제공하는 컨트리클럽으로 바뀐다. 우리는 주일마다 교회에 앉아 편안하고 헌신적인 사람들과 교제를 즐기는데, 상심하고 가난한 사람들은 바깥에서 창문에 얼굴을 갖다 대고 분한 마음과 부러움, 절망을 느끼며 안에 있는 우리를 바라본다.

깊이 변화된 사람들의 공동체가 되려면 우리의 목마름을 인정해야 할 뿐만 아니라 그리스도께서 그 목마름을 어떻게 처리하기로 약속하셨는지 주의 깊게 살펴야 한다. 그분은 우리가 헌신하기로 한 약속을 일정 수준 이상 지키면 즐거운 관계, 보람찬 경력, 유쾌한 활동을 통해 안락함을 주겠다고 약속하신 걸까? 아니면 생수가 흘러나오는 풍성한 삶은 그와 전혀 다른 것일까? 남편과 전혀 소통하지 못해도 그 시원한 생수를 맛볼 수 있을까? 아들이 성인이 되어 주님을 멀리 떠나도 부모가 평화와 안식에 대한 실질적인 무엇인가를 체감할 수 있을까?

주님은 우리 존재의 가장 깊은 곳에 생수의 강이 흘러넘치게 하겠다고 약속하셨다. 나는 그분의 말씀이 영적 헌신의 대가로 안락한 삶을 보장하겠다는 의미가 아니라고 생각한다. 그렇다면 그 말씀은 무슨 뜻일까? 주님이 그분에게 나아가는 모든 사람에게 생수의 강을 약속하셨다면, 왜 수많은 진실한 그리스도인들의 삶에 고통이 가득할까?

나는 내면으로부터의 변화가 우리와 주님 약속의 실체를 생생하게 이어 줄 수 있다고 확신한다. 우리가 어떻게 주님의 웅덩이에서 마음껏 마실 수 있는지 이해하기 위해서는 영혼의 갈망들을 보다 자세히 살펴볼 필요가 있다.

세 종류의 갈망

주님은 우리에게 생수를 공급하시겠다고 약속하시면서, 우리 존재의 가장 깊은 곳에서 강이 흘러나올 것이라고 말씀하셨다. 일부 번역본에서 '배'라고 번역한 단어를 여기서는 '존재의 가장 깊은 곳'으로 옮겼다. 이 말은 우리 내면의 중심에 위치한 빈자리를 가리킨다. 이 단어의 또 다른 의미는 욕구다. 다시 말해, 그리스도께서는 우리 영혼의 핵심 욕망들에 대해 뭔가를 하시겠다고 약속하신 것이다. 물론 핵심 욕망과 중요성이 제각각인 다른 욕망들도 존재하지만, 그것들까지 주님의 약속의 범주 안에 들어가는 것은 아니다.

인간 마음의 기본적이고 가장 심오한 갈망을 생각해 보자. 인생은 이 욕망이 채워져야만 살아갈 가치가 있으니 이것을 핵심적 갈망(crucial longings)이라고 부르자. 우리는 예외 없이 강하시고 사랑으로 우리의 삶에 관여하시는 분, 친히 맡기시는 중요한 일을 감당할 힘을 주시는 분과 관계를 맺고 살도록 만들어졌다. 그분과의 관계 또는 그분의 영향력이 없다면 삶은 철저히 공허하다. 그 무엇, 곧 불완전한 친구들도, 인상적인 일도, 흥분도, 쾌락도 그 핵심적인 빈자리를 채울 수 없다. 우리가 경험하도록 만들어진 바로 그것이 아니면 안 된다. 오직 하나님만이 제공하실 수 있는 특별한 관계가 있어야 우리의 핵심적 갈망이 채워질 수 있다.

우리에게 핵심적 갈망이 있다면 비핵심적 갈망도 있을 것이다. 비핵심적 갈망을 두 범주로 나누고 결정적 갈망(critical longings)과 일상적 갈망(casual longings)이라 부르자.

다들 알다시피, 우리에게는 하나님만 채우실 수 있는 깊은 갈망 이외의 욕망들이 있고, 그중 일부는 결정적으로 중요하게 느껴진다. 이를테면 배우자에게 사랑받고 존중받고 싶은 욕망, 자녀들이 우리 가까이에 있으면서 행복하고 책임감 있게 살기를 바라는 소망, 필요할 때 우리를 도와줄 수 있는 친구들을 향한 갈망이 있다. 나는 결정적 갈망이 삶의 기쁨을 너무나 크게 더해 주는 양질의 관계를 향한 정당하고 중요한 욕망이라고 생각한다.

세 번째 범주의 욕망인 일상적 갈망은 사소한 욕망('이 식당에 내가 좋아하는 샐러드드레싱이 있으면 좋겠다')부터 의미심장한 욕망('의사가 좋은 검사 결과를 말해 주면 좋겠다')까지 우리가 경험하는 다른 모든 욕망을 아우른다. 일상적이라는 단어는 내가 말하고 싶은 내용을 제대로 전하지 못할 수도 있을 것 같다. 내가 일상적이라 말하는 일부 욕망은 대단히 의미심장하게 느껴질 수 있기 때문이다(위험 징후를 발견하고 긴장했다가 건강하다는 검사 결과가 나오면, 좋은 결과를 기대했던 욕망의 의미심장함을 확인할 수 있을 것이다). 내가 볼 때 일상적 갈망과 결정적 갈망을 가르는 특성은 인격적 관계다. 우리가 느끼는 어떤 갈망의 중심에 타인이 자신을 내어 주어야만 채워질 수 있는 요소가 없다면 나는 그 갈망이 일상적이라고 말하겠다. 한편 우리의 어떤 욕망이 누군가와의 관계를 통해서만 채워질 수 있는 것이라면 그것은 결정적 갈망이다. 만약 그런 관계적 갈망이 너무나 깊고 중요해서 하나님의 자원만으로 채워질 수 있다면, 그것은 핵심적 갈망이라고 말할 수 있을 것이다.

충족되지 않은 갈망들의 결과

우리의 갈망을 세 개의 범주로 분류하는 작업의 중요성은 갈망이 좌절될 때의 결과를 따져 볼 때 분명히 드러난다. 일상적 갈망들이 충족되지 않으면, 우리는 관리 가능한 불편을 느낀다. 그 불편이 아주 괴로울 수 있지만, 인격체로서의 나를 이루는 중요한 부분들은 위협을 받지 않는다. (죽음의 가능성은 인격적 존재가 아니라 물리적 존재를 위협한다.) 그런 불편이 발생해도 나는 정신을 차리고 삶을 이어 갈 수 있다. 그 일은 때로는 쉽고 때로는 대단히 어렵다. 일상적 갈망들이 채워지지 않을 때는 그리스도인과 비그리스도인 모두 상당히 잘 살 수 있는 자원을 자신의 인간성 안에서 찾아낼 수 있다.

결정적 갈망은 이와 다르다. 내가 하는 일이 중요하지 않게 보일 때, 내가 정말 중요하게 생각하는 일을 행할 능력이 내게 없다는 증거가 쌓여 갈 때, 내가 아끼는 사람들이 내게 신경 쓰지 않을 때, 정말 소중한 관계가 끊어질 때, 나는 내면에서 끔찍한 고통을 동반한 공허감을 느낀다. 외로움, 거절, 실패가 일으키는 고뇌보다는 차라리 물리적 고통이 더 견디기가 쉬울 때가 있다. 다른 사람들과의 관계 및 변화를 만들어 내는 활동을 바라는 결정적 갈망이 좌절될 때, 나는 관리 가능한 불편 이상을 경험한다. 깊은 슬픔, 얼어붙는 듯한 상실감이 느껴지고 적어도 한동안은 계속 나아갈 동력을 잃는다. 그러나 시간과 기타 경험들이 [어느 정도] 도움이 되는 것 같다. 늘 그런 것은 아니지만 자주 그렇다. 삶으로 나아가는 움직임, 이전에 즐기던 즐거움들을 느끼고 책임 있게 밀어붙일 역량이 조금씩 돌아오는 게 느껴진다. 잿빛이던 세상이 밝아지면서 풍성한 정도까지는 아니라도 삶에 생기가 돈다.

세 번째 범주의 갈망은 위의 두 경우와 전혀 다르다. 결정적 갈망과 핵심적 갈망은 모두 관계와 영향을 바라는 욕망이다. 그러나 나는 어떤 인간도 절대 제공할 수 없는 차원의 관계와 수준의 영향을 갈망한다. 나는 어떤 대가도 필요하지 않는 분의 무한한 사랑을 받고, 지극히 중요한 뜻을 가지신 분의 영원한 영향력을 누리도록 만들어졌다. 내 영혼이 너무나 간절히 바라는 것을 오직 하나님만 주실 수 있다. 핵심적 갈망이 채워지지 않을 때, 그대로 두면 안 되는 고통이 찾아온다. 이 고통에는 시간도 도움이 되지 않는다. 시간은 부인과 도피의 기회만 될 뿐이다. 극심한 고통의 순간에 주어지는 격려와 쾌락은 목마른 여행자에게 모래 한 통이 갖는 정도의 의미밖에는 없다. 생명이 빠져나가는 느낌이 든다. 그것은 신경증적인 인식이 아니라 실제로 일어나는 일이다. 우리를 아끼시는 분이 없고 중요한 할 일이 없다면, 삶은 어떻게든 피하고 일그러뜨리고 부인해야 할, 말할 수 없이 잔인한 경험일 뿐이다. 핵심적 갈망이 채워지지 않는 삶의 결과는 곧 지옥의 시작이다.

채워짐을 구하기

그리스도께서 생수로 채워 주시겠다고 약속하셨을 때 염두에 두신 것은 목마른 사람들을 돕고자 하는 그분 자신의 갈망이 충족되는 것이었음이 분명하다. 그리스도께서 어떤 목마름을 채워 주기 원하시는지, 어떻게 채워 줄 계획이신지, 그분의 공급하심의 결과를 우리가 언제 느낄 수 있는지는 다소 불분명하다.

그리스도께서 주신 생수의 약속과 목마른 사람들의 관계를 잘 이해하려면, 갈망의 각 범주를 원으로 그리고 각각을 아래와 같은 동심원으로 배치해 보는 것이 도움이 될 것이다.

일상적 갈망
결정적 갈망
핵심적 갈망

우리는 가장 덜 중요한 갈망을 가장 선명하게 인식하면서 하루하루 살아간다. 그러다 보니 다른 갈망보다 일상적 갈망의 충족에 더 관심이 있다. 우리는 자신의 편의를 채우는 데 많은 힘을 쏟는다. 식사가 맛있고 흉부 엑스레이 결과가 좋게 나오면 기분이 좋다. 일상적 갈망이 충족되는 즐거운 경험을 꽉 찬 바깥 원으로 나타내기로 하자.

충족된 일상적 갈망들

우리 대부분은 결정적 갈망도 인식한다. 인간관계에 긴장이 있는 시기에 특히 그렇다. 배우자가 차갑게 굴 때 화가 나고 배신감을 느낀다. 친구들이 인정머리가 없을 때 상처를 받는다. 그러나 우리의 주요 관계들이 따뜻하고 건강해 보이는 동안은 세상이 상당히 살기 좋은 곳처럼 느껴진다. 우리는 하나님의 선하심을 뜨겁게, 진심으로 찬양한다. 농담에 쉽게 웃고 오랜 친구들과의 저녁 시간을 고대한다. 우리는 정말 기분이 좋다. 일상적 갈망들이 채워지지 않으면 극도의 불편을 느낄 수 있지만, '더 깊은 수준'에서 결정적 갈망들이 충족되면 우리는 세상살이가 괜찮다고 느낀다. 이 경험을 아래 그림처럼 정리할 수 있다.

충족된 결정적 갈망들

소수의 헌신된 그리스도인들은 주변의 삶이 허물어질 때 하나님의 임재를 생생하게 맛본다는 것이 어떤 의미인지 안다. 몸은 여러 모로 편치 않고 친구들은 무심하거나 소원할 수 있지만, 그리스도께서 어떻게든 그들의 영혼 깊은 곳으로 감미롭고 힘차게 들어오신다. 고난 가운데 신비롭게도 삶이 매력적인 사람들은 "내 영혼을 황홀하게 하는 분은 오직 예수님"이라고 간증한다. 이 사람들의 모습은 아래와 같다.

충족된 핵심적 갈망들

나는 이 도식의 내용을 경험하지 못한 채 입으로만 내세우는 경우가 많다고 생각한다. 사람들은 바깥의 두 원이 채워진 것을 주님을 아는 말할 수 없는 기쁨으로 종종 오인한다. 바라던 하나님의 복을 누리는 것과 하나님 그분을 누리는 것을 혼동하는 것이다.

쾌적한 환경, 군건한 관계, 하나님과의 교제로 세 가지 원이 모두 채워지기를 간절히 바라는 것은 지극히 정상적인 일이다. 그것이 바로 그리스도인의 소망이다. 그와 같은 온전한 행복의 궁극적 확실성은 의문의 여지가 없지만, 그 시기와 전개 방식은 다른 문제다.

기쁨으로 가는 길에 대해서는 크게 두 가지 생각이 있는 것 같다. 하나는 하나님이 욕망의 원들을 바깥에서부터 채우신다는 생각이다. 먼저 하나님이 우리를 편안하게 만드시고, 우리는 건강과 부를 주시는 그분을 신뢰한다. 그 다음, 건강과 부가 커져 가면서 우리의 관계가 개선된다. 부부 관계가 군건해지고, 우리와 비슷하게 복을 받은 사람들과 어울리면서 우리의 돈, 성별, 성격을 누리는 법을 배운다. 그러다 충만하고 행복한 사람들의 공동체로 모여 함께 선하신 하나님을 찬양한다. 하나님이 내리신 복은 우리를 그분의 임재 안으로 점점 더 온전히 이끈다. 이것은 대중적인 견해이지만 나의 성경 이해에 따르면, 이 견해는 사람들을 확실히 성숙에서 멀어지게 만든다.

두 번째 생각은 기쁨으로 가는 과정을 전혀 다르게 제시한다. 가장 심오한 충만함은 안락함을 누리지 못하고 관계가 틀어져서 힘들게 분투하는 시기에 찾아온다는 주장이다. 하나님을 아는 지식은 내면에서 자라 바깥으로 퍼져 나간다. 정반대의 이 두 길을 다음과 같이 쉽게 도식화할 수 있다.

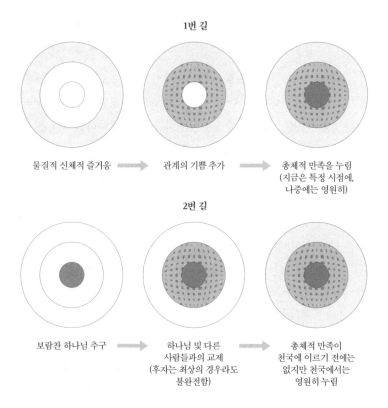

1번 길

물질적 신체적 즐거움 ➡ 관계의 기쁨 추가 ➡ 총체적 만족을 누림
(지금은 특정 시점에, 나중에는 영원히)

2번 길

보람찬 하나님 추구 ➡ 하나님 및 다른 사람들과의 교제
(후자는 최상의 경우라도 불완전함) ➡ 총체적 만족이 천국에 이르기 전에는 없지만 천국에서는 영원히 누림

하나님께로 가는 고통스러운 길

물론 이런 식의 요약은 양쪽 길의 모든 가능성을 보여주지는 않는다. 그보다는 각 길의 본질적인 내용을 강조해서 나타낸 것이라 할 수 있다. 나는 두 번째 길이 영적 성장의 진정한 본질을 더 잘 나타낸

다고 생각한다. 두 번째 길은 한 가지 핵심 원리를 전제하고 있다. 우리는 자신의 상황과 관계(특히 관계)에서 경험하는 고통스러운 실망을 인정하기 전까지는 극심한 목마름을 느낄 때와 같은 열정으로 그리스도를 추구하지 않을 것이라는 것이다. 보다 간단히 표현하면, 삶이 편안할 때는 하나님을 의미심장하게 의지하는 법을 좀처럼 배우지 못한다.

우리 안에 생수의 강이 흐를 것이라는 약속은 지금으로서는 그리스도께서 우리의 핵심적 갈망에 대해 뭔가 조치를 취하실 것이라는 것만을 보증한다.[1] 그리스도께서 건강, 번영, 여가 같은 안락함을 제공하실 것이라는 약속은 없다. 하나님이 우리의 인간관계를 우리가 바라는 만큼 따스하고 만족스럽게 만들어 주실 것이라고 믿을 수도 없다. 일용할 양식을 주신다는 하나님의 약속과 그분의 부요하심을 따라 우리에게 필요한 것을 공급하시겠다는 맹세는, 우리 삶에서 하나님의 목적을 성취하는 데 필요한 모든 것을 그분이 주실 것이라는 의미로 신중하게 이해해야 한다.

성숙한 그리스도인들은 지속적으로 만족스럽게 하나님을 경험할 것이라고 생각한다면 오산이다. 하나님에 대한 경험은 주권적인 성령의 움직임에 따라 나타나고 사라진다. 하나님을 향한 목마름은 그리스도인이 성숙함에 따라 지속되는 현실이 된다. 그러므로 하나님에 대한 경험보다는 하나님을 향한 목마름이 평생 우리를 지탱해 준다는 결론을 내릴 수 있다.

이런 약속은 모든 수준에서의 고통 없는 삶을 절대로 보장하지

않는다. 하나님의 의도는 우리를 그분에게 제대로 이끄시는 것이고, 우리는 오직 하나님만 주실 수 있는 것을 누리도록 만들어졌기에, 깊은 슬픔과 실망을 정직하게 인정해야 한다. 우리의 인간관계에서는 이 슬픔과 실망이, 영혼이 찢어지는 절망의 수준에 이르기도 한다. 타락한 존재인 우리는 하나님과의 관계를 제외한 모든 관계에서 자연스럽게 기쁨을 추구한다. 우리가 원하는 것이 없는 관계에서 기쁨을 추구하니 존재의 가장 깊은 곳에서 좌절할 수밖에 없다. 그러나 그 좌절감을 잘 다루면 우리는 하나님께로 나아갈 수 있다.

하나님과 가장 가까이 동행하는 이들이 가장 예리하게 실망을 느낀다. 그들은 세상의 올바른 (그리고 언젠가 그렇게 될) 모습을 알기에 세상의 지금 모습이라는 현실이 더욱 더 추하게 보이는 것이다. 우리가 주님을 아무리 풍성하게 경험해도, 타락한 존재로 타락한 세상에서 사는 충격을 피할 수는 없다. 우리 주님도 그것을 피하지 못하셨다. 그분은 아버지와 온전한 교제를 누리셨지만 슬픔의 사람이기도 하셨다. 사람들의 완고한 마음 때문에 마음이 아파 눈물을 쏟으셨다.

순종하는 그리스도인은 항상 기분이 좋아야 한다는 생각을 지워 버려야 한다. 우리의 가장 깊은 갈망은 하나님의 임재를 통해 생수의 강에 잠기고, 이후에는 그분이 약속하신 바를 통해 잠기겠지만, 그런다고 해서 다른 수준에서 채워지지 않은 욕망들이 사라지는 것은 아니다. 그러므로 불행하다는 느낌이 없어야 주님과 잘 동행하고 있는 것이라는 식으로 생각해서는 안 된다. 자녀들이 반항할 때 부모가 느끼는 고통은 정상적이고 실제적인 반응일 뿐만 아니라 건강한 반응이다. 그리고 영적 깊이가 더해질수록 그 고통은 점점 더 커진다. 반항이 얼마나 비극적인 일인지 더욱 예리하게 분별하기 때문이다.

인생의 불가피한 고통에도 불구하고, 어떤 어려움 앞에서도 온전함을 유지하는 일은 가능하다. 그 어떤 것도 우리에게서 하나님의 사랑을 빼앗을 수 없기 때문이다. 하나님의 사랑은 자기를 인식하는 분별력 있는 영혼이 가장 원하는 것이다. 내면에서부터 변화된다는 것은 하나님의 불변하는 사랑의 생수를 들이켜는 법을 배우고, 그로 인해 만들어진 우리의 목적, 정체성, 기쁨에 힘입어 삶이 순탄하든 험난하든 잘 대응할 용기를 갖게 된다는 뜻이다.

그렇게 그리스도를 또렷이 보기 때문에 화형대로 가면서도 초월적인 평화를 누리는 상태를 상상해 보자. 실제로 그렇게 한 사람들이 있었다. 과거의 잔인한 학대(어쩌면 성적 학대)를 기억하면서도 확신을 갖고 앞으로의 친밀한 관계를 기대하는 모습을 그려 보자. 드물지만 그런 일은 가능하다.

정직한 사람들은 삶의 불가피한 곤경을 만난다. 때로는 신체적 고통을 겪고, 인간관계에서는 항상 실망을 맛본다. 변화된 사람들은 하나님의 선하심을 아주 깊이 경험한다. 그래서 좋은 집, 건강, 풍성한 관계 같은, 합당하지만 하나님의 선하심에 비하면 심심한 것들을 누릴 때도 하나님을 추구한다. 그런 기쁨들이 사라질 때는 더욱 더 하나님을 추구한다.

이제 요약해 보자.

1. 우리는 목마른 사람들이다. 우리는 다음과 같은 것들을 갈망한다.
   □ 몸의 편안함 (일상적 갈망)
   □ 사람들과의 좋은 관계 (결정적 갈망)
   □ 하나님과의 관계에서만 얻을 수 있는 기쁨 (핵심적 갈망)

2. 그리스도께서는 우리의 일상적 갈망이나 결정적 갈망을 채워 주겠다고 약속하시지 않았다. 그러므로 우리는 물질적 문제와 실망스러운 관계로 인해 어려움을 겪을 수 있다. 마태복음 6:25-34의 약속은 우리 안에서와 우리를 통해서 하나님의 뜻을 성취하는 데 필요한 모든 것을 신실하게 제공하실 것이라는 의미로 해석해야 한다. 우리가 당장의 편안함을 누리는 데 필요한 것을 하나님이 주실 것이라는 약속은 없다.

3. 하나님은 우리의 핵심적 갈망을 채워 주겠다고 약속하셨다. 하지만

   □ 지금 누리는 만족은 맛보기일 뿐이다. 잔치는 나중에 열릴 것이다. 그러므로 우리는 지금 가진 것보다 더 많은 것을 여전히 갈구할 것이다.

   □ 핵심적 갈망이 충족된다 해도 우리의 일상적이고 결정적인 갈망들이 채워지지 않을 때 오는 실망의 고통은 줄어들지 않는다.

4. 자신을 아는 그리스도인에게 실망은 고질적인 현실이다. 적어도 세 가지 이유로 그렇다.

   □ 하나님의 온전한 기쁨은 천국에 이르기 전까지는 우리 것이 되지 못한다.

   □ 지상에서의 어떤 관계도 온전하지 않다. 그러므로 우리의 결정적 갈망들이 채워지지 않아서 실망하게 마련이다.

   □ 타락한 사람들은 핵심적 갈망을 채우기 위해 하나님 외의 다른 자원(돈, 착한 자녀, 따뜻한 교회, 사랑하는 배우자, 성공적인 경력)에 자연스럽게 (그러나 부당하게) 의존한다. 그로

인해 ("날 떠나지 마!" 같은) 요구가 좌절되면서 격심한 고통이 그들의 피할 수 없는 탄식에 더해지고, 그 고통은 억울함, 두려움, 자책, 우울함을 낳는다.

우리는 마음의 갈망들을 직시해야 한다. 영혼의 실망을 겪어 내야 한다. 그래야 모든 욕망이 영원히 채워질 그날에 하나님이 오시기를 간절히 기대하며 그분을 갈망하는 법을 배우게 될 것이다. 그제야 우리는 갈망의 좌절에 자기중심적으로 몰두하던 과거에서 놓여나 하나님 및 다른 이들을 진정으로 사랑할 수 있게 될 것이다. 다음 장에서는 삶의 실망스러운 현실로 들어서는 법에 대해 다루고자 한다.

Chapter 6

우리의 목마름을 인식해야 한다

우리 대부분은 가장하는 방식으로 삶에 대처한다. 우리가 가진 것이 실제보다 더 만족스러운 것처럼 가장하고, 실제보다 훨씬 적게 상처 받은 것처럼 가장한다. 불평하지 말라는 성경의 가르침은 실망스럽 고 고통스러운 일을 직시하지 않을 때 순종하기가 더 쉽다. 그런데 지금 나는 삶에서 불평을 일으킬 수 있는 바로 그 일들을 똑바로 쳐 다보라고 말하고 있다.

누군가는 이렇게 말한다. "하지만 범사에 감사하고, 항상 기뻐 하고, 예수 그리스도의 좋은 군사로 전진하는 것이 옳지 않은가요?" 자신의 어려움을 성찰적으로 바라보는 것은 우리가 해야 할 모든 일 과 부합하지 않는 것 같다. 채워지지 않는 욕망들에 굳이 우울하게 몰두할 필요가 있는가? 너무나 부정적인 일로 느껴진다. 그저 살아 가는 데 충실해야 하는 거 아닌가?

많은 기독교계에서는 내면의 문제들과 편안한 거리를 유지할 것을 강하게 권장한다. 십대들이 부모에 대한 원망이나 정체성 혼란 으로 힘들어할 때, 청소년 사역자들은 성경 공부에 더 시간을 들이고 순종의 헌신을 새롭게 하라고 권하곤 한다. 두 가지 모두 좋은 조언 이지만, 그렇게 하면 어려운 질문들이 한 무더기의 암송 구절들과 특정한 기독교적 행동 기준에 대한 엄격한 순응 아래에 묻혀 버리는 경우가 너무나 많다. 당장에는 문제가 해결된 것처럼 보이지만 사실은 눈에 보이지 않게 밀쳐 두었을 뿐이다. 그 문제들은 미묘하게 작용하면서 십대의 행복에 계속 피해를 준다. 더 나은 그리스도인이 되라는 목회자의 격려는 어쩔 줄 모르는 십대에게 분명한 삶의 지침이 되기보다는, 위협적인 우려와 씨름하지 않아도 되도록 목회자 자신을 보호하는 역할을 할 때가 있다.

성적 학대의 기억으로 힘들어하는 여성들 사이에서 이와 비슷한 상황을 볼 수 있다. 학대가 끝나고 수년이 지나고도 피해자를 계속 짓누르는 격렬한 수치심과 죄책감은 직시하기보다는 눌러 버리는 쪽이 훨씬 쉽다. 이기적으로 착취하는 사람이 아니라 다정하게 사랑하는 사람과 함께하고 싶은 갈망은 깊지만 잘 채워지지 않는다. 구할 수 있다는 보장도 없는데 자신이 간절히 원하는 바를 인정하는 것은 너무나 아픈 일이다.

내면의 고통을 인정하는 일에 대한 심각한 저항이 있다(일반 사회보다 기독교계에서 더 그런 것 같다). 낙심과 두려움 쪽을 슬쩍 보는 것조차 우리가 생각하는 '승리하는 그리스도인'의 마땅한 행동에 어긋난다. 보수적인 교회와 그리스도인 가정에서는 많은 이들이 자신의 아픔을 부인하라는 가르침을 받는다. 누군가 진실하고 첨예한 관심을 갖고 우리의 진짜 마음을 묻는 경우는 거의 없다. 대부분의 안부 인사에 "괜찮아요, 감사합니다"보다 더 긴 답변을 내놓는 것은 적절하지 않다. 솔직히 말해 우리가 다른 사람들에게 안부를 물을 때도 그들의 심정을 전부 솔직하게 나눠 달라고 청하는 것은 아니다. 우리 모두는 서로의 감정에 대해 안전거리를 유지하는 경향이 있다. 내면에서 실제로 일어나는 바를 다루는 것은 불안하고 아주 불편한 일이기에, 우리는 내면의 진실을 타인에게 감추고 자신에게조차 감춘다.

그렇게 하면 인생이 살짝 나아진다. 이것이 우리가 많은 교사들로부터 배운 명확한 메시지이고, 남의 일에 관여하지 않음으로써 다른 사람들에게 전달하는 메시지이기도 하다.

이 가르침의 문제점은 참과 거짓이 섞여 있다는 것이다. 우선 그리스도의 아름다움과 예배와 섬길 기회에 집중하는 것은 옳다. 삶의 가슴 아픈 일들에 초점을 맞추는 것은 불쾌한 일이 될 수 있고 우리는 냉소적이고 우울해지고 의욕을 상실할 수 있다. 이것은 내면을 들여다보는 데 따르는 분명한 위험이다. 우리의 공허함을 직시하는 것이 신뢰로 나아가는 데 필요한 예비 과정임을 인정한다 해도, 채워지지 않은 갈망 속으로 들어가는 것은 여전히 고통스러운 과정이다. 고통은 삶을 방해한다. 고통 때문에 잠을 못 이루기도 하고, 사랑하는 사람들에게 모질게 반응하기도 한다. 고통에 휘둘려 즉각적인 위로를 찾느라 책임을 회피할 때도 있다. 내 경우에도 기분이 나쁠 때면 아내가 집안일을 혼자 하도록 내버려 두고 텔레비전을 보고 싶은 유혹을 받는다.

많은 그리스도인들이 영혼의 고통을 깊이 들여다보지 않고 삶이 그럭저럭 순탄하게 흘러가게 하는 데 성공하는 반면, 내면을 들여다보는 사람들이 그 안에서 발견한 것의 무게에 눌려 허물어지기도 한다. 그렇다면 왜 내면을 들여다봐야 할까? 그렇게 해서 고작 엄청난 슬픔을 더 크게 인식하게 될 뿐이라면 뭐 하러 그렇게 한단 말인가? 사막 여행자에게 그가 얼마나 목이 얼마나 마른지 확인하게 하는 것은 잔인한 일이 아닌가? 그렇다. 우리의 목마름을 인식하는 데 따르는 결과가 고통의 증가일 뿐이라면, 내면을 들여다보는 것은 어리석고 잘못된 일일 것이다. 그러나 자신의 목마름을 인식하는 것을 시작으로 하나님과의 더 친밀한 교제로 들어갈 수 있다면("주의 오른쪽에는 영원한 즐거움이 있나이다"[시 16:11]) 그때는 내면을 들여다보는 것이 타당한 일이 된다. 일시적으로 어떤 고통이 발생한다 해도, 설령 그 고통이 아주 오래가고 극심한 것으로 보인다 해도 말이다.

우리는 냉혹한 선택의 기로에 서 있다. 편안해지기 위해 살거나 (내적 외적으로 모두이지만 특히 내적으로), 하나님을 알기 위해 살거나. 둘 다 택할 수는 없다. 하나를 선택하면 나머지는 버려진다.

이번 장에서는 목마름에 대한 인식이 진정한 변화, 곧 우리가 더욱 그리스도를 닮게 만드는 변화를 위한 불가피한 첫 걸음인 이유를 다루고, 이어서 욕망이 채워지지 않은 고통을 직시하려면 무엇이 필요한지 말하고 싶다.

왜 목마름을 직시해야 하는가?

만족을 얻지 못한 영혼의 심연을 들여다보는 일은 아프다. 그런데 왜 그런 일을 하는가? 목마름의 고통을 느끼는 것이 내면으로부터의 변화를 이루는 데 필요한 단계이기 때문이다. 여기에는 세 가지 이유가 있다.

1. 강박적 죄에서 벗어나려면 깊은 목마름을 인식해야 한다.
2. 깊은 목마름을 인식하지 않고는 죄를 피상적으로 이해하게 되고, 따라서 제대로 다룰 수 없게 된다.
3. 깊은 목마름을 인식하지 못하는 상태에서 하나님을 추구하는 일은 기껏해야 규율을 따르는 수준에 그친다. 깊은 목마름을 인식해야 하나님을 열정적으로 추구할 수 있다.

수많은 이들이 변하지 않을 것 같은 습관들과 싸우고 있다. 그중에는 행동의 습관도 있고 생각의 습관도 있다. 어떤 이들은 머릿속을 가득 채운 성적 환상, 모든 설교자에 대한 거부감, 억지 쾌활함과 싸운다. 수음, 과식, 욱하는 성질, 발작적 울음, 분노에 찬 생각, 게으름과 싸우는 이들도 있다. 죄책감에 사로잡힌 그리스도인들은 하나님께 도움을 간청하지만 이길 힘을 달라고 흐느끼는 기도로 지새운 밤들은 도움이 되지 않는다. 습관이 여전히 주인의 자리에 있다. 왜 그럴까? 진정한 노력, 눈물의 회개, 순종의 약속은 왜 때때로 별 다른 효과가 없을까? 우리는 무엇을 할 수 있을까?

두 개의 흥미로운 성경 본문이 이 어려운 질문들에 빛을 비춰 준다. 바울은 로마서 16:18과 빌립보서 3:19에서 배를 우상으로 섬기는 사람들에 대해 이야기한다. 두 본문에서 '배'에 해당하는 단어는 그리스도만이 채울 수 있는, 우리 내면의 깊은 부분을 가리킨다. 내가 말한 '핵심적 갈망'들로 가득 차 있는 부분이다. 바울이 여기서 가르치는 바에 따르면, 그리스도를 의지하여 존재의 가장 깊은 곳을 충족시킬 줄 모르는 사람들은 영혼에 아픔을 느낄 것이고, 그 아픔을 즉각 해소하는 방향으로 가차 없이 나아가게 된다.

일상적 갈망들이 해소되지 않으면 감당할 만한 정도의 불편이 생긴다. 결정적 갈망들이 채워지지 않으면 끔찍한 심적 고통과 참담한 상실감을 겪을 수 있다. 그런데 핵심적 갈망들이 방치되면 삶의 토대가 허물어진다. 내가 하는 일이 의미가 없거나 내 관계에 사랑이 없다면, 살아가는 일이 아무런 가치가 없게 되는 것이다.[1] 외로움과 무의미함의 고통은 통렬하다. 그리고 고통은 해소를 요구한다.

하나님과 분리되어 사는 고통이 참을 수 없을 만큼 크다는 이 사실은 우리 죄악성의 끔찍한 기괴함과 어리석음을 폭로한다. 우리는 하나님의 방식으로 그분께 나아가지 않으면서 위로를 얻겠다고 고집한다. 많은 목마른 이들이 열심으로 기도하고 헌신을 새롭게 하며 열정적으로 섬기는 방식으로 그리스도께 나아가 물을 구하지만, 그런 호소의 동력은 무슨 일이 있어도 믿고 소망하고 사랑하겠다는 결심이 아니라 고통 해소의 필요성이다. 하나님이 우리의 요구에 응하지 않으실 때, 우리가 의지할 것이라곤 자력으로 고통을 다스리는 것뿐이다. 우리는 영혼에서 계속 욱신거리는 끔찍한 아픔과 어떻게든 떨어져야 한다. 그 아픔은 아무도 원하지 않는 쓸모없는 존재라는 두려움 때문에 일어난다. 거기에 대해 우리가 할 수 있는 일이라곤 가능한 자원을 총동원하여 고통을 마비시키는 것뿐이다. 우리가 얼마나 아픈지 부인하거나 모종의 일시적 만족을 통해 스스로에게 약을 주는 것이다.

고통 쪽으로 움직이는 것은 명백한 자살 행위처럼 보인다. 그러나 사실은 정확히 그 반대다. 생명의 길이 종종 죽음의 길처럼 느껴지고 죽음의 길이 생명의 길로 보일 수 있다. 이것은 우리가 궤도에서 얼마나 멀리 이탈했는지 비극적으로 보여준다. 자신의 목마름을 인식하게 되는 과정은 끔찍하다. 아프다. 죽음으로 나아가는 것처럼 느껴진다. 그리고 한번 그 과정에 이끌려 잔잔한 물가에 이르러도, 풀이 무성한 그곳에서 또 다시 괴로움의 골짜기로 옮겨지면 그 과정을 처음부터 다시 시작해야 한다. 그러나 자신의 가장 깊은 상처를 살피고 받아들이면, 자신의 목마름을 인지하여 깊고 잔잔한 신뢰 가운데 그리스도께 나아간다는 것의 의미를 알게 된 소수의 무리에 들게 된다.

목마름이 우리를 어김없이 하나님께로 몰아가는 것은 아니다.

목마름은 우리를 우울함으로 이끌기도 한다. "뭐 하러 시도를 하나? 아무것도 만족을 주지 못하는데." 목마름이 타인을 조종하는 자리로 이끌 때도 있다. "당신은 내 기분이 나아지는 데 도움이 될 만한 뭔가를 해야 마땅해." 하나님의 음성을 듣는 일에 열려 있는 사람들만 하나님께로 나아갈 것이다.

채워지지 않은 갈망의 고통은 억제한다고 해서 사라지는 게 아니라는 것을 깨달아야 한다. 그 아픔은 지하로 숨을 뿐이다. 그렇게 되면 그 고통은 제대로 처리될 수 없는 그곳에서 더욱 절박하고 미묘하게 지속적으로 해소를 요구하게 된다. 정상성이라는 허울 아래 숨어 자신의 고통을 한사코 부인하는 사람은 강박적인 죄를 향해 치닫는 습관이 형성될 위험에 대단히 취약하다. 주님을 즐거워하지 못하게 막는 잘못된 전략들을 방치하고 있기 때문이다. 그가 인식하지 못하고 대체로 느끼지도 못하는 영혼의 아픔은 여전히 해소를 요구하고 있다. 순간적인 흥분이나 충족감을 제공하는 어떤 것을 우연히 만나면 그대로 걸려들 만반의 준비가 된 상태다. 그 지독한 아픔이 일시적으로 해소되는 일은 그가 알았던 그 무엇보다 즐거운 삶의 경험과 닮았다. 그것은 이제껏 그가 기울인 온갖 순종의 노력보다 그를 더 즐겁게 해준다.

포르노 중독이 생기는 과정을 생각해 보자. 성적 비행을 저지른 적이 없는 그리스도인 청년이 친구 집을 방문해 케이블 TV가 있는 손님방에서 묵게 된다. 잘 준비를 하다가 그날의 스포츠 소식을 정리해 주는 방송을 보려고 리모컨을 켠다. TV는 케이블 영화 채널에 맞춰져 있다. 그의 눈에 들어온 첫 화면은 청소년 관람 불가 영화 속의 노골적인 성행위 장면이다. 그는 내면에서 뭔가 동요하는 것을 느끼면서 화면에서 눈을 떼지 못한다. 거기에는 뻔한 자극을 넘어서는 무엇이 있다. 성적 흥분보다 훨씬 강한 것이 느껴진다. 살아 있다는 느낌과 활력이다.

이 같은 상황에서 어떤 사람들은 그런 자극에 노출되는 것이 잘못된 일이라고 믿고 즉시 채널을 돌릴 것이다. 또 어떤 사람들은 청년의 경우처럼 '살아나는 것 같은' 느낌은 없이 그저 재미있게 영화를 볼 것이다. 영화가 끝나면 TV를 끄고 자신이 본 것에 대해서는 거의 생각하지 않을 것이다.

채널을 빨리 돌리는(내가 볼 때는 지혜롭고 올바른 선택이다) 사람들은 도덕적 기준을 엄격히 따르고자 한 것일 수 있다. 그렇다면 그것은 하나님보다는 문화에 대한 반응일 것이다. 그런가 하면 성적 자극이 약속하는 쾌락이 진짜이긴 하지만 그것이 주는 전율은 얄팍하고 오래가지 않으며 값비싼 비용을 요구할 수 있음을 인식하고 그 거짓된 매력을 거절하는 경우도 있다. 이런 사람들은 자신의 깊은 갈망을 인식하는 이들이다. 성적 쾌락은 깊은 갈망을 마비시킬 뿐 결코 채워 주지 못한다는 것을 알기에 가짜 충족을 의식적으로 거부하고 하나님만이 주실 수 있는 것을 기대한다. 성적 자극은 실제보다 훨씬 깊은 곳을 건드리는 것처럼 느껴지는 신나는 만족을 제공할 수 있지만, 자신을 아는 사람은 자신의 마음이 그와 전혀 다른 것을 갈망한다는 것을 안다.

손님방의 그 청년이 전형적인 그리스도인이라고 해보자. 그는 하나님을 위해 살기로 진심으로 헌신했고 주님과 교제하며 동행하고 있다. 그러나 그는 자기 영혼의 목마름을 직시한 적이 없다. 무관심한 아버지에 대한 크나큰 실망은 어쩔 수 없는 일 정도로 무시했다. "아빠는 내 곁에 없을 때가 많았지. 하지만 난 익숙해졌어. 별로 개의치 않게 되었지. 아빠는 나름의 방식으로 나를 사랑했던 거야."

자신의 일거수일투족을 지켜보던 어머니의 모욕적인 과잉보호에도 마음을 쓰지 않기로 했다. "엄마요? 음, 엄마는 괜찮아요. 뭐, 성가신 부분이 있긴 해요. 내가 아직도 어린 아들이기를 바라시는 것 같기도 하고요. 하지만 의도가 나쁜 건 아니니까요. 우리는 잘 지내요."

이 말에서 그가 상처를 부인하고 있음을 감지할 수 있는가? 여느 평범한 사람과 마찬가지로 그는 자신에게 깊은 관심을 갖는 아버지와 따뜻하게 포용해 주는 어머니를 갈망하지만, 소원한 아버지와 집착하는 어머니라는 현실을 "대수롭지 않은 일"로 무시한다. 다른 사람들이 우리의 기대에 부응하지 않을 때 느끼는 실망감을 정직하게 인정하기가 왜 그렇게 어려운 걸까? 왜 다른 사람들은 나름대로 우리에게 충실했고 우리는 그들을 존경하고 괜찮다고 주장하며 실망을 감추는 걸까? 우리를 좌절시키는 부모를 존경하지 않는 일이 가능할까? 우리가 의지하는 사람들이 우리를 저버렸다는 사실을 직시하면 우리를 망가뜨릴 것만 같은 엄청난 고통이 모습을 드러낸다. 우리 마음의 가장 깊은 갈망들이 철저히 외면당한 것 같다. 그것은 죽음처럼 느껴진다. 그런 고통은 가까이 하지 않는 게 낫지 않을까.

자신의 실망을 부인하는 것 같은 청년의 모습은 성숙함, 곧 하나님의 사랑을 받고 있기 때문에 어떤 것도 나를 흔들 수 없다는 인식의 산물일 수도 있다. 만약 그렇다면, 그는 보기 드물게 깊이 있는 하나님과의 관계를 반영하는 차분한 현실감을 가지고 우리 주님에 대해 말하게 될 것이다. 그리고 부모에 대한 진정한 사랑과 감사를 놓치지 않으면서도 그들의 둔감함으로 인해 겪었던 고통을 온전히 인정할 수 있을 것이다. 타인의 불완전함을 현실적으로 인정할 때, 진정한 사랑을 할 수 있는 최고의 기회가 찾아온다. 누군가의 잘못을 눈감아 주는 것은 그에게 결점이 없는 척 가장하는 것과는 다르다. 우리가 사랑하는 사람들의 불완전함을 직시하지 않으면, 자기 보호의 태도가 그들을 향한 사랑을 오염시킨다. 그들이 실제보다 나은 모습이어야 견딜 수 있게 되는 것이다. 그러나 그들의 결함을 온전히 인정하면 비로소 우리의 사랑은 그들을 참으로 용납할 수 있고 그들의 행복을 바랄 수 있다. 친구를 위해 목숨을 버리는 것은 갸륵한 일이다. 그러나 원수를 위해 목숨을 버리는 것은 궁극적 형태의 사랑이다.

부모와 하나님을 향한 이 청년의 사랑은 성숙한 신자의 뜨거운 힘을 보여주지 않는다. 그는 자신이 높은 영적 수준으로 성숙했다고 주장하지 않을 것이다. 가끔은 성경 대학 시절의 옛 친구들과 밤늦게까지 이야기를 나누다, 자신의 영혼 안에 있는 그리스도인의 생명은 지금보다 더 많은 불꽃을 일으켜야 하는 것이 아닌지 의아해한다. 그는 [신앙생활이] 따분함을 시인하면서도 확신, 습관, 사회적 기대에 힘입어 계속 그 길을 간다.

실제로 그의 삶은 상당히 유쾌하다. 좋은 직장과 넘치는 건강으로 일상적 욕망이 잘 채워진다. 가까운 친구 몇몇을 포함한 많은 친구들 덕분에 결정적 갈망도 심각한 불편을 초래하지 않는다. 젊은 사람 특유의 낙관론으로 언젠가 '천생연분'을 만나면 마음을 잡고는 행복하고 풍족한, 가정에 충실한 남자가 될 것이라고 생각한다.

하나님과의 관계를 원하는 핵심적 갈망은 의식적 수준에선 어떤 문제도 일으키지 않는다. 그는 헌신적인 복음주의자로 존경을 받는다. 그리스도와 나누는 깊은 교제의 필요성을 아주 가끔씩 느낀다. 그리스도와 함께 더 담대하고 열정적으로 살아야 한다는 생각은 더 나이 든 신자들이나 분투하는 선교사들의 관심사 정도로 이해하고 흘려보낸다.

그런데 몇 가지 문제가 삶의 유쾌함을 방해한다. 문제라지만 몇 가지일 뿐이고 심각하진 않다. 가끔 욱하는 성질이 좀 신경 쓰인다. 교회의 달갑지 않은 책임들을 잘 거절하지 못하다 보니 시간적 압박이 있다. 수음은 문제다. 십대 시절에 특히 심했고 지금은 좀 널하다. 꾸준한 경건의 시간과 추가적인 운동, 기도와 결심에 힘입어 그 습관을 거의 온전히 통제하게 되었다.

이 청년이 심각한 포르노 강박에 빠질 만한 후보자라고 여길 사람은 별로 없을 것이다. 그는 왜 5초 동안의 노골적인 성행위 장면에 풍성한 만족감을 느끼고 그것이 삶에 꼭 필요하다고 생각하게 되었을까? 왜 TV에서 본 이미지들이 몇 시간, 며칠, 심지어 몇 주간 그의 머릿속을 가득 채울까? 왜 그는 다음번에 편의점을 방문했을 때 잡지 코너에서 오래 머물렀을까? 왜 얼마 후 케이블 TV가 있는 친구 집에서 다시 하룻밤을 묵을 구실을 만들어 냈을까? 왜 석 달 후에 집에 케이블 TV를 신청하면서 하루 24시간 스포츠 채널을 보기 위해서라고 스스로를 설득했을까?

친구 집의 손님방에서 하룻밤을 보내고 4년 후, 그는 강박적 포르노 집착 문제로 나를 찾아왔다. 성인물 서점을 몰래 드나들었고 밤늦도록 성적 표현이 적나라한 영화를 보았으며 매력적인 여성을 보면 옷을 벗기는 상상을 멈추지 못했다. 왜 그런 걸까? 무슨 일이 있었던 것일까?

이 문제는 설명보다 해결이 더 어렵지만, 설명만 따라가려고 해도 생각을 잘해야 한다. 우리가 이해해야 할 원리가 있다. 통제 불능으로 보이는 대부분의 습관은 가장 깊은 관계욕이 채워지지 않아서 생긴 실망감 때문에 조성되는 참을 수 없는 긴장 상태를 해소하려는 시도의 결과물이라는 원리다. 이 젊은이가 포르노에 중독된 것은 깊은 관계가 주는 진정한 기쁨에 가장 근접했던 경험이 성적 쾌락의 전율이었기 때문이다. 얄팍한 관계를 맺고 사는 것은 위험하다. 하나님이 우리에게 사랑으로 다가오셨던 것처럼 우리도 사랑으로 다른 사람들에게 다가가지 않으면, 폭넓은 범위의 강렬한 쾌락이 저항할 수 없는 매력으로 다가올 수 있다.

　나쁜 습관들이 가진 힘은 쾌락을 제공하는 데만 있지 않다. 죄악 된 습관들이 제공하는 쾌락이 사람의 영혼 속 깊은 실망을 그 무엇보다 잘 해소해 주는 순간, 그 습관들은 저항할 수 없을 만큼 매력적인 것이 된다.[2] 즐거운 성관계를 누리거나 맛있는 음식을 먹거나 능숙한 웅변으로 군중을 사로잡을 때 찾아오는 좋은 기분은 충족되지 않은 갈망의 아픔을 마비시킬 수 있다. 그동안 다른 어떤 일로도 누리지 못했던 만족감을 한동안 충만하게 제공하는 방식으로 말이다. 사람들은 대단히 강렬한 쾌락을 느낄 때 살아 있다는 느낌을 받는다. 따라서 그런 쾌락을 만들어 낸 것이 무엇이든 그것이 매우 정당해 보인다. 하나님을 맛보지 못한 상태에서는 신체의 쾌락(성관계나 식사)과 마음의 쾌락(권력이나 찬사)이 진정한 삶의 강력한 모조품이 될 수 있다. 그것들의 음흉한 매력은 탄식에서 금세 벗어나게 한다는 데 있다. 그런 순간에는 좋은 정도가 아니라 생명을 얻은 것처럼 느껴진다.

　어떤 종류의 쾌락이든 우리의 핵심적 갈망을 채우는(적어도 진정시키는) 데 쓰이게 되면, 하나님만 제공하실 수 있는 것을 바라는 열망이 지독한 독재자가 되어 고통을 덜어 주는 일을 향해 우리를 몰아간다. 우리의 배가 신이 된다. 하나님을 갈망하게 이끌도록 주어진 핵심적 갈망들이 한동안의 만족감을 선사하는 온갖 것들에 중독되도록 우리를 부추긴다니, 이 얼마나 슬픈 일인가!

　"누구든지 목마르거든 내게로 와서 마시라"(요 7:37, 강조 추가). 우리 모두 목마르지만, 그로 인한 고통을 이해하고 깊이 느끼는 사람은 드물다. 하지만 목마름의 고통을 제대로 이해하고 느끼는 사람들은 차원이 낮은 쾌락늘의 기만적 매력을 알아보고 온전함을 맛보게 해주겠다는 거짓 약속에 저항할 준비를 잘 갖추게 된다. 자신의 실망과 상처를 정직하게 직시하지 않는 사람들(포르노에 중독된 청년 같은 이들)은 생명의 천사로 가장하는 얄팍한 재미의 사악한 힘에 취약해진다.

두 번째 이유: 피상적 수준을 넘어서는 죄 이해를 위해

그리스도인들이 채워지지 않은 목마름의 고통스러움을 인정해야 하는 두 번째 이유를 생각해 보자. 우리가 갈망하는 바를 이해하고 수용하지 않으면, 우리가 사랑을 훼손하면서까지 개인적 고통을 피하려 한다는 것을 인식하지 못하여 결국 제대로 사랑할 수 없게 될 것이다. 채워지지 않은 갈망의 인정과 자기 보호라는 미묘한 죄를 인식하는 것이 어떤 관계에 있는지 함께 생각해 보자.

　어떤 사람들은 자신의 목마름을 인식하지 못하고도 명백한 죄의 유혹을 상당히 잘 이겨 낸다. 물론 그것은 훌륭한 모습이다. 죄에 저항하는 것은 언제나 올바른 일이다. 그러나 자신의 목마름을 제대로 인식하지 못하는 사람이 명백한 죄를 피할 수 있는 힘은 흔히 자기 훈련, 성경 읽기와 기도의 시간, 그리스도인 공동체의 도움과 기대, 도덕적 잘못의 결과에 대한 건전한 우려, 하나님의 명령대로 행하겠다는 진실한 헌신의 조합에서 나온다. 이 인상적인 조합의 여러 요소에 의존한 생활이 내놓을 수 있는 최고치는 흠 없는 삶이고, 그 특징은 높은 기준, 희생적 헌신, 지치지 않는 섬김, 강직함이다. 그리스도인들이 영혼의 깊은 아픔을 적극적으로 느끼고 수용함이 없이 자신의 고귀한 부름에 충실히 임하면, 뭔가 중요한 것, 심지어 생명에 필수적인 것을 놓치고 만다. 그들이 사람들에게 다가갈 때는 인간미, 진정성, '공감성'이 떨어진다. 종종 그들은 다른 이들을 가르치고 동기를 부여하고 도전하지만, 그들의 삶은 사람들을 주님께 이끌지 못한다. 그들은 끌어당기기보다는 밀어붙인다.

정의하기 어렵지만 영향력이 확실한 거짓 없는 사랑은, 우리 영혼의 가장 깊은 부분에서만 나올 수 있다. 사랑받기를 갈망하고 모든 실망을 예리하게 감지하는 우리 존재의 바로 그 부분에서 시작할 때만 하나님을 포함한 타자를 풍성하게 사랑할 수 있다. 우리가 극심한 실망을 외면하려면 우리 존재의 가장 생생한 그 부분과 접촉이 끊어져야 한다. 고통으로부터 보호받으면 사랑의 역량이 둔해지는 것이다.

우리가 삶에 접근하는 방식이 훈련, 헌신, 지식을 중심으로 이루어지고 채워지지 않은 갈망의 상처에서 멀어지면, 사랑하기 위한 우리의 노력은 해방을 주는 열정이 아닌 의무적 행동으로 나타날 것이다. 사람들은 우리를 믿을 만하지만 거리감이 느껴지는 사람으로 인식할 것이다. 정직한 친구들은 우리와 함께 있는 것이 즐겁지만 친밀한 느낌은 들지 않는다고 말할 것이다. (배우자를 포함한) 가장 친한 친구들조차 우리 옆에서는 조심스러워하며 약간 긴장하고 뭔지 모를 거리감을 느낄 것이다. 기독교 지도자들에게 진짜 친구가 없는 경우는 드물지 않다.[3]

이것은 참으로 서글픈 상황이고, 많은 사람들(리더들 포함)이 불필요한 외로움을 느끼게 되어 번아웃이나 불륜에 빠지기 쉬운 상태가 된다. 그러나 더욱 나쁜 점은, 자신의 가장 지독한 실망을 부인하는 사람은 미처 인지하지 못한 심각한 죄에 오염된 방식으로 다른 사람들과 관계를 맺게 된다. 자기 영혼의 목마름을 이해하지 못하고 받아들이지도 않으면, 수많은 방식으로 사랑에 어긋나게 행하면서도 정작 본인은 그것을 인식하지 못하고, 따라서 상황이 방치된다. 이것이 무슨 말인지 설명해 보겠다.

바울은 타인의 이익을 자신의 이익보다 더 중요하게 여기라고 가르친다. 육신으로 사는 삶과 성령에 힘입은 삶을 가르는 것은 자기중심성과 타인중심성이다. 사람 사이의 모든 행동 배후의 원동력은 자신에 대한 우선적 관심과 타인에 대한 우선적 관심, 이 둘 중 하나다. 그리스도인의 표지는 자신의 행복보다 타인의 관심사에 더 힘을 쏟는 사랑이다. 명목상의 그리스도인들과 불신자들도 특별한 친절을 베풀 수 있지만, 자신의 갈망보다 타인의 갈망에 더 관심을 갖는 일은 하나님을 신뢰하는 그리스도인만 할 수 있다. 하지만 불행히도 그런 그리스도인의 수는 아주 적다. 교회가 능력을 잃어버린 것은 사랑하는 데 너무나 서툴기 때문이다.

우리를 움직이는 동기가 자신에 대한 관심일 때마다, 우리는 채워지지 않은 갈망의 충격을 약화시키려고 노력하고 있는 것이다. 이 말을 곰곰이 생각해 보라. 앞에서 이미 말했지만, 삶이 살아갈 가치가 있으려면 우리의 가장 깊은 갈망이 반드시 채워져야 하는데, 그 일은 천국에 이르기 전까지는 온전히 이루어지지 않을 것이다. 행복은 현재의 경험보다는 소망에 근거한다. 타락한 세상에서 살아가다 보면 해소되지 않은 영혼의 아픔을 고스란히 느낄 수밖에 없는데, 타인이 그 아픔을 자극할 경우 타는 듯한 고통이 터져 나올 수 있다. 친구의 모진 말, 동료의 무시, 아이의 뚱한 기분에 울컥 마음이 상해 지나치게 격렬한 반응이 터져 나오는 것이다. 왜 그럴까? 어쩌면 그 불쾌한 사건으로 인해 우리는 내면의 만성적 고통, 절박하게 부인하던 극심한 실망의 아픔으로 더 가까이 내몰렸는지 모른다. 우리는 그 아픔을 피해 달아나 자기 보호의 태도로 일관할지, 아니면 아픔을 수용하고 우리 주님의 다음과 같은 약속 안에서 안식할지 선택의 기로에 선다. "너희는 마음에 근심하지 말라. 하나님을 믿고 또 나를 믿으라……가서 너희를 위하여 거처를 예비하면 내가 다시 와서 너희를 내게로 영접하여 나 있는 곳에 너희도 있게 하리라"(요 14:1, 3). 자기 보호냐 신뢰냐. 우리의 모든 행동은 궁극적으로 이 두 가지 중 어느 한쪽을 반영한다. 우리는 탄식을 삶의 한 방식으로 수용하고 주님께 일편단심으로 헌신하여 그분의 재림을 간절히 기다릴 수도 있다. 그게 아니면, 우리 삶이 제대로 된 상태가 아니라는 것을 떠올리게 하는 모든 불쾌한 일의 영향을 부인함으로써 탄식하는 불쾌한 마음에서 벗어나려고 시도할 수도 있다.

후자의 선택지는 자기 보호의 죄다. 그것은 사랑하고자 하는 최선의 노력을 더럽히고 우리의 인간관계 스타일을 방어적 목적에 맞게 빚어낸다. 우리가 나누는 정중한 대화와 유쾌한 교제는, 많은 부분 사람들이 무난하게 어울릴 수 있게 해주는 두 가지 방어적 관계 방식에 불과하다. 많은 부부가 일평생 서로 거리를 유지하다가 금혼식에 이르러 지속가능하지만 열정이 없는 동반자 관계를 기념한다.

우리가 만들어 내는 친절함과 무난한 관계라는 절연층은 이전에 느꼈던 실망의 끔찍한 고통에 다시 닿지 않게 막아 주는 역할을 한다. 우리 모두 실망한 적이 있고, 그것은 아픈 경험이다. 우리는 다시는 그렇게 상처받지 않겠다고 다짐한다. 그래서 멀찍이 거리를 두고 사랑하려고 시도한다. 그런 식의 사랑은 가능하지 않지만 그래도 우리는 시도한다. 우리에게는 고통과 적당히 떨어져 있는 것이 하나님 및 타인들과 진정으로 가까워지는 것보다 더 중요하기 때문이다.

어릴 때 아버지의 관심을 받지 못한 남자들은 흔히 자녀들에게 소원한 아빠가 된다. 아버지들의 죄는 흔히 자기 보호의 역동을 통해 자녀들에게 이어진다. 관심을 받지 못하면 상처가 되고 우리가 다른 사람들에게 가치 있는 존재인지 의문이 생긴다. 그래서 더 이상 거절의 아픔을 겪지 않으려고, 또 다시 무관심의 대상이 될까 봐 두려워하는 자아를 내보이지 않는다.

자기 보호적 격리는 여러 형태로 나타날 수 있다. 어떤 아버지들은 지나치게 열심히 일한다. 그들은 집보다 직장에서 더 유능하다고 느낀다. 그런가 하면 모든 가족 활동에 다 관여하는 아버지들도 있다. 아들의 야구 경기를 꼬박꼬박 다 관람하고, 주말에는 가속 나들이를 나가고, 잠잘 시간이면 졸린 아이들에게 책을 읽어 준다. 그러나 가족 활동에 이렇게 인상적으로 참여하는 동기가 자기 보호일 수 있다. 어떤 남자들은 부모와는 경험하지 못했던 관계를 확보하기 위해 절박하게 (그리고 부담스럽게) 가족들에게 다가간다. 역시 사랑이 아니라 자기 보호다.

이 책의 3부에서는 자기 보호의 죄의 본질을 보다 철저히 다룬다. 이 주제는 길게 다룰 만한 가치가 있는데, 자기 보호가 참된 공동체를 소리 없이 죽이기 때문이다. 방치된 고혈압처럼, 자기 보호는 평소 잘 인식되지 않지만 관계의 건강과 생명을 앗아 간다.

주 예수님은 우리 그리스도인들이 심판을 받는 날에 친히 각 사람의 내면을 들여다보시고 우리 행동의 근저에 무엇이 있는지 살펴보실 것이라고 가르치셨다. 진정한 사랑이 아니라 자기 보호로 촉발된 친절한 행위들은 거짓말, 분노 폭발, 성적인 죄와 하나로 묶여 불타 버릴 것이다. 자기 보호는 미묘하지만 심각한 죄다. 그것이 서로에 대한 행동 방식에서 중요한 동기로 작용하기 때문이다. 친절은 거부당하지 않도록 자신을 지켜 줄 수 있다. 유머는 고립을 피하는 데 도움이 될 수 있다. 사무적 효율성은 유약해서 착취당하는 일이 없도록 막아 줄 수 있다. 수줍음은 어리석어 보이는 상황을 방지하는 수단이 될 수 있다.

물론 자기 보호가 아닌 다른 이유로 친절하고 재미있고 사무적이거나 수줍어하는 사람들이 있다. 사람들이 자기는 타고난 성격 탓에 "원래 그렇다"라고 말하는 것은 타당한 이야기다(썩 과학적이지는 않지만 말이다). 그러나 우리는 자기 보호적 동기를 적당히 얼버무리기 위해 어깨를 으쓱하면서 이렇게 말할 때가 많다. "글쎄, 내가 원래 이런 식인 걸 어쩌겠어. 이게 내 기질인가 봐."

우리가 어떤 고통에서 자신을 보호하고 싶은 것인지 깨닫기 전에는 자기 보호의 교묘한 죄를 인식하지 못할 것이다. 이것이 내가 여기서 제시하고 싶은 핵심 논점이다. 우리가 영혼의 목마름을 이해하지도 느끼지도 못하면, 자신의 인간관계 방식이 맹렬한 목마름의 고통과의 안전거리를 확보하기 위해 구상한 것은 아닌지 의심하지 않을 것이다. 죄를, 곧 우리가 어떤 식으로 사랑을 위반하고 있는지를 깊이 있게 이해하려면 먼저 우리의 목마름을 인식해야 한다. 그리스도인이 성장하려면 실망을 직시해야 한다.

세 번째 이유: 하나님을 열정적으로 추구하기 위해

기독교에 신실하게 헌신한 듯 보이지만 그리스도를 향한 열정이 없는 사람들을 나는 오랫동안 이해할 수 없었다. 목마른 사막 여행자가 오아시스를 발견하면, 시원한 샘이 있는 그곳을 향해 지친 몸을 이끌고 뜨거운 모래밭을 걸어가면서 모종의 흥분을 느끼는 것이 당연하다고 생각했기 때문이다.

어쩌면 그것이 문제인지도 모른다. 우리 중 얼마나 많은 사람이 자신을 사막에서 [오아시스를 바라보는 여행자처럼] 그리스도를 절실히 바라보는 목마른 사람이라고 여길까? 목마르지 않을 때, 물 한 잔은 별 매력이 없다. 마음의 갈망을 느끼지 못할 때, 그리스도를 향한 간절함은 신체적 안락과 만족스러운 관계를 바라는 소망(하나님이 나의 일상적 갈망과 결정적 갈망을 위해 행하시기를 바라는 바)을 뛰어넘지 못한다. 그런 상태에서 주 예수님과 나 사이에 친밀한 열정이 생길 리 없다. 내가 부끄러워질 만큼 성경 지식이 풍부하고 기독교적 의무를 충실히 이행하는 사람들이 하나님과 자신의 관계를 이야기할 때, 마치 처우가 좋은 회사에 대한 애사심을 드러내는 것처럼 느껴지는 경우가 있다. 그런가 하면 기독교를 세상을 설명하는 사상 체계로 제시하는 이들도 있다. 열정이 가득한 신랑이 신부에게 들어가 그 안에서 결실을 맺는다는 생각은, 명제를 강조하고 마음의 갈망은 외면하는 형태의 기독교 안에서는 찾아볼 수 없다(이 기독교의 명제에는 예수님이 마음의 갈망을 채워 주실 수 있다는 내용이 들어 있는데도 말이다!).

여러 해 동안 교회는 명제적 진리에 뿌리내린 견고한 믿음과 그리스도에 대한 경험에서 끌어낸 신나는 믿음으로 나뉘었다. 교회 안의 은사주의자들은 지루해진 그리스도인들에게 활력을 주는 듯하고, 보수적 비은사주의자들은 말씀으로 돌아가라고, 말씀을 연구하고 말씀에서 배우고 말씀에 순종하라고 촉구한다. 그런데 전자는 주관주의에 빠질 위험이 있다. 어떤 가르침의 진리성을 성경적 근거보다는 감동의 크기로 측정하고 그 과정에서 성경의 '따분한' 진리들을 무시하게 될 수 있다. 반면에 후자는 차가운 정통 신앙의 추한 모습으로 자주 빠져든다. 하나님의 진리가 한 개인의 삶의 모든 부분으로 침투하여 그를 그리스도 및 다른 이들과의 풍성한 관계로 이끌도록 주어진 것임을 망각하는 것이다.

어쩌면 두 진영 모두가 성경의 중요한 교리, 곧 하나님에 대한 인간의 의존성 교리를 놓치고 있는지도 모른다. 우리에게 하나님이 필요하다는 것은 다들 빠르게 인정한다. 그러나 무엇을 위해 하나님이 필요한 것일까? 물론 우리의 구원에 필요하고, 하나님의 가르침과 그 가르침을 따를 힘을 얻는 데 필요하다. 그러나 뭔가 더 있지 않을까? 목마름을 말하는 구절들은 무엇을 이야기하는가? 하나님을 목마르게 찾는 시편 기자의 열정을 인간 의존성의 핵심을 반영하는 모습으로 탐구하는 경우는 거의 없다. 우리가 하나님 없이 살 수 없는 것은 그분만 주실 수 있는 것을 누리도록 만들어졌기 때문이다. 그러므로 우리의 갈망은 우리 의존성의 중심부에 놓여 있다고 볼 수 있다.

우리는 부패성의 교리(이 교리는 3부에서 역설할 것이다)를 보다 명확한 의존성 교리로 보완할 필요가 있다. 인간의 갈망에 대해 말하는 것은 '심리학의 주장으로 넘어가는 일'이 아니다. 이 개념은 철저히 성경적이다. '차가운 정통 신앙'이라는 문구는 모순적 표현이다. 참된 정통 신앙은 결코 차갑지 않다. 그것은 언제나 혈기왕성하고 살아 있다. 우리의 교리적 입장에다 갈망하고 의존하고 목말라하는 마음에 대한 이해를 더하면, 그리고 그 가르침의 실체를 영혼 안에서 느껴 보겠다는 용기를 낸다면, 열정을 희생시키지 않고도 명제적 계시에 뿌리를 내릴 수 있다.

수많은 진실한 그리스도인들이 몇 주, 몇 년 동안 변함없이 믿음을 지키면서도 [신앙의] 실체가 무엇인지 의아해한다. 나는 성경 전체를 관통하는 좋은 관계의 중요성을 인식하는 것이 바로 이 부분을 이해하기 위한 열쇠라고 믿는다. 성경이라는 옷감 전체가 관계의 실로 짜여 있다. 하나님은 우리가 그분께 마음을 드리기를 갈망하신다. 하나님은 우리를 사랑하신다. 우리가 자신의 목마름을 받아들이고 하나님이 누구신지 깨닫는 만큼 우리는 하나님을 갈망하게 된다. 천상의 신랑과 상처 입었지만 변덕스러운 신부의 로맨스에는 지루한 요소가 전혀 없다. 우리 안에 어떤 상처가 있든 그것을 정직하게 직시하면 할수록, 우리가 갈망하는 다정한 힘으로 한결같이 반응하시는 하늘 연인의 아름다움에 더 열정적으로 이끌릴 수 있다.

자신의 상처를 멀리하는 사람들은 그리스도와의 관계가 무미건조한 경향을 보인다. 그들은 관계보다 관념, 명분, 사업에 에너지를 쏟는다. 상냥하거나 심지어 사려 깊을 수도 있지만 우리는 그들에게서 온전히 함께하는 힘을 느끼기 어렵다. 그들은 우리에게 비극이 찾아와 곁에 있어 줄 친구가 필요할 때 생각나는 사람들이 아니다.

외로운 사람들이 교회를 채운다. 주일학교에 참여하고, 교회 만찬에서 사교적 잡담을 나누고, 소그룹 성경 공부 모임에서 의미 있게 소통한다. 여러 어려움에도 불구하고 종종 상당히 행복하다고 느끼며, 무엇이든 유쾌함을 주는 것들을 평상시에 즐기고 꿋꿋하게 앞으로 나아간다. 그러나 공허감이 칼처럼 마음을 꿰뚫는 순간들이 있다. 그때 눈물을 흘리기도 하지만 금세 회복하고 계속 살아간다. 열정 가득한 그리스도인이 이야기를 걸면 그들은 이상하게 마음이 흔들리는 것을 느낀다. 그들의 영혼 안에서 길게는 수십 년간 잠들어 있던 부분이 건드려지기 때문이다. 시원한 물줄기가 목구멍을 타고 내려가는 듯한 느낌을 받으면서 자신이 그동안 얼마나 목마르고 바싹 말라 있었는지 의식하게 된다. 소망이 되살아난다. 어쩌면 삶에서 유쾌함 이상의 것을 기대할 수 있을지도 모른다는 생각이 든다. 삶이 뭔가를 의미할 수 있을지도 모른다. 제대로 살아 있다고 느끼는 일, 때로는 극심하게 분투하면서도 살아 있다고 느끼는 일이 가능할지도 모른다!

자신의 상처를 수용하는 사람들은 하나님을 보다 열정적으로 추구할 수 있다. 그리고 그런 열정에는 전염성이 있다. 열정이 부족한 사람들이라도 다른 이들이 성경적으로 살도록 가르칠 수 있지만, 다른 사람들을 성경적 관계로 이끄는 일은 열정이 가득한 사람들만 해낼 수 있다.

요약하자면, 목마름을 이해하고 느끼는 일은 다음을 위해 필요하다.

- □ 기계적으로 자제력을 발휘하느라 매력적이고 따스한 인간미를 잃지 않고 나쁜 습관을 끊어 내기 위해.
- □ 교묘한 죄를 인식하기 위해. 여기서 죄는 자기 보호를 통해 여러 방식으로 관계를 해치는 것을 말한다.

□ 하나님을 추구하는 일에 열정을 더하기 위해. 이 열정은 다른 사람들을 그리스도 안에서 누리는 의미 있는 삶으로 이끌 수 있다.

목마름을 어떻게 직시할까?

가장 깊은 갈망을 인식하는 것은 고통스러운 과정이기에 쉽게 이루어지지 않을 것이다. 채워지지 않은 빈자리에 대한 인식, 잠시 억누를 수는 있지만 결코 해소할 수 없는 막연한 공허감은 그것만 아니면 편안한 삶을 어지럽히거나, 안 그래도 괴로운 삶에 어려움을 더할 수 있다. 우리는 감당할 수 있는 문제들만 인정하고 싶어 한다. "분노와 씨름하고 있나요? 좋아요, 이렇게 하면 됩니다." "결혼 생활에 긴장이 있나요? 돈 문제로 염려하시나요? 이 단계들을 따라가 보세요. 당신의 문제가 축복으로 바뀔 겁니다!"

성경의 원리들에 따라 삶을 통제하게 되면 우리는 보통 목마름을 느끼는 것과 멀어지게 된다. 목마름을 느끼려면 약함을 숨기지 않는 신뢰와 강인한 믿음이 필요하다. 물론 돈 문제(예산 수립, 현명한 소비, 너그러운 기부, 꼼꼼한 증빙서류 보관), 가족 문제(의사소통, 가사 분담, 갈등 해결), 개인적 습관(올바른 식사, 운동, 기도, 성경 공부)에서 제대로 책임을 감당하는 것이 옳은 일이다. 그러나 아무리 많은 일을 잘해 낸다 해도 관계를 바라는 목마름은 해소되지 않을 것이다. 온전한 만족은 천국에 이르러서만 얻을 수 있다. 그때까지는 우리 삶이 불완전하다는 불편한 느낌이, 가장 책임감 있고 복된 삶에도 계속 흠집을 낼 것이다. 우리는 이런 상황을 부인하고 분주함과 즐거움으로 은폐할 수도 있지만 제거할 수는 없다.

우리가 삶에 실망하는 것은 피할 수 없고, 이 현실을 인식하는 것이 중요하다는 것을 이미 다루었다. 그러면 어떻게 그것을 인식할 수 있을까? 삶의 수많은 요소들이 모여 존재 자체를 부인하는 목마름을 어떻게 느낄 수 있을까? 목마름을 인식하는 요령은 세 가지 제안으로 정리할 수 있다.

1. 혼란을 만들어 내는 어려운 질문들을 던지라.
2. 깊은 실망이 느껴질 때까지 주요 관계들의 불완전함을 살펴보라.
3. 죄를 자각하는 상황을 받아들일 수 있다는 열린 마음을 갖고, 자신이 사람들과 어떤 식으로 관계를 맺는지 살펴보라.

첫째, 혼란을 만들어 내는 어려운 질문들을 던지라

하나님은 우리의 믿음을 세우시고 인도하시고 자라게 하시기에 충분할 정도로 말씀하시지만 혼란을 종식시킬 만큼 충분히 말씀하시지는 않는다. 우리는 하나님이 하시는 일과 허용하시는 일을 때로 이해할 수 없고, 심지어 미칠 노릇이 되기도 한다.

새로 회심한 부모가 13살의 딸을 기독교 학교에 입학시키기로 했다. 자신들이 막 받아들인 가치와 기준을 아이에게도 전해 주려는 노력의 일환이었다. 그런데 새 학교에 있던 한 교사가 소녀에게 마약을 소개했다. 아이는 마약을 심각하게 남용하게 되었고 그 문제로 십대 시절 내내 시달렸다. 가족은 혼돈에 사로잡혔다. 아이가 몇 년간 시설에 있으면서 치료를 받은 후에야 터널이 끝나고 빛이 보였다.

소녀의 부모가 아이를 기독교 학교에 보낸 것은 가볍게 내린 결정이 아니었다. 상당한 기도, 여러 목사의 조언, 학교에 대한 철저한 조사 끝에 내린 결정이었다. "하나님은 왜 이런 일을 허용하신 겁니까?" 그들이 내게 던진 질문이다. 누구의 잘못도 아니지만 삶이 산산이 부서진 많은 사람들이 수없이 되풀이한 질문이기도 하다.

신비를 대하는 우리의 태도는 하나님과의 관계에 강력한 영향을 끼친다. 우리는 신비를 혐오하고 부인할 수도 있고, 신비를 설명함으로써 삶의 통제권을 되찾으려 할 수도 있다. 하지만 우리가 신비를 받아들일 때만 어두운 밤에 하나님을 신뢰하는 상태로 이어지는 문을 열 수 있다. 그래야만 결코 이해하거나 예측하거나 통제할 수 없는 하나님을 알 수 있다.

우리 대부분은 이 고통스러운 질문을 예쁜 종이로 감쌀 방법을 찾곤 한다. 우리는 상황을 긍정적으로 보게 해줄 답변을 제시하고 싶고, 그것이 여의치 않으면 불편한 논의를 중단하기라도 하고 싶다.

성경에는 어려운 질문들을 다루는 진리들이 있다. 하나님은 십자가에서 우리를 향한 사랑을 보이셨으니, 그분이 우리 편인지에 대한 모든 의심은 종결되어야 마땅하다. 하나님이 주권자이시라는 사실은 우리에게 최종적으로 잠잠할 것을 요구한다. 그러나 어려운 질문을 멈추게 할 목적으로 정당한 진리를 제시하면, 그 진리는 진부한 말이 된다. 우리는 고통스러운 마음에서 나온 진실한 질문들이 혼란으로 가는 문을 여는 것을 허용해야 한다. 그 문을 쾅 닫아 버리고서 하나님을 추구하는 데 정직한 혼란이 설 자리가 없다고 주장하는 것은 진정하고 활기찬 확신 대신 강요된 기계적 신뢰만 남긴다.

혼란을 피하는 또 다른 전략은 어려운 상황에 어떻게 대처해야 할지에만 초점을 맞추는 것이다. 우리는 훌륭하고 경건한 가정 안에서 자녀를 키우려고 열심히 노력한다. 자녀들이 자라는 것을 보면서 앞으로 펼쳐질 상황에 대한 멋진 기대를 품는다. 그러나 어느 날 울린 전화 한 통으로 우리의 모든 소망이 무너져 내린다. 우리는 꿈에도 생각하지 못했던 상황에 대처해야 한다. 우리의 마음은 즉시 해결책을 붙잡으려 든다. 그대로 허물어져 꼼짝 못하는 것보다는 떨치고 일어나 할 수 있는 일을 하는 것이 옳다. 모든 상황에는 하나님이 기뻐하시는 대응 방식이 있다. 우리는 모든 스트레스를 해소하는 것이 아니라 하나님을 기쁘시게 하는 것을 목표로 삼아야 한다. 그러나 어려운 문제를 정면으로 상대하겠다는 굳은 다짐이 우리 영혼을 휘젓는 해결되지 않은 혼란을 회피하려는 강한 욕망의 산물인 경우도 있다. 삶이 우리의 통제력을 벗어나 있다고 생각하면 무시무시하다. 그러나 우리의 관계 방식이 냉정하고 효율적이 되는 것보다는 혼란스럽게 울면서 몇 날 밤을 잠 못 이루는 것이 훨씬 낫다.

혼란을 정직하게 직면하면 강한 믿음을 얻을 기회가 찾아온다. 삶이 말도 안 되게 느껴질 때, 절대적 혼란의 순간들이 우리 영혼을 찢어 놓을 때, 우리가 할 수 있는 일은 세 가지뿐이다. (1) 기독교에 대한 믿음을 완전히 포기하고 즉각적인 위안과 행복을 추구할 수 있다(그런 것을 찾을 수 없다면 스스로 생을 포기할 수 있다). (2) 나무꾼이 굶주린 곰을 피해 달아나듯 혼란을 피해 달아날 수 있다. 혼란을 끝내는 한 가지 '기독교적' 전략은 불편한 질문들의 존재를 아예 부정하고 하나님의 진리에 새롭게 집중하는 것이다. 이런 전략은 완고한 독단주의를 낳고, 독단주의는 우리의 신앙에서 활력을 앗아 간다. 율법주의는 어려운 질문들을 탐구하면서 애를 쓰는 과정을 허락하지 않는다. 그리고 탐구는 주입식 교육으로 완전히 대체된다. (3) 혼란 앞에서 우리는 그리스도를 붙들 수 있다. 혼란과의 싸움이 약해지지 않고 계속 이어지는 상황에서도 그분의 성품과 가르침을 단호하고 끈기 있게 붙드는 선택을 할 수 있다. 하박국의 삶의 기록을 보면, 처음에 그는 당황한 선지자로 등장하지만 곧 혼란으로 인해 더욱 어쩔 줄 모르게 된다. 그래도 그는 침묵하지 않았고(하박국 2장) 마침내 자신의 혼란 속으로 온전히 들어가 그 내용을 모두 털어놓기에 이른다. 그러자 하나님이 그분의 종 하박국에게 자신을 계시하셨고, 그 계시에 이끌려 하박국은 어떤 혼란도 뒤흔들 수 없는 하나님에 대한 확신을 선포했다. 이것이 성경이 제시하는 본보기다.

마음을 열고 자기 삶의 모든 것을 살펴보라. 거북한 사건들과 통찰들에서 너무 빨리 달아나 자신의 믿음을 긍정하지 말라. 그런 믿음은 진실하기보다는 작위적인 것이기 십상이다. 정말 불편한 질문들을 만들어 내는 어려운 문제들을 탐구하라. 그래야만 더욱 큰 신뢰를 안고 그리스도를 의식하게 될 수 있다.

- □ 당신이 어린 소녀였을 때 당신을 성추행했던 가까운 어른. 그는 교회의 존경받는 장로였다. 당신은 이 상황을 어떻게 받아들여야 할까? 모든 사람의 진실성을 일단 의심해야 할까?
- □ 직장 문제로 감행했던 이사. 하나님의 분명한 뜻으로 보였던 그 결정 때문에 자녀들은 활력 있는 교회의 훌륭한 청소년부를 떠나야 했다. 그리고 이제 당신은 좋은 교회 없이 살아온 지 몇 년이 되었다. 새로운 교회의 청소년부는 너무 작고 규칙이 지나치게 엄격해서 치마 아이들에게 참여를 상요할 수가 없다. 이제 아이들은 주님으로부터 멀어지고 있다. 당신은 이 모든 상황을 어떻게 정리할 수 있을까?
- □ 당신의 문제를 잘못 진단한 의사. 의사의 실수로 당신은 영구 장애를 얻었다. 그는 좋은 의사다. 당신을 진찰하면서 '우연히' 인간적인 실수를 했을 뿐이다. 당신은 로마서 8:28을

떠올리며 앞으로 나아가야 할까? 분노에 찬 혼란을 어떻게 처리해야 할까?

나의 논점이 분명히 드러났기를 바란다. 삶을 정직하게 바라보면 혼란이 생긴다. 그러나 혼란은 나쁜 것이 아니다. 혼란 한복판에서 우리는 강하고 친절하신 분이 우리 눈에 보이는 모든 것 배후에서 일하시면서 정의롭고 즐거운 결론을 향해 세상을 신중하게 움직여 가신다는 것을 확인하고 싶은 열렬한 욕망을 의식하게 된다.

하나님은 몇 가지 요점으로 우리를 분명히 깨우쳐 주신다. 우리는 하나님이 계시하신 바를 배워야 하고 그 모든 내용을 분명하게 믿어야 한다. 그러나 가장 박식한 성경 학자라도 어떤 지점에서는 두 손을 들어야 한다. 어떤 수준의 혼란은 사라지지 않을 것이고, 우리는 그 사실을 받아들여야 한다. 더 공부하고 더 연구하면 혼란을 제거할 수 있을 것이라고 생각하는 한, 열정적 믿음에 이르지 못할 것이다. 그러나 우리 삶의 중요한 부분들이 계속해서 혼란에 싸여 있을 것임을 인정하면, 하나님에 대한 믿음 안에서 긴장을 푸는 법을 배울 수 있다. 강인한 믿음은 편안한 마음에서 자라나지 않는다. 우리 마음이 혼란으로 너무나 괴로워서 하나님을 믿거나 목숨을 포기하거나 둘 중 하나를 선택해야 할 때 오히려 불굴의 믿음이 멋지게 자라날 수 있다. 혼란을 감수할 때 믿음만이 해소할 수 있는 목마름이 생겨난다.

둘째, 깊은 실망이 느껴질 때까지 주요 관계들의 불완전함을 살펴보라

우리의 목적을 기억하자. 우리는 하나님을 갈망한다는 것, 목마른 사람으로 예수님께 나아간다는 것의 의미를 배우기 원한다. 목마른 사람만 물을 갈망한다. 우리는 하나님에 대한 의존성을 드러내는 목마름을 부인하는 데 능숙하기 때문에, 어떻게 해야 우리의 가장 깊은 목마름을 인식하게 될 수 있는지 알아내야 한다. 혼란을 직시하는 것이 한 가지 방법이고, 실망을 느끼는 것이 또 다른 방법이다.

어쩌면 많은 사람들이 가장 인정하기 어려운 부분이 부모에게 실망을 느꼈다는 사실일 것이다. 때로는 아동 학대의 피해자조차 학대한 부모가 실제로는 자신을 사랑했지만 표현법을 잘 몰랐던 것이라고 말하며 희망을 붙든다. 우리가 그토록 간절히 원하는 사랑을 받지 못했다는 사실을 정면으로 직시하기는 참으로 어렵다. 내 상담 경험상 사람들은 자신이 다른 이들을 사랑하지 못한 것은 비교적 쉽게 인정했지만 부모의 사랑에 크게 실망했다는 사실은 좀처럼 시인하지 못했다.

많은 이들에게는 내 경우처럼 훌륭한 부모님이 있고, 우리는 그분들에게 깊이 감사한다. 그러나 우리 모두는 최고의 부모라도 제공할 수 없는 것을 갈망한다. 그것은 온전한 사랑이다. 언제나 이해심을 갖고 우리 곁에 있고, 우리의 행복에 매순간 극진히 희생적으로 관심을 갖고, 다른 걱정거리에 눌려 우리의 관심사에 둔감해지는 일이 절대 없고, 우리의 결점을 속속들이 알면서도 우리를 포기하지 않을 만큼 강하고, 인생의 기로에서 우리를 제대로 이끌어 줄 만큼 지혜로운 사랑이다. 어떤 부모도 이런 기준에 미치지 못하지만, 우리의 마음은 이보다 못한 것에 만족하지 못한다. 모든 아이는 자신이 절박하게 원하는 것을 주 보호자에게 기대하고, 그렇게 때문에 모든 아이가 실망한다.

다른 사람들, 특히 부모에 대한 실망감을 줄여 보려고 종종 우리는 그들이 우리를 저버린 이유가 그들도 누군가에게 저버림을 당했기 때문이라는 설명을 내놓는다. 하지만 다른 사람의

죄를 이해하려는 시도는 용서의 은혜를 불필요한 것으로 만든다. 복음은 다른 사람의 죄를 해명하려 하지 말고 우리를 저버린 그 사람에게 은혜로 다가가라고 촉구한다.

품위 있는 식당에서 근사한 만찬을 즐기기를 기대했다가 무난한 저녁 밥상을 대하면 실망하게 될 것이다. 그러나 근사한 만찬이 나중에 차려진다는 것을 알면 우리 앞에 있는 괜찮은 음식을 감사한 마음으로 받는 데 도움이 될 수 있다. 이것이 바로 부모 및 다른 모든 사람에 대한 우리의 실망을 직시하는 목적이다. 우리는 필요한 것을 위해 사람들을 바라보았다. 우리가 그들에 대한 실망을 은폐함으로써 '그들을 사랑하려고 시도'하면, 그 사랑은 부인 위에 세워지게 된다. 그러나 부모가 우리를 온전하게 사랑했다면 존재하지 않았을 영혼의 깊은 아픔을 우리가 인정하면, 누구도 제공하지 못했던 것에 우리가 얼마나 목말라하는지 보이기 시작한다. 사람들에 대한 우리의 무리한 의존, 그들이 할 수 없는 일을 해달라고 조르는 우리의 죄악된 요구(일종의 우상숭배)를 인식하게 된다. 우리를 실망시키는 사람들을 수용하고 우리를 만족시켜 달라고 더 이상 그들에게 요구하지 않을 때, 우리는 자유롭게 그들을 사랑하고 그들의 반응으로 인한 실망감으로부터 자신을 보호할 필요 없이 그들을 위해 그들에게 다가갈 수 있다.

우리 주님은 하나님을 사랑하고 다른 이들을 사랑하라는 두 계명으로 율법 전체를 요약하셨다. 성숙한 그리스도인은 자신이 바라는 모습으로가 아니라 있는 모습 그대로 다른 이를 사랑할 줄 알게 되는 사람이다. 우리가 다른 모든 사람에게 크게 실망한다는 것을 인정하는 목적은, 우리의 비판과 분노에 기름을 붓거나 우리가 실패한 원인이 부모의 잘못된 양육 방식에 있다고 탓하기 위한 것이 아니다. 그 목적은 정확히 정반대다. 다른 사람들이 언제나 우리를 헌신적으로 도와야 한다는 요구가 얼마나 잘못된 것인지 깨닫고, 그런 요구 없이 그들에게 다가가 자유롭고 진실하게 사랑하는 법을 배우게 하기 위해서다.

그러나 이 목적이 이루어지려면 먼저 채워져야 할 조건이 있다. 소망하는 법을 배워야 한다는 것이다. 우리가 영혼의 실망을 느끼게 되면 이 세상의 그 누가 제공할 수 있는 것보다 더 많은 것을 갈망하는 부분과 만나게 된다. 우리가 갖지 못한 것을 원한다는 현실을 깨닫고 괴로워할 때, 바울이 왜 그렇게 주 예수님의 재림을 간절히 기대했는지 비로소 이해되기 시작한다. 현재 절절하게 느낀 실망이 미래를 향한 열정적 소망을 품을 동력이 된다.

그리스도의 재림에 대한 소망은 확신을 갖고 그분을 기다리는 그리스도인들의 삶에 영향을 미친다. 그 소망은 우리를 정화한다(요일 3:3). 우리 마음의 모든 갈망이 언젠가 영원히 온전하게 채워질 것이라는 사실을 알면, 지금 아무것도 요구하지 않고 사는 법을 배우게 된다. 소망은 실망과 그것이 만들어 내는 지나친 요구적 태도의 해독제다. 주님을 신뢰할 때 우리는 자유롭게 사랑하고, 더 많은 실망을 감수하며, 불가피한 좌절에 직면하고, 좌절을 좀 더 열정적인 소망의 자극제로 수용할 수 있다. 실망을 느낄 때 우리는 소망만이 채워 줄 수 있는 목마름을 인식하게 된다.

셋째, 죄를 자각하는 상황을 받아들일 수 있다는 열린 마음을 갖고, 자신이 사람들과 어떤 식으로 관계를 맺는지 살펴보라

채워지지 않은 갈망에 대처하는 나쁜 전략들에 대해서는 3부에서 더 많이 이야기할 생각이다. 이 시점에서는 논지만 간략하게 밝혀 두고 싶다. 다른 사람들에 대한 우리의 실망을 직시하는 것은 천국에 대한 열정적 소망을 품게 해줄 뿐 아니라, 우리가 사람들과 관계하는 방식이 사랑으로 인한 것이 아니라 자기 보호적일 때가 더 많음을 인식하게 할 수 있다는 것이다.

한 남자는 자신이 사람들과 관계를 맺을 때 클린트 이스트우드의 이미지를 본으로 삼아 강인하고 과묵하고 감정에 흔들리지 않는 사람이 되려 했다고 소규모의 그리스도인 지지 집단 안에서 털어놓았다. 그는 자신이 남자다움이라고 생각했던 것이 실은 자신의 취약함을 드러내는 관계에서 스스로를 지키려는 시도였음을 깨닫기 시작했다. 그는 아내와 속을 터놓고 이야기하기가 두려웠다. 아내에게 깊이 다가가지 못하는 자신의 부족함이 드러날까 봐 겁이 났기 때문이다.

우리의 관계 스타일을 잘 살피면 더 잘 사랑하고 싶은 마음의 갈망이 일어날 수 있다. 우리는 사랑받을 뿐 아니라 사랑하도록 만들어졌다. 사랑하지 못하는 우리의 모습을 직시하고 우리가 하는 일의 많은 부분이 상처받지 않으려는 자기중심적 다짐으로 얼룩져 있음을 보기 시작할 때, 하나님의 영이 우리의 죄악을 깨닫게 해주신다. 그러면 우리는 회개로 나아가 하나님의 사랑을 좀 더 온전히 누리고 그에 대한 반응으로 하나님과 다른 이들을 좀 더 거침없이 사랑할 자유를 얻을 수 있다. "하나님이여, 나를 살피사 내 마음을 아……옵소서. 내게 무슨 악한 행위가 있나 보시고 나를 영원한 길로 인도하소서"(시 139:23-24, 강조 추가). 죄를 깨닫게 해달라고 기도할 때 더 순전한 사랑으로 다른 사람들과 관계를 맺고 싶은 목마름이 생겨난다.

혼란스러운가? 믿음이 답이다. 실망했는가? 소망만이 실망을 뛰어넘을 수 있다. 잘못을 깨달았는가? 사랑하는 법을 배우라. "그런즉 믿음, 소망, 사랑, 이 세 가지는 항상 있을 것인데 그중의 제일은 사랑이라"(고전 13:13).

혼란을 직면하고 실망감을 느끼고 죄를 깨닫게 해달라고 기도할 때, 우리 영혼이 얼마나 목마른지 깊이 인식하게 될 것이다. 그때 우리는 "누구든지 목마르거든 내게로 오라"고 하시는 주님의 말씀에 열렬히 귀 기울이게 될 것이다. 우리의 목마름을 직시해야 할 이유를 요약해 보자.

1. 목마름을 직시하면 우리를 노예로 삼는 죄들의 영향력에서 벗어날 수 있다. 그런 죄들이 제공하는 만족은 우리를 즐겁게 해주지만 일시적일 뿐이고 값비싼 대가를 요구하는 기만적인 경향을 보인다.
2. 목마름을 직시하면 우리가 다른 이들을 어떻게 저버렸는지 좀 더 깊이 인식할 수 있고 그로 인해 전보다 풍성한 관계에 이를 수 있다.
3. 목마름을 직시하면 하나님을 추구하고 싶은 열정이 커지고 다른 이들을 효과적으로 하나님께 이끌 수 있게 된다.

우리의 목마름을 직면하는 방법에는 세 가지 주요 단계가 있다.

1. 혼란을 인정한다.
   □ 어려운 질문을 던진다.
   □ 독단주의나 쉬운 답변으로 혼란을 은폐하지 않는다.
   □ 혼란을 힘입어 믿음으로 나아간다.

2. 실망을 인정한다.
   □ 우리가 다른 사람들의 도움을 간절히 원했을 때 그들이 어

떻게 그 마음을 저버렸는지 곰곰이 생각해 본다.

☐ 부인, 억지 사랑, 싸구려 용서라는 마취제로 우리의 실망
을 마비시키지 않는다.

☐ 실망에 힘입어 소망으로 나아간다.

3. 우리 죄를 인정한다.

☐ 인간관계에서 느끼는 실망감을 피하려고 사람들과 멀찍
이 거리를 유지했던 과거를 제대로 돌아본다.

☐ 언제나 올바른 일을 하려고 힘껏 노력하는 식으로 죄의 자
각을 피하지 않는다. 우리의 선행 이면에 있는 동기를 살
핀다.

☐ 죄의 자각에 힘입어 사랑으로 나아간다.

내면으로부터의 변화는 우리의 목마름을 인식할 때 시작된다.
우리가 가진 자원으로 그 목마름을 해결하려고 했음을 깨달을 때 그
변화가 이어진다.

어떻게 하면 자신의 웅덩이를 파는 일을 포기하고 생수의 웅덩
이를 향해 돌이킬 수 있을까? 주님이 우리의 목마름을 채우시도록
맡긴다는 것은 무엇을 의미할까? 이것이 3부의 주제다.

III

터진 웅덩이 파기

"설령 내가 원하는 것을 얻는다 해도,
그것은 내가 원하는 것이 아니다."

Chapter 7
온갖 잘못된 곳을 바라보다

"그리스도를 따를 마음이 있습니까?" 오전 집회에서 강사가 큰소리로 도발하는 말을 들으면서 수백 명의 십대들이 자리에서 거북하게 몸을 움직였다.

"그리스도께서 여러분을 초대하십니다. 그분에게 나오라고, 정말로 나오라고, 온전히 항복하고 나오라고 하십니다. 장난처럼 기독교를 믿는 것에 진절머리가 났다면, 이제 그분의 초청을 진지하게 받아들이고 나오십시오. 여러분의 마약, 포르노 잡지, 록 음악 테이프를 가져오십시오. 여러분을 더럽히는 모든 것을 오늘밤 집회에 다 가져오십시오. 그리스도를 따르겠다는 결단의 상징으로 그 모든 마귀의 도구들을 태워 버립시다."

그날 밤, 눈가가 촉촉이 젖은 수십 명의 십대들이 입을 굳게 다문 채 대마초, 「펜트하우스」, 본 조비 테이프를 집회장 바깥의 무더기 위로 던졌다. 불이 맹렬히 타오르는 가운데, 그들은 서로의 손을 잡고 찬양했다. "주님 뜻대로 살기로 했네."

십대 시절 나도 이와 비슷한 행사에 참가했고 꺼져 가는 모닥불을 바라보며 경건의 시간을 절대 빠뜨리지 않고 매일 복음을 전하리라 굳게 다짐했다. 그러나 그런 순간들에 좋은 영적 방향이 정해지기도 하지만, 일상의 골짜기로 돌아오면 산꼭대기에서 했던 약속들이 안일함 속에서 녹아 버리기 일쑤였다. 다루었어야 할 내 속의 뭔가는 그대로 방치되었던 것이다.

나는 아이들이 그리스도를 따르기로 결심할 때 좋은 일들이 일어날 수 있다고 믿는다. 그리스도인 부모라면 누구나 자녀가 불법 마약과 포르노 잡지를 멀리하겠다고 약속했다는 것을 알면 감격할 것이다. 잘못된 생활 방식으로 부모에게 많은 염려를 안겼던 자녀라면 특히나 그럴 것이다. 그리고 대부분의 그리스도인 부모는 록 음악을 더 이상 듣지 않겠다는 자녀의 결정에 찬사를 보낼 것이다. 신앙적인 우려 때문이 아니더라도 요란한 소리를 더 이상 안 들어도 되니 얼마나 좋은가. 이런 청소년 집회는 정말로 가치가 있다.

나는 불태울 물건들을 내놓은 젊은이들 중에 성령께서 관여하신 의미 있는 결단을 내린 이들이 많을 것이라고 생각한다. 그러나 이 집회 강사의 메시지가 그리스도께 나아가는 일의 의미를 올바로 전달했다고 보지는 않는다. 정욕에서 탈출하고, 어떤 모양이든지 악을 버리며, 세상의 일들에 대해 분명하게 선을 긋는 일은 그리스도를 따르는 진지한 노력에 모두 포함되지만, 이것들은 그리스도께 나아가는 것의 핵심이라기보다는 열매다. 그리스도를 따른다고 주장하면서 명백한 죄를 계속 고집할 수는 없다. 도색 잡지는 태워 버려야 한다.

그러나 내면으로부터의 변화에는 나무의 썩은 열매를 떼어 내는 일보다 훨씬 많은 것들이 개입된다. 죄에 맞선 분투에는 올바른 일을 하고 나쁜 일을 하지 않으려는 노력보다 훨씬 더 거친 싸움이 필요하다. 성경의 명령을 모두 행하려고 열심히 노력하는 식으로 이 싸움을 벌이면 결국 패배하게 될 것이다. 패배 끝에 좌절하거나, 기준을 엄격히 지키느라 경직되고 독선적이 되어 하나님을 포함한 그 누구와도 깊은 관계를 맺을 수 없게 될 것이다.

　성경에 따르면 악행은 사악하고 거짓된 마음의 자연스러운 결과물이다. 가장 중요한 문제는 내면에, 마음속에 있다. 옳은 일을 하려면 언제나 노력이 필요하다. 하지만 마음속의 죄를 알아보고 다루는 법을 이해해야 악한 행동에서 경건한 행동으로의 전환이 비로소 내적 변화를 반영하는 진정한 방향 전환이 될 것이다. 이것은 예수님이 말씀하신 바와 같다. "먼저 잔 안을 깨끗이 하여라. 그리하면 그 겉도 깨끗하게 될 것이다"(마 23:26, 새번역).

　하지만 그것은 무엇을 의미할까? 우리는 마음의 변화보다는 행동의 변화를 이해하기가 더 쉽다. 시험 중 부정행위나 대마초 흡연 같은 잘못된 일을 할 때는 인지가 가능하지만, 내 마음이 나아졌는지 아닌지는 어떻게 알 수 있을까? 아니, 내 마음이 뭐가 얼마나 잘못되었단 말인가? 그리스도를 따르기로 내적 결단을 내리고 옳은 일을 하여 그 결단의 실체를 보여주는 것으로 충분하지 않단 말인가? 우리 주님은 무엇을 염두에 두고 속을 깨끗이 하는 것에 대해 말씀하셨을까?

죄에 대한 보다 분명한 견해

우리 주님의 가르침을 보다 온전히 이해하려면 죄에 대해 더 분명히 알아야 한다. 특히 우리 마음을 더럽히는 죄성을 이해해야 한다. 논의의 편의상, 죄 문제를 두 범주로 나누자. (1) 분명하게 기록된 성경의 규범을 명시적으로 어기는 행위. (2) 사랑하라는 주님의 명령을 교묘하게 위반하는 행위. 두 번째 범주를 어설프게 이해하면, 성경의 규범들을 세심하게 정의하고 지키려고 노력하는 데 모든 영적 에너지를 쏟게 된다. 그 결과는 보통 바리새적 의(義) 아니면 죄책감에 빠진 좌절이다. 첫 번째 범주의 죄만 다루면 내면으로부터의 변화로 이어지지 않는다.

우리는 모세가 "잠시 죄의 향락을 누리는 것보다 하나님의 백성과 함께 학대받는 길을 택하였"다는(히 11:25) 말씀을 읽을 때, 그가 바로의 궁정에서 누릴 수 있었을 온갖 세속적 향락의 기회를 포기했다는 점을 생각하곤 한다. 권력, 사치, 고급 음식, 감각적인 안락함의 기회들 말이다. 물론 그 생각은 옳다. 모세는 당장의 안락함을 등지고 하나님의 목적을 추구했다. 그러나 그 구절을 오늘날 우리 삶에 적용하면서 하면 안 되는 일들의 목록만 떠올리고 마는 것은 아쉬운 일이다. 물론 우리는 애굽의 향락을 피해야 한다. 십대들에게는 마약, 록 음악, 패션에 대한 집착이 그런 향락일 수 있다. 성인들이 조심해야 할 향락은 음주, 물질주의(흔히 비싼 차를 사거나 십일조를 절반만 내는 일로 드러난다), 불륜, 승진에 목매는 태도, 연속극 등이 있다.

교회마다 강조하는 악은 다르지만, 대부분의 기독교 공동체에는 영성을 측정하는(성문화된 것이든 아니든) 행동 규범이 있다. 진심으로 성장하기 원하는 복음주의 그리스도인들은, 대개 쉽게 알아볼 수 있는 가시적 위반 행위인 첫 번째 범주의 죄에 거의 전적으로 몰두한다. 그런 몰두의 결과로 생겨난 무력한 교회는 가장 중요한 문제들을 다루지 않고 따라서 교인들의 삶도 변하지 않는다.

초점이 잘못되었다. 나는 사람들에게 분명한 악행을 버리고 좋은 습관을 기르라고 권하는 일에 아무 불만이 없다. 우리에게는 올바로 살도록 사랑의 공동체 안에서 서로를 붙들어 줄 책임이 있다는 데 이의가 없다. 그러나 옳고 그름의 특정 기준을 명시적으로 준수하는 일에 너무 집중하면, 관계를 거스르는 교묘한 죄들을 소홀히 하는 재앙 같은 결과가 따라오기 십상이다.

우리 주님은 십일조를 꼼꼼하게 바친 바리새인들을 엄하게 꾸짖으셨다. 그들이 규범을 세심하게 지킨 것이 잘못이라서가 아니라 정의, 자비, 신의 같은 더 중요한 문제들(마 23:23을 보라), 사람들이 서로를 대하는 방식과 관련된 문제들을 소홀히 했기 때문이다. 문제는 그들의 십일조가 아니라 관계를 훼손하는 죄를 다루지 않은 것이었다.

요나를 기억하라. 그의 불순종은 관계적 죄였고 인격이신 분에 대한 범죄였다. 요나는 이스라엘의 원수를 용서하기 원하시는 하나님의 선하심을 소중하게 여기지 않았다. 그는 니느웨라는 위협이 제거되기를 원했고, 자기중심적인 그의 마음은 타자중심적인 하나님의 마음에 담긴 선하심을 신뢰하지 않았다.

우리 주님이 목마른 사람들을 향해 그분에게 오라고 초대하실 때는 추잡한 잡지를 불태우는 것 이상의 행동을 원하신다. 주님은 우리에게, 관계에 접근하는 우리의 방식을 주의 깊게 살피고 어느 지점에서 사리사욕으로 사랑이 변질되는지 보라고 하신다. 율법의 전체 목적은 하나님 및 다른 이들과 깊은 관계를 맺는 길을 가리키는 것이다. 주님께로 오라는 초청에 담긴 의미를 이해하려면, 눈에 보이는 죄에 대한 합당한 관심을 뛰어넘어야 한다. 그리고 관계를 절실히 원하는 목마른 사람들이 어떤 식으로 사랑의 명령을 어리석게 위반하는지를 탐구해야 한다.

우리는 삶이 실망스럽다는 어려운 진실을 이미 다루었다. 누군가의 도움이 필요한데 아무도 우리 곁에 와주지 않고, 하나님은 우리가 당장의 온전한 만족(어쨌거나 이것은 가능하지 않다)을 유보하고 더 나은 날을 주실 그분을 신뢰하기를 원하신다. 그러나 우리는 기다리는 일을 좋아하지 않는다. 우리는 지금 아프고 지금 위안을 원한다. 우리가 요구하는 위안을 하나님이 주지 않으신다면, 우리 손으로 문제를 직접 해결하려 들 것이다. 우리는 생계 유지에 힘쓰고 책임을 감당하고 주말의 즐거운 시간을 계획하고 즐거우면서도 의미 있는 관계를 발전시키는 와중에, 실망과 고통을 최소화하겠다는 굳은 다짐을 실천한다. 인간관계에서 고통이 생겨날 가능성이 가장 크다 보니, 사람들에게 다가가는 일에서 자기 보호의 다짐을 가장 크게 의식하게 된다.

내면으로부터의 변화가 시작되려면 삶의 표면 아래를 들여다보되, 우리의 목마른 영혼의 깊은 갈망뿐 아니라 거짓된 마음의 자기 보호적 다짐들도 알아봐야 한다. 자, 2부에서는 이렇게 우리의 목마름을 다루었다. 3부에서는 우리가 사람들이나 하나님과 관계를 맺을 때 세우는 전략을 살펴본다. 사람들은 우리를 실망시키는 불완전한 존재이고, 하나님은 우리의 고통을 이해하시고 약속의 말씀을 주시지만 우리가 요구하는 위로를 허락하시지는 않는다.

자기 보호의 죄

모두가 노골적인 죄를 짓고 사는 것은 아니다. 올바르고 점잖게 살아가는 사람도 많다. 그러나 아주 심한 개인적인 고통을 피하려고 나름의 관계 방식을 만들어 내는 일은 누구나 한다. 바로 이것이 자기 보호라는 죄다.

물론 심신이 편안해지고 싶은 마음은 잘못이 아니다. 이와 반대되는 것은 성숙이 아니라 마초주의의 증거다. 고통에 대해 합리적 예방 조치를 취하는 사람을 비판해서는 안 된다. 한밤에 인적이 드문 거리를 다니지 않는 것이나 술 취한 남편이 야구 방망이를 쥐고 휘두를 때 집에서 뛰쳐나오는 것은 합당한 일이다. 어떤 여성이 비열한 남자의 청혼을 받는다면 나는 그에게 거절하라고 말할 것이다. 예상 가능한 위해에서 자신을 보호하는 것은 당연히 합당한 일이다.

그럼 지금 다루는 자기 보호의 죄는 언제 나타날까? 사랑받고 싶은 합당한 목마름이 상처받아서는 안 된다는 요구를 만들어 내면서, 그 요구가 다른 사람들과 사랑의 관계를 맺고 싶은 마음을 누를 때다. 자기 보호를 위한 그 요구가 타인의 행복을 위해 타인에게 기꺼이 다가가려는 우리의 의향을 방해할 때, 우리는 사랑의 법을 어기게 된다.

이 일은 종종 아주 교묘하게 이루어져서 자기 보호가 자연스럽게 느껴진다. 가족과 친구들이 다 가난한 사람의 경우 돈을 벌고 싶은 마음이 자연스럽게 생기는 것처럼 말이다. 그는 공과금을 대신 내줄 사람이 없다. 자신에게 아주 중요한 문제들을 의논할 사람이 없다면, 스스로를 챙겨야 할 것이다. 자기 보호적 관계 방식을 알아보기가 어려운 이유는 그것이 너무나 정상적으로 보이기 때문이며, 전통적이고 매력적인 기독교의 옷을 통해 쉽사리 위장할 수 있기 때문이다.

겸손하고 온유한 사람으로 널리 존경받는 한 목사의 사례를 생각해 보자. 그의 관계 방식의 특징은 남들의 장점을 보고자 하는 한결같은 노력과 서로 다른 견해들을 조화시키는 매력적인 능력이다. 그는 이 재능을 발휘하여 교회 당회에서 평화를 유지한다. 분명한 자기 의견이 있어도 결코 밀어붙이지 않는다. 느긋하게 앉아서 그때까지 나온 여러 의견의 장단점을 숙고하고 자기 입장에 가까운 몇 마디를 추가한 뒤 표결을 요청한다. 사람들은 그가 지혜롭고 참을성 있고 참으로 이타적인 사람이라고 말한다. 그것이 그의 관계 방식이다. 대부분의 사람들은 많은 이들이 좋게 여기는 이런 관계 방식을 굳이 깊이 들여다볼 생각을 하지 않을 것이다. 이 사람이 자기 보호의 죄를 짓고 있다고 생각하는 것만으로도 인신공격과 마녀사냥처럼 느껴질 정도다.

사람들이 첫 번째 범주의 죄(알려진 규범을 명시적으로 위반하는 일)의 관점에서 흠 없이 살아가고 겉보기에 칭찬할 만한(겸손하고 우아한) 인상을 줄 때, 우리는 정욕처럼 누구나 겪는 유혹 말고는 그들이 더 이상 죄를 짓지 않는다고 잘못 생각하는 경향이 있다. 그러나 두 번째 범주의 죄를 이해하면 유감스럽게도 어두운 방들로 들어가는 새 문이 열린다.

나는 그 목사의 아내와 자녀, 절친한 친구들에게, 그가 마땅히 직면해야 할 갈등을 회피할 때가 있지 않은지 묻고 싶다. 살다 보면 어려운 질문을 하고 강경한 태도를 보여야 할 상황을 맞게 된다. 그는 어려운 질문을 하고("아들, 오늘 새벽 2시 반까지 어디에 있었는지 알고 싶구나. 통금 시간은 밤 12시야") 분명하게 선을 그을 수 있는 사람인가?("여보, 당신이 새 커튼을 얼마나 원하는지는 알지만 우리 형편상 지금 그 커튼을 사는 건 곤란할 것 같아요"). 아니면 분노나 실망 어린 반응이 나올 가능성을 피하려고 입을 다물고 참을성을 발휘하는 나약한 사람인가? 단호하게 행동해야 할 때 그가 부드러운 태도를 보인다면, 나는 그 매력적인 관계 방식이 그의 아내에게 좌절감을 안기지 않을지 의심스럽다. 그것은 분위기를 유쾌하게 유지하기 위해 거짓을 섞은 우호적 시도, 나약하고 자기 보호적인 태도일지도 모른다.

이 행동 패턴이 어떻게 생겨났을지 생각해 보자. 어쩌면 그의 아버지가 성질이 고약한 사람이었을 수도 있다. 만약 그렇다면, 인생 초기에 그는 아버지가 분통을 터뜨릴 때마다 큰 고통을 경험했을 것이다. 자신이 원하는 바를 분명하게 밝히거나 의견을 제시하면 괴팍한 아버지의 성질을 건드릴 위험이 있음을 일찌감치 알게 되었을 것이다. 아버지의 비열함은 그에게 무엇과도 비교할 수 없는 상처를 안겼을 것이다. 여러 해 전에 아버지가 홧김에 쏟아 낸 말들이 당시에는 물론이고 오늘날에도 여전히 아픈 상처로 남아 있을 것이다. 그 고통은 아주 실질적이고 극심했을 테고, 삶을 유지하려면 그런 고통을 모면해야 한다고 확신하게 되었을 것이다.

과거의 행복한 순간들의 영향으로 우리는 행복한 순간에 누렸던 감정에 따라 생명을 규정하게 된다. 반대로 고통스러운 순간들은 우리로 하여금 어려운 순간에 겪었던 감정에 따라 죽음을 규정하게 만든다. 그러면 우리의 삶은 잘못 정의한 생명을 추구하는 일과 잘못 정의한 죽음을 피하기 위한 일로 채워지게 된다.

그가 자기 생각과 욕구를 드러내지 않고 간직함으로써 아버지의 분노가 폭발할 위험이 최소화되었다면, 타인의 관점을 수용하는 것이 그가 위협적인 상황에서 관계를 형성하는 방식으로 자리 잡게 되었을 것이다. 성인이 되면서 성숙해지고 기독교적 기준의 영향을 받으면서 그는 자기 보호적 수용을 참을성 있는 겸손으로 위장할 수 있었을 것이다.

그에게 이런 사연이 있었을 것이라고 전제하고, 그가 관계하는 방식의 목적에 주목해 보자. 그 목적은 존중받고 사랑받고 싶은 갈망이 더 이상 좌절되지 않도록 자기를 보호하는 것이다. 그것은 느긋한 스타일로 언쟁을 피하고 거부당할 상황을 미연에 방지하고 비판이 무뎌지게 만든다. 이런 관계 방식에는 상대의 따뜻한 반응을 부추기고 날선 말을 누그러뜨리는 효과가 따라온다. "부드러운 대답은 분노를 가라앉[힌다]"(잠 15:1, 새번역)는 성경 말씀은 이런 관계 패턴을 인정하는 것처럼 보인다.

부드러운 대답은 분명히 분노를 가라앉힐 수 있고(성경이 그렇게 말한다), 그 취지가 성난 사람에게 가까이 다가가는 것일 때는 적절한 일이다. 그러나 부드러운 답변의 취지가 답변자를 망가뜨릴 듯 위협하는 분노를 피하려는 것이라면 그것은 사랑이 아니라 자기 보호의 죄다.

우리의 관계 방식

사람의 관계 방식은 저 유명한 눈송이와 같다. 똑같은 것이 하나도 없다는 말이다. 그런데 모든 형태의 관계 방식의 근저에 깔린 동기는 자기 보호 아니면 사랑이다. 곤란한 주제들에 대해 확고한 견해를 드러내고 강경한 입장을 취하면서 교회를 이끄는 또 다른 목사도 부드러운 목사 못지않게 나약한 사람일 수 있다. 만약 그가 자신이 유능한 사람이라고 느끼기 위해 성공한 목회자임을 증명해야 하고, 또한 자신이 생각을 잘하고 의사표현을 효율적으로 하는 사람임을 증명해야 한다고 여긴다면, 그의 관계 방식은 부드러운 목사와 정반대이지만 똑같이 방어적이고 잘못된 것일 수 있다.

물론 첫 번째 목사의 부드러움과 두 번째 목사의 강경함은 하나님의 목적을 더욱 진전시키는 데 자신의 것을 바치는 성숙한 사랑의 태도일 수도 있다. 성숙함은 똑같은 모양으로 나타나지 않는다. 우리가 성숙할수록 관계 방식은 더욱 놀랍도록 특별해지는 법이다. 하지만 삶에 대한 우리의 타락한 접근 방식 안에는 자기 보호적 태도가 아주 깊이 내장되어 있다. 그래서 우리는 자신의 관계 방식에서 자기 보호적 태도를 찾아내야 한다.

　우리는 변화를 위해 노력할 때 성경의 규범을 명시적으로 어기는 분명한 악행만 다루는 경우가 너무나 많다. 잘못된 일들을 멈추고 자기 훈련을 통해 꾸준히 기도하고 성경을 읽는데도 바라는 결과가 나오지 않으면, 우리는 잘못을 피하고 옳은 일을 하고 더 배우겠다고 두 배로 결심하거나, 우리 자신을 좀 더 이해하고 묻어 두었던 갈등을 해결하기를 바라며 상담가를 찾는다. 우리는 진정한 변화를 이루는 데 가장 중요한 요소, 곧 자신의 인간관계 방식에서 가장 분명히 드러나는 자기 보호적 태도를 잘 살피는 일의 가치를 거의 생각하지 않는다. 인생의 핵심 과제가 하나님이 우리를 사랑하시는 것처럼 우리가 서로를 사랑하는 것이라면, 안전한 삶을 우선적으로 추구하는 일은 사랑이라는 목적을 방해한다.

　우리는 사랑하도록 만들어졌다. 사랑할 때 내면에서 뭔가 좋은 것이 생겨난다. 깨끗함과 풍요로움과 온전함을 느낀다. 더 좋게는, 자신의 기분에 덜 집중하고 다른 이들의 삶에 좀 더 관심을 기울이게 된다. 그러나 우리가 무슨 말을 하고 그 말을 어떤 식으로 하며 누구에게 하든 그 이면에 자기 보호적 태도가 자리 잡고 있으면, 불편한 마음이 우리 영혼에 스며들어 떠나지 않는다. 그러면 우리는 그 불편함이 해소되길 요구하게 된다. 이 요구는 사람들이 우리를 제대로 대하지 않을 때 어느새 화를 내는 식으로 나타난다. 우리가 투명성을 강조하는 모임에 참여하여 교제한다고 해보자. 그 자리에서 우리는 자신이 모임 안에서 실망했던 부분을 참여자들과 '나누고' 더 많은 관심과 진정한 사랑을 호소할 수 있을 것이다. 정작 이런 요구적 자세는 우리가 사람들에게 호소하는 사랑을 훼손하지만 이 부분은 잘 다뤄지지 않는다. 그러나 다른 사람들은 우리의 관계 방식에서 이 요구적 자세를 감지한다.

　사람들이 우리의 요구에 응하지 않으면 불쾌해진다. 이때 어떤 사람들은 자신의 분노에 지레 놀라("내가 화내는 것을 보면 다른 사람들이 나를 더욱 거부할 거야") 우울감이나 신경질이나 누군가를 해치는 강박적 상상 아래로 분노를 숨긴다. 그런가 하면 어떤 이들은 자신의 분노를 아주 직접적으로 추하게 드러낸다. 과도하게 비판하며 노골적으로 반항하거나, 자신을 실망시킨 이들을 부루퉁하게 대하는 밉살스러운 모습을 보인다.

　자기 보호적 태도의 결과는 심각하다. 반면에 사랑의 결과는 놀랍다. 우리를 만드신 하나님은 우리가 그분의 사랑을 충분히 신뢰하기를 원하신다. 그래서 자신의 갈망이 상처받지 않도록 방어하는 데 연연하지 않고 타인을 거침없이 사랑하기를 원하신다. 하지만 우리의 사랑은 너무나 서툴다. 왜 그럴까? 이 질문의 답은 심오하고도 단순하다. 우리는 자기 보호적 태도를 버리고 목마른 상태 그대로 하나님께 나아가기를 거부한다. 그 대신에 성경을 읽고 포르노 잡지를 불태운다. 생수의 근원이신 하나님을 그저 지나치고는, 삽을 집어 들고 물을 찾아 우리의 인간관계를 헤집어 파기 시작한다.

　이 얼마나 어리석은가! 설상가상으로, 우리는 아주 교묘하게 터진 웅덩이를 만든다. 부드러운 목사는 자신의 오래 참음이 성령의 열매라고 다른 이들은 물론 본인까지 설득했지만, 실제로 그것은 추악한 자기 보호에 불과했다. 내면에서부터 변화하려면 우리의 자기 보호적 자세를 회개해야 한다. 목마른 영혼을 다루는 최선책에 대한 생각을 바꿔야 한다. 그러나 자기 보호적 태도를 거부하려면 그 전에 그것의 정체가 무엇이고 우리가 그것을 어떤 식으로 드러내는지 이해해야 한다. 우리의 관계 방식을 주의 깊게 살펴야 하는 것이다.

　이제 내가 제시할 두 사례는 우리의 관계 방식을 숙고할 때 무엇을 중점적으로 보아야 할지 이해하는 데 도움이 될 것이다.

메리

내가 메리를 처음 만났을 때 그는 지역 교회에서 활발히 활동하며 교회 지도부에서 크게 존중받는 삼십대의 매력적인 독신 여성이었다. 메리는 치위생사 일(그는 이 일을 [사도 바울이 생계비와 선교 사역 마련을 위해 했던 일을 염두에 두고 '천막 만드는 일'이라고 불렀다)을 시간제 근무로만 했기 때문에 대부분의 시간과 에너지를 교회의 여성 사역 담당 간사로 봉사하는 데 쓸 수 있었다. 담임목사는 그리스도를 향한 그의 헌신을 자주 칭찬했고 강단에서 몇 번이나 이렇게 말했다. "이 교회에 메리 같은 분들이 한 다스 있었으면 좋겠습니다."

메리는 독신 여성 그리스도인들의 모범이었다. 불평하지 않고 친절하고 근면하고 독신의 상태를 섬김의 기회로 활용하려는 마음이 있었다. 누가 결혼에 대한 생각을 물으면 이렇게 대답하곤 했다. "저는 하나님이 허락하시는 모든 가능성에 마음을 열고 있어요. 그것이 결혼이라면 받아들일 생각이에요. 하지만 남자가 나타나기를 기다리며 마냥 앉아 있고 싶진 않아요. 그러기엔 해야 할 좋은 일들이 너무나 많잖아요."

메리의 친구들에게 설문조사를 했다면 그가 근면하고 진지하고 끊임없이 활동하고 유능하다고 대답했을 것이다. 사람들은 메리를 생각할 때 부드럽다, 여성적이다, 다정하다 같은 단어를 먼저 떠올리지는 않았다.

그는 최근에 생긴 우울감과 설명할 수 없는 무기력을 상의하고자 나와 상담 예약을 잡았다. 교회 활동에 점점 냉담해져서 많이 괴로워하고 있었다. 헌신을 다짐하고 진실하게 기도해도 마음이 돌이 커지지 않았다. 첫 번째 상담에서 그는 사무적이고 신중하고 약간 겁먹은 것처럼 보였다. 겁먹은 부분이 내게는 가장 인상적이었다.

나는 사람들을 상담할 때 그들에게서 받는 인상에 주목한다. 그들의 태도를 보는 내 안에 어떤 마음이 일어나는가? 거리를 두고 싶어지는가, 대화를 가볍게 유지하고 싶은가, 아니면 적극 지지한다고 말해 주고 싶은? 그들이 하는 모든 말과 싸우는 느낌인가, 아니면 배울 자세가 된 학생에게 심오한 견해를 전수하는 지혜로운 노인이 된 느낌인가? 우리는 인간의 영혼이 누리도록 만들어진 관계에 목마른 상태다. 그래서 나는 우리가 서로와 관계하는 방식이 이 목마름과 어느 정도 관련이 있다고 생각한다. 그런데 우리는 관계로 인해 발생할 수 있는 고통이 어떤 것인지 알고 그런 고통을 두려워한다. 그래서 사람들과 안전거리를 유지하는 방식을 채택하여 고통받지 않도록 자신을 보호한다.

나는 이런 내용을 염두에 두고 사람들이 나를 '끌어당기는' 방식에 주목한다. 그들이 나를 대하는 방식은 내가 그들을 상대로 어떻게 행동하도록 끌어당기는가? 그들의 관계 방식은 각각의 자기 보호 목적에 맞는 일을 하도록 나를 끌어당길 가능성이 크다. 어떤 사람은 나를 계속 웃게 만드는데, 그런 상황에서 심각한 말은 부적절하게 느껴진다. 또 어떤 다른 사람은 잘 생각하고 말해야 할 것 같은 부담을 준다. 책임 있게 행동하라는 단순한 조언은 해서는 안 될 피상적인 말 같다. 우리는 편안함을 유지하면서 위협적으로 느껴지는 일체의 상호작용을 피하겠다는 꿍꿍이를 가지고 관계를 맺는 경향이 있다. 내가 누군가와 함께 있을 때 어떤 식으로 행동해야 할 것 같은 느낌이 드는지 생각해 보면, 상대의 자기 보호적 관계 방식의 영향과 자기 영혼의 목마름을 다루는 그의 전략을 포착하게 된다.

메리와 함께 있는 동안 나는 불청객이 된 듯한 느낌이 들었다.

그에게 따뜻한 말을 건네는 일은 부적절해 보였다. 교통량이 많은 도로에 차를 세우고 내가 내리기를 기다리는 바쁜 택시 운전사에게 그의 가족에 대해 묻는 것 같다고 할까. 나는 그가 제시하는 문제를 골똘히 생각하여 그가 숙고할 만한 흥미로운 가설을 내놓아야 한다는 부담을 느꼈다. 환자에게 관심을 갖는 상담가가 아니라 똑똑한 컨설턴트의 역할을 떠맡은 느낌이었다.

메리의 외모나 버릇이 남성적이진 않았지만, 나는 누군가의 아내가 된 그의 모습이 그려지지 않았다. 그는 여성성을 희생하고 유능함을 선택한 것 같았다. 조용한 해변에서 남자와 손을 잡고 걷는 일보다는 교회 사역자 모임에서 사역 계획을 논의하는 쪽을 훨씬 편안해할 것 같았다. 업무 회의를 편안하게 느끼는 것은 잘못이 아니지만, 친밀한 관계가 거북하게 느껴진다면 그것은 위험 신호다.

이야기를 나누다 보니 메리의 힘찬 우호성에는 목적이 있다는 것이 분명해졌다. 나는 그에게 우울감 때문에 겁이 난 것처럼 보인다고 말했는데, 그는 "그래요, 맞아요. 무서워요."라는 간단한 대답으로 나의 관심을 편안하게 받아들이지 않았다. 그는 내 진술이 정확하다고 인정하고는 설명과 해결책을 논의하는 방향으로 솜씨 좋게 넘어갔다. "그래요, 두려움이 조금 느껴져요. 한때는 제가 모든 일에서 유능하다고 느꼈던 것 같은데, 요즘에 요청받는 일 중에는 제게 잘 맞지 않을 것 같은 일들이 여러 건 있어요. 제가 감당하지 못할 일을 떠맡으려는 것은 아닐지 선생님의 의견을 듣고 싶어요."

그는 자신의 가설을 살피고 전문가의 의견을 제시하도록 나를 '끌어당겼다'. 그런데 그가 여성으로서 느끼는 두려움에 내가 공감하며 그 부분을 살피려고 하자 나를 밀어냈다. 나는 그가 사역에서 관계를 제외한 모든 관계에서 뒤로 물러나게 된 이유가 궁금해지기 시작했다. 능력과 헌신이라는 두꺼운 벽 너머로 자기 영혼의 부드럽고 다정하고 수용적인 부분을 감추게 만들 만큼 여성으로서의 그를 위협한 것이 무엇일까?

여기서 나는 능력이나 헌신이 잘못된 것이 아님을 분명히 말해 두고 싶다. 능력과 헌신 자체는 둘 다 훌륭한 덕목이다. 문제는 그것들의 기능에 있다. 나는 메리가 타고난 능력과 영적 관심을 사용하여 가까운 관계에서 고통받지 않도록 자신을 보호하는 것이 아닌지 의심이 들었다. 만약 그것이 사실이라면, 그는 진정한 관계는 외면한 채 의무, 섬김, [성경] 공부, 협력 사역, 사회성에 몰두하면서 그리스도인의 삶의 주변부에서 머물고 있는 상태라고 할 수 있었다. 그는 다른 이들의 불완전하지만 진실한 사랑을 누리지 못했고 (더 중요하게는) 다른 사람들에게 사랑으로 자신을 내어 주지도 않았다. 그의 우선순위는 줄곧 실망스러운 관계에서 오는 고통에서 자신을 보호하는 것이었다.

그 시점까지 인생에서 그 누구도 그의 관계 방식의 기능에 의문을 제기한 적이 없었다. 그가 남자와 사회적으로 교류할 때는 10분도 못 넘기고 대화가 교회 문제로 넘어간다는 것을 아무도 눈치 채지 못했다. 남자가 이성으로서의 관심을 조금이라도 표명하면, 그는 경직되어 더욱 헌신된 종의 모습을 보였다. 누구도 그의 관계 방식을 주의 깊게 지켜보지 않았다. 누구도 그를 지혜롭게 사랑하지 않았던 것이다.

메리와 같은 사람들이 가득한 교회(내가 볼 때 교회에 그런 사람이 많다)는 건강한 상태가 아니다. 바울은 각 지체가 자기 일을 감당할 때 그리스도의 몸이 자란다고 썼다(엡 4:16을 보라). 해당 본문에 담긴 생각은, 각 그리스도인은 구원과 은사를 받은 사람으로서 동료 신자들로 이루어진 그리스도의 몸에 기여할 것이 있다는 것이다. 그는 자신에게만 관심을 두는 상태에서 풀려났기에 다른 이들에게 자신을 쏟을 수 있다. 그러나 메리는 자유롭지 않았다. 근면하고 지칠 줄 모르는 사람처럼 보였지만, 그가 감당하도록 부름받은 진짜 일을 하고 있지 않았다. 하나님은 그가 교회에서 하는 일을 그분의 목적을 더욱 진전시키는 데 사용하셨지만, 그의 일은 하나님이 깊이 만지신 마음이 표현된 것도 아니었고 온전히 다른 사람들의 복을 위해 기울이는 노력도 아니었다. 그의 마음은 겁먹었고 그의 동기는 자기 보호였다. 그의 존재에서 가장 부요한 부분, 즉 다른 사람들에게 강력하게 영향을 미칠 수 있고 한 남자를 비롯한 다른 사람들의 애정을 따스하게 수용할 수 있는 부분은, 오로지 사역의 차원에서만 그를 대하도록 하는 관계 방식 아래에 안전하게 숨겨져 있었다.

나는 메리와 대화를 이어 가면서 그가 따뜻한 사람보다는 유능한 사람으로 다가온다고 말했다. 그는 자신이 열심히 일하다 보니 그런 인상을 받는 사람들이 있는 것 같다는 대답으로 나의 말을 효과적으로 처리했다. 나는 좀 더 밀어붙여서 내 말을 듣고 어떤 기분이 드는지 물었다. 그는 다소 짜증을 내며 불편해했다.

몇 회의 상담이 지나간 후에 그는 약간의 외로움을 느낀다고 시인했다. 그리고 이후 몇 달 동안은 그가 주요 관계들에서 느꼈던 실망을 조심스럽게 탐구했다. 사촌의 성추행이나 알코올중독자 아버지의 폭행 같은 충격적인 과거사는 없었다. 그러나 그는 누군가가 자신을 소중히 여긴다는 느낌을 한 번도 받은 적이 없었다. 아버지는 몇 년 전에 세상을 떠났다. 그는 좋은 사람이었고 주님에 대한 헌신을 다른 무엇보다 중요하게 여긴 믿음 좋은 그리스도인이었다. 하지만 메리는 자신에게 정말 중요한 문제를 이야기해도 될 것 같은 따뜻한 분위기의 대화를 아버지와 나눈 기억이 없었다. 학교에서 새로 전학 온 남학생에게 반했던 일을 아버지에게 마음 편히 이야기할 수 없었다. 아버지와 '그런' 일들에 대해 이야기한다는 생각 자체가 이상하고 낯설었다. 아예 고려조차 못할 일이었다.

나는 아주 다른 아버지, 그가 말하고 싶은 것이라면 어떤 내용이든 따뜻하게 존중하며 경청해 주는 아버지의 모습을 상상해 보라고 말했다. 그러자 그의 눈이 촉촉해졌다. 그의 마음은 그동안 갖지 못했던 것에 목말라하고 있었다. 아버지가 그에게 준 메시지는 분명했다. "너는 내 사랑을 받으며 긴장을 풀면 안 된다. 하나님께 더욱 헌신해야 한다." 그는 누군가에게 안기고 싶은 욕망을 느낄 때마다 어리석고 미성숙한 모습이라고 자책하는 방식으로 가질 수 없는 것에 대한 목마름을 부정하게 되었다. 그리고 기독교적 활동에 더욱 더 강하게 헌신했다.

왜 그랬을까? 그가 처한 현실에서는 그런 식으로 사는 것이 더 편했기 때문이다. 자신에게 부족했던 것을 갈망하고 있다는 사실을 부인하면 더 큰 실망을 느낄 위험이 그만큼 줄어들었다. 그는 교회를 위해 열심히 일하면서 인정을 받았다. 때로는 아주 큰 칭찬을 받았고 그것은 기분 좋은 일이었다. 교회를 위한 열심은 (특히 남자들에게) 그가 친밀한 관계를 나눌 상대가 아니라는 아주 분명한 신호를 보냈다. 그렇게 영성이라는 두꺼운 합판이 더해지면서 방어막이 완성되었다. 교회와 결혼한 사람과 깊은 사적 관계를 맺고 싶어 하는 사람은 많지 않다. 직접적 관계를 맺는 것보다는 멀찍이서 흠모의 대상이 되는 것이 나아 보인다. 메리는 사람들이 자신을 존경하고 인정하도록, 그러나 사랑받기 원하는 그의 은밀한 마음을 파고들지는 못하도록 유도했다.

메리는 아버지와는 다른 방식으로 누군가가 자신에게 다가와 주기를 간절히 갈망한다는 것을 마음을 열고 시인하면서 자신의 관계 방식 안에 있는 자기 보호적 태도를 인식하기 시작했다. 이 중요한 원리를 기억하자. 사람들이 자신의 목마름을 부인하는 동안에는 자신의 관계 방식이 어떤 기능을 하는지 알아볼 수 없다. 목마름을 인정하고 자기 보호의 실체가 드러나야 그리스도에 대한 신뢰가 더욱 깊어지고 회개 또한 온전해질 수 있다. 그리스도만 주실 수 있는 것이 우리에게 절실히 필요하다는 것을 알 때, 그분을 더욱 신뢰할 수 있다. 우리의 죄가 폭로되면 될수록 그 죄를 더욱 철저히 다룰 수 있다. 문제를 모두 파악한 외과 의사가 일부만 발견한 의사보다 수술을 더 잘할 것이다.

메리는 실망스러운 세상의 영향을 보다 예리하게 느끼지만 이제는 사랑이 요구하는 용기를 가지고 관계하는 법을 배우고 있다. 주님과의 관계는 어느 때보다 더 풍성하다. 계속 바쁘게 살아가지만, 이전 같으면 떠맡아야 한다는 충동을 느꼈을 책무들을 거절할 수 있을 만큼 마음을 차분히 가라앉힐 수 있다. 그리고 이제는 그에게 관심을 갖고 다가오는 친구들을 받아들이고 그가 여자로서 살아 있다고 느끼게 해주는 남자들에게 따뜻하게 마음을 연다. 메리는 내면에서부터 변하고 있다. 진전은 느리지만(진정한 진전은 보통 느린 법이다) 변화는 진짜다.

프랭크

방어적 관계 형성의 두 번째 사례를 살펴보자. 프랭크는 성공한 사업가다. 사람들은 그가 활력이 넘치고 재능 있고 자신만만하고 친근한 사람이라고 말할 것이다. 몇 년 전에 그는 그리스도인이 되었고 얼마 지나지 않아 특유의 열정으로 박식하고 유능한 성경 교사라는 평판을 얻었다.

프랭크는 모든 것을 가진 사람이다. 아름다운 아내와 세 명의 총명한 자녀를 두고 있으며 멋진 집에 살면서 사업계와 교회 모두에서 존경을 받는다. 그는 자신의 삶에 정말로 만족하고 예수님을 위해 사는 기쁨을 열정적으로 나눈다.

내가 그의 교회에서 강연을 하고 난 후, 그의 아내가 내게 시간을 내줄 수 있느냐고 물었다. 그는 열두 살 아들 로니 때문에 걱정하고 있었다. 위의 두 딸은 잘 지내는 편이지만, 로니는 몇 달째 가족과 거리를 두고 있다고 했다. 그는 유달리 유쾌하고 성숙한 어린이였던 로니가 말이 없고 퉁명스러운 소년으로 바뀌는 과정을 지켜보았다. 뭔가 사소한 일이 계기가 되어 로니가 거칠게 분노를 터뜨리며 나쁜 말을 하고 책을 집어던진 이후, 그는 아들에 대해 누군가와 이야기를 해봐야겠다고 생각하게 되었다.

나는 그에게 남편은 이 문제를 어떻게 생각하느냐고 물었다.

"그이는 로니에게 일어난 변화를 알아채지 못한 것 같아요."

"부인의 우려를 남편분에게 말씀하셨나요?"

"음, 아뇨. 아직 그이와 이야기하지 않았어요."

"왜요?"

"프랭크는 이런 일을 잘 다루지 못해요. 그이는 훌륭한 아버지예요. 로니와 라켓볼을 많이 치고 로니의 야구 시합이 있으면 절대 빠뜨리지 않아요. 하지만 저는 프랭크가 이런 일로 로니와 제대로 이야기를 나눌 수 있을 것 같지 않아요."

그는 잠시 말을 멈췄다가 웃으면서 말을 이었다. "프랭크는 언제나 너무 명랑해서 아마 로니와 뛰어 놀다가 결국 바닥에서 레슬링을 할 걸요. 그리고 나서 상황이 다시 괜찮아졌다고 생각할 거예요."

프랭크는 아내에게 어떤 영향을 미치고 있을까? 그는 남편의 장점을 존중하지만 그의 결점을 똑바로 들여다보는 일은 어려워하고 있다. 그리고 그가 문제를 효과적으로 다루지 못할 것이라고 우려하며 문제를 알리지 않았다.

나는 그의 걱정을 이야기하면 남편이 어떻게 반응할 것 같으냐고 물었다.

"아, 그이가 어떻게 나올지 알아요. 내게 팔을 두르고 웃으며 걱정이 너무 많은 전형적인 엄마라고 말할 거예요. 내가 좀 더 밀어붙이면, 손을 잡고 함께 기도하겠지요. 그것으로 대화는 끝날 거예요. 우리에게 정말 큰 문제가 생긴다면 그이가 어떻게 할지 모르겠어요. 한번은 학교 선생님이 가정 방문을 와서 큰딸에게 거식증이 있는 것 같다고 말했어요. 프랭크는 아이에게 먹으라고 요구하는 방식으로 거기에 대처했고요. 효과는 있었어요. 하지만 그이는 딸아이와 제대로 대화를 나누지는 않았어요. 저는 아이가 몇 가지 문제로 상당히 힘들어한다는 걸 알고 있어요. 그중엔 아빠에 대한 분노도 있고요."

여기서 우리는 다시 한번 프랭크의 생각을 읽을 수 있다. "모든 일이 잘 진행되어야 해. 나는 따뜻하고 신앙적이고 확고한 태도를 견지할 것이고, 그러면 인생은 계속 순탄하게 흘러갈 거야. 수면 아래 있는 문제에 대해선 듣고 싶지 않아. 무난한 상황을 계속 유지할 거야."

직장에서 프랭크는 어려운 결정을 내릴 기회를 소중히 여긴다. 나쁜 소식이 있을 때 그는 오히려 자극을 받아 훨씬 더 적극적으로 행동에 나선다. 자신이 해야 할 일을 파악하는 데 필요한 정도 이상으로 문제를 곱씹지 않는다. 그의 과거를 보면 어떤 행동에 나서야 회사가 순조롭게 나아갈 수 있는지 아는 뛰어난 재주가 있음을 알 수 있다.

교회에서도 마찬가지다. 건축 위원회, 재정 위원회, 관리 위원회는 각각 어려운 문제가 생길 때마다 프랭크를 찾는다. 그는 결코 열의를 잃지 않고 언제나 뭔가 수를 낸다. 그가 가르치는 주일 학교 수업은 참석 인원이 꾸준하다. 수업이 끝나면 참가자들이 다가와 수업 내용에 대해 자세히 묻는 일이 잦다. 그리고 프랭크는 그것을 좋아한다. 그는 종종 예배 시간에 늦는데, 그가 수업에서 제기한 논쟁적 문제를 가지고 열정적인 토론을 벌이다가 시간이 지체되는 탓이다.

그가 관계를 맺는 방식은 분명하다. 그는 명랑하고 적극적이고 박식한, '바로 시작합시다' 유형의 사람이다. 첫 번째 범주의 죄(알려진 규범을 명시적으로 어기는 행위)를 잣대로 프랭크를 판단한다면 그의 삶은 나무랄 데가 없고 존경할 만하다. 그는 지역 교회의 지도자가 될 자격이 충분하다. 가족을 잘 꾸리는 것 같고 평판도 좋다.

이제, 그의 관계 형성 방식을 보다 주의 깊게 관찰하여 그것이 어떤 기능을 하는지 살펴보자. 그가 일하는 방식은 무능함을 인정할 일이 없도록 그를 지켜 준다. 그는 감당할 자신이 없는 문제와는 솜씨 좋게 거리를 유지한다. 아내의 걱정에 대해 자세히 묻지 않고, 딸에게 진짜 고민거리를 이야기해 달라고 청하는 대신 문제만 수습하고, 아들을 기분 좋게 하나님께 맡길 뿐 심각한 문제의 증거는 직시하지 않는다. 에스겔은 회칠을 해서 튼튼해 보이는 엉성한 담에 대해 이야기했다(겔 13:10을 보라). 프랭크의 관계 형성 방식은 성숙함을 드러내는 것처럼 보이지만 사실 그 동력은 상당 부분 자기 보호적 태도다.

프랭크의 내면을 들여다보면 그가 누린 적이 없는, 높은 수준의 존중받는 관계를 바라는 깊은 갈망이 드러날 것이다. 그의 영혼 깊은 곳에서는 인생이 내놓는 모든 것을 직시할 능력이 자신에게 있다고 절대 믿지 않는다. 이것은 우리 모두의 내면에 깊이 자리 잡은 두려움이다. 우리는 자신의 고통스러운 부족함을 직시하는 두려움을 해소해 줄 유일한 길이, 중요한 일을 우리에게 맡기고 그 일을 잘 감당하도록 준비시키며 우리가 엉망으로 실패한 후에도 여전히 우리를 믿어 주는 누군가와의 관계라고 생각한다. 그러나 우리의 경험에 비추어 볼 때 그런 사람이 존재한다는 낙관론을 품기가 어렵다. 그러므로 우리는 각자 가진 것으로 버티는 수밖에 없다. 중고등학교와 대학을 다니는 동안 프랭크는 자신이 실패할지도 모르는 삶의 영역에서 자신의 기질과 능력을 사용해 스스로를 보호할 수 있다는 것을 깨달았다. 그는 많은 사람의 존경을 받을 만한 훌륭한 사람의 이미지를 유지할 방법을 찾아냈다. 그렇게 해서 자기 보호를 위한 그만의 계획이 자리를 잡았다.

핵심 문제 파악하기

내면에서부터 변화하려면 우리가 관계 맺는 방식을 주의 깊게 살펴야 한다. 성숙의 표지는 사랑이고, 사랑의 본질은 자기 보호 없이 관계를 맺는 것이다.

나는 이번 장에서 두 가지 논점을 더 밝혀야 한다. 첫째, 사람은 하나님을 깊이 의지하지 않고도 도덕적이 되고 사려 깊어지고 절제할 수 있다. 그러나 자기 보호 없이 살려면 그리스도를 굳게 신뢰해야 한다.

메리는 훌륭한 태도로 살면서 어떤 폭풍도 자신을 뒤집을 수 없는 안전한 항구를 만들어 냈다. 프랭크는 매력적이고 생산적인 관계 형성 방식을 유지하며 자신의 성(城) 주위를 바삐 다니는데, 그의 성은 아내마저 가까이 다가오지 못하게 막는 부드러운 방어기제라는 해자(垓字)로 둘러싸여 있다. 두 사람이 자기 보호를 포기한다면 극도의 취약함이 노출되면서 결국 파멸하게 될 것이다. 하지만 하나님이 그분의 약속을 지키신다면 결과는 달라질 것이다.

둘째, 우리가 관계하는 방식의 세부 내용 아래 놓인 목적을 들여다보면, 완고하고 추한 뭔가를 발견하게 된다. 메리와 프랭크에게 몇 가지 구체적인 지시를 내리는 것은 비교적 쉽지만, 자기 보호 에너지라는 저수지 안으로 뛰어드는 일은 훨씬 어렵다.

"메리, 당신은 자기 생각을 더 표현해야 할 것 같습니다. 사람들에게 당신의 감정을 더 이야기하세요. 데이트에도 마음을 여시고요. 남자가 관심을 보이거든 그의 다음 데이트 신청을 받아 주세요."

"프랭크, 로니 문제로 아내분과 대화를 나누셔야 합니다. 그리고 로니를 데리고 나가 함께 길게 아침 식사를 하세요. 아들과 진지하게 대화를 나누세요. 농담은 다음에 해도 됩니다."

모두 좋은 조언이고, 두 사람이 경청해야 할 내용이다. 그러나 그들은 이 조언을 따르면서도 내면은 변하지 않을 수 있다. 자신의 관계 방식에서 잘못된 부분만 바로잡고 자기 보호적 자세는 회개하지 않을 수 있다. 우리는 자기 보호적 자세 자체를 폭로하고 들여다보고 곱씹어야 한다. 싸움을 각오해야 한다. 사람은 목숨 걸고 싸우는 이의 절실함으로 자기 보호적 자세를 한사코 포기하지 않는다. 자기 보호 없이 살아가는 것은 자살 행위처럼 느껴진다.

메리는 자기 보호를 포기하기 시작하면서 겁에 질렸다. 그러나 이제 그는 따뜻하고 상처받는 것을 피하지 않고 즐겁고 여성스럽고 외롭고 사랑하며 감사할 줄 아는 여성이다. 프랭크는 나를 찾아와 한 번 상담을 하고는 다시는 나타나지 않았다. 그의 아들은 여전히 침울하지만 저녁 식탁에서는 조금 부드러워진 것 같다. 그의 아내는 자신 안에 프랭크의 나약함에 대한 분노가 있음을 깨달았고 그를 용서하려고 노력하고 있다. 그리고 어느 때보다 외로움을 느끼고 있다.

생각하기: 당신이 생명을 잘못 정의한 상태로 그것을 얻기 위해 살고, 죽음을 잘못 정의한 상태로 그것을 피하기 위해 살게

된 계기는 무엇인가? 행복했거나 고통스러웠던 어떤 관계가 결정적인 사건이 되었는가?

자신을 안전하게 지키고자 하는 요구는 강력하다. 우리는 자신의 영혼이 간절히 바라는 위안을 얻기 위해 온갖 잘못된 곳들을 바라보고, 두려운 고통으로부터 자기를 보호하기 위해 특정한 관계 형성 방식을 만들어 낸다. 우리의 자기 보호 전략들은 어리석지만(설령 원하는 안전을 얻는다 해도, 그것은 우리가 원하는 바로 그것이 아님을 깨닫게 된다) 우리는 여전히 자기를 보호할 '권리'를 붙든다. 우리는 고통의 해소를 요구한다. 이 핵심적인 요구를 직시해야 한다. 그래야 회개를 통해 이 요구를 포기하고 우리의 에너지가 사랑으로 향하도록 방향 전환을 할 수 있다. 다음 장에서는 요구적 태도의 문제점을 다루고자 한다.

Chapter 8
요구적 태도의 문제

내면에서부터 변화하려면 괴롭지만 우리 영혼의 추한 부분들을 들여다봐야 한다. 많은 이들은 이것을 자신의 성급한 성향이나 가끔씩 드러나는 비판적 정신을 고백하는 일 정도로 여긴다. 대부분의 그리스도인은 자신의 죄성이 분명한 규범을 어기는 구체적 행동보다 훨씬 큰 것임을 쉽사리 인정한다. 물론 우리는 이기적 동기 같은 '더 깊은' 문제들과 분투한다. 그러나 정말 중요한 문제는 죄의 자각으로 이어지지 않는 일반적 수준에 여전히 머물곤 한다.

어떤 이들은 내면의 추함을 들여다보기를 거부하고 죄성보다는 분투에 대해 생각하고 싶어 한다. "나는 자기 확신이 부족해요. 너무 자신이 없어요." "난 왜 이렇게 완벽주의자일까요? 걱정을 너무 많이 해서 미칠 노릇이에요." 이런 고민들은 다른 이들의 공감 어린 관심을 조성하고 굉장한 자기 연민을 낳는다. 그러나 반대로, 죄성이 폭로되면 죄의 자각이 일어난다. 분투자는 자신이 고결하다고 느끼지만, 죄인은 자신이 더럽다고 느낀다.

사람들의 삶에서 상처를 치유하고자 하는 진실한 마음에서 출발한 인간 이해가 도리어 죄를 조용히 어루만져 옆으로 치워 버리는 결과가 많은 교회에서 나타났다. 상처 입은 사람들에게는 격려가 필요하다는 진리[1]가 때로는 그들의 분투를 지나치게 강조하게 만들어 죄성에 대한 이해를 약화시키기도 했다. 일부 보수적 그리스도인들이 죄를 다시 부각시키려고 노력하고 있는데, 그 과정에서 '상처 입은 사람들을 돕는 것'을 강조하던 흐름이 바뀌어 정반대 방향으로 나아가는 불가피한 반작용이 나타나는 것을 볼 수 있다. 죄를 심리적 원인에서 생겨난 것으로 설명하여 죄의 끔찍함을 완화시키려는 현대의 경향에 대한 그들의 분노는 정당하다. 그들은 종종 가장 명백한 형태의 죄(간음, 나태, 책임 회피, 거짓말)를 폭로하여 사람들이 죄와 분투한다 해도 여전히 죄인이라는 주장을 내세운다.

이 주장은 정당하다. 물론 우리는 다른 사람들의 불친절의 피해자로서 분투할 때가 있다. 사람들이 우리를 상대로 죄를 짓는 경우다. 그러나 다른 사람들이 우리를 부당하게 대우한 것을 우리가 그들에게 악하게 반응하는 이유로 내세울 수는 없다. 우리는 자신의 행동에 대해 책임이 있다. 우리는 분투자이면서 죄인이고, 피해자이면서 가해자이며, 상처받은 자인 동시에 위해를 가하는 자다.

그러나 지금 일어나고 있는 일을 보라. 내면을 들여다볼 때 우리는 숨겨진 고통과 심리적 콤플렉스를 가진 분투자로 자처하곤 한다. 그러다가도 하나님을 추구할 책임을 진지하게 이행할 때라는 생각이 들면, 삶의 표면으로 돌아가서 우리가 해야 하는 일들을 힘껏 감당한다. 분투는 내면을 들여다보는 일과 관련지어져 왔고("당신이 어디가 정말 아픈지 봅시다") 죄성은 흔히 행동을 여러모로 바꾸는 일을 통해 다뤄진다("이제 자기 성찰을 중단하고 일을 할 시간입니다. 아내분과는 얼마나 많은 시간을 같이 보내시나요?").

변화를 원하는 진실한 그리스도인들은 두 가지 선택지를 받게 된다. 도움을 받아 마음속의 고통을 정직하게 들여다보거나, 행동의 죄를 책임감 있게 바로잡는 것이다. 마음의 고통과 행동의 죄. 우리는 이 두 범주를 다루어야 하지만 어느 쪽도 우리 영혼의 깊은 곳, 추하고 변형되고 병든 지점으로 우리를 안내하지 않는다. 내면에서부터 변화하기 위해 반드시 다루어야 하는 마음속의 죄를 파고드는 데는 어느 쪽도 도움이 되지 않는다. 죄는 그 외적 표현(행동으로 나타난 죄)보다 훨씬 많은 것을 포함하고 있고, 우리는 깊이 내재된 심리적 문제들(마음속의 고통)보다 더 심각한 것들과 맞서 싸운다.

관계의 죄는 우리 마음속에 있는 우상숭배의 죄에 뿌리를 두고 있다. 우리가 생명이라고 믿는 상태를 경험하고 죽음이라고 알고 있는 상태를 피하게 해달라고 요구하는 것은, 거짓 신을 섬기는 행위다. 그럴 때 우리는 다름 아닌 우상숭배자다.

이번 장에서 내가 다루고자 하는 것은 우리의 외적 죄가 아니고 내면의 분투도 아니다. 나는 마음속의 죄를 폭로하고 싶다. 그리고 내면의 죄성을 성급함이나 가끔씩 나타나는 비판적 정신으로 생각하는 이들보다 더 엄밀해지고 싶다. 우리 마음의 문제는 많은 이들이 생각하는 것보다 훨씬 심각하다. 우리는 내면을 들여다볼 때 나쁜 기억들과 아픈 감정 이상의 것을 만나게 된다. 정직하게 들여다본다면 결국 끔찍하고 추한 것이 드러날 것이다. 나는 그것을 '요구적 태도'라고 부르고 싶다.

우리는 요구하는 존재들이다. 우리는 하나님이 공급하시는 물을 완고한 태도로 무시하고 자신의 웅덩이를 직접 파기 때문에, 결국 물을 찾아내야 생존할 수 있는 신세가 된다. 자기 보호를 위한 우리의 노력들은 반드시 효과가 있어야 한다. 우리의 목마름을 해결할 책임을 직접 짊어지면, 웅덩이를 파는 원정이 성공해야만 생존할 수 있게 된다.

우리는 배우자에게 우리의 필요에 맞추어 행동하길 요구한다. 자녀들에게는 우리가 제공한 경건한 훈련의 열매를 보여 달라고 요구한다. 교회를 향해서는 특정한 사역을 시행하여 우리의 관심사에 세심하게 반응해 달라고 요구한다. 추월 차선에 있는 서행 운전자들에게 어서 빠지라고 요구한다. 이전에 우리가 상처받은 방식으로 다시 우리에게 상처를 주는 사람은 없어야 한다고 요구한다. 오랫동안 누릴 수 없었던 합당한 즐거움은 우리 몫이 되어야 한다고 요구한다.

이 얼마나 터무니없는가! 신병들이 명령을 내리는 군대나 사환이 정책을 정하는 회사를 상상할 수 있는가? 그런데 일개 인간이 우주를 향해 소리쳐 명령을 내린다. 이런 어리석음은 자신의 행복을 확보할 책임을 스스로 짊어진 데 따른 불가피한 결과다. 그 책임은 우리 어깨에 짊어지기에는 너무나 무거운 짐이다. 우리에게 절실히 필요하지만 스스로 통제할 수 없는 것에 대한 책임을 떠맡을 때, 우리는 자신의 노력이 성공해야 한다고 불합리하게 요구하게 된다.

우리의 목마른 영혼에는 요구적 정신이라는 추악한 질병이 단단히 박혀 있다. 내면에서부터 변화하려면 이 문제를 직시하고 조치를 취해야 한다. 요구적 태도라는 정신을 포착하여 그것이 얼마나 추한지 인식하고 회개를 통해 버려야 한다. 나와 함께 이 문제를 세 가지 각도에서 생각해 보자. (1) 하나님은 우리의 요구적 태도를 어떻게 보시는가. (2) 이 문제는 어떻게 생겨나는가. (3) 하나님은 이 문제를 어떻게 다루시는가.

하나님은 우리의 요구적 태도를 어떻게 보시는가

민수기 9:15-23은 이스라엘 백성이 하나님의 인도를 받아 광야를 다 닌 과정을 기록하고 있다. 그들은 하늘의 특별한 구름(밤에는 불공이 되어 시야를 확보해 주었다)을 지켜보다가 구름이 움직이기 시작하면 천막을 걷고 어디든 따라가야 했고, 구름이 멈추는 곳에서 다시 야영 을 했다. 이 이야기의 핵심을 파악하기는 어렵지 않다. 구름이 움직 일 때 그들도 움직였고, 구름이 멈출 때는 따라서 멈추었다는 것이 다. 이 상황을 전달하는 데는 두세 문장이면 충분해 보인다. 리더스 다이제스트에서 낸 축약 성경이 그런 시도를 했다. 원문에서 이 이 야기를 담고 있는 아홉 개의 절이 축약 성경에서는 한 절로 축소되었 다. 아홉 절에 걸쳐 제시된 메시지는 한 절로도 잘 전달된다. 그런데 과연 그럴까?

여기서 해당 본문 전체를 읽어 보자. 거의 읽는 이를 모욕하는 것처럼 느껴질 만큼 내용이 반복된다는 것에 주목하자. 내가 쓴 이전 책의 편집자는 내가 형용사와 사랑에 빠졌다고 말한 적이 있다. 불 필요한 단어들을 잘라내면 책의 분량을 상당히 줄일 수 있고 더 읽기 쉬워진다고 지적했다. 장황하다는 말을 듣고 좋아할 작가는 없다. 마 음이 옹졸해질 때면 나는 그 편집자가 작가를 모른 채 다음 아홉 절 을 읽는다면 무슨 말을 할지 종종 궁금해지곤 했다.

성막을 세우던 날, 구름이 성막, 곧 증거궤가 보관된 성막을 덮 었다. 저녁에는 성막 위의 구름이 불처럼 보였으며, 아침까지 그렇게 계속되었다. 그것은 늘 그러하였다. 구름이 성막을 덮 고 있었으며, 밤에는 그 구름이 불처럼 보였다. 구름이 성막 위 로 걷혀 올라갈 때면, 이스라엘 자손은 그것을 보고 난 다음에 길을 떠났고, 구름이 내려와 머물면, 이스라엘 자손은 바로 그 자리에 진을 쳤다. 이스라엘 자손은 이렇게 주님의 지시에 따라 길을 떠났고, 또한 주님의 지시에 따라 진을 쳤다. 구름이 성막 위에 머물러 있는 날 동안에는, 진에 머물렀다. 그 구름이 성막 위에 여러 날 동안 오래 머물면, 이스라엘 자손은 주님의 명을 지켜 길을 떠나지 않았다. 구름이 성막 위에 며칠만 머무를 때도 있었다. 그때에는 그때대로 주님의 지시에 따라서 진을 치고, 또 주님의 지시에 따라 길을 떠나곤 하였다. 구름이 저녁부터 아침까지만 머물러 있을 때도 있었다. 그럴 때에는 아침이 되어 구름이 걷혀 올라가면, 그들은 길을 떠났다. 낮이든지 밤이든지 구름만 걷혀 올라가면, 그들은 길을 떠났다. 때로는 이틀이나 한 달이나 또는 몇 달씩 계속하여 구름이 성막 위에 머물러 있으면, 이스라엘 자손은 그곳에 진을 친 채 길을 떠나지 않았다. 그들은 구름이 걷혀 올라가야만 길을 떠났다. 이렇게 그들은 주님의 지시에 따라 진을 쳤고, 주님의 지시에 따라 길을 떠났다. 그들은, 주님께서 모세를 시켜 분부하신 대로, 주님의 명령을 지켰다.

우리는 민수기 저자에게 더 나은 편집자가 필요했든지, 아니면 여기에 더 짧은 말로는 전달할 수 없는 메시지가 담겨 있든지, 둘 중 하나라는 결론을 내려야 한다. 성경이 영감 받은 귀한 책이라면 후자라고 생각할 수밖에 없다. 그렇다면 여기에 담긴 메시지는 무엇일까?

실제로 일어났을 일을 생각해 보자. 수많은 이스라엘 백성들이 단조로운 사막을 터벅터벅 걸어간다. 그중에는 병든 사람도 있고 힘이 넘치는 사람도 있고 다리에 쥐가 나서 힘들어하는 사람도 있었을 것이다. 몸 상태가 좋지 않은 중년의 어느 아버지가 네 자녀를 데리고 숨을 헐떡이며 걸어가는 모습을 상상해 보자. 그는 다투는 아이들에게 그만두라고 소리를 친다. 걸을수록 더 심해지는 가슴 통증이 걱정된다. 가끔씩 고개를 들어 구름이 느려질 기미가 있는지 살피는데, 구름이 머리 위에서 그대로 흘러가는 걸 확인할 때마다 야속한 마음이 든다.

그는 소리 죽여 이렇게 불평한다. "저 구름을 움직이는 분은 내 사정을 모르시는 게 분명해. 아니면 알아도 개의치 않으시거나. 마냥 다투는 아이들을 감당 못하고 내 협심증은 심해지고 있어. 휴식이 필요해. 멈추지 않으면 쓰러질 것 같아. 주님, 청하오니 구름을 멈추어 주소서." 그러나 구름은 계속 움직인다.

한두 시간이 지나자 이상하게도 그의 가슴 통증이 멈춘다. 갑자기 힘이 솟는다. 일종의 '러너스 하이'랄까. 큰 아들이 지친 걸음마쟁이를 안고 걷는다. 아내를 쳐다보니 활짝 웃고 있다. '하나님은 계속 걷는 것이 우리 모두에게 최선이라는 것을 아셨나 봐.' 그의 발걸음에 새로운 탄력이 느껴진다. 그런데 바로 그때 구름이 멈춘다.

어떻게 된 일인지 알 수 없었던 그는 넌더리를 내며 하늘을 올려다본다. '너무 지쳐서 걸을 수 없을 때는 계속 가게 하시더니, 더 가고 싶은 마음이 들 때는 쉬라고 하시는군요.'

그는 다른 사람들과 함께 하나님의 뜻에 순종하여 멈추고 가축들이 멘 짐을 내리고 천막을 친다. 담요 위에서 기지개를 펴면서 휴식이 얼마나 절실했는지 비로소 절감한다. 피로가 온몸으로 퍼져 나가고, 감사한 마음으로 하품을 하고 눈을 감는다. 평화롭게 깜빡 잠이 들어 깊은 수면의 첫 단계에 접어드는 순간, 아내가 그를 흔들어 깨운다. "구름이 움직이기 시작했어요. 다시 길을 떠나야 해요."

내 이야기가 다소 공상적일지는 몰라도(성경 본문에 이런 기록이 없는 것은 분명하니) 그 구름으로 여행의 속도가 정해졌던 사람들의 수가 엄청났으니 그중 적어도 일부 또는 상당수가 하나님이 자신의 처지를 이해하지 못하신다고 느꼈을 것 같다.

하나님이 상황을 정하시는 방식이 딱 우리에게 좌절감을 주기 위해 만들어진 것처럼 보일 때가 있다. 병원으로 가는 길에 자동차 타이어가 터진다. 하룻밤 묵을 손님이 도착하기 한 시간 전에 싱크대가 막힌다. 도움이 가장 절실한 시기에 친구가 나를 실망시킨다. 중요한 바이어 앞에서 프레젠테이션이 있는 날 후두염이 생긴다. 좌절의 시기에는 우리의 대제사장께서 동정은커녕 우리의 필요에 냉담하신 것처럼 보인다.

우리는 기도한다. 하나님께 우리의 부르짖음을 들어주시기를 구하고 아무것도 잘못되지 않게 해달라고 간청한다. 나는 우리의 열정적인 기도가 탄원보다는 요구에 가까울 때가 많지 않나 싶다. 좌절감은 요구적 정신이 자라나는 데 가장 좋은 토양이다. 그러므로 어려움을 잘 이겨 내어 요구적 태도로 나아가지 않고 성숙해지는 것이 중요하다.

좌절스러운 상황에 대한 올바른 반응은 누가 대장인지 분명하게 인식하는 것으로 시작된다. 하나님이 우리를 얼마나 사랑하시는지 떠올림으로써 좌절감을 다스리는 것은 두 번째 단계로선 훌륭하지만 첫 번째 단계로서는 아니다. 우리는 창조주 앞에서 피조물로 자리를 잡은 후 그분의 경이로운 사랑의 성품을 탐구해야 한다. 하나님의 사랑에 대한 인식은 우리의 두려움을 내쫓지만, 우리의 요구적 태도를 다루는 것은 그분의 권위에 대한 순복이다.

민수기의 이 대목은 한 가지 주제를 거듭거듭 반복한다. 구름이 움직일 때 너희도 움직이고, 구름이 멈출 때 너희도 멈추라는 것이다. 하나님은 이렇게 말씀하시는 것 같다.

나도 안다. 때로는 내 길이 너의 관심사를 무시하는 것처럼 보일 것이다. 나는 네가 유난히 피곤할 때도 내가 일어나라고 너를 부르면 나를 신뢰하기를 원한다. 나를 간절히 섬기고 싶은 마음이 있어도 내가 기다리게 하면 네가 나를 신뢰하기를 원한다. 그러나 너는 나의 권위를 받아들이기 전까지는 나를 신뢰하는 법을 결코 배우지 못할 것이다. 요구적 태도의 정신에서는 신뢰가 절대 생겨나지 않는다. 분명히 해두고 시작하자. 명령을 내리는 것은 나다. 너는 내가 말하는 대로 한다. 이것을 출발점으로 삼으면 너는 결국 나의 선함과 나와의 풍성한 교제를 맛보고 나를 깊이 신뢰하게 될 것이다.

긴 여행으로 다리에 쥐가 나거나 수년간 힘껏 노력을 했는데도 결국 가족이 산산조각 난다면 개인적 불편이 너무나 심하겠지만, 그래도 요구적 정신을 결코 정당화할 수 없다. 이런저런 문제들이 요구적 정신을 부채질할 수 있지만, 그래도 우리는 요구적 정신을 결코 정당화할 수 없다. 하나님은 피조물이 극심한 고난을 겪고 있는 상태라도 요구적 태도로 나오는 것에는 어김없이 반대하신다. 그분의 귀는 탄식의 부르짖음과 도움을 청하는 탄원에 활짝 열려 있지만, 성난 사람들의 조건을 고려하시고자 협상 테이블에 앉는 일은 하지 않으신다. 하나님은 요구를 일삼는 교만한 자들에게 반대하시고 자신의 상처를 토로하는 겸손한 자들에게는 은혜를 베푸신다.

요구적 태도는 어떻게 심해지는가

우리는 자신의 노력으로 만족을 찾는 타락한 존재이기 때문에 요구적 태도에 감염된 상태로 살아간다. 감염이 퍼져 나가 영성 생활을 망가뜨릴지, 가끔씩만 증상이 나타나는 심각하지 않은 열병으로 약화될지는 다양한 요인으로 결정된다. 욥의 고난 기록은 그의 내면에 오래 잠들어 있던 요구적 태도가 심각한 질병으로 악화되어 하나님의 직접적 개입을 요구하는 지경에 이르는 과정을 잘 보여준다. 욥의 생애를 간략히 살펴보면 요구적 태도가 가장 잘 생겨날 수 있는 조건들을 분별하는 데 도움을 받을 수 있다.

강력 추천: 마이크 메이슨(Mike Mason)의 책 『욥이 전하는 복음』(*The Gospel According to Job*)을 읽어 보라. 고난에 대한 우리의 반응을 온전히 새롭게 이해하게 될 것이고 어두운 밤에도 새로운 소망을 품고 하나님을 신뢰하고 싶은 마음이 들 것이다.

성경의 욥 이야기 초두에서 욥은 충격적이고 실망스러운 일들을 연달아 겪는다. 먼저 그의 소와 나귀들이 그것들을 돌보던 일꾼들과 함께 약탈자들에게 죽임을 당한다. 이 나쁜 소식을 전한 심부름꾼이 채 말을 마치기도 전에 두 번째 심부름꾼이 달려와서 방금 벼락이 떨어져 욥의 양떼와 목동들을 살라 버렸다고 알린다. 이어서 세 번째 심부름꾼이 두 번째 심부름꾼의 말을 끊고 또 다른 약탈자 무리가 방금 욥의 낙타 떼를 모두 훔쳐 갔고 낙타를 돌보던 일꾼들을 죽였다고 전한다. 끔찍한 소식들을 알리는 이 세 건의 보고를 받고 욥이 충격에 사로잡혀 있을 때, 네 번째 심부름꾼이 나타나 욥의 아들딸들이 잔치를 벌이던 집이 방금 무너져서 그 안의 사람들이 다 묻혀 버렸다는 소식을 전한다.

욥은 느닷없이 재정적으로 파산했고 자녀들을 다 잃었다. 그는 재난의 소식을 듣고 땅에 엎드려 경배했다. "내가 모태에서 알몸으로 나왔사온즉 또한 알몸이 그리로 돌아가올지라. 주신 이도 여호와시요 거두신 이도 여호와시오니 여호와의 이름이 찬송을 받으실지니이다"(욥 1:21).

그러나 더 많은 고난이 아직 남아 있었다. 욥기 2장에서 우리는 하나님이 사탄으로 하여금 욥의 몸에 머리부터 발끝까지 고통스러운 종기가 나게 하여 슬픔에 슬픔을 더하도록 구체적으로 허락하셨음을 알게 된다. 욥은 건강하고 부유하고 올바르고 가정에 충실한 사람이었으나, 이제는 방금 자녀 열 명을 묻은 병들고 가난한 사람이 되었다. 이 모든 일은 하나님의 분명한 허락 아래 이루어졌다. 건강과 부, 행복의 복음을 전혀 뒷받침하지 않는 인생, 그것이 바로 욥의 인생이었다.

여기에 부부의 갈등이 더해진다. 욥의 아내는 진절머리가 났다. 그는 남편에게 하나님을 저주하라고 말했다. 어쩌면 하나님이 그를 쳐서 죽이시기를 바랐는지도 모른다. 그가 생각할 때는 죽음만이 남편을 제대로 위로할 수 있을 것 같았다.

그러나 욥은 너무나 성숙한 대답을 했다. "우리가 누리는 복도 하나님께로부터 받았는데, 어찌 재앙이라고 해서 못 받는다 하겠소?" 영감으로 이루어진 성경의 기록은 우리에게 분명히 알려 준다. "이렇게 하여, 욥은 이 모든 어려움을 당하고서도, 말로 죄를 짓지 않았다"(욥 2:10, 새번역). 비극에 대한 욥의 초기 반응에는 불평하는 요구적 정신도 쓰라린 자기 연민도 전혀 없다.

그런데 이것은 종종 있는 일이다. 어려운 시기가 시작된 직후, 우리는 있는 힘을 다 끌어 모아 하나님을 붙들고 묵묵히 전진한다. 그러나 나는 어려운 시기를 이렇게 감당하게 하는 힘이 때로는 우리가 잘 대처하면 시련이 빨리 끝나고 좋은 시기가 돌아올 것이라는 잔잔하지만 강한 희망에서 나오는 것은 아닌지 의심스럽다. "하나님, 저는 이 어려움들을 통해 교훈을 배웠습니다. 제가 얼마나 성숙하게 어려움을 감당하고 있는지 보이시지요? 이제 상황을 좀 더 수월하게 해주셔도 됩니다."

우리가 바라는 위안을 기다리는 시간이 길어질수록 하나님의 선하심을 신뢰하기가 더 어려워지는 것이 사실인 듯하다. 신뢰라고 생각했던 것의 상당 부분은 축복이 회복될 것이라는 자신만만한 기대의 산물에 불과할 수도 있다.

욥의 세 친구가 그를 위로하러 왔다. 지혜롭게도 한 주 내내 그들은 욥의 곁에 있으면서 지지의 뜻으로 침묵하며 가만히 앉아 있었다. 욥의 고통이 너무 처참해서 말로 위로하는 일이 아무 의미가 없었던 것이다.

7일 동안 망연자실하게 있던 욥이 입을 열어 영혼의 고뇌를 털어놓았다. 우리가 내면에서 깊이 느끼는 슬픔과 고통을 다른 사람 앞에 쏟아 내는 것은 좋은 일이다. 시편 기자들은 진심 어린 애통함을 표현했다. 우리 주님은 겟세마네 동산에서 너무나 깊은 고뇌를 겪으신 나머지 땀이 핏방울같이 되어 땅에 떨어졌다. 욥은 삶이 너무나 끔찍해서 차라리 태어나지 않는 게 더 나았을 것이라는 말로 자신의 고통을 토로했다. 그는 극심한 아픔을 겪고 있었다. 자신이 갖지 못한 것을 바라는 마음으로 고통을 묘사한 것은 터무니없이 순화된 표현 방식이지만 틀린 말은 아니다. 욥은 (우리 모두가 그렇듯) 복을 누리도록 만들어졌건만 극심한 시련을 당했다.

우리는 욥이 문제를 다루는 방식을 지켜보면서 중요한 원리 하나를 명심할 필요가 있다. 상황이 순조롭게 진행되지 않을 때, 특히 그런 상황이 오랫동안 이어질 때, 우리 마음이 기쁨이 아닌 고통으로 가득할 때, 위안을 바라는 마음이 위안을 요구하는 태도로 바뀌는 것을 방치하고 싶은 유혹이 매우 커진다. 그리고 고통이 심하면 심할수록 그 유혹은 더 커진다.

첫 번째 친구 엘리바스는 하나님께 사정을 털어놓으라(욥 5:8)고 말함으로써 잠재된 욥의 요구적 성향을 부추겼다. 당연히 욥은 고통의 해소를 원했지만, 그것을 얻을 방법이 없었다. 엘리바스는 욥의 마음에 한 가지 생각을 심었고, 그 생각이 자라 결국 거짓 희망이 되고 마침내 요구가 되었다. 엘리바스는 자신이 이해할 수 있는 설명을 찾는 방식으로 욥의 고난에 대응했다. 욥에게 일어난 갑작스러운 비극에는 뭔가 이유가 있는 것이 분명했고, 그 이유를 찾을 수 있다면 상황을 반전시키고 위로를 되찾을 길을 발견할 수 있을 것이었다. 엘리바스는 그런 추론에 따라 욥이 하나님 앞에 자신의 정당함을 변론하면 하나님의 법정에서 승소할 수 있을 것이라고 생각하게 된 것 같다.

고통의 해소를 간절히 바라는 사람들은 냉철히 숙고하면 그 안의 어리석음을 알아볼 수 있는 전략들을 붙잡게 된다.[2] 욥은 위안을 안겨 줄 전략의 호소력에 넘어가기 쉬운 상태였다. "나의 간구를 누가 들어 줄 것이며 나의 소원을 하나님이 허락하시랴"(욥 6:8).

욥의 두 번째 친구 빌닷도 같은 주제를 이어 갔다. 순전한 마음으로 하나님께 간청하면, 그분이 욥을 위해 일어나시고 상황을 제대로 바로잡아 주실 것이라고 장담했다(욥 8:5-6을 보라).

세 번째 친구 소발은 욥의 인생에 뭔가 악이 있었던 게 틀림없다고 나무라고는 죄를 제거하고 그의 삶을 하나님께 다시 바치면 그분이 틀림없이 수치를 없애 주실 것이라고 말했다(욥 11:11-15을 보라).

세 친구가 말한 내용은 상당 부분 훌륭하지만 하나같이 요구적 자세의 문제에 민감하지 않았다는 데 주목하자. 그들은 욥의 상태를 개선할 모종의 방법을 찾고 있었지만 요구적 정신을 부추기지 않기 위한 예방 조치는 취하지 않았다. 그들은 이렇게 말했다. "자네가 이렇게 하면 하나님이 저것을 주실 걸세."

욥은 그들의 조언을 곰곰이 생각하고는 절망 가운데 거절했다. "사람이 하나님과 논쟁을 한다고 해도, 그분의 천 마디 말씀에 한 마디도 대답하지 못할 것이다"(욥 9:3, 새번역). 그의 말은 이런 의미일 것이다. "미안하네, 친구들. 하지만 소용없을 거야. 자네들은 내게 하나님께 도전하라고 말하지만, 그분과 논쟁을 한다 해도 천 번에 한 번도 못 이길 걸세. 나의 변론이 빈틈없다 해도, 하나님과 논쟁한다는 건 상상할 수가 없네."

욥의 이런 태도에도 불구하고 그의 고통은 계속되었다. 나아진다는 보장도 없이 이어지는 만성 통증만큼 불안한 것이 있을까? 희망이 약해질수록 참을성 있는 신뢰도 함께 약해지고 요구적 자세가 머리를 들게 된다. 그렇게 해서 신뢰처럼 보이던 것의 실체가 하나님이 우리가 그토록 절실히 원하는 것을 결국(한 달 안에? 1년 만에? 2년 안에?) 주실 것이라는 거짓 확신에 불과할 수도 있다는 것이 드러난다. 우리의 기도가 예상보다 더 오랫동안 응답되지 않을 때, 많은 경우 우리의 확신이 흔들린다. 그러면 신뢰의 껍데기가 벗겨지고 수면 아래서 은밀히 몸집을 불리는 요구적 정신이 드러날 수 있다.

몇 년 전, 나는 내 책으로 도움을 받았다고 감사의 인사를 하는 젊은 여성의 편지를 받았다. 그는 남편이 자신을 느닷없이 버렸고 세 명의 어린 자녀를 돌보며 부양할 책임을 자신에게 떠넘겼다고 했다. 그는 내 책을 읽으면서 우리의 모든 필요를 채우는 데는 그리스도만으로 충분하다는 개념에 큰 격려를 받았다고 했다.

그 편지를 받고 몇 달 후, 내가 진행하는 세미나의 휴식 시간에 한 젊은 여성이 다가와 자신이 남편에게 버림받은 사연의 편지를 보낸 사람이라고 자기소개를 했다. 대화를 시작한 지 불과 몇 분이 지나자 나는 주님을 신뢰하는 기쁨에 대해 말하는 그의 자신만만하고 환한 얼굴이 이상하게 불편해졌다.

나는 불편한 마음을 무시하지 않고 이렇게 물었다. "그리스도만으로 충분하다는 진리에 격려를 받으셨다고 하셨지요. 제가 부인 말씀의 정확한 의미를 이해하도록 도와주십시오. 그리스도께서 무엇에 충분하시다는 겁니까?"

"그야, 제게 필요한 모든 것에 대해서지요." 그가 미소를 머금고 재빨리 대답했다.

"부인께서는 무엇이 필요하신가요? 주님이 무엇을 하시길 기대하고 계십니까?"

"물론 남편을 돌려주시는 것이지요. 어린 세 딸은 아빠가 필요해요. 제겐 남편이 필요하고요. 저는 하나님이 남편의 마음을 움직이셔서 돌아오게 해주실 것이라는 걸 알아요. 언제일지는 모르지만 그 일이 일어날 거란 걸 알아요."

나는 그의 확신에 어떤 성경적 근거가 있는지 모르겠다고 말했다. 그러자 그의 기분은 즉시 바뀌었다. "어떻게 그걸 의심할 수가 있어요? 내가 혼자 사는 것이 쉬운 일인 것 같아요? 하나님이 그분 말씀대로 신실하시다면, 남편을 내게 돌려보내실 거예요. 그렇게 하셔야만 해요!"

그의 목소리에는 절박한 분노, 요구적 태도에서 나오는 분노가 가득했다. 그는 깊은 상처(마음의 고통)를 받았고, 자신의 원통함을 드러내고 있었다(행동의 죄). 하지만 그가 관심을 가져야 할 핵심 문제는 요구적 태도(마음의 죄)였다. 그가 하나님을 '신뢰'하는 근거는 그분의 성품과 주권적 계획에 대한 조건 없는 확신이 아니라 하나님이 그가 원하는 방식으로 고통을 해소해 주실 것이라는 소망이었다.[3] 소망의 성취가 지연될수록 "하나님을 기다리는" 그 안의 요구적 태도는 더욱 거세졌다.

가차 없는 고통은 요구적 태도가 자라나는 데 아주 적합한 환경이다. 욥의 슬픔이 조금도 수그러들지 않고 계속되는 동안 그에게 어떤 일이 벌어졌는지 보자. "산다는 것이 이렇게 괴로우니, 나는 이제 원통함을 참지 않고 다 털어놓고, 내 영혼의 괴로움을 다 말하겠다. 내가 하나님께 아뢰겠다. 나를 죄인 취급하지 마십시오. 무슨 일로 나 같은 자와 다투시는지 알려 주십시오"(욥 10:1-2, 새번역).

비참한 시간이 길어질수록 욥은 자신의 상황이 더욱 불공평하게 느껴졌다. 참을 수 없는 고통으로 영혼이 짓눌리고 위안이 눈에 보이지 않으면서 요구적 정신이 마침내 완전히 만개했다. "참으로 나는 전능자에게 말씀하려 하며 하나님과 변론하려 하노라"(욥 13:3). 이전에 하나님과 논쟁한다는 생각을 부질없는 일로 치부했던 사람으로서는 상당한 변화다. 이제 그는 자신에게 정말 승산이 있다고 확신하는 것 같다!

이런 믿음은 요구적 정신에서 전형적으로 나타난다. 우리가 뭔가를 주장하려면 지금 우리가 추구하는 것이 우리에게 합당하고 받을 만한 자격이 있다는 확신과 우리의 요구에 확실한 근거가 있다는 믿음이 먼저 있어야 한다. 그리고 우리는 자신의 지친 영혼이 받아야 할 것은 상심이 지속되는 상태가 아니라 휴식임을 무엇보다 확실히 믿는다. 분별없고 대화가 안 통하는 남편을 몇 년 동안 견딘 아내는 더 나은 배우자를 요구하는 것이 전적으로 정당하다고 믿게 될 수 있다. 정당한 갈망과 부당한 요구를 가르는 선은 아주 가늘고 넘어가기 쉽다.

욥은 승산이 있다고 확신하게 되었다. 그는 더 이상 위안을 달라고 기도하지 않았다. 이제는 그것을 요구할 준비가 되어 있었다. 그의 확신이 얼마나 강한지는 유명한 다음 진술에서 드러난다. "하나님이 나를 죽이려고 하셔도, 나로서는 잃을 것이 없다"(욥 13:15). 이 구절은 열정적인 신앙의 본보기로 자주 제시된다. 하지만 이 구절의 후반부를 보자. "그러나 내 사정만은 그분께 아뢰겠다"(이상 새번역). 그의 말은 이렇게 이어진다. "보라. 내가 내 사정을 진술하였거니와 내가 정의롭다 함을 얻을 줄 아노라. 나와 변론할 자가 누구이랴. 그러면 내가 잠잠하고 기운이 끊어지리라"(18-19절).

욥은 주권자 하나님의 결정에 겸손하게 순복하기는커녕, 자신이 지금보다 더 나은 대우를 받을 자격이 있다고 강하게 주장한다. 그리고 설령 하나님이 자기를 죽이신다고 해도, 진상이 밝혀지면 자신이 학대받았다는 것을 모두가 분명히 알게 될 것이라는 확신을 안고 무덤을 향해 가겠노라고 장담한다.

우리 각자는 다른 누군가가 저지른 죄의 피해자다. 우리는 잘못된 대우를 받았고 그것은 부당한 일이었다. 그러나 다른 사람들에게 받은 상처에 휘둘려 하나님을 신뢰하지 않고 악을 사랑으로 갚지도 않고 위안을 요구하게 되면, 그 요구에 협조하지 않으시는 하나님은 우리에게 관심을 갖는 친구가 아닌, 잔인한 원수처럼 보이게 된다. 욥이 하나님을 어떻게 인식하고 있는지 들어 보자.

> 주님께서 나를 기진맥진하게 하시고, 내가 거느리고 있던 자식들을 죽이셨습니다. 주님께서 나를 체포하시고, 주님께서 내 적이 되셨습니다. 내게 있는 것이라고는, 피골이 상접한 앙상한 모습뿐입니다. 이것이 바로 주님께서 나를 치신 증거입니다. 사람들은 피골이 상접한 내 모습을 보고, 내가 지은 죄로 내가 벌을 받았다고 합니다. 주님께서 내게 분노하시고, 나를 미워하시며, 내게 이를 가시며, 내 원수가 되셔서, 살기 찬 눈초리로 나를 노려보시니(욥 16:7-9, 새번역).

수많은 그리스도인들이 하나님이 정말 자기를 사랑하신다는 것을 믿기가 어렵다고 말한다. 어떤 이들은 그리스도의 놀라운 사랑을 유창하게 말하지만 잔뜩 힘이 들어간 목소리에 비해 영혼의 열기는 미지근하다. 하나님은 왜 우리에게 관심도 없고 우리가 견디는 분투와 전혀 상관없는 존재로 보이는 것일까?

우리에게 복을 주고 고통에서 벗어나게 하는 일로 하나님의 선하심을 평가하면 요구적 정신이 자란다. 삶의 모든 상황에서 하나님이 우리 안에 만들어 내시는 선을 우리의 '선'으로 재정의해야만 그분의 선하심 안에서 안식하게 될 것이다. 우리의 최고선은 우리가 복을 받는 것처럼 느껴지든 고통을 겪고 있든 상관없이, 하나님이 마련해 주신 기회와 허락하신 힘을 활용하여 다른 사람들에게 그분을 드러내는 일에서 발견된다.

어쩌면 우리가 행복을 달성하거나 적어도 위안을 발견할 명확한 계획을 갖고 있는 것이 문제인지도 모른다. 그 계획의 뿌리에 놓인 인생관은 우리의 인간됨에 너무나 깊이 내장되어 있기 때문에 우리로선 의문을 품을 생각조차 할 수 없다. 우리는 사람들이 우리의 계획에 협조하는 정도에 따라 그들의 사랑을 측정하는 경향이 있다. 하나님이 우리의 목표를 돕지 않으시거나(그분의 목표에 우리 계획을 맞추라고 말씀하시면) 우리의 행복에 관심이 없으신 것처럼 느껴진다. 천국은 천장으로 바뀌고, 우리의 기도는 그 천장을 벗어나지 못한다. 마음속에서는 우리의 고통에 꿈쩍도 하지 않는 신, 우리의 불평을 짜증스럽게 여기는 신의 이미지가 만들어진다. 그에게 우리가

생각하는 의와 긍휼에 합당한 일을 해달라고 간절히 구하지만 번번이 무시된다.

도덕의 저울추가 자기 쪽으로 기운다는 욥의 확신은 점점 더 강해졌다. 그는 자신의 논변이 하나님을 포함한 모든 존재를 설득할 수 있을 정도이고, 따라서 긴급한 교정 조치가 필요하다고 생각하는 것 같다. 그러나 하나님은 무덤덤하셨고 욥의 요구에 차가운 무반응으로 일관하셨다. 결국 욥이 외쳤다. "내가 폭행을 당한다고 부르짖으나 응답이 없고 도움을 간구하였으나 정의가 없구나"(욥 19:7).

어려운 문제들이 더 심해지면 하나님을 포기하고 싶은 유혹이 든다. 힘의 궁극적 원천이신 분이 우리의 정당한 대의를 지지하지 않으실 때는, 위안을 얻을 수만 있다면 무엇이든 추구해도 정당할 것 같다. 굶주린 사람, 그것도 아무 잘못 없이 굶주리는 사람이 사과 한 알을 훔쳤다고 나무랄 수 있겠는가? 끊임없이 분투하다 보면 도덕적 구분선이 흐려지기 십상이다. 명확히 잘못된 일이라도 그것이 위안을 얻을 수 있는 유일한 소망이라면 우리의 양심은 둔감해진다.

다시 한번 핵심 문제에 주목하자. 문제가 되는 것은 우리 영혼의 상처가 아니고(상처받아도 괜찮다) 위안과 만족을 바라는 우리의 욕망도 아니다(목말라도 괜찮다). 문제는 요구적 태도. 우리의 목마름이 지금 당장 해소되어야 한다고 요구할 때, 우리는 성경적 윤리에서 벗어나 고통을 완화시키는 것이라면 무엇이든 정당화되는 실용주의 도덕으로 미끄러질 위험에 처하게 된다. 그러면 많은 경우 노골적인 도덕적 타협과 망가진 삶이 따라온다. 상처를 입고 위로를 요구하는 이들 중에는 명백히 죄악 된 삶을 살면서 하나님을 등지지는 않아도, 자신의 요구가 정당하다는 전제하에 하나님을 상대하는 경우가 많다.

상처 입은 사람들은 희망을 잃는 것을 싫어한다. 희망을 유지하기 위해 언젠가는(천국에 가기 전에) 하나님이 삶을 더 쉽게 만들어 주실 것이라고 생각할 수 있다. '우리가 아는' 행복의 필수 요소를 가질 수 있도록 하나님이 상황을 바꿔 주실 것이라는 식으로 말이다. 언젠가는 남편이 내 곁을 떠나 딴 여자에게 갈 것이다. 그러면 나는 몇 년째 몰래 사랑했던 남자와 '성경적으로' 정당한 결혼을 할 자유를 얻을 것이다. 하나님은 청소년 캠프에서 십대인 우리 딸을 만나 주실 것이다. 하나님은 우리가 반항적으로 부루퉁한 태도를 보이는 딸아이로 인해 산산조각 난 마음을 안고 기도한다는 것을 아신다. 우리는 더 이상 그 아이를 참을 수가 없다.

우리에게 필요한 위안을 바라며 여전히 "하나님을 바라볼" 때는 우리 청원의 합당함을 하나님이 인정하시게 만들 방법을 찾는 것이 우리의 과제가 된다. 좋은 하늘 아버지이시라면 고통받는 자녀들을 도와주셔야 한다는 논리로 그분을 설득할 수 있다면 얼마나 좋을까. 이스라엘 자손들이 애굽의 고난 가운데서 부르짖었을 때, 하나님은 들으시고 그들을 구출하셨다. 그런 하나님이 우리의 고통에는 응답하지 않으시겠는가? 하나님이 우리의 관점에서 상황을 보시게 만들 방법이 분명히 있을 것이다.[4]

욥은 하나님을 만나고 그분 앞에서 자신의 주장을 내세우고 싶다는 마음을 표현한다.

오늘도 이렇게 처절하게 탄식할 수밖에 없다니! 내가 받는 이 고통에는 아랑곳없이, 그분이 무거운 손으로 여전히 나를 억누르시는구나! 아, 그분이 계신 곳을 알 수만 있다면, 그분의 보좌까지 내가 이를 수만 있다면, 그분 앞에서 내 사정을 아뢰련만, 내기 정당함을 입이 닳도록 변론하련만. 그러면 그분은 무슨 말로 내게 대답하실까? 내게 어떻게 대답하실까? 하나님이 힘으로 나를 억누르실까? 그렇지 않을 것이다. 내가 말씀을 드릴 때에, 귀를 기울여 들어 주실 것이다. 내게 아무런 잘못이 없으니, 하나님께 떳떳하게 말씀드릴 수 있을 것이다. 내 말을 다 들으시고 나서는, 단호하게 무죄를 선언하실 것이다(욥 23:1-7, 새번역).

우리 대부분은 모종의 방식으로 이와 같은 상상을 한 적이 있다. 하나님을 만나 뵐 수만 있다면 얼마나 좋을까! 영국 시민이 여왕에게 직접 말할 수 있다면 얼마나 좋을지 생각해 보라! 그러나 한편으로는 하나님과 직접 이야기를 나누어도 바라는 결과가 나오지 않을 것이라는, 체념에 가까운 인식이 여전히 존재한다. 욥은 하나님이 너무나 독립적인 분이라서 자신의 청원에 좌지우지되지 않으신다는 것을 기진맥진한 상태로 인정했다.

그러나 그분이 한번 뜻을 정하시면, 누가 그것을 돌이킬 수 있으랴? 한번 하려고 하신 것은, 반드시 이루고 마시는데, 하나님이 가지고 계신 많은 계획 가운데, 나를 두고 세우신 계획이 있으면, 반드시 이루고야 마시겠기에 나는 그분 앞에서 떨리는구나. 이런 것을 생각할 때마다, 그분이 두렵구나(13-15절, 새번역).

이런 인정은 욥에게 좋은 일이다. 자기 눈에 틀림없이 옳게 보이는 일이라도 하나님이 행하지 않으실 수 있음을 인정하는 사람은 하나님이 모든 일을 더 낫게 만들어 주실 것이라고 즐겁게 기대하는 사람보다 하나님을 훨씬 잘 이해하고 있다고 할 수 있다. 순진한 낙관주의자는 실존 인물의 전기보다 낭만적 소설을 선호한다. 경험의 사실들은 그의 유쾌함을 산산조각 낼 것이다. 행복한 낙관주의자의 믿음은 케이크 위에 올린 달콤한 설탕 옷과 같다. 달달하고 장식하기에는 좋지만 건강에 필요한 영양분은 전혀 없다.

욥은 허황된 낙관주의자가 아니었다. 그것만큼은 좋은 일이었다. 그러나 하나님이 자신의 요청에 응하지 않으실 수도 있다고 그가 현실주의적으로 인정한 결과는 모든 일을 완벽한 뜻에 따라 행하시는 하나님을 향한 겸손한 믿음이 아니라 요구적 태도로 나타났다. 그리고 그 태도가 성난 절망을 낳았다. "하나님은 도와주지 않으실 수도 있어. 아마 돕지 않으실 거야. 하지만 그분은 나를 도우셔야만 해!"

우리는 자신의 행복에 너무나 깊숙이 몰두한 탓에 우리가 고귀한 슬픔을 겪는 동안 기쁨의 길을 가로막는 모든 대상에게 분노한다. "하나님이 어떻게 나를 이렇게 대우하실 수가 있지? 이건 너무나 잘못된 일이야. 자, 나는 상처받았지만 그래도 요구를 계속 할 거야."

하나님은 이런 태도를 더없이 불쾌하게 여기신다. 이것은 추한 태도다. 우리 주님은 우리가 자신을 사랑하듯 다른 이들을 사랑하라고 가르치셨다. 우리 행복에 관심을 가지듯이 다른 사람의 행복에도 관심을 갖기를 원하셨다. 이 명령은 너무나 충격적이다. 사랑이 요구하는 바를 이해하면 할수록 나는 내 사랑이 얼마나 부족한지를 더 깨닫고 그리스도의 사랑에 더 경외심을 품게 된다. 하나님은 내가 다른 이들에 대한 나의 반응에 초점을 맞추기를 정말로 바라시고, 하나님의 사랑이라는 높은 기준을 가지고 그것을 헤아리라고 하신다. 사랑하려고 노력하는 상대가 나를 크게 실망시킨다고 해도 예외는 아니다.

그러나 이것은 우리의 자연스러운 행동 방식과 너무나 다르다. 이와 같은 반응은 어두워진 우리 마음의 통상적인 감수성에 어긋난다. 우리가 이렇게나 지독하게 실망해야 한다는 것은 결코 옳은 일 같지 않다. 우리는 실망이라는 고통스러운 사실에 걸려 꼼짝달싹 못하곤 한다. 지속적인 실망에 개의치 않고 사는 것은 먹는 일에 귀를 쓰고 듣는 일에 입을 쓰는 것처럼 부자연스럽게 느껴진다.

우리는 상황이 우리 뜻대로 되기를 요구할 수 있다. 딸이 미소를 지으며 "그럼요, 아빠. 아빠와 점심식사를 같이 하고 싶어요. 물어봐 주셔서 고맙습니다"라고 말하기를 요구하는 것이다. 이런 요구는 대단히 합당하고 건강하게 느껴지며 심지어 고귀해 보이기까지 한다. 그러나 이렇듯 만족스럽게 느껴지는 것이야말로 요구적 정신이 가진 끔찍한 가시 중 하나다. 증상이 없는 질병도 충분히 나쁘지만, 우리의 건강을 서서히 파괴하면서 행복감을 키우는 질병은 더 나쁘다.

요구적 태도는 문제점으로 잘 느껴지지 않기 때문에 그야말로 심각한 사안이 된다. 우리가 요구하는 바를 추구하고 그것이 정당하다고 스스로에게 되뇌다 보면 우리는 실제로 힘이 나고 더 활력 있게 느껴질 수 있다. 요구적 정신에 힘입은 힘찬 청원의 태도로 하나님께 나아갈 때 가짜 영성이 솟구치기도 한다. "주님, 주께서는 우리 가족 안의 긴장 때문에 제가 얼마나 많은 상처를 받고 있는지 아십니다. 이제 믿음으로 당신께 나아갑니다. 주께서 우리 가족의 기쁨을 회복시켜 달라는 저의 기도에 응답하실 줄 믿습니다. 사랑하는 주님, 남편이자 아버지로서 제가 감당해야 하는 책임을 다하고자 노력할 때 저를 이끌어 주소서." 이 기도는 훌륭한 기도이고 기도하는 이가 가족을 올바르게 사랑하려 힘쓸 때 차분함과 힘이 주어질 수 있다. 그러나 이 기도의 근저에 그의 가족을 하나로 회복시켜 달라는 요구, 가족에게 다가갈 때 자신감을 갖게 해달라는 요구가 깔려 있을 가능성도 있다. 그럴 경우, 가족 간의 갈등이 더 심해지면, 이 사람의 좋은 기분은 추가적인 문제를 허락하신 하나님에 대한 독선적 적개심으로 바뀔 수 있다.

그리스도인이 성장하려면 요구를 일삼는 성향이 겉으로 드러나야 한다. 그 성향을 포착하고 그 추악함을 낱낱이 드러낸 뒤 버려야 한다. 그렇지 않으면 깊이 있는 변화는 일어나지 않을 것이다.

하나님은 요구적 정신을 어떻게 다루시는가

욥기의 마지막 몇 장에는 하나님이 사람의 삶에 직접 개입하시는, 성경에서도 보기 드문 극적인 기록이 담겨 있다. 하나님이 요구적 태도를 어떻게 다루셨는지 알려 주는 놀라운 대화가 여기에 실렸다.

끔찍한 재난과 하나님이 구체적으로 허락하신 사건들 한가운데서 욥은 요구적 태도를 갖게 되었다. 그는 자기 요구의 정당성을 철저히 확신하게 되었기에 하나님 앞에서 직접 자신의 주장을 진술할 기회를 갖기를 열렬히 바랐다. 하나님은 그의 소원을 들어주셨지만, 그분과의 만남은 욥이 기대한 대로 흘러가지 않았다. 욥은 하나님이 자기를 만나 주신다면 다음과 같은 일이 벌어질 것이라고 생각했다.

> 그분 앞에서 내 사정을 아뢰련만, 내가 정당함을 입이 닳도록 변론하련만. 그러면 그분은 무슨 말로 내게 대답하실까? 내게 어떻게 대답하실까? 하나님이 힘으로 나를 억누르실까? 그렇지 않을 것이다. 내가 말씀을 드릴 때에, 귀를 기울여 들어 주실 것이다. 내게 아무런 잘못이 없으니, 하나님께 떳떳하게 말씀드릴 수 있을 것이다. 내 말을 다 들으시고 나서는, 단호하게 무죄를 선언하실 것이다(욥 23:4-7, 새번역).

욥은 하나님이 자신의 말에 귀를 기울이시고 수염을 천천히 쓰다듬으시면서 이렇게 대답하실 것이라고 예상했던 것 같다. "욥, 상황을 네가 어떻게 보는지 알려 줘서 고맙구나. 네 말에 일리가 있다. 솔직히 말해 나는 네가 보는 식으로 상황을 보지 못했단다. 그래, 내가 실수를 좀 저질렀지만 당장 바로잡기로 하마."

이렇게 대담하게 표현해 보면 욥의 상상의 어리석음이 명백히 드러나지만, 요구적 태도는 그 어리석음을 열렬한 간청이라는 옷으로 덮어서 가린다. 38장은 하나님이 욥의 요구에 직접 응답하시는 것을 볼 드문 기회이자 그분이 우리의 요구에 어떻게 응답하실지 배울 수 있는 기회이다.

하나님은 욥이 간절히 원했던 대로 그를 만나 주셨다. 그러나 상황은 예상대로 흘러가지 않았다. 하나님이 나타나신 첫 순간부터 욥은 힘든 시간이 되리라는 것을 깨달았을 것이다. "여호와께서 폭풍우 가운데에서 욥에게 말씀하[셨다]"(욥 38:1). 욥의 고뇌를 달래는 부드러운 음성은 없었고, 더 나은 세상에서 너를 위해 짓고 있는 멋진 저택을 생각해 보라며 욥의 괴로운 마음을 진정시키는 따뜻한 초청도 없었다.

고통받는 성도가 영혼의 슬픔을 쏟아 놓을 때, 우리 주님은 위대한 대제사장, 성도의 분투에 감동하시고 관심을 가지시는 보호자로 자신을 계시하신다. 그러나 그 슬픔이 요구적 태도라는 쓰라린 마음으로 뒤틀릴 때, 번뜩이는 메스로 환부를 도려낼 준비가 된 외과 의사의 차가운 눈빛을 만나게 된다. 하나님은 천둥 같은 소리로 도전장을 내미신다. "이제 허리를 동이고 대장부답게 일어서서, 묻는 말에 대답해 보아라"(3절, 새번역).

하나님 말씀의 요지를 강조하기 위해 잠시 딴 이야기로 넘어가 보자. 대학생 시절에 나는 확고한 무신론자였던 뛰어난 철학 교수의 과목을 들었다. 첫 수업을 들고 난후, 나는 그에게 기독교의 대변인 역할을 하리라고 마음먹었다. 하나님 말씀의 진리를 분명하게 대변하면 복음으로 그에게 다가갈 수 있으리라고 생각한 것이다.

돌이켜 보면, 나의 접근 방식이 지혜롭지도 매력적이지도 않았다는 것을 쉽사리 알 수 있다. 그 교수와의 다음 수업에서 나는 강의실 뒷자리에 앉아 그의 논리에서 허점을 찾기 위해 열심히 귀를 기울였다. 허점을 하나 발견했다 싶으면 재빨리 손을 들어 그의 논증에 의문을 제기했다. 당시에는 그가 나의 탐구 정신을 높이 평가할 것이라 생각했고 나의 정연한 추론을 상당히 흥미로워할 것이라고 우쭐해했다. 당시의 나와 비슷한 학생들을 가끔 견뎌야 하는 교수가 된 지금은 그가 어떤 심정이었을지 좀 더 잘 이해할 것 같다.

학기가 끝나 갈 무렵, 나는 자유롭고 예리한 여러 차례의 지적으로 교수의 인내심을 충분히 시험한 상태였다. 그는 참을 만큼 참았다. 내가 한 번 더 손을 들었을 때, 그는 벌떡 일어나 사람을 기죽이는 맹렬한 눈초리로 나를 바라보더니 감정을 억누르며 말했다. "크랩, 의자를 가지고 강단으로 올라오게. 이번 수업 남은 시간 동안, 필요하다면 오후 내내 나의 입장에 대한 자네의 반론을 검토해 보세. 결판을 지을 시간이야."

나의 교수는 상당히 저명한 철학자였다. 칸트와 헤겔을 처음 만나는 대학 3학년생들의 눈에만 대단해 보인 것이 아니라 유명 대학의 철학자 동료들도 다양한 사상 체계에 대한 그의 비판을 인정하고 있었다.

나는 그와 실제로 논쟁을 벌일 생각은 없었다. 그가 고려해 볼 만한 몇 가지 생각거리를 던져 주고 싶었을 뿐이었다. 적어도 내가 질문할 때는 그렇게 생각했다. 그러나 그는 내가 툭툭 던지는 질문들이 그의 사상 체계를 허물고 내 생각으로 대체하려는 시도임을 제대로 알아봤다.

그가 심판의 냉정한 권위를 갖추고 나를 강단으로 불렀을 때,

나는 겁에 질렸다. 그는 내가 상대할 수 있는 사람이 아니라는 것을 깨달았다. 똑똑한 불신자 학자가 자신의 전문 분야에 대해 논쟁을 벌이자고 요구했을 때 나는 겁이 나서 정신이 하나도 없었다. 모든 것을 아시고 뜻대로 다스리시는 만물의 주님이 욥을 불러 우주가 엉망으로 경영되고 있다는 그의 입장을 말해 보라고 하셨을 때 그는 어떤 심정이었을까.

겸손을 배우는 첫 단계는 변해야 할 대상에 대한 우리의 생각을 고려해 보는 것일지도 모른다. 상황이 달라져야 한다는 요구는 하나님에 대한 고발이고, 하나님이 세상을 잘못 경영하고 계시며 그분의 의무를 소홀히 하신다는 비난이다.

하나님은 욥이 상황을 균형 잡힌 시각으로 보게 하시고자 먼저 그가 창조주와 논쟁을 벌일 자격이 있는지 확실히 보이라고 말씀하셨다. '변호사 시험'에 통과하여 변론을 할 역량을 입증하라는 요구였다.

첫 번째 질문. 욥, "내가 땅의 기초를 놓을 때에, 네가 거기에 있기라도 하였느냐? 네가 그처럼 많이 알면, 내 물음에 대답해 보아라"(욥 38:4-5).

"어, 잘 모르겠습니다. 생각 좀 해보고 나중에 다시 와도 되겠습니까?"

하나님의 말씀이 이어졌다. "네가 지금까지 살아오면서 네가 아침에게 명령하여, 동이 트게 해 본 일이 있느냐? 새벽에게 명령하여, 새벽이 제자리를 지키게 한 일이 있느냐?"(12절). 다시 말해, "욥, 네가 태양에게 일어날 시간이라고 말해 주느냐, 아니면 너는 그저 자명종을 맞춰 놓고 해가 뜨면 깨어날 뿐이냐? 너는 우주의 창조주이자 보존자, 주권자냐, 아니면 죽을 인간에 불과하냐?"

다음 질문. "빛이 어디에서 오는지 아느냐? 어둠의 근원이 어디에 있는지 아느냐?……암, 알고 말고. 너는 알 것이다. 내가 이 세상을 만들 때부터 지금까지 네가 살아왔고, 내가 세상 만드는 것을 네가 보았다면, 네가 오죽이나 잘 알겠느냐!"(19, 21절). 비꼬는 말, 최고 외과의의 안정된 손에 들린 메스의 날처럼 깊숙이 찌르는 날카로운 말이다.

"전능한 하나님과 다투는 욥아, 네가 나를 꾸짖을 셈이냐? 네가 나를 비난하니, 어디, 나에게 대답해 보아라."(욥 40:2). 하나님의 이 말씀으로 첫 번째 시험이 끝났다.

하나님이 물으셨다. 요점은 분명히 전해졌다. 변론으로 입을 가득 채울 수 있을 것이라 생각하고 기회를 요구했던 사람이 겸비해졌다. 이어지는 욥의 말은 겸손으로 나아가는 진정한 움직임을 보여준다. 반쯤 끝난 수술이 건강을 회복하기 위한 좋은 과정인 것과 같다. 그런데 일단 움직이긴 했지만 그것으로 충분하지는 않다. 진전이 있었지만 온전히 치료된 것은 아니다. 변화하는 욥의 말에 귀를 기울여 보자. "저는 비천한 사람입니다. 제가 무엇이라고 감히 주님께 대답할 수 있겠습니까? 다만 손으로 입을 막을 뿐입니다. 이미 말을 너무 많이 했습니다. 더 할 말이 없습니다"(4-5절, 이상 새번역).

욥은 내면에서부터 변화하고 있었다. 그의 요구적 태도가 약해졌다. 이제 결정타가 터질 시간이었다.

하나님이 인간의 영혼을 상대로 일하기 시작하실 때 절반의 치료로 만족하시는 법이 없다. "암을 대부분 없앴습니다." 외과 의사의 이 말은 위안이 되는 소식이 아니다. 하나님은 우리의 기만적인 마음 가장 깊은 곳에 침투하셔서 변화가 필요한 부분을 가차 없이 폭로하신다. 하나님이 갈보리 십자가를 근거로 우리를 용납하심과 우리의 상처를 이해하심으로 말미암아 그분이 우리 마음에 역사하실 무대가 만들어지지만, 우리의 오만한 요구적 태도의 가차 없는 폭로로 치유가 시작된다. 우리는 자신의 요구적 자세를 알아보고, 혐오하며,

버리는 법을 배우고, 주님께 가장 깊은 갈망을 맡길 때, 잔과 대접의 속을 깨끗하게 하게 된다.

이어서 하나님은 두 번째 시험을 통해 욥의 요구적 태도를 계속 폭로하셨다. 첫 번째 시험이 하나님의 능력과 욥의 약함을 비교했다면, 두 번째 시험은 도덕의 문제로 초점을 옮기면서 시작되었다.

하나님이 말씀하셨다. "허리를 동이고 대장부답게 일어서라." 다시 말하면 이런 의미다. "나는 아직 끝나지 않았다. 너는 아무 데도 못 간다. 너는 내 첫 번째 시험에 완전히 실패했다. 한 가지 질문에도 대답하지 못했다. 이제 두 번째 시험에서는 어떻게 하는지 보자꾸나."

그 다음 하나님은 분명히 해두고 싶으셨던 요점을 강조하며 이렇게 물으셨다. "네가 내 공의를 부인하려느냐. 네 의를 세우려고 나를 악하다 하겠느냐."(욥 40:8).

이 질문이 제기하는 문제는 '누가 옳고 그름을 정할 위치에 있는가?'이다. 우리는 격렬한 고난을 겪을 수 있지만, 고난이 극심하다고 해서 우리의 처우를 스스로 결정할 권리가 생기는 것은 아니다. 고통이 아무리 지독해도, 하나님은 위안을 찾기 위한 죄악 된 전략들을 용납하지 않으신다. 자기 보호가 참을 수 없는 고통을 해소해 준다고 한들, 그것은 사랑을 어기는 죄에 불과하다.

하나님은 이 두 번째 시험을 이상한 문장으로 마치셨다. "[하나님은] 모든 교만한 자들에게 군림하는 왕이니라"(욥 41:34). 교만한 사람들은 요구한다. 자기들에게 그럴 권리가 있다고 생각한다. 그러나 하나님은 오해를 바로잡으신다. 자신이 그야말로 대단한 존재라고 생각하는 사람이라도 하나님께 무엇을 하시라고 말씀 드릴 자격은 없다. 그리고 이 마지막 요점이 하나님의 세계에서 살아가는 중심 원리를 강조한다. 하나님과의 모든 관계에 필요한 기초는 하나님이

하나님이시고 우리는 하나님이 아님을 인정하는 것이라는 원리다. 그러므로 우리 영혼이 고통의 해소를 아무리 갈망한다 해도, 우리는 누구에게 무언가를 요구할 권리가 없다. 사랑하는 이가 그리스도인이 되고, 배우자가 술을 끊고, 생체 검사 결과가 좋게 나오고, 반항하는 자녀의 행실이 교정되도록 마음속에서 요구하는 것은 잘못이다. 그렇게 되기를 많이 바라고 많이 기도하되 아무것도 요구하지 말라. 하나님을 신뢰한다는 것은 아무것도 요구하지 않는 것을 뜻한다.

욥은 이 메시지를 이해했다. 최고의 외과 의사께서 다시 한번 수술을 잘 해내셨다. 마음이 변화된 사람의 말, 내면으로부터의 변화를 드러내는 말을 들어 보라.

> 깨닫지도 못하면서, 함부로 말을 하였습니다……주님이 어떤 분이시라는 것을, 지금까지는 제가 귀로만 들었습니다. 그러나 이제는 제가 제 눈으로 주님을 뵙습니다. 그러므로 저는 제 주장을 거두어들이고, 티끌과 잿더미 위에 앉아서 회개합니다(욥 42:3, 5-6, 새번역).

이런 변화 이전에 욥이 어떻게 말했는지 떠올려 보자.

- □ "나는……다 말하겠다"(욥 10:1, 새번역).
- □ "내가 하나님께 아뢰겠다. 나를 죄인 취급하지 마십시오"(욥 10:2, 새번역).
- □ "참으로 나는 전능자에게 말씀하려 하며 하나님과 변론하려 하노라"(욥 13:3).
- □ "그의 앞에서 내 행위를 아뢰리라"(욥 13:15).
- □ "내가……부르짖으나 응답이 없고 도움을 간구하였으나 정

의가 없구나"(욥 19:7).

□ "그분 앞에서 내 사정을 아뢰련만, 내가 정당함을 입이 닳도
록 변론하련만"(욥 23:4, 새번역).

□ "나의 서명이 여기 있으니……나를 고발하는 자가 있다면 그
에게 고소장을 쓰게 하라"(욥 31:35).

하나님이 욥의 요구적 자세의 추악함을 폭로하심으로써 그것
을 처리하셨을 때, 욥은 인간이 하나님께 뭔가를 요구한다는 것이 완
전히 정신 나간 짓임을 깨달았다. 그것은 기괴한 일이다. 성숙의 시
작은 요구적 자세가 생각도 할 수도 없는 일임을 깨닫게 하는 정확한
자기 평가다. 이런 자기 평가는 하나님이 누구시고 우리가 누구인지
를 직시할 때 이루어진다.

저명한 그리스도인 지도자 프랜시스 쉐퍼(Francis Schaeffer)가
죽기 직전에 내 친구가 그에게 물었다. 수천 명의 사람들이 그의 치
유를 위해 기도했는데도 하나님이 그의 죽음을 허용하신다는 사실
을 어떻게 받아들였느냐고. 쉐퍼는 이렇게 대답했다. "하나님의 임
재 앞에 있을 때는 그분께 무언가를 요구하는 일이 아주 부적절해 보
인다네."

"여호와를 경외함이 지혜의 근본이라"(시 111:10). 상황이 어려
울 때도 하나님을 경외하는 것은 아주 어렵고 아주 중요하다. 하나님
께 견주어 우리 자신을 헤아려 볼 때, 우리는 무엇이 됐든 그분께 요
구하는 것이 터무니없고 오만한 일임을 깨닫게 된다. 우리가 간절히
바라는 고통의 해소도 예외는 아니다. 절박한 마음으로 열렬히 호소
하고, 괴로워서 울고, 위안을 간청하는 것은 무방하다. 하지만 전능
자의 뜻이 우리의 뜻과 같아야 한다고 요구해서는 안 된다.

우리는 욥이 회개했다는 말을 듣는다. 무엇에 대한 회개일까?

욥은 위안을 달라던 요구를 버렸다. 하나님께 무엇이든 요구하는 것이 대단히 부적절한 일임을 깨달은 것이다.

요구적 정신을 어떻게 회개할까? 우리의 목마름을 하나님께 맡기고 자기 보호를 버린다는 것은 무엇을 의미할까? 4부에서 이 질문들을 다룰 텐데, 그에 앞서 잔과 접시 속의 더러움을 드러내는 데 무엇이 필요한지 더 논의해야 할 것 같다.

Chapter 9

잘못된 방향 드러내기

선한 일을 한다고 해서 자동적으로 선한 사람이 되는 것은 아니다. 성경 공부에 시간을 내고 정기적으로 복음을 전하고 세속적 오락을 피하고 주님의 일에 시간과 재정을 아낌없이 내놓는 것은 모두 경건한 일이지만, 그 자체로 깊은 변화를 만들어 내기에는 충분하지 않다.

다들 알다시피, 이런 덕행들을 각각 갖추어 타인의 훌륭한 모범이 되면서도 누구와도 깊은 관계를 맺지 않는 이들이 있다. 그런 걸 보면, 이런 덕행 및 유사한 훈련을 실천한다고 해서 다른 사람들을 그리스도께 이끄는 매력적인 삶이 반드시 생겨나는 것 같지는 않다. 그런 능력을 갖춘 사람으로 변하기 위해서는 잔과 대접의 속을 다루어야 한다. 우리의 기만적 마음의 죄성을 폭로하고 그것을 깨끗이 하는 법을 배워야 한다.

폭로는 쉬운 일이 아니다. 우리 마음의 기만성은 상황이 실제보다 훨씬 낫다고 믿게 만든다. 우리 삶의 잘못된 점을 진정으로 파악하고자 하는 마음이 있어도, 요구적 정신이 우리의 관계 방식을 어떤 식으로 교묘하게 오염시키는지 알아보기가 어렵다.

명백한 사안들(교회 빠지기, 술 취하기, 외도, 의문스러운 영화 관람)은 이에 비해 다루기가 훨씬 쉽기 때문에 거룩해지려는 노력에서 우선적인 관심을 받게 된다. 우리는 그런 일들을 더 쉽게 포착할 수 있고 그 죄악성을 보다 분명히 판단할 수 있고(담임목사에게 물어보기만 하라) 보다 확실하게 바꿀 수 있다. 영화관에 갔는지 아닌지는 명확하다. 그러나 자신의 자아상을 세우기 위해 누군가의 기분을 상하게 했는지, 안전한 자리에 머물기 위해 사랑할 기회를 날린 적이 있는지와 같은 죄는 알아보기가 훨씬 어렵고, 설령 알아본다 해도 그것을 죄라고 지칭하지 않는 경우가 많다. 대신 우리는 이런 식으로 말한다. "글쎄요, 그건 제 성격이에요." "난 그냥 원래 그런 사람인 것 같아요." "왜 그렇게 까다롭게 굴어요? 그런 식으로 자기 분석을 하다간 내가 하는 모든 일에 의문을 품게 될 거예요."

우리의 자기 보호적 패턴은 무해해 보일 뿐 아니라 때로는 더없이 고귀해 보이기도 한다. 우리의 관계 방식은 겸손하고 확고하고 사려 깊고 대담하고 우호적으로 보일 수 있다. 그리고 그 관계 방식에 연료를 제공하는 악한 요구적 정신은 위장된 상태로 남을 수 있다. 리더들은 실패하지 않도록 자신을 보호하기 위해 열심히 일하고 사람들은 그의 열정을 칭찬한다. 남편들은 아내와의 갈등을 피하려고 각별히 친절하게 행동하면서 감사의 인사를 기대한다. 교인들은 인기를 얻기 위해 교회의 리더격인 이들에게 유난히 살갑게 굴고 친절한 사람이라는 평가를 받는다.

자신의 안전을 보장하겠다는 결심은 제아무리 매력적으로 위장을 해도 항상 추하다. 무언가를 요구하는 일은 우리의 교만을 반영한다. 우리의 행복에 필수적인 것처럼 보이는 요소를 요구할 때도 그렇다. 교만의 죄는 하나님이 싫어하시는 것의 목록 중에서도 맨 위에 있다. 하지만 마음속의 죄는 누구도 알아보지 못하는 경우가 너무나 많다. 사람들은 자신의 관계 방식에 심각한 결함이 있을지도 모른다는 가능성에 거의 관심을 갖지 않는다. 우리가 다른 사람들에게 '특정한 인상'을 주는 것은 우리 마음에 고집스럽게 자리 잡은, 자기 보존을 위한 요구적 태도에서 생겨난 결과일 수 있음을 우리는 보지 못하고, 보고 싶어 하지도 않는다. 우리 주님은 자기 목숨을 구원하려는 시도는 언제나 실패한다고 가르치셨지만, 우리는 우리가 사람들과 관계 맺는 방식을 통해 자기 목숨을 구원하려고 애쓰고 있을지 모른다는 생각을 좀처럼 하지 못한다.

우리의 상처를 가볍게 여기고 치료하라는 유혹(렘 6:13-14을 보라)은 매력적이다. 나는 의사가 내 복통의 원인이 위암이 아니라 소화불량이라고 말해 주면 좋겠다. 그러나 우리의 질병은 깊다. 해결책을 찾으려면 깊숙이 파고들어야 한다. 그리고 우리는 진단을 받아들여야만 수술에 동의할 것이다.

그리스도께서는 바리새인들에게 말씀하시면서 근사한 말로 포장한 그들의 악함을 가차 없이 폭로하셨다. "너희가 악한데, 어떻게 선한 것을 말할 수 있겠느냐? 마음에 가득 찬 것을 입으로 말하는 법이다.……내가 너희에게 말한다. 사람들은 심판 날에 자기가 말한 온갖 쓸데없는 말을 해명해야 할 것이다. 너는 네가 한 말로, 무죄 선고를 받기도 하고, 유죄 선고를 받기도 할 것이다"(마 12:34,36-37, 새번역).

요지는 분명하다. 우리의 말이 선해지려면 먼저 그 근원이 깨끗해져야 한다는 것이다. 진정으로 사랑하려면 우리의 악한 마음에 있는 자기 보호라는 뿌리를 먼저 뽑아내야 한다. "그 무엇보다도 너는 네 마음을 지켜라. 그 마음이 바로 생명의 근원이기 때문이다"(잠 4:23, 새번역). 자신의 웅덩이를 파는 데 열중하는 목마른 사람이 그 마음을 지키려면, 자신의 만족을 위해 필요하다고 생각하는 것을 다른 이들에게 어떤 방식으로 요구하고 있는지 파악하는 능력을 길러야 한다. 우리의 자기 보호적 관계 형성 방식을 인식하고 회개하지 않은 상태에서 어떻게 좋은 내용을 말할 수 있겠는가? 어떻게 사랑할 수 있겠는가?

자신을 명확하게 보기

우리는 사람들과 어울릴 때 자신의 말과 행동을 평가하는 법을 배워서 요구적 태도라는 질병이 어디로 퍼져 나갔는지 알아내야 한다. 그런 평가 과정을 진행할 때는 병적인 자기 성찰에 절망적으로 사로잡혀서는 안 된다. 내면을 들여다보는 작업의 최종 목적이 자기 이해라면, 우리는 자기 성찰의 늪에 빠져 헤어나지 못할 가능성이 높다. 우리 자신, 우리가 이렇게 느끼는 이유, 저렇게 행동하는 이유에 대한 영리한 이론을 만들어 내는 것 자체는 유익한 훈련이 아니다. 내면의 직시가 가치 있는 일이 되려면 그로 인해 우리가 하나님 및 다른 이들을 더 사랑하게 되어야 한다.

우리가 찾고 있는 질병이 적어도 관찰자의 눈에는 명백히 보일 때가 있다. 나는 한 남편을 상담한 적이 있는데, 그는 상담 시작 후 몇 분 만에 나를 찾아온 이유를 분명히 밝혔다. 그는 오럴 섹스를 즐기는 사람이었다. 그러나 그의 강요로 함께 상담을 받으러 온 아내는 그 일에 넌더리가 난 상태였다. 아내는 소심하면서도 성난 모습으로 그 자리에 앉아 있었다. 그는 재판장 같은 태도로 아내가 자기 몸에 대한 권한을 남편의 소유로 여기라는 하나님의 명령(고전 7:4을 보라)을 어기고 있다고 내게 말했다. 그러고 나서는 순복하지 않는 아내의 죄성을 꺾어 달라고 요청했다(명령했다는 말이 더 적절할 것 같다). 나는 남편에게 그야말로 자신이 원하는 만족을 아내에게 요구함으로써 사랑의 법을 어기고 있는 것 아니냐고 말했지만, 그는 내 말을 무시한 채 내가 그의 아내에게 이의를 제기하기만을 초조하게 기다렸다.

내가 볼 때 문제는 분명했다. 남편은 순복의 개념을 자기 입맛대로 왜곡하고 있었고 성경이 말하는 아내 사랑을 조금도 이해하지 못했다. 그러면서도 진실을 직시할 마음이 없었다. 암 진단보다는 독감 진단을 받아들이기가 더 쉬운 법이다. 요구적 태도가 노골적일수록(여기서는 독감의 유비를 적용할 수 없다. 요구적 태도는 교묘한 형태이든 노골적인 형태이든 똑같이 치명적이기 때문이다) 우리는 그것이 잘못임을 오히려 인정하지 않는 경향이 있다. 아주 오만하게 아내와 자녀들의 존경을 요구하는 남자들일수록 자신의 리더십 스타일의 정당성을 재빨리 내세운다.

우리 대부분은 요구를 내세우는 방식에서 이보다는 덜 노골적이고, 그 실체가 폭로될 경우 그것을 문제로 인정하는 데 좀 더 열려 있을 것이다. 나는 그렇게 생각하고 싶다. 하지만 자신에게 요구적 태도가 있고 그것이 죄임을 인정하는 것은 결코 쉽지 않다. 가장 성숙한 이들에게도 그렇다. 진정한 변화를 가져오는 내면의 직시는 사람을 불안하게 만든다. 당연한 일이다. 우리의 행동이 죄라고 진단받는 일은 유쾌하지 않고, 할 수만 있다면 언제든 그 진단에 저항하려 한다. 우리가 실제보다 나은 존재라고 생각하고 싶어 하는 것이다.

우리는 곧장 문제의 핵심으로 들어가야 한다. 행동의 죄와 마음의 고통만 가지고 법석을 떨어 봐야 우리 주님이 가장 기뻐하시는 변화는 결코 일어나지 않을 것이다. 마음속의 죄를 밝혀내어 똑바로 바라보고 제거해야 한다. 우리가 물을 찾기 위해 잘못된 방향으로 나아가는 어리석고 목마른 사람들임을 이해해야, 우리가 관계 맺는 방식을 열린 마음으로 바라보고 우리의 행동 근저에 있는 요구적이고 자기를 보호하려는 동기를 알아볼 수 있다.

그러나 혼자 힘으로는 우리가 잘못된 방향으로 가고 있음을 보지 못할 것이다. 휴대용 전등이 없으면 광부가 어디를 파야 할지 볼 수 없는 것과 같다. 규율형의 사람들은 도움이 없이는 자신의 방어적인(그리고 매력 없는) 엄격함을 인식하지 못할 것이다. 분석적 유형의 사람들은 자신의 냉철한 논리가 남들의 존경을 받기는커녕 가까운 친구가 되고 싶어 하는 사람들을 오히려 밀어낸다는 것을 깨닫지 못할 것이다. 성공한 외향적 사람들은 사교적인 자신의 시끌벅적함을 모두가 좋아한다고 생각하며 살아갈 수 있다. 수줍어하는 사람들은 자신이 말이 없는 것이 기질 탓이라고 줄곧 생각하면서 그 과묵함이 보호막이라는 것을 결코 알아보지 못할 수 있다.

도움을 받아야 우리 자신을 명확하게 볼 수 있다. 하나님은 내면을 들여다보는 일을 진지하게 생각하는 사람에게 세 가지 빛의 원천을 제공하신다.

1. 하나님의 성령
2. 하나님의 말씀
3. 하나님의 사람들

우리는 이 세 자원을 사용하여 눈먼 자기기만에서 벗어나 정직한 태도로 자신을 명확하게 볼 수 있다.

시편 기자는 하나님께 이렇게 말씀드렸다. "나를 살피사 내 마음을 아[옵소서.]······내게 무슨 악한 행위가 있나 보시[옵소서]"(시 139:23-24). 나는 성령 충만이나 성령의 내주, 성령의 인 치심, 성령 세례에 대한 설교는 꽤 들었지만 성령의 살피심에 대한 설교는 잘 듣지 못했다. 앞에 나열한 성령에 대한 주제들은 모두 확신과 위로를 제공하는데, 성령의 살피시는 사역은 나를 불편하게 만든다.

그러나 성장하려면 불편함을 감수해야 한다. 하나님이 성령을 주신 것은 위로하실 뿐 아니라 잘못을 깨우치시기 위함이었다(요 16:8을 보라). 정말 우리 마음이 문제이고 그 마음이 자기기만의 덮개 아래 추악한 내용을 숨길 수 있다면, 우리는 하나님만이 우리의 마음을 들여다보실 수 있다는 진리(렘 17:9-10을 보라)를 반드시 이해하고 적용해야 한다. 그리고 하나님의 성령이 친히 보시는 내용을 우리도 깨닫게 해주시도록 성령께 맡기는 법을 알아내야 한다.

이 지점에서 대부분의 그리스도인 작가는 묵상의 기술을 다룰 것이고, 그것은 정당하다. 우리는 성경을 읽고 설교를 듣고 친구들과 영적 문제들을 탐구해야 할 뿐 아니라 조용한 자리, 분주한 생활 속의 차분한 순간, 하나님 앞에서 잠잠히 있는 시간도 찾아내야 한다. 균형 감각을 되찾게 하고 원기를 회복하게 하고 새로운 방향을 드러내 보이는 데 있어서 주님과 함께하는 느긋한 시간, 그분과의 교제 이외에 어떤 할 일도 목적도 없는 시간만큼 효과적인 것은 없다. 하나님의 성령은 우리 영혼이 잠잠히 있을 때 우리를 가장 잘 살피신다.

그러나 나는 하나님의 말씀을 들을 시간을 내라는 제안이 사태의 핵심을 꿰뚫는다고 생각하지 않는다. 성령의 살피시는 사역을 방해하는 더 깊은 문제들이 있다. 우리 대부분은 성령께서 손전등을 들고 방에 들어오실 때 벽장으로 내달려 숨는 태도를 고집한다. 우리가 따로 물러나 오랫동안 주님과 함께하는 시간을 갖는 동안에도 우리 자신을 또렷이 보는 것을 방해할 수 있는 두 가지 문제를 간략히 다루겠다.

한 가지 방해물은 우리의 초점이다. 무엇보다 자신을 들여다봐야 할 바로 그 순간에 흔히 우리는 다른 사람이 우리를 대하는 방식에 집착한다. 나에 대한 악랄한 뒷담을 퍼뜨린 친구에게 나의 말투가 다소 딱딱해지는 것을 염려하기는 어렵다(그런 상황에서 말투를 지적하는 것은 정말 트집 잡기로 보인다).

그리고 우리는 자기기만에 능하기 때문에 우리의 문제가 친구의 문제만큼이나 심각한 경우에도 우리의 문제가 비교적 사소하다고 믿을 수 있다. 이것은 끔찍한 진실이다. 성경 용어로 말하면, 우리 눈의 들보는 티끌처럼 느껴지지만 친구 눈의 티끌은 들보처럼 보이는 것이다. 자신의 책임에 초점을 맞추라는 지적에 마지못해 자신을 더 자세히 들여다보기는 하지만, 상대방이 진짜 죄인이라는 생각은 여전하다.

하나님의 성령이 일하시게 하려면 우리는 초점을 옮겨야 한다. 성령께 우리 죄를 드러내 주시도록 청하고 싶은 생각이 전혀 들지 않을 때, 그때마다 정기적으로 그렇게 청해야 한다. 누군가가 우리에게 아무리 지독한 죄를 저질렀어도, 우리가 그 죄인에게 정면으로 맞서는 일이 아무리 정당해도, 우리는 요구로 대응하는 우리 성향을 상대가 우리에게 저지른 죄만큼이나 심각하게 여겨야 한다. "하나님, 나를 살피소서"는 참으로 적절한 기도다. 다른 사람이 저지른 죄의 타격으로 우리가 휘청거리고 있을 때는 더욱 그렇다.

우리 자신을 명확하게 보지 못하게 막는 두 번째 방해물은 우리의 목표다. 다른 사람이 명백히 잘못했을 때 하나님께 나를 살피시도록 청하는 일이 불합리해 보인다면, 모든 일이 순조롭게 흘러갈 때 하나님의 살피시는 눈을 초대하는 일은 분명 불필요해 보인다. 몸이 건강하고 마라톤을 뛸 계획도 없는데 뭐 하러 엄격한 훈련 과정을 시작한단 말인가? 질병의 징후가 전혀 없는 상태에서 수술을 받으러 병원에 가는 사람은 없다.

우리는 편안하게 살고 싶어 한다. 바닥이 아니라 침대에서 잔다. 안락함을 준비하고 누리는 것은 잘못이 아니다. 그것이 삶의 최우선 순위가 아니라면 상관없다. 그런데 많은 이들, 어쩌면 대부분의 사람들은 안락한 삶을 최우선 순위로 여길 것이다. 거룩한 사랑을 기준으로 자신을 측정할 때 떠오르는 어려운 질문들과 씨름할 여력도 그럴 마음도 별로 없다면, 우리의 궁극적 목표는 그리스도를 따르는 것이 아니라 이 세상에서 누리는 안락함일 가능성이 높다.

내 삶은 상당히 안락하고, 그 안락함은 많은 부분 내가 직접 준비했다. 롤빵을 데워 먹는 것은 잘못이 아니다. 그러나 나는 인생이 순조로울 때 하나님을 추구하는 자세가 느슨해지는 무서운 경향을 내 안에서 발견한다. 내가 정말 원하는 것을 이미 가진 것처럼 느껴질 때도 있다. 하나님과의 온전하고 풍성한 교제가 아니라 가까운 가족, 좋은 친구들, 즐거운 일, 건강, 두둑한 은행 잔고, 편안한 집 같은 것들 말이다. 부정하고 싶지만, 내가 때때로 느끼는 평화로운 느긋함은 당장의 위안에서 나오는 세속적 안주의 산물일 뿐, 그리스도의 사역과 약속 안에서 누리는 안식의 열매가 아니다.

안주와 안식은 전혀 다르다. 안식은 제대로 살아야 한다는 불안한 강박에서 우리를 자유롭게 해주고, 삶이 유쾌할 때도 그리스도를 더 알고 싶은 열망을 앗아 가지 않는다. 그리스도께서 주시는 안식은 그 근원이신 분을 더 알고 싶어지고 다른 사람들도 동일한 안식을 경험하기를 열렬히 바라도록 이끌어 준다.

(외적인 죄와 내면의 고통만이 아니라) 자기 마음의 죄성을 이해하고 하나님의 선하심을 맛본 그리스도인들, 하나님을 아는 지식의 경이로움을 제대로 경험한 그리스도인이라면 삶이 편안할 때도 그분께 자신을 살펴 달라고 계속 간구할 것이다. 다른 이들의 죄성도 삶의 안락함도 하나님을 더 아는 일을 가로막는 방해물을 제거하기 위해 자신을 더 알고자 하는 성숙한 그리스도인의 바람을 약화시키지 못할 것이다.

다른 사람이 지은 죄의 피해자가 되는 고통 속에서 자신의 죄를 들여다보아야 한다는 말은 불합리하고 심지어 가혹하게 들린다. 그리고 유쾌한 삶을 누리는 상황에서는 자기 죄를 들여다볼 생각을 하지 못한다. 이렇듯 고통과 안락함은 우리의 자기 보호적 패턴을 이해하는 데 큰 관심을 갖지 못하도록 자주 방해한다. 그 결과, 우리는 성령께 우리를 철저히 살펴 달라고 자주 청하지 않는다. 그러나 성령께서는 열심히 귀 기울이는 사람들에게 죄를 깨닫게 하는 진리를 여전히 속삭이신다. 그분은 유능한 의사소통자이시다. 우리가 그분의 말씀을 듣지 못하고 있다면, 그것은 그분에게 주의를 기울이지 않기 때문이다. 우리는 어떤 직업을 택할지 어떤 교회에 다닐지 알려 주시는 그분의 음성을 듣곤 하지만(적어도 우리는 그렇게 생각하지만), 우리의 악한 관계 방식을 깨우쳐 주시는 말씀을 듣고자 귀를 기울이는 일은 드물다.

우리는 생각보다 '라오디게아 교인'(계 3:15-16)에 가까운지도 모른다. 미지근한 믿음은 하나님의 일들, 기독교적 활동에 대한 열정 아래 숨겨질 수 있다. 우리는 이런 활동들을 잘해 내면서도 자신의 관계적 죄를 인식하지 못할 수 있다.

성령의 속삭임은 우리의 자기 보호적 마음의 방어 필터를 거치면서 왜곡되기도 하기 때문에, 우리의 요구적 태도를 직시하려면 보다 객관적인 도움, 무시하기가 더 어려운 도움이 필요하다. 하나님의 말씀은 보다 직접적인 조언을 제공한다. 그리고 하나님의 사람들이 제대로 역할을 할 때 건네는 피드백은 철저히 오만한 사람이 아니고는 무시하기 어렵다. 이제 우리의 죄를 드러내는 성경의 기능을 살펴보자.

하나님의 말씀

몇 년씩 하나님의 말씀을 공부하고도 중요한 부분에서 변하지 않고 심지어 완고해지는 그리스도인들이 있다. 어떻게 된 일일까? 물론 어떤 신자들은 성경에 몰두하면서 점점 사랑이 많아지고 강건해지고 지혜로워지지만, 자신들의 도덕과 정통 신앙을 유지하는 데 그치는 이들도 많다. 그런가 하면 더 방어적이 되고 독단적이 되고 다가가기 어려워지는 이들도 있다. 왜 그럴까?

주일마다 교회에서 성경을 배우고, 신학교에서 몇 년 동안 성경의 내용을 공부하고, 진리에 대한 사랑이 생겨나는데, 그 사랑이 실제로는 다른 사람들과의 분리를 초래하는 일이 어떻게 가능할까?

왜 진실한 신자들이 아침 일찍 일어나 성경 말씀을 읽는데도 사역에 능력이 없고 분투하는 문제에서 평화가 없고 마음에 사랑도 없이 하루하루를 살아갈까? 많은 이들이 아침 경건의 시간을 생기 없는 의식으로 여기게 되는 이유는 무엇일까? 그들은 경건의 시간을, 습관적인 일로 여기거나, 안 하면 안 될 것 같아서 억지로 이어 가거나 그저 그만둔다.

성경이 문제가 아니라는 것은 분명하다. 성경을 적절히 사용하는 데서 멀어지게 하는 것이 해결책이 되어서는 안 된다. 그러나 예리한 양날검인 성경이 피 한 방울 내지 못하고 우리 피부에서 튕겨 나갈 때는 뭔가 잘못된 것이다.

그 시점에서 어쩌면 우리는 용기를 내어 성역에 도전해야 하는 지도 모른다. 성경의 내용을 아는 것만으로는 영적 성장을 보장할 수 없음을 인정해야 한다. 복음주의권에는 하나님의 말씀을 사람의 머릿속에 집어넣어 주기만 하면 성령께서 그 말씀을 사람의 마음에 적용시키실 것이라는 끔찍한 가정이 있다. 그 가정이 끔찍한 이유는 성령께서 절대 그렇게 행하시지 않아서가 아니라, 그 가정을 핑계로 목사와 리더들이 사람들의 삶과 씨름할 책임을 소홀히 했기 때문이다. 많은 목사들이 안전한 설교단 뒤에 숨어서 교인들의 분투와 절망적일 만큼 먼 거리를 유지하고, 누구도 감동시키지 못하는 잘난 정확성을 발휘하여 성경 말씀을 선포한다. 설교단은 삶을 변화시키는 관계를 위한 다리가 되어야지, 장애물이 되어서는 안 된다.

성경 대학과 신학교들은 지식의 주입만으로 삶이 변하지 않는다는 것을 충분히 오랜 시간에 걸쳐 확인했다. 학업 성적이 뛰어난 졸업생들이 사람들과 잘 어울리지 못하여 목회 사역에서 비참하게 실패하는 경우가 너무나 많다. 어떤 이들은 설교, 행정, 기금 모금, 심방, 전도까지 모든 일을 잘했지만 정직한 그리스도인들이 삶의 현실에 제대로 대처하도록 돕지 못했다.

바울은 "지식은 교만하게 하며 사랑은 덕을 세[운다]"(고전 8:1)는 말로 이 문제를 분명하게 드러냈다. 그러나 우리의 성경 읽기는 지식을 얻기 위한 행위에 그칠 때가 많고, 우리는 지식 획득이라는 목표를 달성하는 데서 만족한다.

한 목사 친구가 나를 찾아왔다. 그는 아내가 남편인 자기와의 관계에서 절박할 만큼 외로워했는데 몇 년 동안 자신은 전혀 눈치 채지 못했다고 말했다. 그는 성실하게 아내를 부양하는 사려 깊고 친절한 사람이었다. 정기적으로 아내와 함께 기도했고, 모든 면에서 그의 행복을 진심으로 바랐다. 어느 날 저녁, 우리 부부가 저녁 식사 초대를 받아 그 집에 갔는데, 나는 그의 피상적 따스함이 아내의 필요를 완전히 놓치고 있다는 인상을 받았다. 그래서 나의 생각을 그에게 말했다.

친구는 그다운 정직함으로 내 말을 골똘히 생각했고, 마침내 몇 주 후에 자신은 아내와 좋은 관계를 유지하고자 열심히 노력하는 일에 대해 한 번도 생각해 본 적이 없다는 결론을 내렸다. 그는 더 풍성한 관계로 나아가야겠다는 마음이 들 만큼 친밀함을 향한 갈망을 강하게 느낀 적이 없었다. 자신의 친절한 신앙적 관계 방식이 아내에게 자신을 깊이 내어 주는 일과 그에게 거절당할 가능성을 직면하는 일 모두를 막고 있었음을 인식해 본 적이 없었던 것이다.

이후 몇 달에 걸쳐 그의 결혼 생활에는 새로운 활력이 생겼다. 어느 날 그의 아내가 기쁨과 두려움의 눈물을 글썽이며 내게 말했다. "그이가 너무나 달라졌어요. 요즘처럼 사랑받는다는 느낌을 받아 본 적이 없어요. 이런 상태가 지속될까요?"

분명히 말해 두지만, 내 친구는 헌신된 그리스도인이고 성경을 진지하게 연구하는 사람이다. 최근에 나는 그에게 피상적 부부 관계에 머물던 그 오랜 세월 동안 결혼에 대한 바울의 가르침을 어떤 식으로 이해하고 있었는지 물었다. 그는 이렇게 대답했다. "아내와의 관계를 진실하고 깊이 다가가는 방식으로 추구해야 한다는 것이 바울의 뜻이라고는 꿈에도 생각하지 못했네. 왜 그랬는지는 모르겠지만, 나는 그 본문을 그런 식으로 이해한 적이 없어."

이런 경우가 드물지 않다. 에베소서 5장 말씀을 학술적으로 정확하게 주해할 수 있는 사람이 이 요점을 놓쳤다. 성경 본문에 대한 지식만으로는 충분하지 않다. 결코 그렇지 않다. 뭔가가 더 필요하다.

이 대목을 지나치게 과장하지 않게 조심해야 한다. 우리는 여전히 성경을 연구해야 한다. 성경 본문을 위저보드(서양식 분신사바—옮긴이)처럼 대하는 것은 잘못이다. 성경 한 구절을 읽고 성령께서 전하기 원하시는 자기 지식을 우리 의식에 신비롭게 새겨 주시길 기대해서는 안 된다. 고도로 훈련받은 전문가가 성경을 연구하든, 학교 교육을 못 받은 그리스도인이 성경 본문을 충실하게 읽고 곰곰이 생각하는 형태로 성경을 연구하든, 성경을 연구하면 하나님이 그분의 백성과 어떻게 소통하시는지를 의미 있게 논의할 토대가 마련된다. 그러나 성경 연구 자체가 목적은 아니다. 성경 연구는 성경에 대한 인상보다는 더 중요할 수 있지만, 우리 인격에 아무런 영향을 미치지 못한다면 전혀 가치가 없다. 성경 말씀은 우리 삶에 영향을 끼쳐야 하고 우리가 더 사랑하는 사람이 되게 해야지, 좋아하는 교리를 뒷받침하는 더 많은 정보를 습득하기 위한 도구로 끝나서는 안 된다.

하나님이 성경을 주신 의도가 진리의 모음을 제시하여 우리로 하여금 그 내용을 지성적으로 파악하게 하고 다른 이들에게 그 내용을 가르치게 하는 것이었다면, 하나님은 하나뿐인 그분의 책을 좀 더 체계적으로 정리해서 내놓지 않았을까? 나는 이런 생각을 자주 했다. 하나님은 여러 학자들과 선지자들에게 성령의 사역, 미래의 사건들, 율법의 목적 등과 같은 다양한 주제에 대한 성명서를 준비하게 하실 수 있었을 것이다. 그랬다면 우리는 정통 기독교의 모든 핵심 사안을 명확히 진술하고 색인까지 첨부한 매뉴얼을 확보할 수 있었을 것이다. 성경이 그런 책이었다면 얼마나 많은 혼란을 덜어 주었겠는지 생각해 보라.

물론 바울이 구원의 교리를 다루는 상당히 체계적인 논문이라 할 만한 로마서를 썼지만, 그조차도 사적인 편지였지 신학 콘퍼런스에서 발표하기 위해 준비한 논문이 아니었다. 로마서의 메시지는 바울이 가르침을 주고 싶었던 사람들을 겨냥한 것이었다. 학자가 연구실에서 연구한 다음, 구원의 교리에 흥미가 있는 학생들에게 교과서로 제시한 내용이 아니었다는 말이다.

성경 해석학은 성경을 어떻게 읽어야 하나님이 하시는 말씀을 들을 수 있는지 연구하는 학문이다. 하나님과의 관계를 발전시키는 것이 성경의 목적이다. 성경의 각 책을 하나님의 연애편지로 읽는 일의 의미를 진지하게 생각해 본다면 유익할 것이다.

성경의 분위기는 관계적이고 인격적이다. 성경은 사람들이 자기 삶을 살아가는 동안 하나님이 허락하신 경험들과 여러 지혜를, 역시 자기 삶을 살아가는 다른 사람들을 위해 기록한 책이다. 고등학교 생물 시간에 학생이 개구리를 해부하고 탁자 위에 그 장기들을 신중하게 벌여 놓는 모양새로 성경의 내용을 해부하는 것은 하나님의 말씀을 오용하는 일이다.

물론 성경을 공부해야 한다. 학자들이 제공하는 귀중한 도움을 활용하라. 주석을 읽으라. 설교 시간에 필기하라. 성경 본문을 학술적으로 공부하게 해주는 강좌를 신청하라. 그러나 이 모든 일은 하나님과 우리 자신과 다른 사람들을 더 잘 알고 더 많이 사랑하겠다는 목표 아래에서 행해야 한다. 사랑을 거스르는 방식으로 특정한 천년왕국 견해를 옹호하는 것은 해롭다. 자기 보호의 벽 안에서 의심 없이 받아들이는 성경 지식으로 하는 일은 그것이 무엇이든 실질적인 가치가 거의 없다. 성경이 우리 마음의 생각과 의도를 꿰뚫어 분별하도록 맡겨 우리가 어떤 식으로 사랑에 어긋나게 행하고 있는지 명확히 볼 수 있어야 한다. 하나님을 더 잘 이해하려고 노력해도 우리가 누구인지 골똘히 들여다보지 않으면, 성경에서 도출한 하나님 지식은 옳긴 하지만 지루하고 생명 없는 사실들의 모음에 불과할 것이다. 그것은 공허한 신학이다. 그리고 우리 자신을 이해하려는 성실한 노력 없이 하나님의 진리를 가지고 다른 사람들에게 다가가기 위해 그들을 이해하려 하면, 우리는 결국 실패할 것이다. 우리 자신을 제대로 보지 못하면 다른 사람도 제대로 알아볼 수 없다(마 7:1-5을 보라).

지금까지 성경에 제대로 다가가는 일의 중요성을 말했는데, 내 생각에는 상당히 분명하게 내용을 전달한 것 같다. 그러나 다음 몇 쪽에 담을 내용을 준비하면서는 성경을 활용하여 자신을 이해하는 것의 가치를 말하는 것보다 그 방법을 제시하기가 더 어렵다는 생각이 들었다. 나는 하나님의 말씀을 보는 시간을 연구와 묵상으로 나누라는, 가치 있지만 뻔한 말을 반복하고 싶다. 도서관을 나와 긴 산책을 할 때나 오후 또는 주말에 가끔 따로 시간을 내어 특정 성경 구절을 가지고 자신의 삶을 숙고한다면 도움이 될 것이다. 침묵의 시간은 아주 희귀하지만 그만큼 꼭 필요하다. 우리는 시간을 내어 조용히 삼손의 이야기를 읽고, 마음에 드는 것을 고집스럽게 추구한다는 점에서 자신이 삼손과 같지 않은지 생각해 볼 필요가 있다. 그러나 상당한 시간을 할애하여 우리 삶을 충분히 생각해도 지루해지기만 할 뿐 문제의식이 들지 않을 수 있고, 무엇보다 말씀의 검에 찔리지 않을 수가 있다. 모든 성경은 교훈과 책망과 바르게 함과 의로 교육하기에 유익하다(딤후 3:16을 보라). 그렇다면 성경과 함께하는 시간은 우리의 보호 장구를 뚫고 들어와 하나님을 신뢰하기보다는 계속 우리 자신을 바라보게 만드는 오만한 두려움을 드러내야 마땅할 것이다. 성경은 핵심 문제들이 놓여 있는 우리 마음속에 깊숙이 들어와야 한다.

이런 일이 보다 자주, 보다 온전히 이루어지게 하려면 무엇을 해야 할까? 답변의 일부는 정말이지 아주 간단하다. 자기를 명확히 바라본다는 목적을 의식적으로 염두에 두면서 성경을 대하는 것이다. 이것을 위해 형식적인 수준 이상의 시도를 하는 사람은 많지 않은 것 같다. 이것은 극도로 힘든 일이다. 이렇게 하면 성경 공부를 통해 죄를 깨달으면서도 안심이 되고, 고통스러우면서도 위로가 되고, 당혹스러우면서도 차분함을 유지하게 된다. 지루해질때도 있지만 우리 자신을 더 잘 바라본다는 목적을 놓치지 않으면 그 지루함은 오래가지 않는다.

성경은 뜻밖의 시간에 통찰력 있는 영향력을 발휘하며 내게 생생하게 다가온다. 나는 스스로를 보다 명확하게 보겠다는 분명한 목적을 가지고 성경을 집어 들었다가 몇 번이나 깊은 위로를 받았다. 덕분에 폭풍 같은 갈등 한복판에서도 평온할 수 있었다. 그런가 하면 중요한 관계에서의 긴장 때문에 너무 괴로워 상황을 잘 감당할 지혜를 찾고자 성경을 찾았지만 아무것도 얻지 못하기도 했다. 또 특정한 본문의 가르침이나 성경 인물의 본보기가 커튼을 걷어 내는 것처럼 내 상황에 모종의 빛을 비춰 주어 나의 반응을 개선할 지침을 제시할 때도 있었다. 성경은 우리가 요청하는 상품을 어김없이 내놓는 자판기가 아니다.

자기를 명확히 바라본다는 의식적 목표에서 드러나는 겸손한 의존의 태도는 성경을 읽어 나갈 때 올바른 질문을 하게 해준다. 우리는 삼손의 이야기를 읽고 고개를 가로저으며 고상하게 자기를 낮추면서 "그래요, 나도 삼손처럼 하나님의 일보다 내 감각적 위안을 앞세울 때가 있지요"라고 인정하는 정도에 그치지 않고, 죄를 깨닫게 하는 이야기에 사로잡혀 결국 변화에 이를 수 있다. 그러려면 죄의 자각에 이르게 하는 질문들을 해야 한다. 삼손의 머리에서 무슨 일이 벌어지고 있었기에 자신의 고귀한 소명을 무시하고 부모의 소원마저 저버리는 행동을 했을까? 내면의 무엇이 그토록 분별없이 죄를 지을 연료를 공급했을까? 저 블레셋 여자와 함께할 수 있다는 가능성이 그에게 어떤 만족을 안겨 주었을까? 하나님을 봤으니 이제 자신과 아내가 죽게 되었다는 마노아의 탄식은 그의 아내가 분별 있는 말로 안심시켜 균형을 잡아 주어야 했던 불필요한 걱정이었을까?(삿 13:22-23을 보라).

우리 자신을 보다 명확히 보겠다는 목적을 가지고 성경 본문에 다가가야 '올바른' 질문(인격적 감화로 이어지는 질문)을 하기 쉬워진다. 이것은 말씀의 검이 우리 영혼을 꿰뚫기 위해 채워져야 할 첫 번째 조건이다. 두 번째 조건도 똑같이 중요하다. 곧 사람의 마음과 행동의 기본적인 작동 방식을 이해해야 한다는 것이다. 성경적 인간관은 우리 영혼 안에서 하나님을 갈망하는 부분들뿐 아니라 하나님에게서 멀어지도록 이끄는 기만적 어리석음에 대해서도 생각하라고 요구한다. 삼손의 영혼의 깊은 갈망과 기만적 마음의 악한 전략을 고려하면서 그의 생애의 기록을 곰곰이 생각하다 보면, 삼손의 삶에 나타난 것과 유사한 파괴적 패턴이 우리 삶에도 있음을 결국 깨닫게 될 것이다.

신약 성경의 서신서들도 이와 같은 태도와 목표를 가지고 읽어야 한다. 우리 안에 관계를 맺고 깨뜨릴 잠재력이 모두 있음을 인식하면, 부부 관계에 대한 바울의 가르침이 깊은 생각과 올바른 질문을 불러일으킬 수 있다. 남편이 아내를 사랑해야 한다는 바울의 명령은 여자가 남자에게 원하는 것이 정확히 무엇인지와, 아내의 욕구에는 둔감하고 남자다움을 느끼고 싶은 자신의 욕구에는 민감한 남자의 성향을 숙고하게 만든다.

자기를 명확히 본다는 목적을 단단히 유념하면서 성경 인물들이 우리처럼 갈망하는 존재이자 자기 보호적 요구를 일삼는 자들임을 깨달을 때, 우리는 성경의 집중 조명 아래 가만히 서서 말씀이 제일을 하도록 맡길 수 있을 것이다. 단순히 진리를 배우기 위해 성경 본문을 공부하고, 성경 속에서 살아 숨 쉬는 진짜 인물들의 심장 박동을 듣지 못하면, 하나님의 말씀을 가까이 해도 피상적인 변화 이상을 기대하기 힘들 것이다. 성경의 인간적 면모를 놓치고 자신을 밝히 보기 바라는 정직한 마음 없이 그 내용을 대할 때는 우리 발의 등불이자 우리 길의 빛이 희미해진다.

우리는 성령을 소멸할 수 있고 말씀을 머리로만 이해하고 말 수 있다. 그러나 다행히도 우리 자신을 보게 해줄 세 번째 자원이 있고, 이 자원의 영향은 더욱 무시하기 어렵다.

하나님의 사람들

그리스도의 몸 안에서 누리는 좋은 관계만큼 영적 성장에 중요한 요소는 생각할 수 없다. 성경의 "서로……하라"는 계명을 다룬 몇 권의 책이 나왔다. 서로 사랑하라, 서로 짐을 지라, 함께 기뻐하고 울라 등등. 그러나 동료 그리스도인들에 대한 우리 책임의 중요한 부분은 잘 다뤄지지 않는다. 그것은 사랑으로 의견을 주고 방어적이지 않은 태도로 상대의 의견을 듣는 자세이다.

우리는 자신의 마음이 기만적이라는 진실을 충분히 심각하게 받아들이지 않는다. 그래서 우리가 중요한 사람들과 관계하는 방식의 본질이 사랑보다는 자기 보호에 가까울 때도 우리의 영혼에 아무 문제가 없다고 진심으로 믿을 수 있다. 우리는 엄마가 시켜서 방 청소를 하는 아이와 같다. 침대를 정리하고(적어도 정리하려는 노력을 하고) 바닥에 떨어진 옷을 치워 눈에 안 보이게 하고 나면, 아이는 방이 깨끗해졌다고 선언한다. 겉으로 볼 때 깔끔하면 그것으로 충분하다고 생각한다. 그러나 엄마가 들어오면 이야기가 달라진다. 조니를 찾는 엄마의 목소리가 울려 퍼지는 데는 주름 잡힌 이불을 살짝 걷어 보는 일만으로 충분하다. 숨겨진 난장판이 드러나면 조니는 엄마의 비판적 반응에 당황한다. 거의 상처를 받는 수준이다. "거기도 치우라는 거였어요?"

깨끗함의 기준을 세우고 우리가 어떤 부분에서 부족한지 알아보려면 도움이 필요하다. 하나님의 말씀이 이상을 제시하고 하나님의 성령이 이불을 걷어 정리되지 않은 것들을 드러내시면, 우리가 주의를 기울여야 할 구체적인 항목들을 하나님의 사람들이 콕 집어 지목할 수 있을 것이다.

우리는 이런 경고를 받았다. "여러분 가운데에 믿지 않는 악한 마음을 품고서, 살아 계신 하나님을 떠나는 사람이 아무도 없도록, 여러분은 조심하십시오"(히 3:12). 그러나 우리 마음은 죄와 불신에게 끌리고, 더 안 좋게는, 건강하지 않을 때도 건강하다고 생각하도록 영리하게 우리를 속인다. 그래서 히브리서 저자는 악한 마음에 대한 경고에 덧붙여 "'오늘'이라고 하는 그날그날, 서로 권면하여, 아무도 죄의 유혹에 빠져 완고하게 되지 않도록 하십시오"(13절, 이상 새번역)라는 권고를 추가했다.

우리는 자신의 악한 마음이 어떤 식으로 작동하는지 알아보는 데 도움이 되는 방식으로 매일 서로 교류해야 한다. 나는 소수의 사람과 충분히 교제함으로써 그들이 명백하게든지 교묘하게든지 사랑의 계명을 구체적으로 어떻게 어기는지 어느 정도 파악하는 것이 나의 책임이라고 생각하게 되었다. 그리고 나 역시 일상적 관계에서 다른 사람들이 같은 방식으로 나를 알아가도록 허용해야 한다고 본다.

물론 공공연한 죄가 밝혀질 때, 누군가가 간음을 저지르거나 사업에서 속임수를 쓰는 등 하나님의 거룩한 규범을 어길 때는 회복을 바라는 겸손한 마음으로 죄지은 사람의 잘못을 지적해야 한다. 그러나 서로의 죄악성을 다루려는 우리의 노력이 그런 공공연한 죄나 관계상의 명백한 갈등을 해결하는 데 거의 다 쓰인다는 것은 문제다. 고통을 겪지 않겠다는 결심은 우리를 이끌어 타인과 관계를 맺어야 할 소명에 대해 여러 방식으로 소홀히 하게 만드는데, 이렇듯 교묘하게 자기를 보호하는 죄는 눈에 잘 띄지 않고 다뤄지지도 않는다. 이런 자기 보호의 패턴들은 사람들이 힘차게 관계를 맺지 못하도록 방해하기 때문에 비극적이다. 서로 잘 지내고 함께 있기를 즐거워하는 다정한 사람들이 모여 성경을 공부하고 기도할 수 있지만, 그 구성원 대부분은 그 시간이 자신에게 깊은 영향을 주지 못한다는 것을 안다. 격려나 가르침을 받을 수는 있으나, 기독교의 실제를 역동적으로 보여주어 다른 이들의 마음을 사로잡는 사람으로 변화되지는 못한다.

그리스도인들에게는 관계 형성에 있어서 두 가지 선택지밖에 없다. 서로의 분투와 죄성에서 적당한 거리를 두고 편안하게 떨어져 있거나 골치 아픈 문제를 건드리는 것이다. 첫 번째를 선택하면 교회 생활은 평소처럼 이루어진다. 따스하고 예의 바르고 즐겁고 정통적으로 흘러가는 교회 생활은 가끔 누군가의 끔찍한 죄로 혼란에 빠질 때가 있지만, 대체로는 교인들의 삶의 가장 중요한 부분들과 무관하게 이어진다. 두 번째를 선택한 교회는 그로 인해 교회 생활이 원활해지기보다 혼란만 생겨나는 것으로 보일 수 있다. 일부 교인들은 낙담하여 교회 안에 격려가 있기는 한지 의아해할 것이다. 불쾌하게 여기고 교회를 옮기는 이들도 생길 수 있다. 그러나 자기 보호와 요구적 자세라는 골치 아픈 문제들을 직시하고, 사람들이 서로의 상처와 실망을 알게 되고, 정말 중요한 문제들을 실제로 논의할 때, 거기에 삶을 변화시키는 교제의 잠재력이 있다.

나는 지금 두 번째 선택지를 열렬히 주장하고 있지만 우려가 아주 없는 것은 아니다. 우리 삶의 진짜 문제들을 이야기한다고 해서 다른 이들에게 격려를 받을 것이라는 보장은 없다. 취약함을 드러낸 사람들이 결국 제대로 이해받지 못한다고 느끼고, 분투하는 과정에서 당혹감과 부담감에 시달려 결국 절망하는 경우도 너무나 많다. 하지만 결혼이 수많은 방식으로 망가질 수 있다고 해서 독신이 더 좋다고 할 수는 없다. 구성원들의 삶을 정직하게 살피는 집단은 분열되고 망할 가능성도 있겠지만 축복의 능력 또한 갖고 있다. 이 위험은 감수할 만한 가치가 있다. 더 중요한 것은 우리가 이 위험을 감수하라는 명령을 받았다는 것이다. 우리는 서로를 대할 때 죄의 기만성 때문에 완고해지지 말라는 말씀을 들었다.

여기서 나는 몇 가지 경고를 밝혀 두고 싶다. 이것은 정직한 교제의 긍정적인 잠재력을 깨닫고 그 위험의 일부를 최소화하는 데 도움이 될 것이다. 첫째, 우리의 최종 목표는 정직한 나눔이 아니라 사랑이라는 것을 기억해야 한다. 누군가에게 내 생각을 말하는 것이 상대의 행복에 대한 관심과 무관할 때가 있다. 관계가 발전하는 과정에서는 말하지 말고 넘어가야 할 것이 많다. 상대를 사랑하면 그에게 불필요한 상처를 줄 것 같은 말은 삼가게 된다. 자기 보호를 위해서가 아니라 사랑으로 인해 나눔의 한계가 정해진다.

둘째, 좋은 교제의 특징은 대결이 아니라 지지와 친절이다. 누군가의 죄를 찾아낼 목적으로 모여서는 안 된다. 모임의 분위기가 방어적이고 과민하고 냉랭하다면, 관심의 초점이 깊은 갈망의 이해보다는 악한 전략의 폭로에 가 있지 않은지 살펴봐야 한다. 반대로, 모임의 분위기가 다정하고 따스하긴 하지만 어쩐지 공허하게 느껴진다면, 구성원들이 서로에게 있는 자기 보호의 문제들을 정직하게 다루기를 두려워하고 있는지도 모른다.

건강한 모임의 분위기는 자동적으로 생기지 않으며, 시간, 기도,

신뢰라는 옥토에서 자라난다. 내면으로부터의 변화를 격려하기 위해 모이는 집단은 식사를 하면서 가벼운 대화를 나누고, 즐거움을 나누기 위한 시간을 따로 갖고, 같이 모여 기도하고 예배하는 일을 잘한다. 자기 보호라는 위협적인 사안을 다루는 모임이 올바로 기능하려면 공인된 영적 틀과 함께 따스함과 지지의 분위기가 꼭 필요하다.

셋째, 의미 있는 관계가 서로의 죄를 드러내려는 노력에 앞서야 한다. 과거의 관계와 앞으로 예상되는 관계의 수준이 드러남의 수위를 결정한다. 지역 교회에서 내가 방어적 패턴에 대해 솔직하게 의견을 주고받을 만큼 깊은 관계를 맺을 수 있는 사람의 수는 손에 꼽을 정도다. 누구도 교인 전체를 상대로 치부를 드러내는 사역자로 자임해서는 안 된다. 내 인상이 강압적이라는 누군가의 말을 듣고 내가 그 말을 잘 받아들일 수 있을지 여부는 그 사람이 나에게 진정한 관심이 있다고 얼마나 확신할 수 있는지에 어느 정도 달려 있다. 비판적인 의견 제시를 즐기는 사람이라면 내게 그런 말을 할 자격이 없다. 그런 즐거움은 의견을 제시하는 그의 목적이 사랑보다는 자기 보호에 있음을 드러낸다.

우리는 이상의 경고 사항을 염두에 둔 채 우리 삶과 다른 이들의 삶에 대해 정직하게 이야기할 기회를 지속적으로 달라고 기도하며 그런 기회를 적극적으로 찾아나서야 한다. 진리에 대해 배우는 자리일 뿐 자신의 관계 안에서 일어나는 일을 절대로 직접 다루지 않는 이른바 제자 훈련 모임에 안주해서는 안 된다. 하나님의 성령께 간구하여 인도를 받고 하나님의 말씀을 논의를 이끌어 줄 틀로 삼은 상태에서 서로의 삶을 함께 들여다본다는 분명한 목적으로 모이는 그리스도인들에게는 좋은 일이 있을 것이라고 기대할 수 있다.

각 구성원은 모임의 목적을 이해해야 한다. 주일학교 수업의 목적은 모여서 성경의 가르침을 체계적으로 배우는 것이다. 그리스도인들은 설교 중심의 예배에 참석하여 하나님의 말씀으로 가르침과 감화를 받고자 한다. 어떤 소그룹은 심화된 성경 공부를 하거나 구체적인 사역을 계획하거나 교제를 나누기 위해 모인다. 내가 묘사하고 있는 그런 모임에 나오는 사람들도 모임의 목적을 알아야 한다. 그 목적은 서로가 자기 보호에 덜 물든 관계 방식을 발전시키도록 돕기 위해 자신이 다른 사람을 관찰하며 발견한 진실을 사랑의 마음으로 말하는 것이다. 그런데 이 목적이 실현되려면 사람들을 이해하는 합의된 틀이 있어야 한다. 내가 볼 때는 깊은 갈망과 자기 보호라는 두 개념을 어느 정도 논의하면 그것이 서로의 삶을 들여다볼 틀이 될 수 있고, 그것이 다시 통찰력 있는 대화에 불을 붙이는 것 같다.

우리의 모임에는 목적과 틀뿐 아니라 적절한 진행 방식도 필요하다. 특정한 저녁 모임이 갖가지 좋은 방향으로 흘러갈 때 거기에 맞출 수 있을 만큼 융통성이 있되, 별다른 일이 없어도 모임이 흐트러지지 않도록 구조화된 형식이 있어야 한다. 성경의 특정한 책을 다루는 전통적인 성경 공부라면 괜찮은 형식이 될 것이다. 테이프 시리즈를 듣거나 "나는 무엇을 회피하는 경향이 있는가?", "인격적 친밀함이 주는 기쁨에 대해 나는 무엇을 아는가?" 같은 주제를 다루는 것도 좋은 대안이 될 수 있다. 모임 구성원들이 지금까지 어떻게 살아왔는지 나누는 것 역시 유익할 것이다. 크게 실망한 일들과 기쁜 일들을 포함한 개인사를 이야기하다 보면 채워지거나 채워지지 않은 깊은 갈망과 주목해야 할 악한 전략들을 더 잘 이해할 수 있을 것이다. 진행 방식의 핵심은 정해진 형식을 지키기보다는 모임 구성원들의 상호작용 가운데 일어나는 일을 관찰하는 데 집중하는 것이다.

내가 속한 소모임에서는 한 여성이 남편을 계속 '구해 내는' 것처럼 보였다. 그 여성은 자녀들을 향해 분노 표출하기를 자제할 수 있도록 모임에 도움을 청했다. 한 구성원이 그에게 남편이 아이들의 삶에 적극 관여하는지, 그의 부적절한 분노에 어떻게 반응하는시 물었다. 그가 대답했다. "글쎄요, 남편은 나만큼 아이들과 많이 함께 있지 않아요. 허구한 날 늦게까지 일하거든요. 남편이 집에 있을 때 내가 아이에게 분통을 터뜨리면 그는 나를 빤히 쳐다보기만 해요. 하지만 그이는 정말 좋은 아버지예요. 나와 아이들을 사랑해요."

그는 몇 주 간에 걸쳐 "하지만 남편은 정말 좋은 아버지예요"라고 여러 번 되풀이했고, 그 말을 들은 누군가가 남편을 공격하지 않기 위해 일부러 그를 변호하는 패턴이 있다고 지적했다.[1] 그 말이 계기가 되어 그는 자신이 얼마나 화가 났고 남편이 자신을 실망시킨 일에 얼마나 마음이 상했는지를 정직하게 다루지 않고 있음을 깨닫게 되었다.

그 부부는 각자의 상처와 그로부터 달아나기 위해 사용해 왔던 전략들을 인정하게 되면서 새로운 차원에서 의사소통을 시작했다. 그들은 자신들의 목마름을 하나님께 깊이 맡기는 법과 방어적이지 않은 자세로 서로에게 다가가는 법을 배우고 있다. 그들이 걸어 온 길은 울퉁불퉁했지만, 이제 그들의 부부 관계에는 이전의 16년 결혼생활에서 볼 수 없었던 따뜻함과 진정한 배려가 가득하다.

우리의 모임에는 목적, 틀, 진행 방식에 더해, 끝으로 리더가 필요하다. 하다못해 조직가라도 있어야 한다. 리더의 자격에는 정직한 인격(자신의 삶을 깊숙이 들여다볼 의향), 공감적 감수성(자신의 고통을 직시하고 그것을 주님께 맡기는 법을 배울 때 자라나는 성품적 특성), 그리고 사람들의 마음과 행동의 작동 방식에 대한 모종의 인식이 포함된다.

더 깊은 차원에서 관계를 맺고 싶은 마음과 정직한 의견을 주고받으며 지지하고 격려하는 교제에 이르고자 하는 마음이 있다면, 관심사를 공유할 만한 소수의 사람들에게 이야기를 꺼내보라. 당신의 생각을 설명하고 구성하고자 하는 소그룹의 목적, 틀, 진행 방식을 논의하라. 몇 사람이라도 흥미를 보이거든 첫 모임의 날짜를 잡으라. 그 다음 천천히 진행하라. 사람들을 '정직한' 상호작용으로 몰아붙이지 말라. 전략보다는 갈망에 더 민감하라. 적어도 처음에는 그렇게 하라. [깊은 갈망과 자기 보호를 살핀다는] 모임의 틀을 충분히 설명하여 사람들이 자신의 삶에 대해 주의 깊게 생각하도록 자극하라.

좋은 시간을 함께 즐기라. 놀고, 먹고, 잡담하고, 예배하고, 기도하고, 공부하라. 모임 시간에 함께 있는 것에 대한 편안한 기대감이 조성되게 하라. 어쩌면 몇 달 후(시점은 훨씬 이를 수도 있고 훨씬 늦을 수도 있다) 모임의 상호작용이 보다 개방적으로 이루어지게 해보자고 제안하라. 저항이 있거든 저항의 내용을 부드럽게 살피고 그래도 저항이 이어진다면 존중하라. 자신이 원하는 속도로 일을 추진하려 하지 말라. 기다리고 기도하라.

결국 모임을 더 높은 단계로 끌어올릴 기회가 찾아올 것이다. 먼저 당신에 대한 의견을 달라고 요청해 보라. "저는 사람들에게 아주 가까이 다가가는 것이 어렵습니다. 제가 진정한 우정을 나누기에는 너무 바쁜 사람이거나 부담스러운 사람이라는 인상을 주지는 않는지 모르겠습니다. 여러분 각자가 이 모임에서 저를 어떻게 경험했는지 말씀해 주시면 감사하겠습니다. 이 말을 하는 지금을 포함해서 말입니다. 저는 여러분에게 어떤 느낌을 줍니까?"

기억하자. 대화의 주제를 성경의 내용이나 지난주에 있었던 일에서 모임의 구성원들 사이에 지금 일어나는 일로 바꾸는 것은 극도로 어렵다. 그것은 자주 읽던 결혼에 관한 책을 내려놓고 실제로 한 여성에게 청혼하는 일만큼이나 충격적인 변화일 수 있다. 본인도 불편할 테고 다른 사람들도 불편해할 것이다. 모임에서 탈퇴하는 이들이 나올 수도 있다. 그것은 당신이 너무 빨리 움직였기 때문일 수도 있고, 그렇지 않을 수도 있다. 어느 쪽인지 알 수 없을 때도 있을 것이다. 혼란과 실망을 받아들이고 계속 나아가라.

어떤 이들은 모임이 운영되는 방식, 특히 당신이 모임을 운영하는 방식에 불만을 토로할 수도 있다. 그러면 그들의 태도와 감정을 살펴보라. 방어적이고 심지어 성난 대화를 몇 차례 나누게 될 수도 있다. 관계로 가는 길은 결코 순탄하지 않음을 명심하라. 그 길 외의 선택지는 누구의 마음도 깊이 건드리지 않는 정중한 대화로 물러나는 것뿐이다. 그러니 비용을 계산한 다음 계속 진행하라. 인내심을 발휘하고 끈기 있게 버티라. 동료 신자들과의 강렬한 상호작용을 통해 자신에 대해 배우는 것은 비길 데 없는 성장의 기회를 제공한다. 하나님의 성령과 하나님의 말씀은 정말 중요하지만, 하나님의 사람들의 힘을 과소평가해서는 안 된다. 세 발 의자에 다리가 두 개 밖에 없을 때는 그리 안정적이지 않다.

이 책을 쓰고 25년이 지난 지금, 나는 당신이 방금 읽은 모든 내용에 집중하는 소그룹에 속해 있다. 모임을 시작한 지 7년이 넘었다. 이제 우리는, 진정한 친밀함에 이르는 일이 어렵고 까다롭긴 하지만 그것은 정말이지 감탄할 만하고 가능한 일이라는 것을 안다. 우리는 계속해서 어려움을 직시하고 성장한다. 그래서 참 좋다.

하나님의 성령, 하나님의 말씀, 하나님의 사람들, 이 셋은 자기 보호의 악한 전략들을 파악할 수 있는 도움의 원천이다. 목마름을 의식하는 것이 가장 먼저 이루어져야 하고, 자기 보호를 인식하는 것이

그 다음이다. 마지막으로 내면을 들여다보고 알게 된 목마름과 죄에 대해 뭔가 조치를 취해야 한다.

지금까지 우리는 목마름에 이끌려 사람들이 어떤 식으로 터진 웅덩이를 파는지 생각해 보았다. 이제는 터진 웅덩이 파기를 멈추고, 삽을 내려놓고, 생수의 근원 깊은 곳에서 물을 길어 마실 방법을 배울 시간이다.

IV
내면으로부터의 변화

"내면에서 일어나는 모든 일을 직시하고서
어떻게 살아남을 수 있을까?"

Chapter 10

문제 정의하기

변화를 위한 노력에서 가장 중요한 질문은 다음의 뻔한 내용이다. '정확히 무엇이 잘못되었을까?' 우리 내면에서 무슨 일이 일어나고 있기에 우울함, 염려, 성도착증, 적대감을 비롯해 우리를 괴롭히는 여타 많은 문제가 생기는 걸까? 우리의 기만적인 마음 안에 그리스도를 따르겠다는 진실한 헌신과 제대로 살겠다는 새로운 결심이 미치지 못하는 뭔가가 숨겨져 있는 걸까? 대부분의 상담 활동은 내면으로부터의 변화가 일어나기 위해 바로잡아야 할 중요한 문제를 놓치고 있는 걸까?

문제는 어디에나 있다. 엄마아빠 노릇을 다하느라 분투하는 편부모, 절망적일 만큼 나약한 남편과 결혼 생활을 하면서 여자로서 시들어가는 아내, 음란물을 보고 싶은 주체하기 힘든 충동과 가끔씩 싸우는 남자, 사랑하는 부모를 향한 적개심으로 마음이 갈라진 십대.

때로는 인간의 고통이라는 현실이 그야말로 너무나 커 보인다. 모두가 나름의 고통스러운 사연을 갖고 있다. 내가 듣는 일에 한계를 느낄 때, 남의 이야기를 정말 충분히 들었다고 생각할 때, 친구가 전혀 뜻밖의 마음의 짐을 내게 털어놓는다. 그러면 현실에 싫증 내던 나의 안일함이 산산 조각나고 하나님께 지금 일하시는 것 보다 더 많이 일해 주십사 절박하게 부르짖게 된다.

나의 이런 관점은 직업 탓에 왜곡되었을 가능성도 있다. 매일 암환자를 치료하다 보니 건강한 사람들도 있다는 사실을 잊어버리는 암 전문의처럼 말이다. 그러나 '건강한' 친구들과 스스럼없는 대화를 나눌 때도 나는 그들의 삶이 보이는 것만큼 안정되어 있지 않거나, 자기 인식과 대인관계에서 깊이를 희생한 대가로 유쾌함을 유지한다는 것을 자주 발견한다.

그리스도인들은 우리가 타락한 세상에서 살아간다는 사실을 기억해야 한다. 이 사실은 엄청나게 중요한 의미를 담고 있다. 모든 것이 뭔가 정말로 잘못되었다는 것이다. 그러므로 우리 삶과 타인의 삶을 정직하게 들여다보면 중요한 문제들이 드러날 것이라고 예상해야 한다.

상황이 엉망이라고 해서 낙심하여 물러나거나, 냉소적 무관심으로 일관하거나, 얄팍하게 개인적인 위로를 추구할 필요는 없다. 두 손 들어 패배를 인정하고 침울하게 하루하루를 살아갈 필요가 없다. 세상을 더 낫게 만드는 노력을 어리석게 여기는, 환멸에 빠진 잘난 사람들과의 오만한 대화로 도피하는 것은 해답이 아니다. 텔레비전 시청, 분주함, 유쾌한 우정, 즐거운 종교 생활을 통한 기분 전환으로 괴로운 현실을 잊는 것 역시 답이 아니다. 우리는 삶을 변화시키는 진리로 들어가라는 부름을 받았다. 우리의 삶과 타인들의 삶의 불편한 현실 속으로 들어가야 한다.

그러나 문제가 있다. 우리가 받아들이는 진리와 따르려 애쓰는 원칙들이 그리 많은 사람들을 변화시키는 것 같지 않다는 문제다. 그 진리와 원칙들 덕분에 우리가 계속 전진하는 것이겠지만, 거기에는 다른 사람들의 마음을 끄는 강한 활력이 없다. 우리는 자신을 재정비하고 번듯한 모습을 갖추어 하나님을 위해 사는 사람처럼 보이지만,

내면의 실상은 성경이 약속하는 올바른 모습과 상당히 다르다. 뭔가가 빠져 있다. 뭔가 잘못되었다. 그리고 우리는 그 사실을 안다. 의사의 지시를 신중하게 따르지만 애초에 의사를 찾게 만든 통증이 가시지 않는 환자처럼, 우리는 처방받은 약으로 심각한 문제가 낫지 않고 있다는 (정당한) 염려를 한다.

내면을 들여다보고 유익을 얻으려면, 변해야 할 핵심 문제를 명확하게 정의하고 시작해야 한다. 그 문제가 무엇일까? 드러내고 박박 닦아 내야 할, 잔과 대접의 속에 있는 더러움은 무엇일까? 욱하는 성질? 자제력 부족? 어린 시절의 충격적인 기억? 가식적인 헌신? 극심한 불안? 정신병? 제어가 안 되는 신경과민? 자기연민? 성경에 대한 무지? 게으름? 부정적인 자기 대화? 완고한 죄성? 허무감? 무엇을 처리해야 죽는 날까지 실질적이고 점진적으로 변화할 수 있을까? 어떤 문제를 바로잡아야 내면에서부터 변화가 일어날 수 있을까?

문제를 명확하게 알아볼 때에야 비로소 우리는 해결책의 진가를 깊이 깨닫게 될 것이다. 죄의 추함을 온전히 파악할수록 그리스도의 십자가가 더욱 소중하게 느껴진다. 이 책의 마지막 4부에서는 먼저 문제를 정의하고(10장), 그 다음에 진정한 변화로 가는 길을 제시하려고 한다(11-14장).

우리 죄를 직시하기

무엇이 변해야 하고 깊이 있는 변화는 어떻게 일어날 수 있을까? 이 주제를 다룰 준비를 하면서 세 가지 예비적인 생각이 떠올랐다. 첫째, 몇몇 독자들은 지금쯤 초조함을 느낄 것이다. "좋아요, 내가 원하는 걸 나 가실 수 없다는 것 인정합니다. 내 깊은 갈망들은 온전히 채워지지 않아요. 그리고 내가 어떻게든 만족을 얻으려고 열심히 노력한다는 것도 알겠어요. 그게 자기 보호적인 모습이겠지요. 하지만 내 문제를 극복하기 위해 무엇을 해야 한다는 건지는 아직도 잘 모르겠어요."

언제 이론적 논의를 정리하고 실천적인 내용으로 들어갈지 궁금해하는 이들도 있을 것 같다. 부드럽게 말하자면, 우리의 고통 속으로 들어가고 우리 죄를 직시하는 것은 절대 이론적인 일이 아니다. "그래서 이제 뭘 해야 하나요?"라고 묻는 사람들은 대개 여전히 실망의 언저리에서 벗어나지 못하고 있다. 그들은 각자의 인생에 만만찮은 상처가 있었음을 인정하지만 '곧장 본론으로 들어가자'는 불굴의 태도로 슬픈 감정을 무디게 하려고 (흔히 무의식적으로) 열심히 노력하는 것인지도 모른다.

내면세계의 진짜 문제가 철저히 드러나서 겸허해지고 "불쌍히 여기소서!"라고 무력하게 부르짖게 될 때, 우리는 더 이상 어떻게 하면 변화할지 가르침을 요청하지 않는다. 우리는 하나님의 성품과 선하심 안에서, 예수 그리스도의 복음 안에서 안식한다.

실천적인 내용을 기대하고 초조해하는 사람들이 자신의 죄를 절실히 인식하고 있는지 의심스럽다. 그들은 간음, 거짓말, 신학적 타협 같은 죄들에 관심을 갖는다. (편리하게도) 자신들은 짓지 않는 죄들에 말이다. 자기 보호는 그들이 생각하는 죄의 범주에 들어가지 않는다. 그리고 그들이 자신의 자기 보호의 죄를 바라보게 되면 그저 합당한 행동으로 보일 뿐이다. 사랑하지 않는 것이 얼마나 추한 일인지 알아보는 사람은 아주 적다. 사랑하지 않는 방식이 교묘할 때는

특히 더 그렇다.

변화의 과정을 이해하려면 깊이 있는 변화가 어디에서 오는지 깨달아야 한다. 뭔가를 하려고 아주 열심히 노력해서라기보다 우리 내면의 삶의 현실을 기꺼이 직시하려는 마음 때문에 깊이 있는 변화가 일어난다. 인격적 진실성, 어떤 것에 대해서도 가장하지 않겠다는 다짐이 내면에서 시작되는 변화의 전제 조건이다.

이 다짐은 지키기가 어렵다. 실망이 꽉 차오르다 못해 압도적 슬픔에 짓눌리고 분노가 고통으로 바뀔 때, 아버지가 곁에 있어 주고 어머니가 소유욕 없이 돌봐 주기를 바라는 마음이 사무치게 느껴질 때, 우리는 존재의 핵심까지 흔들릴 것이다. 그런데 그런 고통이 진정한 변화의 출발점이다. 누구도 해결하지 못했고 앞으로도 결코 해결하지 못할 바를 우리가 절실히 갈망한다는 무서운 실상을 직시해야만 우리는 다른 사람들에게 내 목마름을 채워 달라고 요구하는 일을 포기하고 부서진 마음으로 겸손하게 하나님을 의지하며 바라보게 된다.

대부분의 사람들에게는 생각하고 싶지 않은 기억이 있다. 사소해 보일 수 있지만 깊이 생각해 보면 실체가 드러나는 부모와의 고통스러운 순간들 또는 성적 학대나 정서적 학대 같은 비통한 사건들 말이다. 과거의 고통을 무시하는 것만이 사리에 맞는 일처럼 보일 때도 있지만, 우리 영혼 안에는 맹렬한 분노가 감추어져 있다. 며칠을 굶었을 때 느끼는 허기와 우리에게 먹을 것을 줄 수 있었는데도 거절한 이들에 대한 분노를 부인하는 것은 성숙함의 증거가 아니다. 기근 동안에 굶주리는 그리스도인들은 이교도들과 똑같이 배고픔을 느낀다. 그 배고픔을 인정하는 것은 옳은 일이고 배를 채우기 위해 먹을 것을 찾아나서는 것은 정상적인 일이다. 그러나 배고픔을 인정한 다음 이전에 우리에게 먹을 것을 주지 않았던 이들을 위해 음식을 찾아

나서는 일은 일반적이지 않다. 그것은 기독교적이다. 하늘의 떡이신 분에 대한 열정적 확신 없이는 그렇게 할 수 없다. 그분은 만나로 현재의 우리를 보존하시고 이후에는 잔치를 약속하신다.

우리가 인간관계에 얼마나 실망했는지 직시해야 이전에는 정당해 보이던 것의 추악함을 인식하는 일이 비로소 가능해진다. 이제 껏 누구도 해결해 주지 못했던 나의 갈망을 누군가가 채워 주기를 얼마나 원하는지 깨달을 때, (그제야 비로소) 원하는 바를 얻기 위해서나 더 많은 실망의 고뇌에서 스스로를 보호하기 위해 내가 얼마나 애쓰고 있는지가 보인다.

자신의 실망을 고통스럽게 인식하여 자기 보호의 시도가 죄라는 것을 깨달아야만 비로소 진정한 변화가 일어날 수 있다. 삶의 문제들을 해결하기 위한 '실천적' 조언을 얻으려고 초조해하는 마음 근저에는 내면을 들여다보는 고통을 건너뛰려는 시도가 종종 숨어 있다. 내면의 직시를 피하고 우리의 깊은 실망과 관계적 죄를 직시하지 않으면, 우리는 기껏해야 피상적 변화만 내놓을 수 있을 뿐이다. 대부분의 조언은 하나님의 백성의 상처를 가볍게 여기고 건성으로 치료한다(렘 6:14을 보라).

신비를 받아들이기

깊이 있는 변화가 어떻게 일어날 수 있는지 생각하면서 두 번째로 떠오른 생각은 변화의 과정이 항상 어느 정도 신비로 남는다는 것이다. 변화에 대한 생각을 정리하다 보면, 내가 이해하는 내용보다 혼란스러운 부분에 대해 더 이야기하고 싶은 유혹을 받는다. 그러나 그렇게 하려면 견딜 수 없을 만큼 긴 책이 나올 것이고 분량이 몇 권에 이를 수도 있다. 대체로 명확한 내용을 짧게 다루는 것이 낫다. "우리

지식을 획기적으로 발전시키고 삶을 혁명적으로 바꿔 줄"(혹은 결혼 생활을 변화시키거나 자녀를 사랑스럽게 만들어 주거나 우울감을 활기로 바꿔 줄) 변화의 메시지를 선포하는 사람들을 보면 바울의 이 말이 떠오른다. "자기가 무엇을 안다고 생각하는 사람은, 아직도 그가 마땅히 알아야 할 방식대로 알지 못하는 사람입니다"(고전 8:2, 새번역). 참된 지식은 겸손으로 이어져 더 많은 생각에 열려 있게 만들어 주는 것 같다.

나는 "좋아요, 여기 당신이 기다리던 답변이 있어요. 지금까지 당신의 목사나 상담가가 해온 이야기는 다 잊으세요. 이것이 기독교의 전부입니다. 이것이 성경이 제시하는 변화의 길입니다"라는 태도로 말하고 싶지 않다. 나에게는 전할 말이 있다고 생각한다. 그렇지 않다면 이렇게 책을 쓰고 있지 않을 것이다. 그리고 변화에 대한 나의 생각이 성경에 충실하고 유용할 것이라 믿는다. 그러나 가장 명확한 이론(이 책이 그런 이론을 제시한다는 말은 아니다)이 있어도 신비는 사라지지 않을 것이다. 나는 이 부분을 인식하면서 내 생각을 제시하려 한다.

이론을 판단할 때 '성경에 충실한지' 보아야 한다고 주장하는 것은 물론 합당하다. 그런데 여기에는 나름의 문제가 있다. 보수적인 학자들이 몇 가지 핵심 교리 이외의 모든 신학적 이슈에서 의견을 달리하는 터라 나는 변화에 대한 어느 한 입장이 성경에 충실하거나 비성경적이라고 자신 있게 선언하기가 주저된다. 하지만 어떤 사람들의 생각에는 곧바로 얄팍하다는 인상을 받는다. 자신의 삶이 어떻게 변화되었는지 분석하고 그 과정을 규범적인 것으로 제시하여 성경의 권위를 개인적인 경험으로 대체하는 이들도 있다. 또 어떤 이들은 자신늘의 관계 방식에 특별히 잘 맞는 변화의 이론을 내놓는 것 같다. 일단 시작하고 보자는 적극적인 유형의 이들은 달라지도록 밀어붙이는 변화 이론을 선호한다. 차분하고 따뜻한 사람들은 공감적인 관심을 성장의 중요 요소로 강조하는 변화론에 끌린다.

변화의 모형들을 평가할 때 내가 묻는 질문은 이것이다. 이 모형은 그리스도를 닮은 성품을 만들어 내는가, 아니면 그리스도를 닮은 행동을 만들어 내는가? 이 모형은 진실성, 겸손, 살아 있다는 풍성한 느낌을 만들어 내는 길로 순종과 신뢰를 제시하는가? 아니면 (바람직한 그리스도인의 모습에 대한 누군가의 생각에 따라) 사람들을 그리스도인 비슷한 모습으로 빚어내긴 하지만 그들 안에 위험한 동시에 매력적이고 자유를 안겨 주는 강력한 활력을 불어넣진 못하는가?

어떤 세미나, 교회, 상담가 덕분에 삶이 달라졌다고 상기된 얼굴로 말하는 수많은 사람들을 보면 때때로 밀랍 인형 박물관의 인형들이 생각난다. 인형은 진짜 사람처럼 생겼지만 숨을 쉬지 않는다. 살아 있는 사람처럼 움직일 것 같지만 결코 그렇지 않다. 그들은 우리가 어려울 때나 심각한 고통을 겪을 때 같이 있고 싶은 사람들이 아니다. 그들은 언제나 적절하고 따스한 격려의 말을 건네지만, 별다른 호응을 얻지 못한다. 그들과 대화를 나누고 나서 좀 더 살아 있는 느낌이 드는 경우는 없다. 약간 힘이 나거나 깨우침을 얻는 일은 가능할지 몰라도 결코 살아 있는 느낌을 받지는 못한다.

생명의 분명한 증거인 불꽃을 일으키는 것은 우리 앞에 놓인 숙제이자 신비다. 기법, 이론, 공식, 훈련, 지식, 헌신. 그 어느 것도 생명과 같진 않다. 우리 길의 등불은 우리의 다음 발걸음을 비춰 주지만 앞, 옆, 뒤편의 많은 부분은 어둠 속에 남는다. 내면으로부터의 변화는 결국 언제나 하나님의 역사일 것이고, 그러므로 신비로 남을 것이다. 이것을 기억하면 변화에 대한 어떤 가르침에 대해서든 비현실적인 기대를 품지 않고 하나님에 대한 경외심을 잊지 않는 데 도움이 된다. 하나님의 길은 우리의 길보다 훨씬 높다.

과정을 받아들이기

내면에서 시작되는 변화에 대한 세 번째 생각은 그것이 과정이라는 점이다. 수술의 경우에는 의사가 아픈 부위를 잘라 내면 건강한 몸으로 회복하여 퇴원할 수 있지만, 지속적인 변화는 평생에 걸쳐 이루어진다. 우리(나 다른 사람들)의 반응에서 악한 미성숙함이 보이는 것은 놀랄 만한 일이 아니다.

우리는 심오한 헌신이나 감동적인 예배 같은 극적인 순간이 우리를 영원히 변화시킬 것이라고 생각할 때가 너무나 많다. 그래서 친숙한 지루함이나 강박이나 초조함이 돌아오면 큰 환멸에 빠지기가 쉽다. 그럼 우리는 절대 변하지 않는 것일까? 죄를 가볍게 여기는 안일함은 잘못이지만, 실패한 후에도 계속 나아가게 해주는 내적 위로가 십자가의 유산임을 잊어서는 안 된다. 그리스도의 희생적인 죽음 덕분에 우리는 지속되는 자신의 죄성을 받아들일 수 있다. 우리가 처리해야 할 죄는 언제나 더 있다.

이 책을 쓰면서 내가 가장 두려웠던 순간은 내가 한심할 만큼 변하지 않는다고 느껴질 때였다. 내가 지금 소개하고 있는 개념들이 내 삶을 변화시키고 있는가? 나는 집필 도중에 몇 번이나 펜을 내려놓았다. 다른 사람에게 변화의 방법을 가르칠 자격이 없다는 느낌 때문이었다. 하지만 나는 내 삶의 성장이 뚜렷하다고 믿는다. 하나님이 내 마음에서 일하신다는 증거가 너무나 확실하여 극도의 전율이 일 때가 있다. 그런가 하면 구원이 나의 공로 없이 주어지는 선물이라는 이해가 없다면 나의 영적 상태를 의심할 법한 때도 있다.

변화의 과정은 미국 횡단 여행과 비슷하다. 모든 발걸음이 전진이지만 갈 길이 너무나 멀다. 비결은, 자신이 얼마나 멀리 왔는지를 생각하며 스스로를 격려하는 동시에 계속 전진하겠다는 다짐이 교만으로 인해 약화되지 않게 하는 것이다. 아직 남은 먼 길을 정직하게 바라본다면, 아무리 앞선 성도라 해도 자만할 수 없을 것이다.

이제 내가 앞에서 밝힌 세 가지 요점을 염두에 두고 변화의 방법을 보다 구체적으로 살펴보자. 첫째, 우리 내면의 모든 것에 대한 인식이 무엇을 믿고 행해야 하는지에 대한 일련의 가르침보다 변화에 더 중요하다. 둘째, 변화의 실제 과정은 온전히 설명될 수 없다. 하나님의 성령의 역사를 우리의 범주 안에 깔끔하게 담아내는 것은 불가능하다. 변화에 대한 우리의 이해가 정확할 것이라고 생각해서는 안 되며, 변화에 관한 모든 내용을 다루고 있다고 확신해서도 안 된다. 셋째, 온전히 변화된 사람은 없다. 모두가 성장의 여지가 많다는 사실을 위안으로 삼자. 바울조차 그리스도께서 제공하신 모든 풍요로움을 언급하면서 "나는 아직 그것을 붙들었다고 생각하지 않"는다고 인정했다(빌 3:13, 새번역).

문제 영역 파악하기

나약하고 무심한 남편과 결혼 생활을 하는 여성의 어려움을 생각해 보자. 그는 남편에 대한 만성적인 적개심과 영혼을 갉아먹는 공허함을 인식한다. 남편이 잠자리를 바라고 접근할 때(자주 있는 일은 아니지만) 그는 거기에 응하거나 협조하고 싶은 마음이 전혀 없다. 남편과 대화를 시도하면 그는 더 깊숙이 물러날 뿐이다. "남편을 세워 주라", "남편에게 당신의 진짜 기분을 말하라", "자신의 연약함을 드러내고 결과는 하나님을 신뢰하며 그분께 맡기라" 따위의 조언은 부질없어 보인다. 그는 절박한 상태다. 여자로서 별다른 기쁨을 얻지 못하고 있다. 우울감을 아예 무시하거나 바쁘게 움직여 관심을 분산시키는 방식으로 극복하기가 점점 더 어려워진다. 그때 남편의 동업자가 교묘하지만 분명하게 접근하면서 상황이 더 복잡해진다. 그는 성경적 규범에 따라 살고자 하는 그리스도인인데, 이 남자에게 갈수록 마음이 끌린다. 그것이 무섭다.

그는 자신의 딜레마를 곰곰이 생각하면서 자신에게 세 부류의 걱정거리가 있음을 알게 된다. 첫째는 그의 세계에 있는 문제들이다. 나약한 남편이 그 목록의 첫 번째에 있다. 그가 활기를 회복하고 남자답게 사랑으로 두 사람의 관계를 주도한다면 그의 사랑이 다시 불붙을 수 있을 것이다. 둘째, 마음의 고통이다. 격노, 실망, 공허함이 그를 괴롭히고, 남편을 혐오하는 마음과 딴 남자에게 끌리는 마음이 모두 죄책감을 불러일으킨다. 셋째, 그가 행동으로 짓는 죄다. 그는 남편에게 차갑게 구는 일이 상황에 도움이 안 된다는 것을 안다. 그리고 더 괜찮아 보이는 남자와 만나고 싶은 유혹에 맞서 싸우고 있다.

걱정이 너무 커지자 그는 뭔가 조치를 취하기로 결심한다. 그는 비참하다고 할 수 있을 만큼 불행하고, 자신이 도덕적 타협의 경계 지점으로 걸어가고 있음을 안다. 상황을 바꾸기 위해 할 수 있는 일을 하고 싶다. 문제가 세 가지 범주이니, 셋 모두를 다루기로 한다.

그는 담임목사를 찾아가 남편과 이야기해 달라고 요청한다. 그들은 남편에게는 아내를 확고하게 사랑할 책임이 있음을 깨닫게 해 달라고 하나님께 기도하기로 의견을 모았다. 보다 직접적 개입과 기도는 그의 세계 속의 문제들(범주 1)을 겨냥하여 이루어졌다. 그는 자신을 망가뜨릴 것만 같은 혼란스러운 감정들을 바로잡기 위해 전문가와의 상담을 예약한다. 상담이 마음속의 고통(범주 2)을 다루는 데도 도움이 되기를 바랐다. 담임목사 및 상담가와 대화하면서 남편에게 어떻게 대응하는 것이 좋을지 조언을 구한다. 남편에게 복종하라는 성경의 명령에 따르고 싶지만 특정 상황에서 어떻게 실천해야 하는지 혼란스럽다. 그는 자신의 책임에 대해 곰곰이 생각해 본 뒤, 성경 읽기와 교회 활동에 더 많은 시간을 할애하여 자기 행동의 죄(범주 3)에 맞서 싸울 힘을 강화하기로 다짐한다.

그렇게 몇 달이 흐른다. 그는 자신의 분투를 좀 더 잘 이해하게 된다. 상담을 진행하면서 자신의 아버지가 남편처럼 나약하고 수동적이었음을 깨닫기 시작한다. 상담가는 현재 그가 느끼는 강렬한 분노가 과거의 해소되지 않은 분노를 반영하는 것이라고 설명한다. 그는 자신의 내적 반응에 대한 혼란스러움이 어느 정도 가라앉았지만 마음의 상처는 여전하다. 담임목사와 상담가의 지지에 힘입어, 자멸적인 반감과 못마땅한 감정에 빠지기보다 자신의 삶을 주도적으로 책임지기로 결심한다. 시간제 일을 구하고 테니스 클럽에 가입하고 교회 아동부 예배 시간에 아이들을 돕는 봉사에 자원한다.

담임목사도 상담가도 남편에게 영향을 끼칠 수 없었다. 남편은 여전히 유쾌하고 아내의 삶에 철저히 무심하다. 그리고 그는 결혼 생활에 대해 생각하면 여전히 마음이 아프다. 남편을 다정한 태도로 대하고 그의 욕구에 협조하려고 최선을 다한다. 남편은 아내의 친절한 태도를 보면서 모든 것이 정상으로 돌아왔다는 생각을 굳힌다. 그것 때문에 정말 화가 나지만 자제력을 발휘하고 주님을 신뢰하려 노력하면서 계속 남편을 친절하게 대한다. 남편의 동업자에게 끌리는 마음이 여전히 남아 있지만 잘못된 만남을 피하기 위해 매일 조심한다.

기독교계에서는 남편이 변화를 거부하는 상황에서 이 정도면 괜찮은 결과라고 여길 이들이 많을 것이다. 어떤 이들은 상담을 통한 자기 이해의 가치에 의문을 제기하면서, 남편을 더 친절하게 대하고 교회와 생산적 활동들에 더 많이 참여한 것이 실제로 도움이 되었을 것이라고 생각할 것이다. 그러나 그가 주님을 섬기기로 새롭게 다짐한 일에는 대부분 박수를 보낼 것이다. 그런 다짐이야말로 하나님이 그의 마음에서 일하신다는 증거라고 많은 이들이 말할 것이다.

그러나 마음은 기만적이다. '올바른 마음'을 갖기 위해서는 교묘한 죄를 지을 수 있는 마음의 역량을 이해하고 다루어야 한다. 우리 세계의 문제들, 마음의 고통, 행동의 죄에 더해서 우리는 네 번째 범주의 문제를 인정해야 한다. 그것은 마음의 죄다.

이 세상에서 우리는 피해자이자 행위자다. 우리는 이 세상이 결코 줄 수 없는 것에 목말라하고 그것을 갈망한다. 그러다 보니 모두가 실망을 경험했다. 우리는 다른 이들 때문에 상처를 입었다. 누군가가 우리를 상대로 죄를 짓거나 아무 이유도 없이 고통을 겪을 때마다 우리는 피해자가 된다. 그러나 우리는 무엇이 최선인가에 대한 나름의 생각대로 삶에 반응하는 행위자이기도 하다. 어리석게도 우리는 자기를 만족시킬 방법을 스스로 마련하기로 결심했다. 그래서 다른 사람들을 깊이 사랑할 자유를 주는 방식으로 하나님을 믿고 우리의 갈망을 하나님께 맡기기를 거부한다.

우리는 피해자로서 실망하였고 행위자로서 과실을 지닌다. 다른 사람들이 우리를 상대로 죄를 지었고, 우리는 그들의 죄 때문에 계속 상처를 입는다. 그러나 우리도 죄를 지었고 방어적 관계 패턴으로 우리 생명을 보존하려고 계속 힘쓴다. 우리가 겪는 실망은 마음의 고통을 만들어 내는 우리 세계의 문제들에서 나온다. 우리가 마음속 죄의 결과로 행동의 죄를 지을 때 우리의 과실이 모습을 드러낸다.

무엇이 변화되어야 하는가?

앞에서 그렸던 두 개의 빙산 그림을 다시 살펴보면 이 네 범주와 그 상호관계가 더 선명하게 드러날지도 모르겠다. 우리의 깊은 갈망을 하나의 빙산으로 본다면, 우리 세계의 변화를 바라는 갈망은 빙산의 떠 있는 부분이고 그리스도만 채울 수 있는 갈망은 수면 아래 가라앉아 있는 부분이다. 다른 빙산은 타인과 관계하는 우리의 잘못된 전략을 묘사한다. 우리의 가시적인 불순종 행위는 수면 위로 드러나 있고, 자기 보호적 동기들은 수면 아래에 감춰져 있다. 수면 자체는 우리의 의식적 인식을 나타낸다. 우리가 내면에서 분명하게 인식하지 못하는 문제들은 수면 아래 있다. 하나님의 말씀, 성령, 하나님의 사람들의 도움으로 내면을 들여다볼 때 수위가 내려가고 우리는 자신의 갈망과 죄를 더 잘 인식하게 된다.

문제의 네 가지 범주는 다음과 같이 그려볼 수 있다.

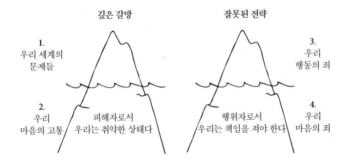

이 그림의 어느 부분에서 우리의 중심 문제를 찾을 수 있을까? 내면에서부터 변화하기 위해 닦아 내야 할 더러움은 어디에 있을까?

우리 세계의 문제들은 우리가 죽을 때까지 이어질 것이다. 주님은 "너희는 세상에서 환난을 당할 것이다"(요 16:33, 새번역)라고 분명하게 말씀하셨다. 야고보는 "너희가 여러 가지 시험을 당하거든 온전히 기쁘게 여기라"(약 1:2)고 가르친다. 우리 세계의 문제들은 무질서하고 불행한 삶의 근원이 아니다. 그 문제들이 더러움인 것은 아니다.

우리 마음속의 고통은 아주 실질적이고 우리의 진을 완전히 빼놓을 수 있다. 그런데 베드로는 박해받는 그리스도인 무리에게 보낸 편지에서 고통이 있다는 이유로 그들을 나무라지 않는다. 대신에 그는 그들로 하여금 보장된 구원을 생각하면서 "말할 수 없는 영광스러운 즐거움"(벧전 1:8)을 누리게 해주는 소망을 건넨다. 우리는 고통의 해소를 목표로 삼는 경향이 있다. 명상 기법, 나쁜 기억의 치유, 내적 투쟁의 카타르시스는 우리의 고통을 직접적으로 다루기 위해 설계된 절차들이다. 그러나 고통 자체는 더러움이 아니다. 우리 주님이 불쌍히 여기시는 괴로움의 원천일 뿐이다.

내면으로부터의 변화를 위해 닦아 내야 하는 내면의 더러움은 우리가 피해자로서 겪는 실망의 고통이 아니라 행위자로서 선택하는 죄와 반역의 오염이다. 우리가 깊이 있게 변화하려면 실망하기 쉬운 우리의 취약함에서 나오는 문제들이 아니라 선택의 책임에서 나오는 문제들을 바로잡아야 한다.

우리 행동의 죄는 분명히 우리가 다루어야 하는 문제다. 고린도 교회의 부도덕한 사람은 노골적인 죄를 지은 데 대해 큰 대가를 치러야 했다. 그러나 바울이 그 사람을 어떻게 다룰지 지시할 때의 의도는 그의 악한 행동을 중지시키는 것 정도가 아니었다. 그는 교회가 "그 사람의 죄의 본성이 멸망을 당하[도록]"(고전 5:5, 옮긴이 사역) 강한 조치를 취하기를 권했다.

행동의 죄는 분명히 문제지만, 그것은 더 깊은 문제의 징후다. 우리 주님은 이렇게 말씀하셨다. "듣고 깨달으라. 입으로 들어가는 것이 사람을 더럽게 하는 것이 아니라 입에서 나오는 그것이 사람을 더럽게 하는 것이니라"(마 15:10-11).

주님이 제자들에게 비유를 들어 이 가르침을 설명하셨을 때, 그들은 요점을 파악하지 못했다. 베드로가 말했다. "이 비유를 우리에게 설명하여 주옵소서."

예수께서는 이렇게 물으셨다. "너희도 아직까지 깨달음이 없느냐. 입으로 들어가는 모든 것은 배로 들어가서 뒤로 내버려지는 줄

알지 못하느냐. 입에서 나오는 것들은 마음에서 나오나니 이것이야
말로 사람을 더럽게 하느니라. 마음에서 나오는 것은 악한 생각과 살
인과 간음과 음란과 도둑질과 거짓 증언과 비방이니 이런 것들이 사
람을 더럽게 하는 것이요 씻지 않은 손으로 먹는 것은 사람을 더럽게
하지 못하느니라"(15-20절).

우리는 우리의 네 번째 범주인 우리 마음속의 죄에서 제거해야
할 더러움을 찾아야 한다. "그래요, 물론 우리 마음이 제대로 되어야
지요"라고 동의하고서는 마음의 문제의 심각성을 외면해서는 안 된
다. 대부분의 사람에게 이 말은 의식적으로 주님을 따르기로 진심으
로 헌신하는 것을 의미할 따름이다. 물론 그것은 좋고 반드시 필요한
출발점이다. 그러나 더 많은 것이 필요하다. 우리 마음은 기만적이기
때문에, 회개를 통해 다루어야 하는 마음의 핵심적인 죄를 자연스럽
게 인식하지 못한다. 변화의 시도들은 대부분 문제의 다른 세 범주에
만 초점을 맞추고 마음속의 죄는 피상적으로 다룬다.

내가 볼 때 마음속의 죄, 수많은 방어적 관계 방식에서 드러나
는 자기 보호적 태도를 어둡고 심각한 죄로 잘 인식하지 못하는 이유
는 간단하다. 우리가 자기 보호적 태도를 인식하려면 자신의 무엇을
보호하고 있는지를 먼저 알아야 한다. 피해자로서 자신이 겪은 실망
을 직시하기 전에는 이후에 나타날 실망에서 자신을 보호하려고 채
택한 전략들을 분명하게 파악할 수 없다. 자신의 심각한 불만(마음
의 고통)을 깊이 인식해야만 만족을 바라는 욕망이 고통을 해소해
달라는 요구(마음속의 죄)가 되었다는 것을 깨달을 수 있다. 우리가
자기 보호를 문제로 규정한다 해도, 우리 삶의 문제를 인식하기 위해
서는 먼저 다른 사람들의 죄성이 우리 마음에 끼친 피해, 애초에 우
리의 자기 보호의 원인이 된 고통스러운 피해와 마주해야 한다.

내면으로부터의 변화는 드문 일이다. 자신의 실망을 제대로 되

돌아보려는 사람은 아주 적다. 실망을 직시하고 큰 괴로움과 슬픔이 가득한 상태에서 확고한 태도로 기꺼이 이렇게 말하는 사람은 더욱 적다. "나의 고통의 문제가 아니다. 가능하다면 어떤 식으로건 나의 고통을 해소하겠다는 결심이 문제다."

고통이 극심한 순간에 자기 보호가 문제라고 말하기는 쉽지 않지만, 우리는 그렇게 해야 한다. 고통의 해소가 최우선순위가 된다는 것은 우리가 하나님을 추구하는 길에서 벗어났음을 의미한다. 고통을 경험하면 우리는 기존의 자기 보호 방식이 굳어지든지 아니면 하나님을 더욱 깊이 신뢰하게 되든지 한쪽으로 내몰린다. 그 경험에 힘입어 우리는 자신의 관계 방식이 다른 사람들을 거침없이 사랑하기보다 안전하게 남아 있겠다는 마음에 어떤 식으로 부응하는지 분명하게 알 수 있다. 자기 보호와 사랑은 정반대이고, 사랑이 최고의 미덕이라면 자기 보호는 최악의 문제다.

나약한 남편을 둔 여성은 자신의 세계 안에 있는 문제에 대해 기도하고, 자기 마음속의 고통을 이해하려 노력하며, 자신의 행동에서 나타나는 명백한 죄에 힘써 저항하는 것 이상의 일을 해야 한다. 자기 영혼 속의 고통을 직시하되 절박한 슬픔이 분노를 압도할 때까지 그렇게 해야 한다. 그 다음에는 자신의 삶을 검토하여 두루 퍼져 있는 자기 보호의 패턴을 인식해야 한다. 사랑하지 않는 자신의 죄성을 깨달을 때, 그는 회개하고 회개의 열매를 맺어야 한다. 회개가 열쇠다. 11장과 12장에서는 우리 마음속의 죄를 회개한다는 것이 무엇을 의미하는지 탐구한다.

우리의 실망을 되돌아보는 일의 가치

이번 장의 주요한 논점을 놓쳐서는 안 된다. 우리가 자기 보호적 행위자로서 얼마나 악한지 보기에 앞서, 취약한 피해자로서 얼마나 실망했는지를 먼저 느껴야 한다. 내 말이 무슨 의미인지 예를 들어 설명해 보겠다.

내가 속한 어느 소그룹은 서로에게 정직한 사랑의 의견을 제시한다는 분명한 목적을 가지고 모인다. 어느 저녁, 한 구성원이 자신의 이야기를 했다. 자신이 다른 사람들에게 공감하는 마음이 그 어느때보다 커진 것을 발견했고 그것이 참 기쁘다며 말문을 열었다. 사람들이 그의 일을 방해할 때, 가끔은 그것을 관계를 형성할 기회로 여기고 기뻐한다는 것이었다. 과거 같았으면 일의 진행을 가로막는 방해물로만 여기고 기분이 상했을 것이라고 했다. 그러나 그는 다른 사람들을 깊이 있게 이해할 힘은 아직 느껴지지 않는다고 털어놓았다. 그는 내가 존경하는 사람이다. 어려운 시기에도 주님을 신뢰한다는 것이 무엇인지 아는 견고한 그리스도인이다. 그리고 이제 그는 자신의 관계의 질에 문제가 있다는 것을 인식했다.

우리는 그에게 어린 시절의 양육 환경에 대해 말해 보라고 했고, 그중에서도 실망스러웠던 때와 그 실망을 어떤 식으로 감당했는지에 초점을 맞춰 보라고 했다. 그는 자기를 무자비하게 과보호했던 고압적인 어머니와 아들을 향한 어머니의 노골적인 소유욕을 보면서도 아무 조치도 취하지 않았던 나약한 아버지에 대한 상당히 끔찍한 이야기를 들려주었다. 그런데 나는 그의 이야기를 들으면서 어떤 실질적인 감정도 감지할 수 없었다. 목소리에 분노가 스며들었던 몇몇 순간을 제외하면, 그의 음성은 전화번호부를 훑으며 사람들의 이름을 읽는 것과 별다를 바가 없었다.

어느 시점에서 또 다른 구성원이 분노로 목소리를 높이며 말했다. "아버지에게 큰 배신을 당했고, 부당하게 어머니의 소유물 취급을 당하셨군요." "네, 맞습니다." 이번에도 그의 목소리에선 감정이

거의 느껴지지 않았다.

그러자 그가 실망스러운 경험 속으로 깊이 들어가기를 거부한다는 것이 모인 사람들이 제시하는 주된 조언이 되었다. 그는 평소와 다른 방어적 태도로(통상 그는 보기 드문 정직함을 보여주는 사람이다) 우리의 의견에 대답하면서, 자신은 극심한 실망을 경험했고 과거의 고통에 다시 사로잡히는 상황을 자초하는 것이 무슨 가치가 있는지 모르겠다고 응수했다.

"나의 고통에 초점을 맞추고 내가 얼마나 심각한 피해를 입었는지만 생각해야 한다는 겁니까? 나는 인생을 어떻게 잘 살아갈 수 있는지 아는 데 관심이 있습니다. 지난 일은 이미 지난 일입니다. 나는 현재의 사람들과 관계를 잘 맺는 법을 배우고 싶습니다."

성경은 우리에게 뒤에 있는 것은 잊으라고 말한다. 하지만 그것은 깊이 숨겨진 고통스러운 과거에 대한 현재의 반응을 무시하라는 의미가 아니다. 성장을 위한 전투는 여러 전선에서 치러져야 하는데, 이 전투에서 무엇보다 필요한 것은 지금 우리 안에서 일어나는 모든 일을 살피고 인정하기로 의지적으로 선택하는 태도다.

그러나 현재 그가 사람들과 잘 어울리지 못하게 막는 문제는 지식과 기술, 의지력의 결핍이 아니었다. 그 문제는 그가 어린 시절과 이후 여러 차례 느꼈던 것과 같은 고통을 절대 경험하지 않겠다는 자기 보호의 다짐이었다. 그는 어머니의 말에 충실히 따르는 법을 배운 사람이었다. 그는 어머니와 마음을 따스하게 나눌 엄두를 내지 못했

다. 그렇게 했다가는 어머니는 빨아들일 듯한 소유욕으로 아들을 더욱 휘둘렀을 것이다. 사무적인 태도로 순종하다가 가끔씩 분노를 터뜨리는 것이, 그가 독립적인 정체성의 외양이나마 어느 정도 유지할 수 있는 가장 안전한 전략이었다. 그는 이런 자기 이해와, 어린 시절에 자신을 존중하면서 사랑하는 사람을 얼마나 갈망했고 지금도 얼마나 원하고 있는지에 대한 뼈아픈 인식을 통해 자신의 현 상황을 알아볼 수 있는 위치에 있었다. 그는 현재의 관계들에서 과거와 같은 실망을 겪지 않기 위해 자꾸만 달아나고 있었다. 그가 현재의 관계 방식을 변화시키기 위해 취해야 하는 첫 번째 행동은 자신을 열어 과거의 고통을 느끼는 것이다. 그제야 비로소 그 고통을 다시는 느끼지 않겠다고 자신이 얼마나 깊이 다짐했는지 깨달을 수 있을 것이다. 그제야 비로소 자기 보호 전략들의 추악한 모습이 낱낱이 드러날 것이다. 그는 자신의 관계 방식(학문적인 것이든, 성난 것이든, 아니면 [드물게 나타나는] 따스한 것이든)이 다른 사람들과 적당한 거리를 유지하기 위한 수단임을 알아보게 될 것이다.

많은 요소들이 결합하여 진정한 변화를 촉진한다. 그는 다른 사람들과의 더 깊은 관계로 들어가기 위해 자신의 고통을 보다 깊이 느끼고 자기 보호의 죄를 직시해야 했다. 자신의 실망을 제대로 돌아볼수록 죄를 보다 철저히 직시할 수 있다. 피해자로서의 고통을 느끼지 않으면, 죄에 대한 우리의 정의는 눈에 보이는 범죄 행위들로 제한될 것이다.

실망을 느끼는 일에는 또 다른 이점이 있다. 실망할 때 우리는 부모님과 배우자, 자녀와 친구들이 우리에게 베푸는 온갖 친절과 그들이 보여주는 특성들에 진심으로 감사하게 된다. 어떤 사람들은 자녀를 깊이 아끼고 자녀의 행복을 위해 자신을 희생하는 훌륭한 부모님을 복으로 받았다.

나는 꽤 큰 자녀(두 아들은 이제 19살과 17살이다)들의 아버지이고, 그들을 실망시켰음을, 때로는 크게 실망시켰음을 안다. 그러나 나는 아이들에게 좋은 일도 많이 했다고 생각한다. 부모로서의 나를 현실적으로 평가한다면 꽤 높은 점수가 나올 것이다. 불완전한 사랑으로 늘 얼룩져 있지만 그래도 높은 점수가 나올 것이다. 아내도 좋은 어머니이고 아이들의 진정한 감사를 받을 자격이 있다. 내 아이들이 이 책을 읽기를 내가 정말 원할까? 아이들이 내가 어떤 식으로 자기들을 실망시켰는지 꼼꼼히 되돌아본다면 기쁠까? 나는 그렇다고 분명하게 답할 수 있다. 그들이 더 깊이 사랑하기 위해서 자신들의 실망을 직시한다면 말이다.

우리 문제의 중심에는 언제나 불완전한 사랑이 있다. 누군가가 부모가 안겨 준 고통을 다 잊은 척 하고 부모에게 고마움을 표현한다면, 그의 감사는 피상적일 뿐 아니라 자기 보호적이라고 할 수 있다. 사랑은 상대의 결점에 결코 눈감지 않는다. 사랑은 상대의 결점을 분명히 보되 그것에 위협을 느끼지 않는다. 실망을 인정하되 용서하고 상대와 따뜻한 관계를 이어 간다. 나를 부당하게 대우한 사람의 행복에 애정 어린 관심이 있는가, 이것이 사랑의 척도다.

다른 사람이 나를 어떻게 실망시켰는지 똑바로 바라볼 때, 우리는 그에게 나를 잘 사랑해 달라고 요구하는 일에서 자유로워질 수 있다. 부모의 사랑에 대한 강박적인 과대평가는 종종 그들의 부모 노릇에 대한 현실적인 판단보다는 사랑받고 싶은 우리의 욕구를 반영한다. 부모에게 아무것도 요구하지 않을 때 우리는 무엇이든 그들이 주는 것에 감사할 수 있다. 부모에게(그리고 다른 누구에게라도) 그들이 줄 수 있는 것 이상을 요청해서는 안 된다. 부모(나 배우자, 자녀, 친구)에 대한 적개심은 그들이 우리를 만족시켜야 한다고 요구하는 의존성에서 자라난다. 다른 사람의 실패를 분노와 불평의 눈길로 바라보는 것과, 그들의 행동이 촉발한 우리의 실망을 정직하게 인정하는 것은 다르다. 후자는 적개심을 몰아낼 수 있지만, 전자는 적개심을 강화한다.

외적 요인들로 생겨난 모든 문제의 가장 깊은 뿌리에는 손상된 사랑이 있다. 심리적 어려움과 정서적 문제들을 '기능 장애'라고 부르는 것은 이치에 맞는 일이다. 그것들에는 나름의 기능이 있기 때문이다(여기서 저자는 functional이라는 단어로 말놀이를 하고 있다. 통상 functional disorder는 기능 장애, 즉 기능상의 장애, 기능적 장애를 뜻하지만, 여기서 저자는 이 표현을 '기능이 있는, 기능하는' 장애의 뜻으로 읽어 내고는 이후 여러 심리적 정서적 장애의 '기능'을 말하고 있다―옮긴이). 거식증에는 합당한 자아 정체감과 영향력을 상실한 여성들에게 자신의 내적 충동과 다른 사람들의 감정 모두를 통제할 수단을 제공하는 기능이 있다. 다른 사람들이 그들에게 죄를 지었고 그들이 다시 죄를 짓는다.[1]

우울한 이들은 다른 사람들에게 실망한 과거가 있고 끔찍한 내적 공허감을 느낀다. 그들의 반응은 자신을 온전하게 지켜 줄 것이라 믿는 특정한 목표나 특별한 사람을 절박하게 붙드는 것이다. 그들이 그 목표에 이르지 못하거나 특별한 사람이 그들을 저버리면 우울증이 시작된다. 다른 사람들이 그들에게 죄를 지었고 그들이 다시 죄를 짓는다.

남성 동성애자들은 여성과의 친밀한 관계가 요구하는 것을 여성에게 줄 자신이 없다. 그들은 남자와의 관계가 훨씬 더 편안하게 느껴진다. 동성 관계에서는 자신에게 없는 것 같은 그 무언가를 요구받지 않기 때문이다. 그들이 자신의 남성성을 의심하는 것은 개인적 선택이라기 보다는 해로운 영향들의 결과다. 그리고 자신의 의심을 직시할 필요가 없는 곳으로 가서 친밀함을 나눌 기회를 찾는 것은,

자신의 수단을 동원해 깊은 문제들을 다루려는 시도다. 그것은 터진 웅덩이를 파는 일이다. 다른 사람들이 그들에게 죄를 지었고 그들이 다시 죄를 짓는다.

다들 누군가의 죄로 피해를 당한 적이 있다. 우리 모두 죄를 짓는다. 당신은 제대로 나를 사랑하지 않았고 나 역시 당신을 사랑하지 않았다. 당신이 나를 사랑하지 않은 것은 내게 고통스러운 일이고 때로는 지독히 실망스러운 일이다. 그러나 나를 향한 주님의 사랑은 온전하다. 당신이 나를 사랑하지 않아서 생긴 상처가 주님의 사랑으로 없어지는 것은 아니지만, 그분의 사랑은 당신이 이후에 나를 사랑하지 않을 우려가 있어도 내가 당신을 사랑할 수 있는 온전한 사람이 되는 데 필요한 모든 것을 준다.

그리고 당신을 사랑하는 것이 나의 책임이다. 내게 기쁨과 온전하다는 느낌을 경험하게 해주는 것은 상당 부분 (나를 향한 당신의 사랑이 아니라) 당신을 향한 나의 사랑이다. 내가 사랑할 수 있는 것은 하나님이 나를 완벽하고 온전하게 사랑하시기 때문이다. 그리고 당신을 향한 나의 사랑은 중요하다. 그 사랑이 당신을 그리스도께 이끌 수 있다. 그 사랑이 그분의 계획 안에서 내 삶에 힘과 가치를 부여하고, 하나님께 영광을 돌리게 한다. 내가 자기 보호적 태도 없이 흔들리지 않고 당신을 사랑하는 법을 배울 때, 풍성한 삶이라는 간절히 기다린 현실을 향해 조금씩 나아가게 된다.

실망스러운 관계 속에서 살아가는 우리의 분투는 천국에 가는 날까지 이어질 것이다. 그러나 복음이 전하는 좋은 소식은 진짜 문제에 해결책이 있다는 것이다. 이제 우리는 자기 보호의 죄를 처리할 수 있다.

Chapter 11
복음의 능력

변화는 정말 가능할까? 어릴 때 성추행을 당했던 여성이 자신의 성 (性)을 정말 받아들일 수 있을까? 동성애적 충동을 지닌 사람들이 정말 이성애자가 될 수 있을까? 돈 걱정, 자녀 걱정이 너무 많은 사람들, 결혼 생활이 연속극 재방송보다 시시한 부부, 성질이 나쁜 사람들이 정말 변할 수 있을까?

'정말'이라는 단어가 문제다. 많은 사람의 머릿속에서 변화는 온전함에 가까운(적어도 극적인) 것이어야 한다. 그렇지 않으면 변화로 인정하지 않는다. 그리고 자신이 가장 원하는 변화가 나타나야만 성장의 비밀을 찾았다고 확신할 수 있다. 이를테면 사랑하고 싶은 열망, 삶의 문제들을 평화롭게 감당할 힘, 유혹 한복판에서 올바른 일을 하고 싶은 깊은 욕망, 모든 절망감이나 적개심을 없애 주는 주님을 향한 열렬한 감사 같은 새로운 일련의 감정들 말이다.

결혼 생활의 생기를 되찾으려는 노력의 결과물이 희미한 온기뿐이라면, 그것은 변화라고 볼 수 없을지도 모른다. 동성애 성향을 가진 남자가 몇 년 동안 아내에게 충실히 헌신한 끝에 그와의 좋은 관계를 바라는 마음이 커졌다고 말하면서도 그러나 자신은 여전히 동성애적 유혹에 시달린다고 털어놓는다면, 그가 정말 변했다고 할 수는 없을 것이다. 하나님의 능력은 결혼 생활을 사랑으로 불붙게 하고 동성애자를 온전한 이성애자로 변화시키기에 충분하지 않은가? 하나님이 일하시는데 어째서 적당한 선에서 만족한단 말인가?

때로 복음주의자들은 너무 많은 것을 기대하거나, 보다 정확히 표현하면 하나님이 약속하신 적이 없는 종류의 변화를 구한다. 너무 적게 기대하는 경우도 있지만, 그런 과소한 기대는 흔히 너무 많은 것을 바라던 소망이 깨어진 데 따른 냉소적 반응이다. 우리는 온전함을 바라는 우리의 갈망을 뒷받침하는 방식으로 성경의 가르침을 해석한다. 그 결과, 천국에 가기 전에는 결코 달성하지 못할 기준을 가지고 우리의 진보를 측정한다.

바울은 "[우리의] 속사람을 능력으로 강건하게 하여 주시"기를 기도하고, 하나님이 "우리가 구하거나 생각하는 것 이상으로 더욱 넘치게 주실 수 있"다고 주장한다(엡 3:16, 20, 새번역). 그래서 우리는 하나님의 능력이 압박에서 평화로, 실망에서 기쁨으로의 온전한 변화를 보장한다고 주장하고는 참을 수 없는 부담을 안고 살아간다. 그 부담은 우리가 절망에 짓눌리게 하거나 우리의 상황이 실제보다 더 좋은 척 가장하게 만든다.

평화와 기쁨이 분투와 슬픔의 시간을 없애 주는 것이 아니라 그 시간 동안 우리를 붙들어 줄 뿐이라는 생각은 매력적이지 않다. 우리는 실망스러운 세상에서 불완전한 사람들로 살아가는 불가피한 고통을 제거하고 싶어 한다. 고통도 실패도 경험하지 않겠다고 우긴다. 그러다 보니, 그런 불가피한 고통과 실패가 일어날 때 낙심하게 된다.

물론 우리는 언젠가 흠 없게 될 것이다. 왜곡된 욕망이 흔적도 없어질 것이고, 우리 마음이 이런저런 염려에 끝없이 시달리느라 잠 못 이루는 밤도 없을 것이고, 이전의 상처에 대한 기억 때문에 사람들과 가까워지기를 두려워하는 일도 없을 것이다. 이 모든 것이 천국에서 우리를 기다린다. 그러나 지금은 분투가 이어진다. 이 세상에서 살아가는 데 따르는 불가피한 고통은 그저 받아들여야 한다. 그런데 우리가 불가피한 고통을 제거해야 한다고 우길 때 불필요한 문제들이 발생한다. 내면에서부터 변화하면, 우리의 자기 보호적 임기응변에 동력을 공급하던 요구적 태도가 누그러지면서 이런 불필요한 문제들의 심각성과 빈도가 상당히 줄어든다.

불가피한 고통을 제거할 방법을 찾고자 한다면, 환멸에 빠지거나 잘못된 길로 이끌리게 될 것이다. 진정한 변화로 불가피한 분투가 제거될 것이라고 생각하는 사람들에게는 이 책 마지막 몇 장의 내용이 끔찍할 만큼 실망스러울 것이다.

불필요한 문제들 vs. 불가피한 반응들

개인적 경험을 통해 나는 우리 삶의 여기저기를 파헤쳐 관계에서 오는 고통과 자기 보호의 죄를 찾아내는 것이 어렵다는 것을 안다. 그리고 삽질의 보상으로 번득이는 귀금속을 캐내는 광부와 달리, 우리 내면을 깊이 파고들수록 진창만 더 많이 발견하게 되는 것 같다. 예를 들면, 꽤 괜찮아 보이는 부모들도 속을 들여다보면 적어도 일부 영역에서는 지독히 실망스러운 모습을 보인다.

우리가 찾아낸 진창에 대한 논리적 반응은 그것을 다시 덮어 두거나 깨끗하게 씻어 낼 방법을 찾는 것일 테다. 거기 그대로 서서 그 고통에서 벗어나려는 시도를 하지 않는 것은 철저히 불합리한 일처럼 보인다. 아담이 벌거벗은 모습으로 발각되었을 때, 그가 떠올린 첫 번째 생각은 나무를 찾아 그 뒤에 숨는 것과 나뭇잎으로 치마를 엮어야 한다는 것이었다. 우리의 세계에서 죄를 짓고 실망한 상태로 (하와는 썩 도움이 되지 않았다) 가만히 서 있는 것은 우리에게 가장 힘든 일일지도 모른다. 엉망이 된 상황을 수습하려 시도하지 않고 자기보호적 태도 없이 살아가는 것은 무시무시한 일이다. 그것은 이치에 맞지 않는다. 죽음으로 가는 길처럼 느껴진다.

우리가 내면의 삶 여기저기를 파헤치면서 개인적인 혼란이 생긴다 해도 그렇게 해서 발견한 고통에 대해 뭔가 조치를 취할 수 있다면 우리는 삶을 파헤치는 일에 확신을 가질 수 있을지 모른다. 압박감 없는 평화가 보장된다면, 내면의 아픔을 끝내는 기쁨을 곧 누릴 수 있다면, 내면을 들여다보는 비용을 치를 만한 가치가 있을 것이다. 그러나 내면으로부터의 변화가 우리 영혼의 불가피한 고통을 해소하는 데 아무 역할도 하지 않는다면, 그 외의 다른 유익이 있다 해도 비용이 너무 비싸게 느껴질 것이다.

하나님을 신뢰하는 법을 배울 때의 충격이 정말 우리를 변화시킬 것이라는 확신이 있다면, 우리는 그것을 기꺼이 감내할 수 있을지도 모른다. 그러나 진정한 변화는 지금 당장이라도 누릴 수 있다. 그것이 우리가 원하는 변화가 아니라는 게 문제일 뿐이다. 우리는 천국이 가져다줄 진정한 변화(모든 고통의 종말)가 오늘 우리의 것이 되어야 한다고 고집한다. 그러나 그런 고집이야말로 지금 우리에게 가능한 진정한 변화를 이루기 위해 우리가 극복해야만 하는 문제다.

아래의 단순한 도식이 문제를 선명히 보는 데 도움이 될 것이다.

잔과 대접 속의 더러움은 불가피한 고통을 해소해 달라는 우리의 요구이고, 이 요구는 실망스러운 세계에서 스스로를 보호하기 위한 자기 보호적 관계 패턴으로 이어진다. 이 더러움을 깨끗이 청소해야 불필요한 문제들이 진정된다. 우리가 상처를 받는 것은 불가피한 일이지만, 그렇다고 해서 덜 사랑하고 능력이 없는 사람들이 될 필요는 없다. 고질적인 괴팍함, 자기 몰두적 우울함, 피해야 할 일에서 시선을 떼지 못하게 만드는 불안, 가족과 친구들에게 자신 있고 열정적으로 자신을 내어 주지 못하게 방해하는 부정적 자아상. 이상의 불필요한 문제들은 다른 사람들에게 좋은 영향을 줄 수 있는 의미 있는 능력과 그들이 주님을 추구하도록 격려하는 사랑을 앗아 간다.

이런 불필요한 문제들과 우리 세계의 문제들(실망스러운 사건들—옮긴이)에 대한 불가피한 반응은 많이 다르다. 불가피한 고통과 분투는 피할 수 없다. 성난 채 주저앉을지, 믿음으로 전진할지 양자택일을 요구하는 내적 압박, 우리를 무너뜨릴 것만 같은 절망감, 사랑하는 사람들에게 거부당하고 난 뒤의 상심, 우리를 무너뜨려 하나님을 의지하게 만드는 절망은 피할 도리 없이 마주해야만 한다. 이런 반응들을 경험하지 않으려면 우리가 사는 세상에 유쾌한 사건들이 충분해서 세상이 정말 좋은 곳이라는 주장을 뒷받침할 정도가 되어야 한다. 그러나 세상의 상태를 아는 영혼은 아픔을 겪기 마련이다.

복음이 지금 발휘하는 능력은 모든 실망과 분투를 극복하는 내적 온기를 만들어 내는 것이 아니다. 만약 복음이 이것을 주장한다면, 나는 복음을 부끄럽게 여길 것이다. 그러나 복음이 주장하는 바가 다음과 같다면, 곧 죽은 사람들이 살 수 있고, 영원한 행복에 대한 일말의 희망조차 없는 이들이 영원한 낙원에서 살 수 있으며, 진노하신 하나님의 손이 내리는 고통을 겪어야 마땅한 죄인들이 의롭게 되고 하나님과 관계를 누리기에 합당하다는 선언을 받을 길이 열렸다는 것이라면, 나는 바울과 함께 복음을 부끄러워하지 않을 것이다. 지금 변화된 삶으로 나아가는 길을 제시하려는 모든 시도는 이런 더 큰 사안들을 배경으로 하여 바라봐야 한다. 그렇지 않으면 우리는 지나치게 많은 것을 구하게 될 것이고, 불가능한 것을 기대하다가 결국 불가피한 고통의 해소를 요구하게 되는 것이 우리의 핵심 문제임을 보지 못하게 될 수 있다.

오늘을 사는 우리에게 복음의 능력은 우리로 하여금 요구적 정신을 극복하게 하고 복음의 능력이 온전히 계시될 때까지 신뢰하며 기다리도록 돕는 일로 나타난다. 복음의 능력이 온전히 계시될 그날에 죄인들은 하나님을 사랑하는 예배자들이 되어 천국에 들어갈 것이고, 더 이상의 죄는 생각할 수도 없고 고통도 사라질 것이다.

우리는 실망스러운 사건들, 불가피한 고통, 명백한 죄를 다룰 자원들을 갖고 있으니 그것을 사용해야 한다. 그 자원들이 우리의 핵심 문제를 해결해 주지는 않지만 우리의 변화 과정의 중요한 부분이 될 수 있다. 잠시 그 자원들을 살펴본 후에 내면으로부터의 변화로 가는 주된 경로에 대해 이야기하기로 하자.

실망스러운 사건들 다루기(우리 세계의 문제들)

"어떻게 하면 우리 아이들이 보다 책임감을 갖도록 도울 수 있을까요?" "어떻게 하면 친구와의 우정이 더 돈독해질 수 있을까요?" "아내를 도울 방법이 무엇일까요? 너무나 낙담한 것 같습니다."

괴로운 상황에서 우리가 어떤 식으로 대응하는지 신중하게 생각해 봐야 한다. 자녀가 성숙해지고 친구와 가까워지고 배우자를 격려하려 바라는 우리의 마음은 정당하다. 앞에서 나는 이런 것들을 결정적 갈망이라고 불렀다. 그리고 우리 세계의 문제들을 다루는 주된 자원은 기도와 성경의 여러 원리다.

"주님, 제 딸의 삶에 역사하소서. 제가 그 아이를 사랑하고 이끌어 줄 때, 아이 안에 주님을 위해 살고 싶은 마음이 생겨나게 하소서." 우리가 깊이 관심을 갖는 문제들을 위해 기도하는 것은 옳다. 그리고 무책임한 자녀이든 고압적인 사장이든 독재적 정부이든 낙심한 아내이든 병든 몸이든 자금 부족이든, 어려움에 직면할 때는 거기에 대응할 지침을 제시하는 성경 구절들을 숙고해야 한다.

불가피한 고통 다루기(우리 마음의 고통)

기도하고 성경의 원리를 적용해도 어려운 상황이 바로잡히지 않을 때, 우리는 그 상황이 만들어 내는 곤경을 감당해야만 하는 처지에 놓인다. 그러면 초점은 우리의 세계를 변화시키는 일에서 고통을 완화시키는 일로 옮겨 간다.

현대인들은 이 일에 몰두해 있는 것 같다. 성경 대학을 갓 졸업하여 하나님을 위해 살겠다는 열정이 넘치는 이상주의적인 청년을 빼고는 누구도 삶이 언제나 잘 풀릴 것이라고 생각하지 않는다. 모든 것이 뭔가 정말로 잘못되었기 때문에, 그 암울한 진실의 증거가 때때로 쓰라린 침으로 우리를 찌르기 때문에, 현실을 직시하려면 더 나은 시간을 소망할 뿐 아니라 우리의 상처를 치료하는 일에도 관심을 가져야 한다.

우리는 하나님의 위로가 마음의 상처에 바르면 즉시 통증을 진정시키는 연고처럼 작용할 것이라고 생각하지만 하나님의 위로는 상처를 서서히 치료한다. 하지만 하나님의 임재에 대한 아름다운 문구들, 특히 찬송가에 등장하는 고백들은 하나님의 위로에 대해 우리 대부분이 경험하는 것보다 더 많은 내용을 말한다. 하나님의 사랑을 기억하라는 말과 예수님의 돌보심을 묵상하라는 권고가 때로는 배식 줄에서 기다리는 사람들에게 조리법이 적힌 쪽지를 건네는 것 정도의 도움밖에 주지 못하기도 한다. 그들이 원하는 것은 음식이지 음식에 대한 소개가 아니다.

몇 년 사이에 하나님의 진리 안에서 위로를 찾는 방법을 개발하는 데 많은 이들이 관심을 기울였다. 가이드 묵상이나 기억 치유 같은 이런 방법들의 취지는, 위로를 선사함과 동시에 사람들이 간과하는 현실에 깊이 초점을 맞추어 상처를 직접 완화하고자 하는 것이다.

이런 기법들은 내면의 목소리 등과 같은 뉴에이지의 관념과 너무 뒤섞여 있다는 극렬한 비판을 받았지만,[1] 성경적 진리를 반영하는 이미지들의 도움으로 이루어지는 묵상을 강조한 점에서는 정당하다. 성경에는 메마른 진술만으로는 기대할 수 없는 방식으로 진리를 생생하게 부각시키는 이미지들이 가득하다. 모든 소란을 차단하시는 목자 되신 주님의 압도적 존재감이 돋보이는 잔잔한 물가와 푸른 초장의 풍경을 머릿속에 그려 보는 일은 유익하다. 주님이 우리 머리카락까지 다 세신 바 되었다는 깨달음에서 위안을 얻는 것도 적절한 일이다. 그러나 그 정도로는 충분하지 않다. 우리 자신에 대한 끔찍한 일들을 잊을 요량으로 하나님에 관한 놀라운 사실들에 관심을 집중하는 것도 가능하다. 성추행을 당한 여성들이 심지어 끔찍하게 폭행을 당한 그 순간에도 자신들을 존중하며 극진히 돌보시는 분으로 예수님을 시각화했다면, 그들은 여전히 그들의 관계 방식을 이끄는 자아상에 대한 직시를 회피하는 목적으로 그 시각화를 쓰고 있을 수도 있다.[2]

어떤 문제들은 무심하게 대할 것이 아니라 그 속으로 들어가야 한다. 내면에서부터 변화했다면 주님을 확고히 응시하게 된다. 자신을 의지하는 태도에서 깊이 돌이키는 변화가 그렇게 주님을 응시함으로 나타나기 때문이다. 회개하지 않고 그리스도를 바라보는 것은 망상 속의 위로를 제공할 뿐이다.

명백한 죄 다루기(우리 행동의 죄)

앞의 여러 장에서 나는 명백한 죄에만 초점을 맞추어 변화를 촉진하려는 시도는 적절치 않다고 말한 바 있다. 고통을 견디기 위한 몸부림, 죄에 매이지 않고 인생을 살아가려는 분투는 정말로 힘든 일이다. 우리에게는 도덕적 훈련이 필요하다. 음란물을 보고 싶은 유혹, 자녀에게 소리 지르고 싶은 유혹에 저항해야 한다. 하나님의 말씀과 함께 시간을 보냄으로써 자신을 튼튼하게 만들어야 한다.

그러나 그것 말고도 더 많은 것이 있어야 한다. 카펫에 때가 잔뜩 찌들었을 때는 진공청소기를 돌리는 것만으로는 부족하다. 청소용 솔과 강력 세제가 필요하다. 깊이 있는 회개가 무엇인지, 회개로 깨끗하게 씻어 내야 할 부분이 어디인지 이해하지 못한 상태에서 이런저런 행동을 바로잡으려고 부지런히 노력하면 자신의 실상을 꿰뚫어 보지 못하고 의기양양해질 것이다. 다른 이들이 바른 일을 하고 싶어지도록 이끌기보다 그들에게 바른 일을 하라고 압력을 가할 것이다.

우리는 이것보다 잘해야 한다. 내면으로부터의 변화를 위해서는 아래와 같은 일들이 필요하다.

- □ 기도하고 성경적으로 대응하려 노력함으로써 우리 세계의 문제들을 다루기
- □ 위로가 되는 진리를 묵상함으로써 우리 마음의 고통을 다루기

□ 유혹에 저항하기를 다짐함으로써 우리 행동의 죄에 대응하기

그러나 이것들 말고도 더 필요한 게 있다.

우리는 요구적 정신이자 천국에서만 누릴 수 있는 행복을 지금 찾겠다는 다짐, 그리고 자신이 절실히 원하는 것이 지금 없다는 끔찍한 진실로부터 스스로를 보호하려고 만들어 낸 관계 방식, 곧 우리 마음의 죄에 손을 쓸 모종의 방법을 찾아야 한다. 이 책의 나머지 부분에서는 마음의 죄를 회개한다는 것의 의미에 초점을 맞추고자 한다.

관계적 죄 다루기(우리 마음의 죄)

나는 대부분의 그리스도인들이 이 범주의 죄를 생각하지 않는다고 확신한다. 불친절하거나 악의를 품거나 험담을 하는 일이 잘못이라는 것은 다들 안다. 우리가 사랑에 따라 행하지 않을 때 하나님이 기뻐하지 않으신다는 생각도 쉽게 받아들일 수 있다. 그러나 우리의 관계적 죄를 파악하기 위해 영혼의 깊은 고통 속으로 들어가는 것, 그렇게 해서 우리가 고통으로부터 자신을 지키려고 얼마나 교묘하고 완고하게 서로와 거리를 두는지 살핀다는 생각은 잘 하지 못한다.

친밀함을 바라는 우리의 갈망에는 친밀함에 대한 공포가 함께한다. 내가 진실해질수록 다른 사람들이 나를 비판하거나 거부하여 내게 상처를 줄 가능성이 더 커진다. 멀찍이 거리를 두고 '잘 지내면서' 위험을 피하는 쪽이 더 낫다. 오직 복음만이 이런 입장에 반대하는 주장을 내세울 수 있다.

고도의 훈련을 받은 신학자, 깊이 공감할 줄 아는 목회지, 헌신적인 사업가, 놀라운 재능을 가진 여성들이 자신의 관계 방식에 담긴 죄성을 진지하게 검토하지 못한 상태로 그리스도인으로 몇 년이고 계속 살아갈 수 있다. 신학에 정통하면서도 기독교의 중심 메시지에는 눈 뜨지 못하는 일이 있을 수 있다. 그 메시지는 다른 사람들과 더 깊이 관계를 맺게 하려고 우리가 하나님과의 관계로 부름을 받았다는 것이다. 자기 보호라는 관계적 죄를 이해하고 다루지 않고서 관계 맺기에서 제대로 된 실질적 진보가 어떻게 가능한지 나는 모르겠다.

변화는 우리가 모든 관계에서 얼마나 외로운지, 최고의 결혼 생활과 우정 안에서도 누릴 수 없는 것을 우리가 얼마나 간절히 원하는지 직시하는 평생의 과정이다. 더 나아가 극심한 실망이라는 불가피한 고통을 피하려고 우리가 얼마나 완고하게 버티는지 보게 되는 평생의 과정이기도 하다. 우리가 고통에서 멀어지려고 단단히 결심한 것과 그 결심이 자기 힘으로 목숨을 보존하겠다는 신성모독적 결정을 반영한다는 것을 눈물로 인식할 때에야, 비로소 우리의 관계 스타일이 어떤 교묘한 방식으로 우리를 안전하게 지키고 다른 사람들을 향한 사랑을 거스르는지 알아보게 될 것이다.

성경 말씀과 하나님의 성령의 속삭임과 동료 그리스도인들의 정직한 의견에 열린 마음으로 귀를 기울여 관계적 죄를 인식하게 될 때, 오로지 그때만 깊이 있는 회개가 가능하다. 이 회개는 우리가 죄인이며 가끔 죄를 짓는다는 사실을 인식하는 정도에서 그치지 않는다. 이 회개는 자기혐오로 이끄는 가장 추악한 죄를 제대로 인식하게 하고, 자기 보호에서 사랑으로 근본적으로 방향을 바꾸게 한다. 이 회개는 우리가 배우자와 대화할 때, 위원회 모임에서 대화할 때, 예배 후에 교인들과 어울릴 때 구체적으로 어떻게 자신을 보호하는지 알아내게 하고, 그 관계 방식을 바꾸게 한다. 우리는 개인적 위험을 감수하고서라도 다른 사람들에게 다가가고 싶기 때문이다.

우리가 관계적 죄의 개념을 이해하면 회개로 다가가게 된다. 그리스도께서 우리에게 생명을 주셨고 보존하신다는 믿음에 의거하여 우리 삶의 동기와 방향을 자기 보존에서 그리스도에 대한 신뢰로 근본적으로 바꿈으로써 회개가 이루어진다. 회개의 열매는 자기 보호적인 임기응변을 사랑의 참여로 대체하는, 관계 방식의 변화다.

하나님은 주목할 만한 호세아서의 말씀에서 당대의 유대인들에게 정확한 회개의 방법을 알려 주신다. 이 본문에는 실질적이고 깊이 있는 회개의 필수 요소들이 담겨 있다.

> 이스라엘아, 주 너의 하나님께로 돌아오너라. 네가 지은 죄가 너를 걸어 거꾸러뜨렸지만, 너희는 말씀을 받들고 주님께로 돌아와서 이렇게 아뢰어라. "우리가 지은 모든 죄를 용서하여 주십시오. 우리를 자비롭게 받아 주십시오. 수송아지를 드리는 대신에 우리가 입술의 열매를 바치겠습니다. 앗시리아는 우리를 구원할 수 없습니다. 우리는 군마를 타지 않겠습니다. 다시는 우리 손으로 만들어 놓은 우상을 우리의 신이라고 말하지 않겠습니다. 아버지 없는 자들이 주 안에서 긍휼을 얻습니다"(14:1-3, 옮긴이 사역).

이 구절이 강조하고 있는 참된 회개의 요소들을 살펴보자.

"주 너의 하나님께로 돌아오너라."

모든 변화의 열쇠는 하나님께 돌아가는 것이다. 그리스도께서는 영생을 하나님을 아는 것이라고 정의하셨고(요 17:3을 보라), 친히 대속의 죽음으로 죄인들이 하나님과의 관계를 회복할 수 있게 하셨다.

그리스도인의 삶에서 성장은 하나님을 더 잘 알게 되는 것을 뜻한다. 모든 변화의 시도는 자신의 자원에 의지하여 삶을 도모하는 것에서 벗어나 하나님을 의지하는 쪽으로 나아가는 방향 전환이 핵심이 되어야 한다.

기도와 성경의 원리를 따르는 일에 최선을 다하면서 우리 세계의 문제들을 다루고, 놀라운 진리들을 묵상하며 마음의 고통에서 벗어나기를 구하고, 행위의 죄의 유혹에 저항함으로써 하나님께 책임감 있게 순종하면서도 여전히 자기 보호적인 벽을 거쳐서 다른 이들과 관계하여 하나님에게서 계속 멀어지는 일은, 가능하다. 그러나 그리스도인은 방어적이지 않은 사랑으로 다른 사람들과 관계를 맺도록 부름받았다.

"말씀을 받들고"

회개는 일반적인 변화의 다짐 이상의 것이다. 회개하고 주님께 나아갈 때 말씀을 받들라는 하나님의 요구 조건은 우리가 무엇을 회개하는지 분명히 알고 있어야 한다는 뜻이다. 우리의 죄 인식이 철저할수록 회개는 더 온전해진다. 천국에 이르기 전까지 우리는 자신을 있는 그대로 정확히 보지 못할 것이기에, 하나님께 우리의 은밀한 잘못을 깨끗하게 해달라고 기도하는 일은 늘 필요하다. 그러나 그런 기도가 우리의 죄 문제를 살피지 않는 핑계로 쓰여서는 결코 안 된다.

"우리가 지은 모든 죄를 용서하여 주십시오."

회개는 죄에서 돌이키는 일이고, 이 돌이킴은 우리를 용서하기 원하시는 하나님의 마음 덕분에 가능해졌다. 환경을 바꾸고 상심한 마음을 달래고 올바른 일을 함으로써 불필요한 문제들이 완화될 때도 있지만, 그 정도로는 사람들을 강력하게 사랑할 우리의 잠재력이 발현

되지 못한다. 우리는 마음의 죄를 다룰 때만 진실하게 사랑할 수 있을 것이다.

"우리를 자비롭게 받아 주십시오. 우리가 입술의 열매를 바치겠습니다."

우리의 수많은 변화의 시도에는 분명한 속셈이 숨어 있다. 우리 삶을 바꾸려고 공을 들이는 이면에는 어려운 상황이 개선되고 고통스러운 감정이 사라질 것이라는 소망이 흔히 자리 잡고 있다. "좋습니다. 상담을 받겠습니다. 그러면 그 사람이 정신을 차릴지도 모르지요." "나는 주님과 더 많은 시간을 보내야 해요. 최근 들어서 우울감이 많이 느껴지거든요."

그러나 참된 회개의 동력은 하나님을 보다 풍성히 알고 예배하고자 하는 소망이다. "우리가 예배할 수 있도록 우리를 받아주소서"가 위의 구절에 담긴 생각이다. 그러나 수많은 그리스도인들에게 예배라는 단어는 일요일 오전에 조용히 하나님을 생각하고, 가끔씩 감동을 선사하는 설교 메시지에 귀를 기울이고, 찬양을 통해 종종 영감을 얻는 것 정도를 의미한다. 지상에서 생명을 찾겠다는 모든 소망을 포기하고(그러기 위해서는 모든 관계에서 우리가 느끼는 실망을 직시해야 한다) 오직 그리스도 안에만 생명이 있다는 이해가 깊어질 때, 비로소 우리는 참된 예배로 이끌림을 받을 것이다.

"앗시리아는 우리를 구원할 수 없습니다. 우리는 군마를 타지 않겠습니다."

이스라엘은 국가 붕괴의 위협을 받고 있었다. 나라는 힘이 없고 무방비 상태였다. 이스라엘 백성은 겁먹은 사람들이 흔히 그렇게 하듯 즉시 동원할 수 있는 자원이 무엇인지 생각했다. 앗시리아와 보호 협정을 맺고 자신들의 군사적 노력을 보태면 승산이 있을지도 몰랐다.

강도가 다가온다면 나는 달아나고, 도와달라고 소리치고, 강도의 눈에 호신용 스프레이를 뿌릴 것이다. 아니면 지갑을 내어 주고 목숨을 건지려 할 것이다. 그러나 내 영혼의 본질적인 행복이 공격을 받을 때는 이렇게 나를 보호해서는 안 된다. 파멸을 피하고 자신을 보존하려는 시도가 옳은 일 같지만, 그렇게 해서는 안 된다. 그렇게 하면 죽음에 이르게 된다. 그리스도께서는 자기 목숨을 보존하려 애쓰지 않을 때 목숨을 얻게 된다고 가르치셨는데, 이 가르침만큼 자연적인 지혜와 배치되는 말씀도 없을 것이다.

이스라엘은 국가의 생존을 위해 앗시리아와 군마에 의존했다. 우리는 생존을 보장받기 위해 다른 사람들과의 관계에서 자기 보호적 임기응변을 활용한다. 회개는 우리가 목숨을 얻고자 의지하는 모든 것이 우리를 실망시킬 것임을 진실하게 인정하도록 요구한다. 앗시리아는 우리를 구원할 수 없다. 자기 보호는 부질없다. 그러므로 우리는 자신의 자원을 의지하는 데서 벗어나 무방비 상태로 하나님을 신뢰하는 쪽으로 방향을 바꿀 것이다. 하나님이 도우러 오지 않으시면 우리는 멸망할 것이다. 이것을 인정할 때 변화가 찾아온다.

"다시는 우리 손으로 만들어 놓은 우상을 '우리의 신'이라고 말하지 않겠습니다." 이것이 회개의 핵심이다. 목마른 사람들은 그리스도께 나오라는 초청을 받는다. 그러나 우리는 목마를 뿐 아니라 어리석게 반역하는 사람들이기 때문에, 삽을 쥐고 광야로(또는 가나안으로) 달려가 물을 얻으려고 웅덩이를 판다. 우리는 생존 투쟁을 벌이는 사람의 절실함으로 자신의 행복에 관한 통제력을 유지하기로 결심한다. 타락한 사람들은 하나님을 쉽게 신뢰하지 않는다.

그러나 신뢰가 있어야 하고, 신뢰가 생기려면 자기 충족성과는 명확하게, 결정적으로 결별해야 한다. 다른 사람들과 관계할 때 우리가 자신의 효능감과 개인적인 안정감을 보존하기 위해 어떤 시도를 하는지 살피고 그것들을 포기해야 한다. 나약한 아버지와 더 나약한 남편에게 실망했던 유능하고 성실한 여성은 자신의 사무적인 관계 방식이 더 이상의 고통을 피하기 위한 보호 장치임을 알아봐야 한다. 그는 딱딱한 태도를 포기하고 취약함을 드러내는 나눔과 위험한 개입이라는 힘든 길을 선택해야 한다. 그것이 자살 행위처럼 보이겠지만 사실은 생명으로 가는 길이다. "누구든지 나를 위하여 제 목숨을 잃는 사람은 목숨을 구할 것이다"(눅 9:24, 새번역).

"아버지 없는 자들이 주 안에서 긍휼을 얻습니다."

아버지 없는 자들은 무방비 상태에 있고 절망할 수밖에 없다. 회개는 진정시키기 어려운 고통으로 우리를 짓누르는 실망과 외로움을 경험하게 만든다. 그러나 무력함 속에서도 하나님을 충분히 신뢰하여 그분의 뜻이라는 이유만으로 다른 사람들에게 다가갈 때, 하나님의 긍휼이 우리 영혼 속으로 서서히, 그러나 생생하게 들어오기 시작한다. 죽음으로 이어질 것 같은 길을 걸어갈 때, 우리 안에 생명의 감각이 소리 없이 자라난다.

회개의 열매들

우리가 회개하여 자기 보호에서 순종의 신뢰로 나아가면, 하나님은 변화의 힘을 통해 다가오신다. 그분이 우리의 반역을 고치시기에(호 14:4을 보라), 죄를 짓고 싶은 강박적 욕망이 더 이상 우리를 지배하지 못한다. 우리가 뿌리를 뻗게 하시고(5절) 새로운 안정감을 갖게 해주신다. 우리에게 아름다움과 근사한 향기를 주셔서(6절) 삶이 매력적으로 변한다. 사람들이 우리의 그늘 아래서 살게 된다(7절). 그들이 우리의 용기가 발휘하는 힘 덕분에 복을 받는다는 의미다. 우리가 맺은 열매는 하나님이 주신 것임을 깨닫게 되고(8절), 우리 마음은 감사와 사랑으로 하나님을 예배한다. "지혜로운 사람은 여기에 쓴 것을 깨달아라. 총명한 사람은 이것을 마음에 새겨라. 주님의 길은 올바르다. 의로운 백성은 그 길을 따라 살아가지만 죄인은 비틀거리며 넘어질 것이다"(9절, 새번역).

이 모델을 따르는 회개는 성품의 변화로 이어진다. 우리 세계의 문제들은 그대로이고, 우리는 여전히 상처를 입으며, 가끔은 잘못된 일을 한다. 그러나 우리의 관계 방식에 깊이 뿌리내린 자기 보호적 태도의 작동 방식을 분명히 인식하여, 다른 사람들을 사랑하지 않고 자신을 보호하는 것이 얼마나 추한지를 용감하게 직시하면 할수록, 우리의 방향 전환에는 속도가 붙을 것이다. 회개, 곧 그리스도 안에만 생명이 있음을 인정하는, 생명의 근원에 대한 깊은 마음의 변화가 있을 때, 내면으로부터의 변화를 보여주는 힘과 안정감과 매력이 나날이 커진다.

우리는 인류의 가장 심각한 문제를 알리는 복음의 진단에 동의하는 만큼 복음의 능력을 인식하게 된다. 우리가 천국에 가서야 이루어질 일을 지금 복음에 요청한다면, 이 세상에서도 복음의 가치를 제대로 알아보지 못하게 될 것이다.

회개는 온전한 치료법도 쉬운 치료법도 아니다. 그 대가는 크다. 회개가 우리 내면의 더러움의 상당량을 씻어 낼 만큼 충분히 깊이 있게 이루어지려면, 어려운 시간을 감내해야 한다. 다음 장에서는 깊이 있는 회개로 가는 길을 설명하겠다.

Chapter 12

깊이 있는 변화에 필요한 것

내면으로부터의 변화를 살필 때 떠오르는 가장 혼란스러운 질문은 아마 '내면을 얼마나 깊숙이 들여다봐야 하는가?'일 것이다. 깊이 있는 변화를 위해 내면을 들여다봐야 한다는 데 일단 동의하면, 우리는 어디로 이어질지 모르게 끝없이 들어가는 어두운 동굴의 입구에 들어선다.

우리의 내면에는 언제나 볼 것이 더 있을 것이다. 의식의 수면 위로 끄집어 올리기 전까지는 우리를 성가시게 하지 않는 묻어 둔 감정들, 드러내기 전까지는 상당히 괜찮은 우리의 삶을 방해하지 않는 기만적인 목적들, 더없이 환한 아침을 힘들고 우울한 날로 바꿔 놓을 수 있는 고통스러운 슬픔. 우리는 영혼의 구불구불한 동굴을 탐험하는 데 평생을 바치느라 환한 바깥으로 다시 나오지 못할 수도 있다.

내면을 들여다보는 작업은 우리를 압도하는 일이 될 수 있지만 (삶의 핵심 방향이 정말 바뀌려면 그럴 수밖에 없다), 거기에는 어둠 속으로 들어가는 여정 이상의 요소가 있음이 분명하다. 우리는 빛의 자녀들이다. 어둠 한복판에서도 우리가 어디로 향하는지 안다. 우리에게는 다음 발걸음을 항상 밝혀 주는 등불이 있고, 그 등불이 꺼진 것처럼 보일 때도 우리가 계속 움직일 수 있게 해주는 소망이 있다. 기뻠 없는 혼란과 병적인 절망이 그리스도인들의 특징이 되어서는 안 된다. 그런데 성장으로 가는 길을, 우리 안에서 일어나는 모든 일을 더 많이 인식하기 위한 끝없는 탐색으로 정의하면 바로 그런 일이 일어난다.

사람의 기운을 빼앗는 강력한 중압감을 영적 깊이로 오인해서는 안 된다. 영적 깊이를 갖추면 슬픔 한가운데서도 자연스러워질 수 있는 자유를 얻는다. 극심한 실망으로 비틀거릴 때에도 사람들과의 관계를 계속 유지할 수 있는 힘을 얻는다. 그리스도와 성숙한 관계를 맺으면 낙담에 짓눌릴 때도 자신감의 속삭임을 들을 수 있다. 그리고 우리가 좌절감을 제대로 감당하지 못하고 성난 채 잔뜩 부어 있을 때에도, 성숙한 깊이를 갖추면 우리가 그런 상황에서도 우리가 사랑하도록 만들어진 존재임을 인식하고 자신의 잘못된 반응을 깨닫게 된다.

내면을 들여다보는 목적은 그런 영적 깊이를 북돋는 데 있다. 자신의 목마름을 더 깊이 감지할수록 우리는 더욱 열정적으로 물을 추구할 것이다. 자신이 물을 찾아 어떤 식으로 웅덩이를 파는지 분명히 인식할수록, 자신의 자기 충족성을 회개하고 순종하고 신뢰하며 하나님께 나아갈 수 있다. 우리 영혼의 가장 깊은 관심사가 믿을 수 있는 분의 손 안에 있다는 확신을 안고 살게 되면, 자신이 무가치하다는 생각이 만들어 내는 수치심과 언젠가 우리의 실체가 폭로되어 거부당할 날이 올 것이라는 공포가 더 이상 우리를 지배하지 못하게 될 것이다. 내면에서부터 변화할 때, 자기 보호적 관계 맺기에서 벗어나 강력한 사랑의 관계로 서서히 옮겨 갈 수 있다. 그리고 그런 변화가 이루어지려면 갈망하는 사람으로서 자신의 실망을 느껴야 하고, 자기 보호적 자세를 초래하는 마음속의 죄를 직시해야 한다.

그러나 우리는 이 일로 얼마나 멀리까지 나아가야 할까? 사람들이 우리에게 얼마나 몹쓸 죄를 지었는지 골똘히 생각하며 몇 시간,

어쩌면 몇 년을 보내야 하는 걸까? 고통스러운 기억이 다 사라질 때까지 말이다. 꿈을 꾸거나 실언을 하거나 어떤 감정을 느낄 때마다 자신에 대한 새로운 통찰을 찾아야 할까? 자신의 모든 말을 꼼꼼히 살펴서 자기 보호의 기미가 조금이라도 남아 있는지 확인해야 할까? 내면을 들여다보는 일은 이처럼 터무니없고 해로워질 수 있다. 하지만 이 같은 위험성에도 불구하고 피상적인 변화를 뛰어넘어 내면으로부터의 변화로 나아가려면 이 일이 꼭 필요하다. 우리 자신과 하나님에 관해 무엇을 이해해야 변화할 수 있을까? 내면을 들여다보고 무엇이 드러나야 가장 깊은 수준의 변화가 일어날까?

그리스도인의 삶에서 변화는 점진적으로 일어난다. 의식적 삶의 방향의 변화에서 관계에 대한 접근 방식의 변화로, 그 다음에는 우리의 존재 방향의 변화로 나아간다. 각 변화는 하나님이 하시는 일이기에 선하다. 첫 번째 변화에 피상적이라는 꼬리표를 다는 것은 잘못된 비하가 될 것이다. 그러나 첫 번째나 두 번째 변화에 머문다면, 내면을 보는 일이 하나님을 추구하고 알 수 있는 기회임을 이해하지 못했다는 뜻일 것이다. 성장하는 신자들은 자기 보호적 태도를 버림으로써 사랑하는 법을 배운다. 성숙한 신자들은 "나에게는, 사는 것이 그리스도이시니"(빌 1:21, 새번역)라는 바울의 말이 의미하는 바를 깨닫기 시작한다. 자기 존재의 중심 방향이 하나님 쪽으로 바뀌는 것을 느끼기 때문이다. 내면을 들여다보는 작업은 신자의 성장이 한 단계에서 다음 단계로 진보하는 데 어떻게 기여할까? 깊이 있는 변화에는 무엇이 필요할까?

의식적 삶의 방향의 변화

나는 신학교에서 가르친다. 덕분에 하나님이 삶을 변화시키시는 수

십 명의 젊은이들을 볼 기회가 있다. 최근에 여러 학생과 교수들 앞에서 간증한 한 젊은이가 떠오른다. 그는 "세상에 있던" 시절을 이야기하면서 그때는 록 음악, 여자, 재미가 자기 삶의 중심이었다고 했다. 이 젊은 록 음악가는 하나님이 개입하신 것이 분명한 일련의 놀라운 상황을 통해 그리스도께 회심했고 당장 생활 방식을 바꾸었다.

그가 속한 록 밴드는 동네 바에서 대규모 클럽으로 공연 장소를 옮길 예정이었다. 그는 돈과 명성을 거머쥘 매력적인 가능성을 뒤로하고 록 밴드를 그만두었다. 자신이 목회자가 되는 것을 하나님이 원하신다고 판단했기에 대학에 다시 들어갔다. 이번에는 신학교에 갈 계획으로 기독교 대학을 택했다. 그는 자신의 사연을 이야기하면서 그가 하나님이 인생의 방향을 바꿔 주신 것에 흥분했다. 충분히 그럴 만했다. 그 자리에 있던 우리는 그의 회심과 주님께 헌신한 일을 함께 기뻐했다.

하드록 밴드에서 신학교 강의실로 자리를 옮긴 것은 큰 변화다. 그러나 그런 변화에도 불구하고 그의 영혼의 여러 중요한 영역은 옛 상태 그대로 남아 있었다. 그는 삶의 방향을 근본적으로 바꾸었지만, 그의 내면에는 변해야 할 것이 더 있었다. 록 음악가가 신학생이 된 것은 놀라운 하나님의 역사이지만, 한 사람의 삶의 전체적 방향 전환의 시작일 뿐이다.

관계 접근 방식의 변화

이 변화된 학생의 상황은 간통남이 자신의 죄를 뉘우치고 아내에게 돌아가는 것과 대체로 비슷하다. 부도덕한 생활에서 벗어나 충실한 남편이 되는 것은 좋지만, 이제 그는 아내를 사랑하려던 이전의 시도들을 망친 본인의 내면에 있는 문제들과 결혼 생활의 문제들을 직시해야 한다. 그가 할 일은 이제 막 시작되었다.

사람의 의식적 삶의 방향이 변화하려면 몇 가지 기본적 진리를 인식하고 그것을 받아들여 따르면 된다. 앞의 신학생과 회개한 남편 모두 다음의 사실을 이해했다. 자신이 죄를 지었고, 죄의 대가는 죽음이며, 하나님이 주시는 생명의 선물은 감사함으로 받을 수 있을 뿐 공로로 얻을 수 없고, 그리스도인들은 하나님이 값을 치르고 사신 존재들이고, 죄는 하나님 아버지를 상대로 한 범죄로서 하나님이 결코 가볍게 여기지 않으시며, 우리는 하나님을 섬기는 거룩한 삶을 살도록 부름받았음을 말이다.

사람이 이 모든 진실을 믿는 것 자체가 하나님의 은총의 기적이다. '더 깊이 들어가려' 노력하느라 이 사실을 가볍게 여겨서는 안 된다. 하지만 성장을 방해하는 안일한 정통 신앙에 마냥 안주해서도 안 된다. 우리 앞에는 죄와 하나님에 대해, 우리 삶을 하나님께 향하게 함에 대해 배울 내용이 더 있다. 이런 것들을 배우는 방향으로 계속 나아가지 않으면 우리가 가진 선함은 먹다 남은 우유처럼 시큼해져 버릴 것이다. 앞에서 나온 열렬한 신학생이 이후 30년 동안 내면을 들여다보지 않고 산다면 자기 보호라는 딱딱한 껍데기가 그의 마음을 둘러쌀 테고, 그의 삶은 결국 울리는 꽹과리의 영향력밖에 갖지 못할 것이다. 그는 다른 수많은 능숙한 전문가들처럼 진리를 충실하게 설명하겠지만 극소수 사람들의 삶에만 영향을 미칠 것이다.

사람들과 효과적으로 상호작용을 하려면 관계에 접근하는 방식을 바꿔야 한다. 자기 보호적 움직임에서 벗어나 사람들에게 깊이 영향을 주는 풍성한 관계로 돌이켜야 한다. 그리고 그런 돌이킴은 회개를 통해서만 일어난다. 우리가 사랑을 거스른 일에 대해 의미 있게 회개하려면, 먼저 어떤 식으로 사랑을 거슬렀는지 인식해야 한다. 우리가 다시는 경험하지 않으리라 결심하는 자신의 영혼 속의 실망을 직시하기 전에는, 자기 보호적 관계 방식이 곧 사랑을 악하게 거스른 일임을 깨닫지 못할 것이다.

그는 신학교를 졸업한 뒤 젊은 목사로서 설교를 준비할 것이다. 교인들을 심방하고 교회를 하나 되게 하고 활동적인 모습으로 유지하기 위해 할 수 있는 일들을 할 것이다. 그러느라 타락한 세상에서 사는 데서 오는 자기 영혼의 깊은 아픔을 숙고할 시간을 도무지 내지 못할 수 있다. 그리고 어느 날 영혼의 아픔이 의식으로 스며드는 순간이 올 수 있다. 어쩌면 교회의 한 장로가 그에게 시비를 걸고 그의 사역을 방해하는 바람에 그 일이 일어날지도 모른다. 목사는 자신을 압도하는 고통을 피하겠다는 다짐에 휘둘려 그 장로를 바람직하지 않은 방식으로 대할 수 있다. 그를 일체 상대하지 않을 수도 있고, 평화를 유지하기 위해 신념을 굽힐 수도 있고, 할 수 있는 가장 위협적인 자세로 그와 맞설 수도 있다. 그러면서도 그 모든 전략들 배후에 자기 보존의 목적, 요구적 정신이 있다는 것을 전혀 인식하지 못할 수 있다.

그 목사가 위안을 열망하게 만드는 자기 내면의 실망과 고통을 인식하지 못하고, 위안을 얻겠다는 다짐을 어떤 식으로 교묘하게 지키고 있는지 이해하지 못한다면, 그의 관계 방식은 멀찍이 거리를 두고서 차가운 정통 신앙만 고수하는 경직된 방식이 되거나, 부드럽지만 무력하게 순응하는 나약한 방식이 될 수 있다. 어느 쪽이든, 록 음악 연주에서 하나님의 말씀을 선포하는 일로 방향을 바꾼 그 사람은 매력적인 활력이라곤 찾아볼 수 없는 방식으로 다른 이들과 만나게 될 수 있다. 힘 있게 관계를 이어 가는 사람이 되려면 내면을 들여다봐야 한다.

정직하고 개방적이 되기로 하여 열린 마음을 다짐하고 내면을 들여다보면, 이전에는 감춰져 있던 실망이 드러날 것이다. 그때 우리는 자신에게 상처를 준 사람들을 향해 무서운 분노를 터뜨리게 된다. 우리 안에 이런 실망의 고통과 배신에 대한 분노가 있음을 인정할 때, 그때 비로소 우리의 관계 방식을 이끈 동력이 그 고통을 다시는 느끼지 않고 분노를 드러내는 일이 없게 하겠다는 완고한 다짐이었음을 깨닫게 된다. 내면을 들여다보는 작업은, 우리의 자기 보호적 관계 패턴을 고통에 대한 방어책으로 인식하게 되는 이 지점에서 이미 중요한 일을 감당했다고 볼 수 있다. 그로 인해 더 깊은 차원의 회개가 가능해졌다. 이 지점에 이르기 전까지, 우리의 회개는 잘못을 인정하고 더 잘하려는 혼신의 노력에 지나지 않는다. 우리의 채워지지 않은 목마름과 자기 보호의 패턴을 온전히 인식할 때, 비로소 우리의 회개에는 인생을 어떻게 살아야 하는가와 우리가 어떻게 실패했는가에 대한 이해가 깊이 달라지는 변화가 담길 수 있다. 내면을 들여다보는 작업으로 이 두 요소를 제대로 파악하지 않는 한, 우리는 의식적 삶의 방향을 바꾸지 않고 관계에 대한 접근법도 바꾸지 않을 것이다.

우리의 신학생이 신학 공부를 마치고 교회의 청빙을 수락하면서 자신이 긴장하고 있음을 의식하게 된다고 해보자. 그는 그 긴장이 때로는 자만에 가까운 자신감으로 바뀐다는 것을 알아차린다. 그는 사역에 더욱 강하게 헌신하고 하나님 말씀과 더 많은 시간을 보내는 방식으로 이런 혼란스러운 감정들을 묻어 버리지 않는다. 오히려 그 감정들을, 차를 멈추고 보닛 아래를 들여다보라고 말해 주는 차량 계기판의 경고등으로 여긴다. 그는 하나님을 위해 만들어진 하나님의 형상을 지닌 자로서의 존엄성과, 독립적으로 자신의 삶을 경영하고 싶어 하는 반역자로서의 부패성을 동시에 인식하면서, 채워지지 않은 목마름과 자신의 위안을 스스로 마련하겠다는 다짐의 증거를 발견하고자 자신의 내면을 들여다본다.

그리고 자신이 다른 사람이 저지른 죄의 피해자라는 생각을 깊이 들여다보면서 아버지와 관련된 고통스러운 사건들을 떠올린다. "뭐 하나 제대로 하는 게 없느냐?" 그가 새로 산 자가용의 바퀴 덮개에 생채기를 냈을 때 아버지는 그렇게 소리를 질렀다. 그 사건을 생각할 때 감정이 격해지는 것은 아버지의 성난 말들이 그의 영혼 중요한 부분에 깊은 상처를 주었음을 말해 준다. 그는 생애 대부분의 기간 동안 자신이 무능하다는 느낌을 고질적으로 느끼며 살아왔음을 이해하기 시작한다.

자존감이 위협받던 때를 회상하면서 자신이 어떻게 처신했는지를 되돌아보자 한 가지 패턴이 분명해진다. 그가 괴로운 만남을 대하는 전형적 반응은 자신의 속상함을 드러내는 것이었다. 그를 힘들게 하는 상대가 스스로의 모습을 부끄럽게 여기고 자신을 지지하게 되기를 바라면서 말이다. 그는 이런 통찰을 가지고 이제 보다 의미있게 회개할 수 있다. 자신이 긴장감을 느낄 때, 뭔가를 크게 잘못해서 다른 사람들의 존경과 인정을 잃을까 봐 두려워한다는 것을 정확하게 인지할 수 있다. 그리고 더 중요한 것으로, 사람들이 자기편을 들도록 조종하려 한다는 것을 인식할 수 있다.

그가 이런 생각을 아내에게 이야기하면, 아내는 용기를 내어 남편에게 털어놓을지도 모른다. 주일마다 차를 몰고 교회에서 집으로 돌아오는 길이 얼마나 부담스러운지 모른다고 말이다. 남편이 자신의 설교에 대해 교회에서 들은 말이나 비판이 있으면 다 알려 달라고 고집을 부려서 아내는 불편하다. 남편이 나약한 사람으로 느껴지기 시작하고 그에 대한 존경심을 서서히 잃어 가고 있다.

목사는 자기 마음속의 고통과 자신이 어떤 형식으로 고통의 해소를 요구하는지 기본적으로 이해하게 되면서, 하나님을 더욱 깊이 신뢰하고 자신의 자기 보호적 태도를 회개할 필요가 있음을 인식한다. 다음 주일, 교회에서 예배를 마치고 집으로 돌아가는 차 안에서 그는 아내의 무릎에 손을 얹고 이렇게 말한다. "오늘 내 오전 설교가 어땠는지 너무나 듣고 싶지만, 그걸 꼭 알아야 할 필요는 없지요. 교회 이야기는 벙긋도 하지 않겠다고 약속할 테니 저녁 먹으러 갑시다."

이것은 그가 관계에 접근하는 방식이 달라졌음을 보여준다. 내면에 있는 자신의 목마름과 자기 보호적 자세를 보았기 때문에 그럴 수 있었다. 그가 자기 보호의 죄를 발견할 때마다 회개하고 자신의 위협받는 영혼을 그리스도께 계속 맡긴다면, 30년 후에 그는 울리는 꽹과리 이상의 존재가 될 것이다. 그는 분투하겠지만, 강하고 사랑 많은 사람이 될 것이고 하나님의 쓰임을 받아 많은 사람들에게 깊은 영향을 줄 것이다.

우리의 존재 방향의 변화

내면의 고통에서 자신을 보호하려고 만든 관계적 전략을 회개하는 것은 훌륭한 일이다. 그러나 내면에서 시작된 변화에는 더 많은 잠재력이 남아 있다. 우리는 의식적 삶의 방향을 바꿀 수 있고, 자기 보호의 시도를 버리고 더 사랑하는 관계를 추구할 수 있으며 더 나아가 우리 존재의 방향을 우상숭배에서 예배로 바꿀 수 있다. 격려가 되는 의견을 들려 달라고 아내를 들볶는 일이 고통에서 자신을 보호하려는 잘못된 전략보다 훨씬 큰 문제임을 깨달을 수 있다. 객관적이라는 느낌을 주는 평가 대신 자기 보호적 시도 아래 놓인 우상숭배적 뿌리를 깊이 인식할 수 있다. 이런 인식의 결과로 우리는 마음과 목숨과 지성과 힘을 다하여 하나님을 갈망하게 될 수 있다.

우리 영혼의 방향 전환을 위해서는 성형 수술이나 대수술보다도 훨씬 큰 작업이 필요하다. 점점 더 성숙해져서 삶을 변화시키는 깊은 사랑의 능력을 발휘하려면 내면을 더욱 깊숙이 들여다봐야 한다. 무엇이 더 밝혀져야 하는지 말하기 전에, 내가 지금까지 설명한 내용을 도식으로 정리해 보자.

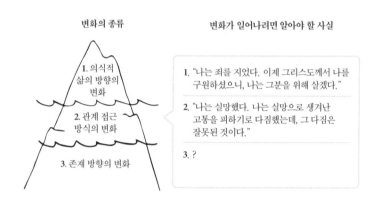

이제 이번 장의 서두에서 제기한 질문에 답해야 할 시간이다. 내면을 들여다봄으로써 무엇이 밝혀져야 깊이 있는 변화가 가능할까? 복음의 기본적 내용을 파악하면 우리의 의식적 삶의 방향이 달라질 수 있다. 관계 접근 방식을 바꾸려면 실망한다는 것의 의미를 알아야 하고 우리가 더 이상 실망하지 않으려고 자신을 어떻게 보호하는지 깨달아야 한다. 그러면 존재 자체의 방향을 바꾸는 것에 대해 성경은 뭐라고 말하는가?

이 세상에서 가능한 가장 심오한 수준의 변화를 이루려면 내면을 직시하여 두 가지 파악하기 어려운 현실을 봐야 한다. (1) 타락 이후로 모든 남자는 자신을 온전한 남성으로 여기기가 어렵고, 모든 여자는 자신을 온전한 여성으로 보기가 어렵다. (2) 인간의 타락 이후부터 그리스도께서 재림하시기 전까지의 인생은 말로 다할 수 없을 만큼 슬퍼서 오직 그리스도에 대한 소망만이 우리를 미치거나 자살하지 않게 보존해 줄 수 있다.

성적 정체성으로 힘들어하는 것과 인생의 슬픔은 간단히 설명할 수 있는 문제가 아니다. 각각 책 한 권 분량으로 다룰 만한 주제다. 내가 이 문제들에 대한 기본적인 생각들을 여기서 다루는 것은 이것들이 제기하는 여러 쟁점을 직시하지 않고는 깊이 있는 변화가 이루어질 수 없다고 믿기 때문이다.

1. 우리는 자신을 약해진 남자와 손상된 여자로 인식한다.

하나님이 인간을 창조하셨을 때 남자와 여자로 만드셨다. 우리는 그저 사람이 아니다. 남성이거나 여성인 사람, 소년 아니면 소녀, 남자 아니면 여자다. 남성이나 여성으로서의 독특성은 우리 정체성의 핵심이다. 남녀의 차이에는 옷차림, 헤어스타일, 목소리의 높이, 해부학적 구조 말고도 훨씬 많은 것이 포함된다. 남자는 무슨 일을 하든지 남자로서 한다. 여자는 무슨 일을 하든지 여자로서 한다.

하나님과 제대로 관계를 맺고 그분의 계획에 따라 행할 때, 우리는 자신의 성적 정체성을 풍성하게 누리며 살게 된다. 내가 남자로서 내어 주어야 할 것을 온전히 줄 때 올바른 상태에 있다는 충만한 느낌이 든다. 어려운 작업에 딱 맞는 도구를 쓸 때처럼 뭔가 잘 진행되고 있는 것이다. 이와 마찬가지로, 사람들과의 관계에서 온전히 여성다울 수 있는 자유를 누리는 여자는 원래 자신이 만들어진 대로 충실히 살아가는 데서 오는 내면의 평화를 느낀다.

남자들은 자신들의 세계 안으로 힘차게 들어가 가족을 부양하고, (섬김을 통해) 그들을 하나님께로 이끌고, 희생적이고 강력한 사랑으로 다른 이들에게 나아가도록 만들어졌다. 여자들은 자신이 가진 모든 것(지성, 재능, 지혜, 친절)을 따스함과 연약함을 통해 다른 이들에게 용감하게 내어 주어 그들이 다가올 수 있게 하고, 함께하는 사람들에게 지지하는 힘이 되어 주고, 하나님의 형상을 지닌 여성으로서 자신의 전 존재를 경건한 목적을 위해 사용하도록 만들어졌다.

창세기 1:27에서 '남성'으로 번역된 히브리어 단어의 문자적 의미는 '기억하고 움직이는 존재'이다. '여성'에 해당하는 단어는 받아들일 수 있게 열려 있는 존재를 의미한다. 남자들은 그들의 관계 방식으로 은혜가 충만한 하나님의 움직임을 드러내도록 만들어졌고, 여자들은 그들의 관계 방식으로 은혜가 충만한 하나님의 초대를 드러내도록 만들어졌다.

그런데 그 계획이 어디에선가 잘못되었다. 바울은 우리에게 복음이 필요함을 입증해 나가면서, 사람들이 자기 생각대로 살기로 단단히 결심하자 하나님이 그들을 그 상태로 내버려 두셨다고 설명했다(롬 1:24, 26, 28을 보라). 혼자 힘으로 인생을 헤쳐 나가겠다고 우기는 데 따르는 불가피한 결과를 맞이하도록 하나님이 그들을 그대로 내버려 두셨다고 바울은 세 번이나 말한다.

첫째, 하나님은 그들을 성적 욕망에 "내버려 두셨"다. 우리는 이 사실을 주목해서 보아야 한다. 아담과 하와는 죄를 지었을 때 하나님과의 관계를 상실했고 그 분리 때문에 남성과 여성으로서 가지고 있던 모든 것을 온전히 누릴 기회 또한 잃어버렸다. 아담은 이제 노동을 하면서 가시덤불 및 엉겅퀴와 싸워야 했고, 그것은 온전히 승리할 수 없는 싸움이었다. 그는 가진 남자로서의 정체성, 즉 다른 사람을 위해서 자신의 세계로 들어가 뭔가를 생산하도록 만들어진 인간이라는 정체성이 위협을 받게 되었다.

하와는 더 이상 아담이 사랑으로 그에게 반응할 것이라고 기대할 수 없었다. 그가 자신의 여자다움을 표현하는 수단이던 지지와 연약함이 이제는 그를 위태롭게 만들었다. 그는 아담이 더 이상 완벽한 배우자가 아니라는 현실에 대처하기 위해 억세고 매정해져야만 했다. 여자로서의 정체성, 곧 다른 사람들을 받아들이고 포용하는 데서 기쁨을 얻는 사람이라는 정체성이 위협을 받았고, 이제 그는 자신의 관계들을 방어적으로 통제해야 한다는 부담을 느끼게 되었다.

남자와 여자로서의 모든 것을 온전히 표현하는 즐거운 자유를 잃어버린 우리는 극심한 불안과 동요를 느낀다. 그리고 거기에 휘둘려 우리의 성적 정체성을 제대로 누릴 때의 온전함을 되찾겠다고 달려든다. 그러나 하나님이 없는 상태에서 우리는 그 정체성을 풍성하고 신나게 누릴 수 없다. 거기에 가장 가까운 상태라고 해봐야 육체적 욕망의 충족 정도이다. 성적 흥분과 절정은 남성과 여성으로 온전히 살아 있는 상태에 가장 근접하는 경험을 타락한 사람들에게 제공한다. 인간의 성을 표현하는 수단이던 것이 성의 증거, 심지어 실체가 되어 버렸다. 인간으로서의 삶에 필수적인 뭔가가 사라졌다. 더 이상 우리는 힘차게 세상으로 들어가는 남자로서, 다른 사람들을 힘차게 수용하는 여자로서 자신의 온전함을 잔잔히 확신하는 데서 출발하지 못한다.

우리는 자신의 남성적 영혼 또는 여성적 영혼이 어떤 실패나 거절을 만나도 생기를 유지할 힘을 갖고 있다고 확신하지 못한다. 우리 영혼에는 남자와 여자로서의 실체감이 더 이상 존재하지 않는다. 우리는 그것을 회복해야 한다는 부담을 느낀다. 그리고 마땅히 있어야 할 성적 정체감을 되찾기 위해 필사적으로 애쓰는 과정에서, 성적 쾌락에 저항할 수 없이 끌리게 된다.

육체적 흥분과 충족의 경험은 남자와 여자로서 생기를 느끼게 해주는 몇 안 되는 행복한 순간이다. 우리가 성적 쾌락에 강박적인 매력을 느끼는 이유는 더 이상 자신을 진정한 남자와 진정한 여자로 여기지 않기 때문이다. 그리고 남자와 여자로서의 본질적 정체성을 의심할 때, 우리는 몸부림을 치게 된다. 그 문제에 대해 뭔가를 하게 된다. 그것은 비행기 엔진이 멈출 때 조종사가 뭔가 조치를 취해야 하는 상황과 같다. 엔진이 작동하지 않으면 비행기는 날 수 없다. 남성성이나 여성성이 온전한 상태로 자기 영혼에 깊이 자리 잡고 있다는 인식이 없으면 우리는 하나님의 계획대로 살 수 없다.

문제는 위협받은 성(性)이며, 그것은 하나님을 떠난 인간에게 불가피하게 따르는 결과다. 그리고 이 문제가 드러나는 징후는 악한 성적 표현이다. 이 징후의 기능은 일시적으로 남성성이나 여성성에 대한 가짜 감각을 제공하는 것이고 이것 또한 악하다.

사람들이 하나님께 등을 돌리고 하나님이 그분의 제어하시는 손을 치우실 때, 그들은 가장 먼저 성적 쾌락을 추구한다. 머지않아 그들은 동성애 관계로 자신들의 성욕을 왜곡하여 손상된 성적 정체성을 드러낸다(롬 1:26을 보라). 그 다음, 그들의 관계 방식을 변질시키는 온갖 악한 행동을 저지른다(29-32절을 보라). 그 모든 행동은 남자와 여자로서의 정체성이 위협받은 데서 자라난 것이다.

우리가 힘껏 죄를 추구하게 만드는 동력은 타락으로 인해 남성과 여성으로서의 정체성이 위협받게 된 데서 나오는 것이 아닌가 싶다. 만약 내 생각대로 그것이 정말 사실이라면, 우리의 내면을 들여다보는 작업을 통해 진상이 규명될 것이다. 우리가 남자와 여자답게 제 역할을 하는 자신의 능력을 의심하고 있음이 드러날 것이다. 우리가 남자와 여자로서 사람들과 관계를 형성할 때 느끼는 극심한 불편함을 감지할 때 비로소 우리가 고민하는 문제의 핵심을 건드리게 될 것이다.

타락한 사람들 안에는 언제나 원초적 위협(우리의 첫 부모 아담과 하와가 남긴 유산)이 존재하고, 그것 때문에 남자들은 자신의 약함, 무능함, 무력함을 인식하게 된다. 자신의 세계에 힘차게 들어가지 못하는 무능을 감지하면서 그들은 그것을 상쇄할 만한 대처법을 배운다. 자기 안에 있는 모종의 특별한 능력이나 재능을 강조하거나 공격성, 반항, 과장된 독립성으로 가짜 남성다움을 만들어 내는 것이다. 때로는 수동적 태도로 물러나서는 누군가가 자기를 돌봐줘야 한다고 나약하게 요구하기도 한다.

여자들은 쉽게 공격당했다고 느끼고 안전하지 않다고 느낀다. 아무리 자녀를 잘 보살피는 부모라도 적절한 사랑의 반응으로 도움을 주지 못할 때가 있기 마련이다. 어린 소녀들은 연약함을 감수하면서 다른 사람에게 내어 주도록 만들어진 자신의 경이로운 부분을 숨겨야 생존할 수 있다는 것을 배운다. 소녀가 누군가를 신뢰하게 되어 상대를 받아들이고자 하는 깊은 여성적 욕망을 드러내는 모험을 감수했다가 배신당할 때(최악의 배신은 성적 학대이다), 그는 자기 안의 그런 욕망 때문에 수치와 자기혐오를 겪게 되었다고 여기게 된다.

우리는 영혼의 중심에서 남성이나 여성으로서의 정체성에 달라붙은 수치와 두려움을 느낀다. 남성들에게는 온전한 남자라는 건강한 확신이 없다. 자신이 실패나 무례를 겪으면 완전히 무너질 것이라는 두려움 없이 자신의 세계로 당당하게 들어가지 못한다. 여성들에게는 자신이 누군가의 학대나 거절로 인해 본질적 정체성이 으스러지지 않고 자신의 세계를 포용할 수 있는 안정된 여자라는, 차분한 기쁨을 안기는 인식이 없다.

남자들은 자신의 결핍을 상쇄하기 위해 방어적인 삶의 전략을 추구한다. 어떤 이들은 가족을 지배하면서 그것을 영적 리더십이라고 말한다. 또 어떤 이들은 돈을 벌고 회사에서 관리자가 되고 교회를 세울 기회를 얻기 위해 가족과 친구들을 소홀히 한다. 이런 자기보호적 움직임의 동력은 남자로서의 정체성이 위협받는 상황과 관련이 있다.

여자들은 육체적 매력을 과장하기도 하고 경직된 유능함을 내세우며 매력을 감추기도 한다. 어떤 여자들은 고분고분한 아이가 되어 자신을 보살피는 사람의 모욕적인 통제를 순순히 받아들인다. 그들의 방어적 관계 방식은 여성성이 위협을 당하는 느낌이 들지 않도록 자기를 보호하는 데 주로 맞추어져 있다.

자신의 남성성이나 여성성에 대한 의심에 단단히 달라붙은 수치심은 더 이상 상처를 받지 않게 자신을 보호할 강력한 동기가 된다. 자신의 자기 보호적 움직임을 직시하거나 그 죄악성을 제대로 깨닫기 위해서는 먼저 그런 움직임이 남자와 여자라는 우리의 정체성의 남은 부분을 조금이라도 보존하려는 것임을 깨달아야 한다.

태평한 남편은 자신이 어려운 문제를 가지고 아내와 진실한 대화를 나누기를 거부하는 이유가 아내의 존경을 얻는 데 필요한 자질이 자신에게 없을 수도 있다는 끔찍한 두려움 때문이라는 것을 알아야 한다. 그때 비로소 그는 남성성이 위협받는 공포뿐 아니라 남성성의 잠재력이 주는 전율도 직시할 수 있다.

사람을 사무적으로 대하는 여자는 자신의 여성스러운 마음 안에 있는 것을 내보이면 착취당하거나 무시당할까 봐 두려워하고 있음을 깨달아야 한다. 그래야 자신의 자기 보호적 태도가 손상된 여성성을 숨기려는 절박한 시도임을 이해할 수 있다. 자신의 방어적인 냉정함 아래에 상처 입고 두려워하는 여자가 있음을 깨달을 때 비로소 그는 온전히 여성적이 된다는 것의 의미를 흥미롭게 엿볼 수 있다. 그리고 그 일은 그에게 무섭고도 매혹적인 경험이 될 것이다.

깊이 있는 회개에는 하나님이 창조하신 남성성과 여성성을 좀 더 온전히 드러내기 위한 자기 보호의 포기가 따른다. 그렇게 되면 우리는 부드럽고 강하고 관계에 집중하는 남자와 안정감 있고 내어 주고 연약함을 드러내는 여자가 될 자유를 얻어 하나님의 계획에 충실하게 살 수 있고 하나님이 어떤 분이신지 좀 더 제대로 보여줄 수 있다. 가장 깊은 수준에서의 변화를 이루려면 우리가 스스로를 약해진 남자와 손상된 여자로 본다는 것을 인정해야 한다.

교회사의 초창기에 이레네우스는 온전히 살아 있는 인간이 하나님의 영광이라고 썼다. 진정한 변화가 이루어지면 여자는 여성성에서 온전히 생기를 얻고 남자는 남성성에서 온전히 생기를 얻어 하나님의 본성을 드러내게 되고 그럼으로써 하나님께 영광을 돌리게 된다.

---

2. 타락한 세상에서 사는 슬픔을 정직하게 직시하면, 그리스도에 대한 소망만이 우리가 미치거나 자살하지 않도록 보존해 줄 수 있음을 깨닫는다.

우리 일상생활의 수많은 부분은 하나님과 별개로 살아가는 일의 두려움을 가리기 위해 만들어졌다. 불신자들은 대체로 상당히 잘 지낸다. 명목상의 그리스도인이 깊이 헌신된 그리스도인만큼이나 모든 면에서 (보통 훨씬) 행복해 보인다. 하나님께 절대적으로 순복해 봐야 아무 소용이 없는 것 같다. 순복의 개념을 희석시키고 '비교적 좋은 그리스도인'의 상태에 만족하는 것이 더 낫다는 생각이 든다. 점잖은 사람들은 잘 지내고 광신자들은 곤경에 빠진다고 할까. 우리는 마음과 목숨과 뜻과 힘의 일부만 가지고 하나님을 추구하면서 상황을 유쾌하게 유지하는 것이 삶의 진짜 비결이라고 생각하는 것 같다.

이런 약화된 형태의 기독교로 버티려면 하나님 없는 삶의 압도 적이고 견딜 수 없는 슬픔을 외면해야 한다. 그러나 삶이 그럭저럭 견딜 만하고 가끔은 상당히 만족스럽다는 허구를 유지하는 동안에 는 우리 신앙의 중심이 되는 두 가지 핵심, 곧 그리스도의 십자가와 그분의 재림을 제대로 이해할 수 없다. 십자가는 하나님이 그렇게까 지 끔찍하진 않은 상태에서 우리를 구해내시는 수단이 되고, 그분의 재림은 삶의 질을 개선할 기회 정도로 축소된다. 그리고 주의 만찬은 단순한 의식(儀式)으로 전락한다. "내가 올 때까지 나를 기억하라"는 주님의 초청(눅 22:19의 성만찬—옮긴이)은 우리의 열정을 거의 불러 일으키지 못한다. 우리가 기억해야 하는 십자가는 그 경이로운 가치 를 빼앗기고 우리가 기대해야 하는 재림은 한 단계 올라서는 개선에 불과해지기 때문이다.

우리가 현세에서 알 수 있는 기쁨은 주 예수 그리스도께서 하신 일과 앞으로 하실 일에 전적으로 달려 있다. 그리스도의 십자가와 재 림을 빼면 모든 기쁨은 기만적 망상이 되어 예배의 열정과 간절한 기 대로 그리스도를 붙들지 못하게 가로막는다.

최근에 한 학생이 내게 말했다. "저는 모든 관계에서 상당한 실 망을 느꼈습니다. 하지만 그 때문에 괴롭긴 했어도 큰 충격을 받지는 않았습니다."

우리 대부분은 큰 충격을 받지 않는다. 그리스도인들은 비그리 스도인들과 협력하여 그리 나쁘지 않은 삶의 외양을 유지한다. 어떤 의미에서 그런 외양은 사실이다. 결혼 생활이 풍성할 때도 있고, 사 람들이 유난히 친절하고 도움이 되는 경우가 있다. 십대들은 대체로 협력적이고 신뢰할 만한 모습을 보여주고, 일자리가 의미 있고 보람 찰 때도 있다. 그러나 삶의 이런 좋은 것들 중 어느 하나도 우리가 갈망하는 만족을 안겨 주어 영혼을 감동시키지 못한다. 우리가 자신에게 없는 것을 얼마나 간절히 갈망하는지 인식하기 전까지, 삶의 즐거움들을 방어적으로 누릴 수밖에 없다. 우리는 즐거움에 의지하여 영혼의 공허함을 가리려고 한다. 채워지지 않은 갈망에서 오는 고통스러운 실망을 예리하게 느끼는 만큼, 삶의 즐거움을 대할 때 그것이 제공할 수 있는 것 이상을 요구하지 않을 수 있다. 그때 비로소 우리는 삶의 즐거움들을 하나님이 언젠가 우리 앞에 펼쳐 놓으실 잔칫상의 합당한 맛보기로서 현실성 있게 누릴 수 있다.

타락한 세상에서의 삶이 그리 나쁘지 않다는 환상은 산산조각 나야 한다. 삶을 이루는 최고의 부분들조차 제대로 된 세상의 초라한 모조품에 불과하다는 것이 드러날 때, 그런 현실은 사람을 완전히 망가뜨릴 것 같은 지독한 고통으로 우리를 내몬다. 그러나 완전히 무너져 내릴 것만 같은 바로 그때가 우리 영혼이 자기 보호에서 신뢰하는 사랑으로 방향을 틀 수 있는 가장 좋은 시간이다. 하나님 없는 삶은 황폐함 그 자체라는 현실을 더 깊이 인식할수록, 우리는 더 온전하게 하나님께 돌아설 수 있다.

진지한 그리스도인의 삶에는 사탕발림의 여지가 없다. 삶은 말할 수 없이 슬프다. 그러나 우리는 모든 슬픔의 원인을 넉넉히 이기도도 남는다. 회개한다는 것은, 하나님 없는 삶은 삶이라고 할 수 없음을 받아들이고 상상도 못할 공포에서 구출된 사람의 열정으로 하나님을 추구하는 것이다. 슬픔의 전조가 우리 영혼에 스며들 때, 행복한 생각이나 정신을 산란하게 하는 생각으로 달아나서는 안 된다. 슬픔이 우리를 압도할 때까지 그것을 숙고하는 것은 우리 존재의 방향이 자기 보존에서 감사의 예배로 깊이 있게 달라지도록 우리를 이끌 수 있다.

가장 풍성한 사랑은 삶에 대한 견딜 수 없는 실망이라는 토양에서 자란다. 우리가 원하는 것을 삶이 줄 수 없음을 깨달아야 그것을 내놓으라고 삶에 요구하는 우리의 어리석음을 포기할 수 있고 제대로 사랑하는 고귀한 과제를 감당할 수 있다. 그러면 우리는 또 다시 실망하지 않도록 자신을 보호할 필요를 더 이상 느끼지 않게 될 것이다. 가장 심오한 변화는 삶을 현실성 있게 평가할 때만 생겨나는 열정으로 하나님께 매달리는 용감한 현실주의자의 삶에 나타날 것이다. 이제 우리는 아래와 같이 도식을 완성할 수 있다.

변화의 종류

1. 의식적 삶의 방향의 변화
2. 관계 접근 방식의 변화
3. 존재 방향의 변화

변화가 일어나려면 알아야 할 사실

1. "나는 죄를 지었다. 이제 그리스도께서 나를 구원하셨으니, 나는 그분을 위해 살겠다."

2. "나는 실망했다. 나는 실망으로 생겨난 고통을 피하기로 다짐했는데, 그 다짐은 잘못된 것이다."

3. "하나님 말고는 바람직한 것이 없는 세상에 살면서 나는 남자 또는 여자로서 위협을 느낀다. 그러나 그리스도에 힘입어 나는 남자다움이나 여자다움의 충만한 에너지를 가지고 나의 세계 속으로 들어갈 것이다."

내면에서부터 변화하고 있는 내 친구 이야기로 이번 장의 논의를 마무리하고자 한다. 이 이야기는 그의 허락을 받고 소개하는 것이다. 지인들이 그의 사연임을 알아보지 못하도록 이야기의 세부 내용을 상당히 바꾸기는 했지만, 중요한 측면에서는 전부 실화다.

토니는 대학교 2학년 말에 그리스도를 믿었다. 그는 갈등이 가득한 집에서 자라면서 격려나 사랑을 별로 받지 못했다. 부모는 처음에는 꽤 잘 지냈던 것 같은데 토니가 초등학교에 들어가면서부터 상황이 달라졌다.

토니는 부모가 자주 격렬한 말다툼을 벌이던 것을 기억한다. 말다툼 끝에 아버지가 집을 나가기도 했는데, 그러다 한두 주 후에 돌아와서 아내에게 자신을 받아달라고 간청했다. 토니가 기억하는 어머니는 냉정하고 지배적인 여성이다. 결혼 생활 때문에 운 적은 없었지만 토니가 어머니에게 거리를 둘 때마다 하염없이 눈물을 흘리곤 했다.

회심하기 전까지 토니는 뛰어난 성적을 얻는 것을 삶의 목표로 삼았다. 높은 점수는 다른 무엇보다 그가 한결같은 인정을 받게 해주었다. 토니는 열심히 공부했고 문제를 일으키지 않았다. 하지만 툭하면 통금 시간을 어기거나 계속 시무룩하게 있거나 말을 하지 않는 식으로 부모에게, 특히 고압적인 어머니에게 분한 마음을 표현했다.

토니가 그리스도를 믿게 되었을 때 분명한 변화가 일어났다. 가정생활에 대한 반감을 덜 느꼈고, 부모를 보다 친절하게 대하려고 힘껏 노력했다. 그는 성경을 더 잘 알고 싶었고, 하나님을 섬기고자 하는 진실한 욕구를 느꼈다. 그래서 기독교 대학으로 학교를 옮겼고 곧 하나님이 자신을 전임 사역자로 부르신다고 판단하기에 이르렀다.

그는 대학을 우등으로 졸업한 후 한 복음주의 신학교에 입학했다. 그곳에서 훈련을 받으면서 사람들에 대한 책임감을 갖게 되었으며 그로 인해 마음이 점점 더 섬세하고 온유해졌다. 그의 변화에 어머니(아버지는 그의 신학교 첫 학기에 세상을 떠났다)도 한결 부드러워졌고 그리스도를 구주로 영접하기에 이르렀다.

토니는 달라졌다. 하나님이 그의 내면에서, 또 그를 통해서 놀라운 일들을 행하셨다. 그의 의식적 삶의 방향과 전반적인 분위기의 변화는 자기 영혼의 고통스럽고 추한 부분들을 힘들게 들여다볼 필요 없이 이루어졌다. 그는 자신이 죄인임을 알았고 그리스도의 죽음과 부활의 의미심장함을 이해했으며 삶에 새로운 목적이 생겼다. 그것으로 충분했다.

토니는 신학교 공부를 마치고 자신의 관심사와 역량에 부합하는 선교 단체에서 일했다. 이후 거의 14년 동안 사역을 계속했고 진실하고 성실하고 헌신된 그리스도인이라는 합당한 평판을 얻었다. 아름다운 아내와 결혼했고 세 자녀를 두었다. 상황은 순조로웠다. 일은 의미 있고 만족스러웠다. 그는 가족을 사랑했고 건강했으며 좋은 집에서 비교적 편안한 생활을 할 수 있었다.

그런데 마흔 살이 되고 얼마 후, 토니의 삶에 몇 가지 문제가 나타났다. 당시 열한 살이던 아들의 담임 교사가 아이 문제로 토니 부부와 면담을 요청했다. 교사는 아이가 의욕이 없고 우울해 보이며 학업에서 심각하게 뒤처진다고 말했다. 담임 교사가 학교의 상담 교사와 만나 볼 것을 권하자 토니의 아내는 겁에 질려 당황했다. 그러나 토니는 아들을 도울 방법도, 아내를 진정시킬 방법도 몰랐다.

그 시기에 토니와 오랫동안 가깝게 지냈던 한 동료가 자신의 일이 전혀 행복하지 않고 가정에 심각한 갈등이 있어 힘들다는 뜻밖의 사실을 토니에게 털어놓았다. 토니는 깜짝 놀랐고 당황했지만 최선을 다해 친구를 격려했다. 그런데 이후 몇 주 동안 친구는 토니를 멀리했고 토니가 그의 문제를 거론하려고 할 때마다 가볍게 무시했다.

그때 나는 토니와 여러모로 어울릴 기회가 있었고 사역도 함께 하고 있었다. 그런데 내가 토니가 위원회 모임에 나타나지 않기를 바라고 있음을 문득 깨달았다. 그런 내 반응이 맘에 들진 않았지만, 그와 보다 사교적인 시간을 보내고 싶은 마음은 조금도 없었다. 토니는 언제나 기분이 좋아보였다. 상황이 아무리 나빠도 한결같이 긍정적으로 생각했다. 어려운 시간은 좋았다고 표현했고, 좋은 시간은 환상적이라고 말했다. 나는 그의 기쁨을 함께 누리기가 어려웠다. 깊이가 없어 보였다. 솔직히 토니와 함께 있으면 지루했다.

비교적 짧은 기간에 토니는 세 사람에게서 비슷한 지적을 받았다. 가족 상담가는 토니의 아내에게 아들 문제에 대한 그의 공포는 일정 부분 남편이 상황의 심각성을 받아들이지 않을 것이라는 두려움 때문에 나타난 것이라고 설명했다. 토니의 친구는 자신이 문제를 털어놓았을 때 토니가 자기편이라는 느낌을 전혀 받지 못했다고 말했다. 세 번째는 나였다. 그와 장시간 차를 같이 타고 가던 날, 나는 그가 위원회 모임에서 어려운 문제들에 대한 언급을 피하는 것 같다는 말을 했다.

세 사람에게 같은 지적을 받자 그는 자신이 자기 세계의 사람들을 효과적으로 상대하지 못하고 있음을 분명히 알게 되었다. 그는 그 이유를 묻기 시작했다. 시간을 내어 기도하고 말씀을 읽고 자신의 문제를 다른 사람들과 상의했다. 그러면서 무엇 때문에 자신이 아내와 친구와 사역에 깊이 관여하지 못하는 것인지 알기 위해 내면을 들여다보았다.

이후 몇 달 동안 토니는 인생이 바뀌는 경험을 했다. 그는 자기 세계의 모든 것이 잘 굴러가야 한다고 겁먹은 채 우겨 왔음을 인식하게 되었다. 어린 시절 조부모님 댁에서 지냈던 여름, 캠프에서 보낸 2주와 같은 몇 차례의 따스한 시간들 외에는 대부분의 기억이 고통스러웠다. 그는 유쾌한 상황이 이어지기를 절박하게 원했다. 모두가 사이좋게 지내는 편안한 세상에서 안정감을 느끼기를 바랐다.

그가 자신의 채워지지 않은 갈망을 다루는 방식은 정해져 있었다. 자신의 진정한 감정을 절대로 직시하지 않는 것과, 모든 일을 잘하기 위해 전력을 다하는 것이었다. 그는 자신의 관계 방식이 긴장을 무시하고 모든 사람에게 행복해지라고 따스하게 '요구하는' 것임을 분명히 알게 되었다. 그러자 자신이 그동안 아들과 아내에게 부담을 주고 있었다는 것과 인간관계 및 사역의 문제들을 정직하게 고민하지 않았다는 것이 눈에 들어오기 시작했다. 그런 관계의 패턴을 자기 보호의 죄로 인식하게 되면서 그의 변화가 시작되었다. 토니는 만사를 행복하게 유지하는 식으로 '앗시리아를 신뢰'하려 했던 것을 회개했고, 사람들에게 따스한 반응을 요구하지 않으면서도 그들의 삶 속으로 깊숙이 들어갈 방안을 모색했다.

그는 자신의 진짜 상처 몇 가지를 아내에게 털어놓았고 그의 상처에 주의 깊게 귀 기울이는 법을 배웠다. 아들이 느끼는 압박에 대해 아들과 정직하게 대화했다. 친구가 무슨 이야기를 하건 그에 대해 도움이 될 만한 시각을 제시하던 것을 멈추고 먼저 경청했다. 위원회 모임에서는 거북한 느낌이 드는 문제를 직시하고 직접적으로 문제를 다루었다. 그는 자신의 관계 방식을 의미심장하게 바꾸고 있었다. 고통스러운 실망을 느끼지 않도록 스스로를 보호하기 위해 사용하던 패턴들을 인식하게 되었기에 가능한 일이었다.

몇 달 뒤, 토니는 가족들 및 다른 이들과의 관계에 신나는 변화가 일어나고 있다고 가까운 친구들에게 이야기했다. 그가 말을 마치자 누군가가 대답했다. "토니, 그 변화는 대단해. 정말 그렇게 생각해. 그런 일을 허락하신 하나님을 찬양하네. 나도 자네를 보고 그 변화를 느꼈어. 하지만 그에 대한 자네 이야기를 들으면서 내 반응이 좀 미적지근해서 내가 당황스럽다네. 이보다 훨씬 신나야 할 것 같은데, 왜 그럴까? 혹시 자네가 지금도 긍정적인 면만 강조하다 보니 자네가 보여준 변화의 힘과 진정성이 전해지지 않는 건 아닐까." 다른 친구들이 그 말에 동의했다.

장시간의 토의가 이어지면서 두 가지 사실이 드러났다. 첫째, 토니는 그를 쥐락펴락하는 어머니 주위에 있을 때 자신이 남자로서 무력하게 느껴졌다는 것과 부모님과 함께 살 때의 끔찍한 상황에 대해 아무것도 할 수 없었다는 무력감을 직시하기 시작했다. 그는 남자로서 느끼는 심각한 불편함을 똑바로 보기 시작했다.

둘째, 토니는 또 하나의 패턴을 인식했다. 그가 과거와 현재의 모든 관계의 불완전함을 곰곰이 생각하고 있으면 때때로 압도적인 슬픔이 그의 영혼 안에 홍수처럼 차오른다는 것이었다. 그는 슬픔이 밀려드는 것을 느낄 때마다 바로 허리를 곧게 펴고 무엇이든 해야 할 일을 찾아 거기에 집중하곤 했다. 우리는 그에게 인생의 슬픔에 대해 숙고하고 흐르는 눈물을 참지 말라고 격려했다.

그 대화가 있고 2주 후, 나는 토니를 보았다. 그는 내게 걸어와서 내 어깨에 단단히 손을 얹고 말했다. "생각할 거리가 많아. 가족과 친구들을 위해 강한 남자가 되고 싶어. 내가 어려움을 잘 감당할 만한 남자가 아니라는 두려움 때문에 일체의 고통을 피하려고 얼마나 애써 왔는지 생각해 봤어. 최근 성경 묵상 시간에는 나의 약함 가운데 나타나는 그리스도의 강하심과 주님을 닮은 모습으로 나를 바꾸는 고난의 역할을 집중적으로 숙고했어. 좀 떨리긴 하지만, 하나님이 내게 무슨 일을 하실지 정말 기대가 돼. 신이 나. 이렇게 살아 있는 기분은 처음이야."

그의 말이 전혀 지루하지 않았다. 오히려 그가 추구하고 있는 하나님이 내게도 참 매력적으로 느껴졌다. 내면에서부터 시작할 의향이 있을 때 가능한 변화를 우리는 함께 기뻐했다.

Chapter 13

나쁜 것 아래 있는 '좋은 것'

내면에서부터 변화하려면 불편하더라도 우리의 내면을 들여다보고 자신의 안일함이 철저히 뒤흔들리는 상황을 감수해야 한다. 그런 내면 직시의 출발점은 하나님의 도덕적 요구 사항이 무엇이고 그것을 지키려는 우리의 노력이 얼마나 부족한지 깨닫는 것이다.

내면의 직시가 이어지면 위로할 길 없는 아픔을 예리하게 인식하게 되는데, 그것은 아무리 시간이 흘러도, 지상의 그 어떤 것이나 다른 사람이 건네는 그 무엇으로도 온전히 진정시킬 수 없다. 그 다음 단계는 깨어짐이다. 그것은 스스로를 돌보려는 우리의 노력이 얼마나 만연하고 완고한지, 우리가 우리의 보호자로 자처하시는 하나님 신뢰하기를 얼마나 오만하게 거부하는지 알아볼 때 찾아온다. 내면을 들여다보면 무섭고 어두운 방으로 들어가는 문이 열린다. 그곳은 상황이 잘 풀릴지 아닐지, 유능하다고 칭찬을 받을지 아닐지, 남에게 인정받는 전율을 누릴 수 있을지 없을지 알 수 없는 상태에서 우리가 한 사람의 남자와 여자로 살기 위해 분투하는 곳이다.

나는 이렇게 내면의 직시를 정의했지만, 이런 식으로 내면을 들여다보라고 말하기가 참 어려운 것은 사실이다. 매력적으로 들리지 않기 때문이다. 우리를 비참하게 만드는 것을 왜 직시한단 말인가?

공허함, 죄책감, 공포를 만들어 내는 자기 인식이 왜 필요한가? 삶의 표면에서 더 행복하게 사는 것이 낫지 않은가?

이번 장에서는 이런 질문들을 다룬다. 내면을 들여다보는 일은 거의 마지막까지 참을 수 없을 만큼 고통스럽지만 우리가 마침내 보게 될 광경은 큰 기쁨을 선사할 것이라고 말하고 싶다.

고통스러운 치료

최근에 나는 항암 화학 요법제가 잔뜩 들어간 연고를 등과 양 어깨에 바르는 피부암 치료를 마쳤다. 피부 전문의는 화학 요법제가 암이 있는 피부는 다 태우고 건강한 피부는 건드리지 않을 것이라고 말했다.

한 주 만에 양 어깨의 살갗이 다 벗겨졌다. 당신이 그 모습을 봤다면, 누군가가 내 양 어깨에 뜨거운 다리미를 올려놓고 살갗이 다 타버릴 때까지 내버려 둔 것이라고 생각했을지도 모른다.

처방 연고를 쓰고 있던 어느 주말에 양 어깨의 타버린 피부가 유난히 쓰리고 아파 오기 시작했다. 나는 응급실로 급히 달려갔고, 의사는 상처를 보더니 이렇게 말했다. "이 연고에 알레르기 반응이 있으시군요. 당장 연고 사용을 중단하세요. 강한 스테로이드를 복용하시면 알레르기 반응이 잡힐 테고 새 로션을 바르면 감염이 예방되면서 고통도 진정이 될 겁니다." 물론 나는 그 말대로 했다.

그 일은 토요일에 있었고, 나는 월요일 아침에 나를 담당하는 피부과 전문의의 후속 치료를 받으러 같은 병원에 다시 갔다. 토요일에 만난 의사처럼 담당 의사도 상처를 잠깐 보고는 금세 소견을 내놓았다. 하지만 그의 진단은 달랐다. "이건 항암 화학 요법제에 대한 정상 반응입니다. 상처가 심하지만 정상입니다. 치료를 재개하세요."

이번에도 나는 시킨 대로 했다. 그날, 이미 벗겨진 피부를 더 태울 연고를 양 어깨에 발랐다.

이전에는 화상 피해자들의 고통을 제대로 알지 못했다. 그러나 이제 그들과 나에게는 공통점이 생겼다. 물론 차이점도 있다. 화상 피해자들은 말 그대로 끔찍한 사고의 피해자인 반면, 나는 끔찍한 고통을 유발하는 따가운 연고를 바르기로 자발적으로 선택했다. 왜? 왜 그런 고통을 자처한단 말인가?

이유는 두 가지였다. 첫째, 치료하지 않으면 내 피부의 상당 부분이 암으로 발전할 것이고 짧은 기간 동안의 극심한 불편을 감수하면 나중에 오랫동안 더 심한 불편을 겪거나 심지어 죽을지도 모르는 상황을 막을 수 있을 것이라 믿었다. 둘째, 피부과 전문의가 내 양 어깨를 더 태우라고 지시하고 진찰실을 나간 후, 한 친절한 간호사가 내게 이렇게 말해 주었다. "안 좋은 부분이 다 타버리고 나면, 아기 볼처럼 부드러운 새살이 나올 거예요."

그 말이 도움이 되었다. 끔찍한 것을 태워 버리면 그 아래에서 뭔가 경이로운 것을 발견하게 될 것임을 나는 알았다.

복음 중에서 가장 이해가 덜 된 진리가 가장 중요한 진리일 수도 있다. 새 언약의 신학이 이 부분을 이야기한다. 모든 그리스도인은 그 누구, 다른 무엇보다 하나님께 더 끌리는 새 마음을 받았다. 성령의 인도로 내면을 들여다보면서 우리가 받은 새 마음의 경이로움을 보아야만 비로소 내면으로부터의 변화가 시작될 것이다.

내면을 들여다보는 일에 대해서도 동일한 질문을 할 수 있다.

정신이 멀쩡한 사람이 비교적 순조롭게 펼쳐지는 삶의 유쾌한 외양을 자발적으로 찢어 버리고 왜 실망, 자기 비판, 절망의 경험에 자신을 맡긴단 말인가? 더욱 당혹스럽게도, 삶이 순조롭게 펼쳐지지 않는 사람, 안 그래도 힘들고 불행한 사람이 왜 기분이 더 나빠지게 만들 일을 직시함으로써 어려움을 보탠단 말인가?

샤론은 내 친구다. 3년 전에 처음 만났을 때 그는 34살이었다. 그는 내가 강사로 나선 세미나에 참석했었다. 오전의 짧은 휴식 시간에 그는 나를 한쪽으로 데려가더니 자살할 생각이라는 취지의 말을 했다. 그 말을 듣자 내 안에서 설명할 수 없는 갈망이 솟아올랐다. 내가 만들어 낸 것도 지어낸 것도 아닌 갈망이었다. 그가 살았으면 좋겠다는 간절한 마음이 들었다. 그래서 나는 그에게 그렇게 말했다.

샤론은 어린 시절에 가족들에게 심각한 성적 학대와 잦은 괴롭힘을 당했다. 19살 때 대학생선교회를 통해 그리스도를 믿게 되었다. 3년 후 대학을 졸업하고 어느 유명한 교회에 다니면서 여러 활동에 열심히 참여했는데, 그곳의 청년부 목사에게 데이트 강간을 당했다. 그는 한 주가 다 지나기 전에 그 일을 담임목사에게 알렸고, 즉시 장로들의 면담 요청을 받았다. 그들은 샤론의 이야기와 청년부 담당 목사의 이야기를 모두 들은 후, 샤론이 잘못한 것이라 선언하고 더 이상 유치부에서 봉사하지 말라고 말했다. 그러고선 그에게 상담을 권했다. 선임 장로의 마지막 발언은 이것이었다. "그런 식으로 남자를 유혹하는 것은 그리스도의 이름을 수치스럽게 하는 일입니다." 그 자리에서 그는 샤론이 그리스도의 사랑을 신뢰하는 법을 배우게 해달라고 기도했다.

샤론의 아버지는 그가 20살이 된 이후로 딸에게 말을 건 적이 없었다. 어머니는 두 달에 한 번씩 100달러를 보낸다. 가족들이 저지른 끔찍한 죄 때문에 샤론이 아주 어린 시절부터 겪은 고통은 너무나 노골적이고 극심했다. 그가 자신의 고통을 온전히 느꼈다면 그대로 미쳐 버렸을 가능성이 크다. 너무나 지독했던 그 고통은 의식을 잃어야만 벗어날 수 있는 극도의 물리적 고통과 비슷했다.

그리고 샤론은 그의 죄, 곧 더 많은 고통을 겪지 않도록 자신을 보호하겠다는 굳은 다짐이 전적으로 정당하고 합리적으로 느껴졌다. 그것은 신뢰할 만한 하나님이 없다고 생각했기에 꼭 필요해 보였다. 자기 영혼을 보살피는 일이 죄라는 생각은 암살자가 쏜 총알을 피하는 것이 범죄라는 생각만큼이나 어리석게 느껴졌을 것이다.

고통은 거부해야 할 대상이었다. 자기 보호는 하나의 미덕이자 필수적인 생존 수단이었다. 다른 모든 사람과 마찬가지로, 샤론도 그렇게 생각했다.

샤론의 이야기는 모든 사람의 이야기다. 실망스러운 관계, 이 세상이 줄 수 없는 것을 향한 채워지지 않는 갈망, 그럼에도 불구하고 완전히 억누를 수 없는 욕망, 자기 보호의 다짐, 다시는 심각한 상처를 입지 않으리라는 결심, 기분이 나아지기라도 해야겠다는 결심이 뒤섞인 이야기다. 이 결심은 필요하기 때문에 정당해 보이고 타당하기 때문에 도덕적으로 보인다.

주일 아침이면 교회마다 아픈 마음들과 결연한 의지들로 가득 찬다. 대부분의 사람들은 자신의 아픔을 더 신중하게 감추고 자신의 요구적 의지들이 합당해 보이도록 더 잘 위장한 채 교회 문밖을 나선다. 그러나 샤론이든 우리 중 누구든 복음의 치유력을 경험하려면 자신의 고통을 느끼고 자신의 죄를 직시해야 한다. 그보다 더 힘든 일은 없다.

그러나 병든 피부 아래에 매끄러운 피부가 놓여 있듯이, 견딜 수 없는 고통 아래에는 진정한 기쁨이 숨겨져 있다. 먼저 병든 피부를 태워야 한다. 출산에 앞서 산고가 있다. 죽음 이후에 생명이 있다. 이것이 에덴 이후 모든 일의 순서다. 받아들인 고통에 비례하여 더 큰 기쁨을 누리게 된다. 실망을 조금만 느끼는 사람은 그리스도 안에서 누리는 기쁨도 조금만 경험한다.

그러나 우리가 추구하는 이 기쁨은 무엇일까? 병든 피부를 태운 다음에야 나타난다는 매끄러운 피부는 어디에 있을까? 그것은 우리가 절망을 겪으면서도 버티게 해주는 희망에 불과하지 않을까? C. S. 루이스는 갈망 자체가 우리를 천국으로 유도하는 기쁨이라고 말했다. 우리가 저지른 최악의 죄들이 용서받고 영원한 지복이 기다린다는 것을 알 때 분명히 평화가 있다. 그러나 그것 말고도 뭔가 더 있을까? 샤론을 위한 좋은 것이 더 있을까?

뭔가 좋은 것

3년 전 내게 자살하고 싶다고 말했던 날 이후로 샤론은 내면에서부터 변하고 있다. 지금 여러분이 읽고 있는 이 책이 그 과정에서 중요한 역할을 했고, 하나님이 그에게 보내 주신 몇몇 사람도 은혜로우신 하나님의 안전한 품을 구체적으로 보여줌으로써 그를 도왔다.

다니던 교회의 장로회에서 비난을 당하고 얼마 후, 샤론은 몇 개의 주를 넘어가야 있는 곳으로 이사하여 새로운 직장을 잡았다. 그리고 많이 망설인 끝에 또 다른 유명한 교회에 다니기 시작했다. 이전 교회보다 규모가 작고 신학은 좀 더 은사주의적이었다. 몇 달 동안 뒷좌석에 앉아 있다가 방문자 명부에 아무것도 적지 않고 옆 사람에게 넘기고 나오던 그는 '치유 기도 수련회'에 참석하기로 충동적으로 결정했다. 교회 안내용 탁자 위의 책자가 그의 눈길을 사로잡았다. "그리스도의 사랑이 당신의 상처 깊은 곳에 이르게 하십시오."

그리고 바로 그 문구와 같은 일이 일어났다. 주말 수련회 중 어느 시점에 그는 목사와 개인적으로 이야기하는 자리에서 자신은 너무나 혼란스럽고 억울하고 어찌할 바를 모르겠다고 말했다. 그러다 남자친구와의 성관계를 너무나 원한다고 털어놓아 스스로도 깜짝 놀랐다. 전문직 종사자인 남자친구는 그 지역의 다른 교회에서 청년 주일학교 교사로 봉사하고 있었다.

탈모가 시작된 60대 초반의 온화한 목사는 그의 사연을 말없이 경청했다. 그가 남자친구의 요구에 응하고 싶은 마음을 털어놓았을 때, 목사는 그의 어깨에 두 손을 얹었다. 나중에 그는 내게 그 순간 그가 가진 친절의 힘을 온전히 느꼈다고 말했다. 목사는 그의 눈을 똑바로 바라보며 말했다. 그의 손은 그 자리에 그대로 있었다. 여러 해가 지난 후에도 그는 그때 목사가 했던 말을 그대로 인용할 수 있었다. "당신이 남자친구와 동침하지 않았으면 합니다. 하지만 당신이 어떻게 하든, 하나님께로 돌아갈 길은 언제나 있습니다. 저는 당신이 그 길을 찾도록 돕고 싶습니다." 그것은 그가 맛본 첫 번째 은혜였다.

이제 샤론은 죽고 싶은 생각이 더 이상 들지 않는다고 한다. 말로 다할 수 없는 아픔이 여전히 생생하지만, 그래도 살고 싶다고, 석양과 사람들을 누리고 더 성장하고 싶다고 말한다. 그는 아버지를 사랑하지 않지만 이제는 사랑하고 싶은 마음이 든다고 말한다. 생물학적 아버지와 그를 못되게 이용했던 아버지 같은 사람들과의 온갖 끔찍한 경험 때문에 하늘 아버지를 신뢰하는 데 어려움이 있지만, 그는 진정한 사랑의 팔에 안기고 싶은 자신의 갈망을 인식한다. 그리고 자신을 붙들어 주기를 바라는 그 팔의 주인이 하나님임을 확신한다. 그는 그 갈망이 이상하게도 기쁨처럼 느껴진다고 말한다.

샤론은 더 이상의 고통을 겪지 않게 자신을 보호하려는 자연스러운 결의를 느끼고 때로는 지금 안고 있는 고통을 없애고 싶은 마음을 떨치기가 어렵다고 말한다. 그 고통으로 가슴이 찢어질 것만 같을 때, 그는 교회에서 벌떡 일어나 이렇게 소리치고 싶은 마음이 든다. "당신들은 왜 모두 그렇게 삶에 아무 문제가 없는 척하는 거야? 당신들도 아픔이 있잖아!" 그는 삶이 아주 그럴싸하게 포장되어 정돈되어 보이는 그리스도인들 사이에서 잘 지내지 못한다고 말한다.

하지만 그는 사람들에게, 심지어 잘 포장된 모습의 그리스도인들에게도 좋은 일을 해주고 싶은 마음이 든다. "때로는 예수님의 사랑이 너무나 실감 나게 다가오고 감당할 수 없을 만큼 크게 느껴져서 그저 모든 사람을 사랑하고 싶은 마음이 들어요. 그럴 때면 심지어 아버지를 위해서도 기도해요. 진심으로 기도해요. 평소에는 억지로 아버지를 생각하며 기도하지만 진심 어린 사랑의 기도가 흘러나올 때가 있어요. 천국이 실재하고 제가 거기서 영원히 그분의 품에 안기게 될 것이라고 믿으세요? 왜냐하면 천국이 진짜가 아니라면 전 여길 떠날 것이거든요. 그러나 천국이 정말 있다면 저는 기다릴 수 있어요. 다른 사람들에게 뭔가 줄 수 있는 즐거운 일을 하면서 말이에요. 제게 남에게 줄 만한 좋은 것이 있다는 생각이 들기 시작해요! 저는 지금까지 자신을 혐오하며 살아왔어요. 그런 제게 이런 기분이 얼마나 근사한지 상상도 못하실 거예요."

샤론은 내면에서부터 변하고 있다. 실망과 죄와 공포와 고뇌 이면에 뭔가 놀라운 것이 있음을 발견하고 있다.

나는 여러분이 이 책을 다 읽고 나서 자신을 악성 불안 덩어리로 여기고는 하나님께 자신을 역겨워하며 내치지 마시라고 매일 간청하기를 바라는 게 아니다. 내가 바라는 것은 내면을 들여다봄으로써 우리 모두가 갖고 있는 오만함, 곧 겸손한 자세로 하나님을 신뢰함 없이 자신의 힘으로 삶의 어려움을 감당하겠다는 고집이 폭로되는 것이다. 내면을 직시한 결과로 우리는 아파하는 존재, 요구하는 사람들에 불과하다거나 우리를 규정하는 것은 고통과 죄라고 생각하게 되기를 원하는 게 아니다.

나는 여러분이 이 책을 덮기 전에 성령께서 모든 그리스도인의 마음속에 살아 있고 깨끗하고 선하고 온전한 어떤 것을 두셨음을 알게 되기를 열망한다. 지금의 우리는 경이롭고 특별하고 훌륭한 사람들이다. 그리스도의 진짜 생명이 이제 우리 안에 있고 우리 존재의 중심에 스며들었으며, 깊이 있는 예배를 통해 하나님께 쏟아지듯 바쳐지고 치유의 은혜를 통해 다른 사람들에게 부어지기를 기다리고 있다. 이것이 새 언약의 조건 아래 하나님이 우리를 위해 행하신 일이다.

그렇다. 우리는 가망 없이 어리석고 강박적으로 자기에게 몰두해 있으며 오만하게 자기충족적이고 극심한 아픔을 겪는다. 이것을 부인하면 그리스도께서 죽으심으로 우리를 위해 하신 일의 경이로움을 놓치게 된다. 그러나 우리는 그 이상의 존재이기도 하다. 하나님의 은혜로 우리는 그 이상의 존재가 되었다. 나쁜 것 아래에 좋은 것이 있지만, 우리는 그것을 찾지 못할 때가 많다. 좋은 것을 가리고 있는 나쁜 것을 직면할 용기가 없기 때문이다.

내면의 생명을 발산하기

'좋은 것'을 찾아 나서지 않고 살다가 암에 걸려 손상된 우리의 피부가 아기의 볼처럼 부드러워지는 것을 평생 경험하지 못하는 이들이 많다. 병든 피부를 태우는 연고를 바르는 대신에 자연적인 선함, 곧 그리스도인과 비그리스도인이 똑같이 선택할 수 있는 좋은 일을 하는 데 만족하는 것이다. 우리는 구원을 통해 우리의 내면 깊숙이 들어온 그리스도의 에너지가 터져 나오는 초자연적인 선함을 잘 경험하지 못한다. 암석 밑에 금이 묻혀 있듯, 육신의 자기 보호적 요구 아래에는 우리 새 마음의 거룩한 욕망이 묻혀 있다. 그 금을 캐내야만 기쁨을 경험할 수 있다.

우리 안에 있는 그리스도의 에너지를 발견하고 영혼 안의 새 생명을 발산하여 내면에서부터 변하고 싶다면 세 가지 일을 해야 한다. (1) 하나님께 항복해야 한다. (2) 안전한 사랑의 공동체 안에서 내면을 들여다봐야 한다. (3) 우리 새 마음의 거룩한 욕망을 자극하시는 성령의 촉구를 인식하기 위한 영적 감수성을 길러야 한다.

항복

의지를 발휘하여 자신을 그리스도께 온전히 맡기고 항복하라. 어떤 대가를 치르게 되더라도 그리스도를 따르겠다고 결심하라.

안전

자신을 드러내어도 거부당하거나 잔인하게 까발려지거나 버림받지 않을 것이라고 믿을 수 있는 소수의 사람들을 찾아보라. 자신이 사람들에게 어떤 인상을 주는지 의견을 들어봐도 괜찮을 만큼 안전하다고 느껴지는 소그룹을 찾으라. 내면을 들여다보는 일에 대해 은혜 충만한 소수의 사람들에게 도움을 받으라.

감수성

고독과 침묵, 기도, 묵상, 일기 쓰기, 금식 같은 영성 훈련을 꾸준히 실천하라. 그러면서 그리스도께서 거하시는 우리 마음속의 가장 근본적인 현실을 알아볼 감수성을 우리 내면에 길러 달라고 기도하라. 고통과 죄의 암석들을 파고 내려가다가, 자신이 사람들에게 어떤 안 좋은 영향을 미치는지, 힘든 감정을 얼마나 피하려 하는지 알게 되거든, 곧 숨겨진 금덩이를 찾게 될 것이라고 생각하라. 금덩이는 거기에 있다. 새 언약이 그것을 보증한다. 그것을 찾으면 기뻐하라. 그 거룩한 욕망들이 사그라지지 않도록 잘 보호하고, 과감히 거기에 따르고, 상대의 반응이 신통치 않더라도 자기 안의 선한 것을 그에게 내어 주라. 우리 내면의 선함이 강력하다는 것을 믿고, 그 선함으로 인해 다른 사람의 삶에서 하나님이 일하실 수 있음을 믿고, 우리의 내면에서 가장 생기 있는 것을 다른 사람에게 내어 줄 때 받는 이는 치유를, 주는 이는 기쁨을 얻게 된다는 것을 믿으라.

내가 그리스도 안에서 삶을 변화시키는 능력을 발견하리라는 소망을 냉소적으로 포기하지 않을 수 있는 것은 성경, 성령, 소수의 사람들, 이 세 가지 덕분이다. 성경에 따르면 모세는 하나님과 대면하여 이야기했고, 바울은 하나님을 알겠다는 강렬한 목표를 추구했고, 베드로는 말할 수 없는 기쁨을 경험했다. 이들(및 다른 사람들)은 모든 일에서 하나님을 의지하는 견실한 사람으로 변화되는 길을 걸었다. 성경은, 우리와의 교제를 기뻐하시고 변화시키는 힘으로 우리를 만나 주시는 하나님을 알 수 있는 가능성에 대해 지속적으로 말한다. 그 가능성이 우리를 인내하게 한다. 하나님을 만날 소망을 포기하려면 내 존재의 핵심에 하나님을 사랑하는 성향이 있다고 가르치는 성경을 부인해야 할 것이다.

성령께서는 내 전 존재를 가차 없이 드러내시어 나를 위로하거나 격려하시고, 죄를 깨닫게 하거나 회개를 촉구하신다. 그분은 내 영혼을 꿰뚫어 보시는 능력을 보여주셨다. 나는 위엄과 거룩함과 사랑으로 나를 압도하시는 하나님의 실재를 엿본다는 것이 무엇인지 안다. 나는 가장 힘든 시기에 하나님의 선함을 맛보았다. 그 선함이 이제 내 안에 있다. 아직 내게 남아 있는 온갖 악함과 상처보다 그 선함이 내가 정말 누구인지를 규정한다.

나에게는 진실한 모습으로 나를 깊이 격려하는 몇몇 친구들이 있다. 그들과 함께 있을 때는 하나님이 실재하심을 느낀다. 그들은 영혼 깊은 곳에서 우러난 듯한 말을 한다. 그들의 사랑은 꾸밈이 없다. 완벽하지 않지만 진실하다.

성경과 성령, 소수의 그리스도인들의 증언은 어떤 상황에서도 하나님을 알 수 있는 길이 존재한다는 확신을 내게 안겨 준다. 그 길을 걷기를 열망하는 그리스도인이라면 정직한 삶을 선택해야 한다는 것을 인식해야 하고, 삶을 정직한 시선으로 바라보면 자신의 세계와 자신 안에 있는 것들이 혼란스럽게 다가오리라는 것을 알아야 한다. 그것들 때문에 우리는 다른 사람들을 실망시키기도 할 것이다. 섬세한 반응이 너무나 필요한 결정적인 순간에 자주 그런 일이 있을 것이다. 그리고 자신이 사랑의 명령을 불가피하게 어기는 죄를 지었음을 깨닫게 될 것이다.

혼란, 실망, 죄의 깨달음. 이것들은 기쁨으로 가는 길일까? 아니면 삶을 정직하게 직시할 용기가 없는 덕분에 간신히 행복을 유지하고 있는 '얄팍한' 사람들을 오만하게 경멸하는 자기도취적 우울함에 빠지는 우회로일까?

하나님이 이것들을 허락하셨다면, 이것들을 받아들이는 사람들 안에서 그리스도의 성품을 고취하는 결과가 나타날 것이다. 혼란은 억울함과 낙심이 아니라 믿음으로 이어질 것이다. 하나님은 여전히 일하고 계시므로, 우리가 할 수 없는 것을 요구하지 않으시고 우리 삶의 잔해를 헤치고 들어오셔서 그분의 선한 목표를 이루실 것이다. 우리의 믿음은 약할 때가 많지만, 압도적인 혼란의 시기에 자라나 우리를 붙들어 주는 믿음은 강하고 단단하다.

우리는 크게 실망하여 완전히 옴짝달싹 못할 수 있고, 그래서 다시 상처 입을까 봐 두려워서 사람들에게 다가가지 못할 수 있다. 다른 그리스도인들에게 부당한 취급을 당할 때, 자녀가 당장이라도 끔찍한 실수를 저지를 것만 같을 때, 여러 교회와 기독교 단체들이 '하나님의 일'을 하느라 바빠서 사람들의 삶을 보살피지 않을 때면, 관계를 포기해 버리고 싶은 유혹이 강하게 든다. 때로는 끈끈하고 친밀한 관계를 형성하는 데 따르는 문제가 너무나 커 보여서 우리는 다른 사람들과 편안한 거리를 확보한 다음 꿈쩍도 하지 않으려 한다.

그러나 실망이 오히려 우리를 소망으로 이끌 수 있다. 우리가 큰 상처를 입었을 때도 우리 마음이 갈망하는 모든 것을 여전히 인식한다면, 언젠가 그리스도와 함께할 것이라는 전망은 우리의 열정을 사로잡을 수 있고, 최악의 폭풍 같은 거절 가운데서도 흔들리지 않게 붙들어 줄 튼튼한 닻이 될 수 있다. 참으로 외롭다고 느껴질 때도 우리를 일으켜 계속 전진하게 해주는 소망이 우리가 느끼는 감정의 중심에 자리 잡을 것이다.

우리는 사랑의 결여가 죄임을 깊이 자각할 수 있다. 우리가 죄라고 인식하는 것들이 명백한 도덕적 실패나 무절제한 생활 같은 것들로 한정된다면, 우리는 가장 친한 사람과의 관계에서도 뻣뻣한 상태에 머무는, 경직된 좋은 사람이 되기 십상일 것이다. 우리는 사랑을 배우지 못할 것이다. 그러나 우리가 자기 보호적 관계 방식 가운데 어떤 식으로 교묘하게 사랑에 어긋나게 행하는지에 민감해지면, 자신의 죄성을 깨닫고 어쩔 줄 모르게 될 것이다.

모든 순간이 자신을 돌볼 것인지 다른 사람들을 우선시할지 결정하는 도덕적 선택으로 이루어진다는 깨달음은 큰 충격을 준다. 많은 이들은 그런 수준에서 도덕과 씨름하지 않는다. 우리는 남을 나보다 낮게 여기는 일에 대해 열을 내어 이야기하지만, 실제로 그렇게 하지 못하는 우리의 실상을 깨닫게 해줄 자기 인식은 신중하게 피한다. 그러나 우리가 자신의 죄성을 직시할 때 그 죄성의 순전한 추함에 따라 깊은 회개에 이를 수 있고, 그런 회개가 사랑의 새로운 차원을 열어 줄 수 있다. 자기 보호의 죄를 깊이 회개할 때 자라나는 사랑은 마음속에 스며드는 풍성한 사랑이며, 그리스도인인 우리 안에 이미 머물면서 터져 나올 때만 기다린다. 그것은 새 언약이 보장하는 바다.

혼란은 믿음을 낳고, 실망은 우리를 소망으로 이끌고, 죄의 깨달음은 사랑으로 이어진다. 성숙의 길로 가려면 거짓 확신, 위장된 만족, 우쭐한 영성을 버리고 불안한 혼란과 실망과 죄의 깨달음을 받아들이겠다고 다짐해야 한다. 혼란, 실망, 죄 인식을 받아들일 때 믿음과 소망과 사랑이 자랄 기회가 생긴다. 기쁨이 만들어질 기회도.

회심 이전에 우리의 정체성은 죄인이었다. 그러나 이제 우리는 성도(聖徒)다. 물론 여전히 죄를 짓고 매일 죄의 충동과 싸운다. 그러나 이제는 하나님에게서 멀어지지 않고 그분을 향해 기우는 새 마음을 갖고 있다. 아이가 땅콩버터를 좋아하듯 우리의 가장 참된 자아는 거룩함을 즐거워한다. 하나님을 믿고 그분의 약속을 소망하고 그 어떤 존재보다 하나님을 더 사랑하는 것은 우리의 책임일 뿐 아니라 이제 우리의 성향이기도 하다.

우리의 현재 상황, 고통스러운 기억, 정서적 상처, 도덕적 실패, 내면의 분투가 어떠하든, 기쁨을 누리는 일은 가능하다. 하나님을 예배하고 섬기고자 하는 우리의 새로운 성향은 주변 상황이 아무리 지독해도 파괴될 수 없다. 성령께서 주시는 능력에 힘입어 우리에게 초자연적으로 심어진 욕망을 따를 때, 우리는 기쁨을 알게 될 것이다. 하나님께 자신을 맡기고, 안전한 친구들로 이루어진 작은 공동체 안에서 자신을 직시하고, 자신의 고통과 죄 아래서 이루어지는 성령의 역사에 대한 감수성을 기르고, 악한 것에 저항하고 선한 것을 내놓는

데 자신을 헌신하면, 기쁨을 경험하게 될 것이다.

진정한 변화, 말할 수 없는 기쁨을 가져다주는 변화는 가능하다. 내면에서부터 시작할 마음만 있다면 말이다.

Chapter 14
훨씬 더 많은 것

1988년, 나는 부모님의 칭찬을 기대하는 아이처럼 흥분한 채『영적 가면을 벗어라』초판본에 사인을 하고 부모님께 우편으로 보냈다. 두 분 모두 지금은 천국에 계시기에, 25년 전에 보내드렸던 책을 지금은 내가 갖고 있다. 첫 쪽에 나는 이렇게 썼다.

> 엄마 아빠에게
> 최근에 나온 책이에요. 그런데 벌써 낡은 것 같은 기분이 들어요. 기쁨과 생기에 대해서는 할 말이 훨씬 더 많거든요. 사랑합니다.
> 래리

이 책을 훑어보다가 17쪽 맨 위에 아버지가 연필로 적어 놓으신 내용이 눈에 들어온다. "우리의 무력함이 드러나고 그것을 온전히 깨달은 후에야 하나님을 즐거워할 수 있다. 다른 방향을 바라보지 않을 때만 그분을 즐거워할 수 있다."

나는 지금도 여전히 다른 방향들을 바라보고 때로는 거기서 눈을 떼지 못한다. 그리고 그럴 때마다 곤경에 처한다. 주위를 두리번거리다가 좁은 길에서 "거의 넘어질 뻔하였"던(2절) 시편 73편의 지지처럼, 나는 "악인의 형통함"(3절)을 보면서 하나님만 바라보는 것이 지금의 나에게 어떤 유익이 있는지 의아해한다. 수많은 사람들이 상당히 잘 지낸다. 믿는다고 말은 하지만 하나님께 형식적인 경의만 표하는 그리스도인들도 다르지 않다. "그들은 죽을 때에도 고통이 없고 그 힘이 강건하며 사람들이 당하는 고난이 그들에게는 없고 사람들이 당하는 재앙도 그들에게는 없나니"(4-5절). 그러나 하나님을 바라보는 나는 어려운 삶을 경험한다. 나에게 일어나는 일 때문에 힘들 때도 있지만, 내 안에서 일어나는 일 때문에 힘들 때가 더 많다. 내가 아는 수십 명의 사람들만 해도 하나님을 외면한 채 자신이 누리고 싶은 것에 시선을 돌리고도 "항상 평안하고 재물은 더욱 불어"난다(12절).

그래서 나는 의아하다. 예수님을 따르면 삶이 더 어려워질까 쉬워질까, 나빠질까 좋아질까, 괴로울까 행복할까? 이 질문의 답을 찾는 일은 시편 73편 기자가 경험했듯 "너무나 어려운 문제"다(16절, 새번역). 어쩌면 다른 방향으로 눈을 돌리지 않고 하나님과 내 삶을 향한 그분의 계획만 바라보겠다는 다짐은 부질없는 일, "허사"(13절, 새번역)였는지도 모른다.

시편 기자는 이생에서 하나님이 복을 어떻게 나눠 주시는지 보기 위해서가 아니라, '이 세상 중심의' 삶이 어디로 향하는지 알기 위해 하나님을 바라보면서 의심을 털어 내고 믿음을 새롭게 할 수 있었다. 그는 하나님의 보이지 않는 이야기를 들을 수 있는 "하나님의 성소에 들어"가서야 현재의 행복을 최우선순위로 삼고 살았던 사람들의 "종말"을 깨달았다(17절). 그들은 "갑자기 놀라운 일을 당하고, 공포에 떨면서 자취를 감추"게 될 것이었다(19절, 새번역).

나는 아버지가 옳았다고 생각한다. 다른 방향을 바라보지 않을 때만 하나님을 즐거워할 수 있다. 스스로를 만족시키고 제대로 살 능력이 우리에게 없음이 드러나고 그 사실을 온전히 깨달은 후에야, 예수님께 온전히 항복하고 그분을 따르는 이들만 누릴 수 있는 기쁨과 생기에 대해 훨씬 더 많은 말을 할 수 있게 될 것이다. 그러나 나는 이 일을 경험하고 있는가? 당신은 경험하는가? 우리는 온전히 생기 있게 살아 있음과 하나님을 사랑하는 자로서 "크게 기뻐"함과 "말할 수 없는 영광스러운 즐거움"을 전하고자 하는 열망에 대해 할 말이 많이 있는가?(벧전 1:6, 8). 아니면 "사람들은 기독교의 이상을 시도해 보고 부족함을 발견한 것이 아니다. 어려운 것 같으니까 아예 시도해 보지도 않았다"는 G. K. 체스터턴의 말이 바로 우리를 가리키는 것일까?

『영적 가면을 벗어라』의 1988년판을 막 다시 읽었다. 나는 지금과 나중에 그리스도인이 누릴 수 있는 훨씬 더 많은 것에는 별로 주목하지 않고 좁은 길로 그리스도를 따라 살아가는 데 필요한 값비싼 대가를 강조했다. 이 부분은 분명한 사실이다. 예수님은 친히 이렇게 말씀하셨다. "누구든지 자기 십자가를 지고 나를 따라오지 않으면, 내 제자가 될 수 없다. 너희 가운데서 누가 망대를 세우려고 하면, 그것을 완성할 만한 비용이 자기에게 있는지를, 먼저 앉아서 셈하여 보아야 하지 않겠느냐?"(눅 14:27-28, 새번역).

『영적 가면을 벗어라』의 초판은 이런 문구로 끝난다. "내면에서부터 변화하는 길이 분명히 있다. 포기하지 말라!" 나는 많은 독자가 책을 덮고 크게 숨을 내쉬며 이렇게 선언하는 모습이 상상된다. "좋아, 해보는 거야!" 이 문구에 담긴 메시지는 분명하다. 삶은 힘들다. 그 사실을 받아들이라. 하나님을 즐거워할 수 있을 만큼 그분을 잘 알고 싶으면 지금 유쾌한 삶을 바라는 자기 지향적 욕망에 대해 힘들어도 지속적으로 죽어야 한다. 그 후에야 그리스도 안에서 진정한 기쁨을 알 수 있다. 그런 죽음은 그만한 가치가 있다. 포기하지 말라! 나는 이 메시지를 지지하고, 많은 이들이 나와 같은 입장에 서 있다.

- 바울은 많은 희생을 치르며 여러 해 동안 주님에게 충성을 다한 후에 참수당했다.
- 베드로는 시끄럽게 그리스도를 따라다니던 모자란 사람에서 성숙한 제자로 변화되었고 이후 십자가에 달려 처형당했다.
- 요한은 예수님을 극진히 사랑했고, 하나님의 아들이신 그분이 33살에 죽으신 후에 그분의 어머니를 모셨고, 알카트라즈 섬(미국의 악명 높은 형무소가 있던 곳—옮긴이)과 비슷한 바위섬에 유배되어 말년을 보냈다.
- 히브리서 기자는 오래 기다렸던 메시아가 바로 예수님이라는 믿음 때문에 당하는 고난을 잘 알았다. 하지만 그는 그리스도께 회심한 다른 유대인들에게 "뒤로 물러가 멸망할 자"(히 10:39)가 되지 말라고 격려했다.
- 헤아릴 수 없이 많은 이들이 그리스도를 위해 죽었다. 그들 중 상당수는 잊혔고 소수의 이름만 기억된다. 이를테면 디트리히 본회퍼는 눈에 띄지 않는 제자로 있는 것이 더 안전했을 시절에 나치 독일에서 예수님의 길을 대담하게 선언했고, 중년의 나이에 히틀러에 의해 교수형을 당했다.
- 구름같이 허다한 성도들이 믿음으로 사는 일의 가치를 증언했다. 그들은 "세상이 감당하지 못하"는(히 11:38) 남녀들이었다.

이 모든 불굴의 성도들과 함께, 나는 삶이 아무리 힘들어지고 아무리 공허하게 느껴져도 예수님을 결코 포기하지 않고 그분을 따르는 것이 극히 중요한 미덕이라고 믿는다.

『영적 가면을 벗어라』를 쓸 때 나는 인내를 가치 있게 여겼다. 이것은 오늘날에도 마찬가지다. 세월이 지나면서 제자도의 대가가 비싸다는 것, 젊은 시절에 생각했던 것보다 더 비싸다는 것을 더욱 분명히 깨닫게 된다.

그러나 그동안 내 눈이 열려 기쁨과 생기에 대해서도 할 말이 아주 많다는 것을 깨닫게 되었다. 『영적 가면을 벗어라』를 쓰고 20년이 지나서 나는 같은 책에 새로운 서문과 마지막 장을 추가했다.[2] 당시 60대 초반이었던 나는 다음과 같은 말로 새로운 서문을 끝맺었다.

> 기쁨이 있다. 소망이 있다. 사랑이 있다. 그리스도와의 관계에는 우리가 상상했던 것보다 더 많은 것이 있다. 계속 전진하라. 그리스도께서 곧 오신다! 그리고 그날이 이르기 전에도 진정한 변화, 즐거운 변화는 가능하다는 것을 기억하라. 내면에서부터 시작할 의향만 있다면 말이다.

그 단락에서 나는 선한 싸움을 싸우고, 예수님을 위해 고난을 받고, 어려움을 반기고, 인생에 무슨 일이 닥쳐도 인내하라는 외침을 양보하지 않았다. 그러나 나는 더 높은 곳을 올려다보고, 더 깊은 내면을 들여다보고 있었다. 그리고 그 여정에서 기쁨을 엿보았고, 고통스러운 동시에 즐거운 변화를 엿보았다.

나는 새로 덧붙인 마지막 장을 이렇게 마무리했다.

> 우리의 현재 상황, 고통스러운 기억, 정서적 상처, 도덕적 실패, 내면의 분투가 어떠하든, 기쁨을 누리는 일은 가능하다.……진정한 변화, 말할 수 없는 기쁨을 가져다주는 변화는 가능하다. 내면에서부터 시작할 마음만 있다면 말이다.

『영적 가면을 벗어라』 25주년 기념판에 포함될 이 글을 쓰는 지금, 나는 2년만 있으면 70세가 된다. 3주 전에 최신판 서문을 새로 썼는데, 여러분이 이미 읽은 그 글에는 하나님과 더 시간을 보낸 덕분에 내 것으로 주장할 수 있게 된 아래의 소망이 담겨 있다.

천국의 소망에서 장래의 기쁨을 소망할 근거를 찾으라. 그리스도께서 우리를 사랑하시듯 다른 사람들을 사랑함으로써 하나님의 신성에 참여하는 가운데 현재의 기쁨을 경험하라.

나는 잠언의 지혜로운 조언을 따르기로 그 어느 때보다 더 굳게 다짐한다.

눈으로는 앞만 똑바로 보고,
시선은 앞으로만 곧게 두어라.
발로 디딜 곳을 잘 살펴라.
네 모든 길이 안전할 것이다.
좌로든 우로든 빗나가지 말고,
악에서 네 발길을 끊어 버려라(4:25-27, 새번역).

나는 충분히 빗나가 보았다. 하나님한테서 눈을 떼고 내가 누리고 싶었던 복, 그리스도를 따른다고 해서 보장되지 않는 복이 가득한 삶을 바라보았다. 그러나 하나님의 은혜로, 나는 한 가지 실수만은 저지르지 않았다고 믿는다. 나는 그리스도의 좋은 소식이 하나님이 내게 기분 좋은 삶을 약속하셨다는 뜻이라고 가볍게 이해하지 않았다. 나는 제자도의 대가를 몇 가지 불편함과 희생을 가끔 감수하는 것 정도로 축소시키지 않으리라고 결심했다. 그런 불편함과 희생은 아직 누릴 수 없는 것을 향한 갈망을 전혀 모르는, 다른 면에서는 유쾌한 삶의 길에서 약간 울퉁불퉁한 지점에 불과하기 때문이다.

나는 1988년에 이 책을 여는 첫 단락으로 쓴 내용을 단 한 단어도 후회하지 않는다. 그 단락은 25주년 기념판에도 전혀 손대지 않은 채로 남아 있다.

현대판 기독교는 성경적 기독교의 메시지를 극적으로 뒤집어서 타락한 세상에서 살아가는 고통을 덜어 주겠다고 약속한다. 그 메시지가 특정한 규칙들에 따라 살라고 요구하는 근본주의자의 입에서 나오든, 성령의 능력에 더 깊이 순복하라고 촉구하는 은사주의자의 입에서 나오든, 내용은 대개 동일하다. 지금 당장 지복을 누릴 수 있다는 약속이다! 이 세상에서 온전한 만족을 맛볼 수 있다는 것이다.

하지만 지금, 여기에 꼭 덧붙이고 싶은 내용이 있다. 그러지 않으면 후회할 것 같다. 그 내용은 우리가 삶에서 원하는 모든 것을 지금 얻을 수 있다고 말하는 텔레비전 설교자들이든, 과학적 주해로 성경에서 생명수를 걷어 내는 학자들이든, 세상과 육신과 마귀에 맞선 싸움에 대해 아무것도 모른 채 순진한 미소로 적당히 살아가는 그리스도인이든, 현세적 복에서 오는 행복을 하나님을 아는 기쁨으로 오해하는 그리스도인들이든, 세상을 변화시키기 위해 살지만 성령께 협력하여 자신을 변화시키고 가족 및 친구들과의 관계 방식을 변화시키는 훨씬 더 어렵고 더 중요한 부름은 회피하는 사회 운동가이든, 내놓는 메시지가 동일할 때가 여전히 너무나 많다는 것이다. 그 메시지에 따르면, 예수님이 약속하신 풍성한 삶은 이 세상에서 우리 자신과 생활 환경에 대해 호감을 갖게 하는 만족스러운 복들을 허락하여 더 나은 사회에서 살게 해주는 것이다.

예수님은 결코 그런 약속을 하지 않으신다! 그분은 그보다 무한히 더 좋은 것을 약속하신다. 하지만 우리는 정의로운 세상에서 행복한 사람으로 복된 삶을 누리는 것보다 무엇이 더 나을 수 있겠느냐고 묻고 있다. 우리는 그토록 눈이 멀어 버린 것일까? 그리스도의 약속이 일요일 아침에는 기분 좋게 느껴지지만 주중에는 아무 의미가 없는 종교적인 말로 들리는 것일까? 예수님은 우리가 그분의 영광을 공유할 수 있다고 말씀하신다. 지금은 의미 있는 정도로, 나중에는 무한히 그럴 수 있다고 말씀하신다.

예수님의 말씀은 어떤 의미일까? 우주의 하나님, 죄를 미워하시고 죄인들을 심판하실 거룩한 하나님이 우리를 보시고, 주목하시고, 용서하시고, 실제로 귀하게 여기신다는 확신 가운데 우리가 살수 있다는 의미인 것만큼은 분명하다. 예수님은 그분을 따르는 각 사람에게 아버지로부터 받으신 영광을 주셨다. 예수님은 이 세상에서 눈에 보이는 인간으로 살아가며 다른 사람들과 관계하는 방식으로 보이지 않는 하나님의 마음을 계시하실 기회와 능력을 풍성하게 받으셨다. 그리고 그분은 바로 그 영광, 그 기회와 능력을 이제 우리에게 풍성히 주신다.

나는 이제 예수님처럼 사람들과 관계를 맺으면서 하나님께 기쁨을 드릴 수 있고 그럼으로써 하나님을 사랑할 수 있다. 당신과 나는 급진적인 타자 중심성과 관계적인 거룩함과 사랑으로 힘을 얻는 하나 된 공동체를 이룰 수 있다. 예수님은 그런 공동체의 동력이 되는 사랑에 이끌려 우리를 살리기 위해 목숨을 희생하셨다. 이 말씀에 귀 기울이자. "누구든지 하나님을 사랑하면 그 사람은 하나님도 알아주시느니라"(고전 8:3, 강조 추가). 하나님이 알아주신다. 보시고, 주목하시고, 용서하시고, 가치 있게 여겨 주신다. 이것이 의미하는 바가 C. S. 루이스가 말한 다음의 내용이 아니면 무엇이겠는가? 우리는 "하나님의 행복에 실제로 기여한다.……예술가가 자기 작품을 기뻐하듯……하나님의 기뻐하심을 받는다. 이것은 불가능해 보이는 일이며, 그 영광의 무게 내지 부담은 생각하기조차 벅찰 정도다. 하지만 이것은 사실이다."[3]

그러나 우리가 복음 안에서 누릴 수 있는 훨씬 더 큰 기쁨과 생기는 우리가 '정말' 원하는 것들보다 당분간 훨씬 덜 매력적으로 보일 것이라고 예상해야 한다. 우리 사회 전체와 수많은 교회들이 우리가 제대로 살기만 하면 가장 깊은 욕망이 이생에서 채워질 수 있다는 소망을 건넨다. 그리고 우리는 지금 가족, 우정, 사역, 여가, 취미 활동에서 분명히 선함을 어느 정도 경험하고 누리고 있다. 물론이다. 그러나 훨씬 더 많은 것을 누릴 수 있는데도 적은 것에 안주하는 선택은 하나님께 영광이 되지 않고 예수님의 생애와 죽음, 부활과 곧 있을 그분의 재림을 중심으로 하는 하나님의 이야기를 들려주지 못한다.

우리는 하나님과의 관계가 주는 기쁨을 듬뿍 누리도록 창조된 관계적 존재이다. 하나님과의 관계에서 흘러넘쳐 다른 사람들과의 관계로 흘러드는 기쁨은 다른 누구도, 그보다 못한 어떤 것도 줄 수 없다. 하나님의 형상으로 지음 받고 타락했다가 이제 구원받은 우리는, 마음의 중심에서 하늘을 바라보며 확인하기 원한다. 우리가 반역했던 하나님이 여전히 우리를 원하시고, 극진히 사랑하는 친구로 여기시며, 그분의 일행으로 받아 줄 준비를 하셨다는 것을. 우리를 자녀로, 하나님을 기뻐하는 사람들이자 하나님이 크게 기뻐하시는 사람들로서 하나님의 가족으로 맞아들일 준비를 하셨다는 것을 말이다.

우리 영혼의 중심에서부터 우리는 이기적이지 않은 동기와 다른 이들의 행복에 대한 즐거운 관심으로 사람들과 관계할 수 있는 능력을 간절히 원한다. 꽃을 보거나 음악을 들으면서 인식하는 아름다움이 지금은 우리가 표현할 수 있고 언젠가는 온전히 구현하게 될 관계적 아름다움의 희미한 반영일 뿐이라고 믿고자 한다.

우리는 오직 예수님 덕분에 우리 것이 된 기쁨과 생기에 대해 할 말이 아주 많다. 기쁨과 생기라는 특성은 하나님을 알고자 하는 우리의 욕망(이 욕망은 그보다 작은 온갖 선한 욕망을 압도하지만 결코 제거하지는 않는다)을 발견함에 따라 영광에서 영광으로 서서히 자라간다. 그리스도 없는 우리는 속절없이 공허하고 이기심으로 부서지겠지만 이제 우리는 자기중심성의 죽음에 갇혀 있던 자신이 내면에서부터 기쁨 어린 변화의 삶으로 부활하여 사랑할 마음과 능력을 갖게 되었음을 점점 더 분명히 알게 된다.

진짜 그리스도인의 삶을 살라. 온전한 지복을 지금 누릴 수 있다고 약속하는 대중적 모조품에 안주하지 말라. 배우자나 자녀나 부모나 친구에게 실망할 때는 깊이 아파하라. 자신이 배우자나 자녀나 부모나 친구를 실망시킬 때는 더 깊이 아파하라. 공허감이 일어나면, 이 세상에선 온전히 누릴 수 없는 것을 바라는 고통을 안고 탄식하라. 이 세상에서 온전히 누릴 수 없는 것이란 우리가 하나님 및 다른 사람들을 온전히 사랑하고 다른 사람들에게 온전한 사랑을 받는 완벽한 사랑의 공동체를 말한다. 샬롬을 열망하라. 모든 것이 정확히 제대로 된 세상을 열망하라. 우리는 바로 그 세상을 온전히 누리도록 창조되고 설계된 존재다. 그 세상에서 살게 될 때, 우리는 이렇게 선포할 것이다. "이것이 내가 원했던 모든 것, 내가 생각했던 제대로 된 삶의 모든 것이다. 그리고 이 모든 것의 중심에 예수 그리스도께서 계신다."

아파하라. 탄식하라. 고통스러워하라. 열망하라. 그러나 기쁨과 생기에 대한 내용이 훨씬 더 많다는 것을 알라. 기쁨과 생기를 맛보는 것은 지금도 가능하고 그 맛은 훌륭하다. 다른 쪽은 보지 말고 하나님만 바라보라. 좌로든 우로든 빗나갈 때는 그 사실을 시인하라. 그 실패가 죄임을 제대로 인식하라. 예수님의 아버지 되시는 하나님께 그것을 고백하라. 그분은 우리를 거듭 또 거듭 용서하시고 회복시켜 주시려고 간절히 기다리신다.

예수님의 영을 초청하여 구원받은 우리 영혼의 중심을 탐색하는 과정을 이끌어 주시도록 구하라. 그곳에서 우리 영혼은 하나님이 우리를 보셨고 이미 판결을 내리셨고 용서하셨다는 것을 간절히 알고 싶어 한다. 우리가 원하는 다른 어떤 것보다 그것을 더 간절히 열망한다. 우리를 주목하시고 품으신 하나님의 사랑은 예수님이 보여 주신 방식으로 다른 사람들을 사랑함으로써 하나님을 사랑할 자유를 우리에게 선사한다. 그 자유 안에서 행할 때 우리는 하나님이 기뻐하시며 우리를 바라보시고, 일류 작곡가가 자신의 곡을 연주하는 오케스트라를 아끼듯 우리를 귀하게 여기심을 인식하게 될 것이다.

진정한 변화, 기쁨을 주는 변화는 이생에서 가능하다. 그러나 내면에서부터 변화하려는 의지가 있을 때만 그렇다.

감사의 말

이 책은 마감의 압박을 받으며 쓴 첫 번째 저서이고 나는 마감일을 거의 지켰다. 많은 분들의 도움이 없었다면 불가능했을 것이다.

아내와 나는 뉴욕에 있는 처제 부부 앤과 존 마틴의 아름다운 호숫가 집에서 한 주를 보냈다. 그들은 밤늦게까지 글을 쓰고 정오가 되도록 늦잠을 자는 사교성 없는 손님을 자비롭게 참아 주었다. 마감일에 즈음해서는 특별한 친구들인 마이크와 베키 그릴 부부와 함께 며칠 간 여행을 떠났다. 나는 골프를 한두 라운드 치기는 했지만 대부분의 시간에 글을 썼고, 마이크가 조금의 불평도 없이 숙녀들의 관광 안내를 맡았다. 두 부부에게 감사를 전한다.

댄 알렌더 박사는 내게 누구보다 좋은 친구이자 신뢰하는 동료다. 내가 이 책 초고의 긴 대목을 소리 내어 읽었을 때(그는 휘갈겨 쓴 내 글씨를 읽어 낼 수가 없었다) 가만히 앉아서 듣고 귀중한 의견을 말해 주었다. 이 책에 담긴 나의 생각은 우리의 삶, 성경, 변화의 과정, 그리고 기타 폭넓은 주제들에 대해 댄과 오랜 시간 동안 대화를 나누면서 빚어진 것이다.

아버지는 이 책의 메시지가 오늘날의 세상에 필요하다는 말씀으로 나를 크게 격려해 주셨다. 자신의 삶을 현실성 있게 직시하는 동시에 여전히 그리스도를 열정적으로 붙드는 노인들은 아주 드물다. 대부분은 현실적이 되어 환멸에 빠지거나, 믿음을 지킨다 해도 방어적인 태도를 보인다. 아버지는 삶에 대해 정직하면서도 믿음이 깊기 때문에 나는 그 말씀을 경청한다.

패티 워릭은 그의 훈련된 눈으로만 해독할 수 있는, 노란 종이에 초록색 잉크로 쓴 원고 전체를 타이핑했다. 그는 언제나 쾌활했고, 마감일의 부담을 나와 함께 느끼면서 열심히 일했다. 그의 도움에 큰 감사를 전한다.

편집 작업을 맡아 준 트레이시 멀린스에게 가장 큰 감사와 진정한 존경을 바친다. 거친 원고를 다듬어 현재의 모습으로 바꿔 놓았다. 지혜롭고 진실한 태도로 어려운 부분들에서 나에게 이의를 제기했고, 처음부터 끝까지 나를 세심하게 격려해 주었다. 책의 내용에 대한 개인적 관심과 편집자로서의 비범한 재능까지 더해지면서, 그는 이 책을 완성하는 데 없어서는 안 될 동료가 되었다. 새로운 친구가 된 통찰력 있는 편집자에게 뜨거운 감사를 전한다.

아내 레이첼은 집필에 정신이 팔린 남편을 불평 없이 견뎌 주었다. 그뿐 아니라, 경건한 여인만 할 수 있는 방식으로 남편인 나를 지지해 주었다. 집필의 압박은 우리가 풍성한 방식으로 깊이 이어질 수 있는 여러 기회를 만들어 주었다.

이 외에도 감사해야 할 분들이 많다. 격려와 자극을 준 그레이스신학교 동료 교수들, 지지하고 응원해 준 네브프레스 출판사분들, 자신의 삶을 나눠 준 상담 프로그램 학생들에게 감사드린다.

이 책이 진정한 변화가 무엇을 의미하는지 더 잘 이해하는 데 도움이 되어서 우리가 점점 주님처럼 되어 갈 수 있기를 기도한다. 하나님을 아는 것보다 더 중요한 일은 없다. 우리와 하나님의 관계가 깊어지기를 기원한다.

2007년판 서문

1 내 책 *Connecting* (Waco, TX: Word, 1997)은 이 개념을 더 발전시킨 자료다. (『끊어진 관계 다시 잇기』 요단출판사)

Chapter 1 진정한 변화를 위해서는 내면을 들여다봐야 한다

1 이 지점에서 나는 치명적인 타격을 받는 대상은 우리의 인간성이 아니라 그 부패한 상태라는 것을 언급해야겠다. 우리 영혼은 자립의 정신으로 철저히 오염되었기 때문에, 교만의 죽음이 우리 자신의 죽음처럼 느낀다. 하지만 목숨을 보존하려는 노력과 어떻게든 고통을 겪지 않게 삶을 꾸리려는 노력이 치명타를 입을수록, 진정 생기 있는 우리의 모습이 드러난다. 그 과정이 혼란스럽게 느껴지는 것은 어떻게 살 것인가에 대한 우리의 모든 생각과 이어져 있기 때문일 뿐이다.

Chapter 3 무엇을 찾아야 할지 알아야 한다

1 인간 성격에 대한 나의 이해를 보다 온전히 다룬 논의는 내 책 *Understanding People* (Grand Rapids, MI: Zondervan, 1987)을 참고하라. (『인간 이해와 상담』 두란노)

2 인간의 내면에 대한 보다 전문적인 설명 및 성경적 근거는 *Understanding People* (Grand Rapids, MI: Zondervan, 1987)에서 제시했다.

Chapter 4 누구든지 목마르거든

1 내가 이 책에서 사용하는 모든 사례는 내담자와 친구들을 통해 알게 된 것들이지만 신원을 알아볼 수 없도록 조치했다. 내가 20대 후반의 젊은 남자로 소개한 사례가 실제로는 십대 소녀나 중년의 주부 이야기일 수도 있다. 다시 말해, 독자가 어떤 사연을 읽다가 떠오르는 사람은 이야기의 실제 주인공이 아니라는 뜻이다.

Chapter 5 생수의 강? 그러면 왜 그토록 고통이 많은 걸까?

1 그리스도와 우리의 관계를 이해하고 그리스도의 관점에서 그 관계를 바라볼 때 우리의 가장 깊은 갈망이 풍성하게 채워진다는 점은 분명히 지적하고 넘어가자. 우리가 현재 온전한 만족을 경험하지 못하는 것은 두 가지 문제 때문이다. 첫째, 우리는 그리스도의 임재를 믿음으로 누린다. 얼굴을 맞대고 보는 경험은 나중에야 현실이 될 것이다. 둘째, 우리의 믿음은 불완전하다. 그리스도의 모든 면모를 희미하게만 파악하

다 보니 '우리 안에 계신 그리스도'에 대한 경이로움도 흐릿할 따름이다. 그러므로 우리 존재의 핵심에서조차 현재의 만족은 장차 천국에서 누릴 만족에 훨씬 못 미친다.

Chapter 6 우리의 목마름을 인식해야 한다

1 여기서, 우리의 핵심적 갈망을 채워 주실 하나님을 신뢰하는 법을 배우면 온전한 정체성과 목적의식을 기르게 된다는 다행스러운 결론을 도출할 수 있다. 그런 정체성과 목적의식은 핵심적 갈망보다 작은 갈망들이 심각한 좌절을 겪을 때 크게 흔들리긴 해도 결코 파괴되지 않을 것이다.

2 그리스도와의 실제적인 관계를 분명하게 누리면서 그 관계의 기이한 매력을 발산하는 부모나 친구가 곁에 있으면, 우리는 악한 쾌락의 유혹에서 우리를 지켜 줄 기쁨을 소망하게 된다. 어린 시절 나는 아빠가 교회에서 기도하시면 그 모습을 매료되어 지켜보았다. 아빠의 기도는 수많은 다른 이들의 기도와 달랐다. 그 기도는 진짜였다. 아빠는 누군가에게 정말 이야기하고 있다고 믿는 것 같았다. 그 모습은 내게 지워지지 않는 인상을 남겼다. 하나님과의 관계가 가능하다면 나는 얄팍한 쾌락에 안주하고 싶지 않았다. 내가 실재를 상상할 수 있었던 것은 아빠와 하나님의 관계에서 실재를 맛보았기 때문이다.

3 신학 교수들은 자신들이 가르치는 장래의 기독교 지도자들에게 편애와 분열의 위험을 경고하느라 교인들 중에서는 친한 친구를 사귀지 말라고 조언했다. 편애의 발생을 막을 더 나은 해결책이 분명히 있을 것이다. 교인과의 우정을 멀리하라는 조언은 그리스도의 몸에 대한 하나님의 계획을 어기게 하고 목사와 평신도의 속물적이고 이기적인 구분을 강화할 뿐 아니라 사람들에게 자신의 관계적 본성을 부인하라고 요구함으로써 깊은 관계를 맺고 섬기는 종이 아니라 로봇 같은 지도자들을 만들어 낸다.

Chapter 8 요구적 태도의 문제

1 이 관심사를 집중적으로 다룬 책으로는 Dr. Larry Crabb and Dr. Dan Allender, *Encouragement: The Key to Caring* (Grand Rapids, MI: Zondervan, 1984)이 있다. (『격려를 통한 영적 성장』복 있는 사람)

2 사람들은 가끔 하나님과 협상을 시도한다. "저의 병을 고쳐 주시면 다시는 부도덕하게 살지 않겠습니다. 약속합니다." "이번 연봉 인상이 이루어지면 교회 활동에 더 열심히 참여하겠습니다." 영적 열정의 많은 부분이 실상은 하나님을 조종하려는 시도, 곧 복 받을 자리에 서기보다는 복을 요구하는 처사가 아닌가 싶다.

3 하나님이 그분을 기뻐하는 사람의 마음의 소원을 깊이 만족시켜 주실 거라는 확신은 잘못된 것이 아니다. 그 확신에는 성경적 근거가 있다. 그러나 하나님을 기뻐하는 사람은 그분의 돌보심에 전적으로 자신을 내어 맡기게 된다. 그런 내어 맡김은 요구적 태도와 공존할 수 없다.

4 호세아의 한 흥미로운 구절(7:14)에 따르면 하나님은 사람들이 진심으로 부르짖을 때 응답하시지만 침상에서 울부짖을 때는 응답하지 않으신다. 이 책의 4부는 자기의 문제로 울부짖는 일과 자신의 요구적 자세를 회개하는 일이 어떻게 다른지 보다 철저히

다룰 것이다. 하나님은 전자에는 보통 응답하시지 않지만 회개하고 그분을 따르는 이의 기도는 언제나 들으신다.

Chapter 9 잘못된 방향 드러내기

1   나는 그런 패턴을 인식하게 해주는 것은 상담보다는 다른 사람들에 대한 방어적이지 않은 관심과 자기 안에 있는 비슷한 문제들을 직시하려는 열린 자세라고 믿는다.

Chapter 10 문제 정의하기

1   몇 가지 장애에 대한 이 간략한 기술은 그 문제들의 본질과 원인에 대한 포괄적 진술로 제시한 것이 아니다. 모든 문제의 근저에는 실망과 자기 보호가 있음을 말하기 위한 것일 뿐이다.

Chapter 11 복음의 능력

1   이 비판이 전적으로 정당할 때도 있다. 뉴에이지 사상과 기독교는 상호 보완적이지 않다. 둘은 본질적 가르침에서 분명하게 모순된다. 둘을 통합하면 악한 영들의 영향력에 문을 열어 주는 결과가 따라온다. 그것은 물론 피해야 한다.

2   성폭행을 당한 여성들은 흔히 자신을 천박하고 더러운 존재라고 여기고, 관계를 절실히 갈망하지만 그들의 영혼은 철저히 혼자라고 생각한다. 그들의 고통을 달래려고 만든 그리스도의 이미지들이 오히려 그들 자신의 고통 속으로 결코 들어가지 못하게 하고 결국 자신의 자기 보호적 자세를 직시하지 않게 조장하는 수단이 될 수 있다.

Chapter 14 훨씬 더 많은 것

1   G. K. Chesterton, *What's Wrong with the World?* (Mineola, NY: Dover Publications, 2007), 29.

2   이 새로운 서문은 2007년판에 실렸고 추가된 마지막 장은 2007년판의 13장이다. 두 글 모두 이 책의 현재 판(25주년 기념판)에 실려 있다.

3   C. S. Lewis, *The Weight of Glory* (Grand Rapids, MI: Eerdmans, 1965), 10. (『영광의 무게』홍성사)

스터디 가이드

저자의 말

본문 1-12장까지 다룬 이 스터디 가이드가 하나님이 우리를 내면에서부터 변화시키시는 과정의 '큰 그림'을 깊이 이해하는 데 도움이 되기를 기도한다. 당신의 삶이 하나님의 더 큰 이야기에서 어떤 위치에 있는지 좀 더 또렷이 볼 수 있으리라 믿는다.

13장과 14장의 내용은 스터디 가이드에서 다루지 않았다. 독자가 1-12장을 공부하면서 배운 내용에 비추어 마지막 두 장의 내용을 숙고하고, 그 과정에서 성령을 의식적이고 의도적으로 초대하여 당신의 생각을 더욱 자극해 주시고 탐구의 여정을 인도해 주시도록 구하기를 바라는 마음에서였다.

하나님이 당신을 내면에서부터 변화시키시는 느리지만 확실한 일을 이어 가실 때 당신 안에 인내와 소망을 풍성하게 허락하시기를 기원한다.

2,000년 전 예수 그리스도께서 아버지께로 승천하신 이후 그리스도 인들은 그분의 형상으로 변화된다는 것이 무엇을 의미하는지 이해하려 줄곧 노력해 왔다. 성장하고 변화하고 그리스도의 부르심에 걸맞게 사랑과 능력을 가진 사람들이 된다는 것은 무엇을 의미할까?

어떤 이들은 성경의 명령에 순종하는 데 집중하면 깊이 있는 변화가 일어난다고 말한다. 또 어떤 이들은 깊이 있는 변화가 성령의 신비한 내적 작용의 결과라고 말한다. 내면의 상처와 갈등을 직시하고 그것들을 전문가의 도움으로 극복할 때 진정한 변화가 이루어진다고 말하는 사람들도 있다.

변화의 방법을 어떤 식으로 제시하건, 현대의 그리스도인들은 다음의 내용에 합의를 본 것 같다. (1) 진정한 변화가 일어나면 더 이상 내면의 투쟁과 무질서로 씨름할 필요가 없다. (2) 우리는 말할 수 없는 기쁨을 누릴 수 있고, 그 기쁨은 우리가 어려운 시기를 잘 견디도록 우리를 뒷받침해 준다기보다는 우리의 삶에서 압박, 염려, 고통을 제거해 준다. (3) 우리를 괴롭히는 모든 문제를 해결할 방법이 있다. 바로 그리스도를 신뢰하고 그분에게 순종하는 것이다.

우리는 정통 신앙을 내세우지만, 거기에는 그리스도에 대한 형편없는 믿음을 반영하는 도덕적 비겁함이 깔려 있다. 우리는 그리스도께서 우리의 죄를 용서하시고 점잖은 사람들의 공동체답게 대체로 규칙을 지키게 해주실 것이라고 믿지만, 그분은 현실을 있는 그대로 정말 감당하실 수 있을까? 우리는 좋은 부모 밑에서 반항하는 자녀가 나오고 나쁜 부모 밑에서 헌신된 선교사가 나오는 세상의 혼란스러운 현실을 제대로 직시할 줄 아는가? 시편 72편의 시인처럼 삶의 불편한 사실들로 뛰어들었다가 하나님에 대한 확신이 새로워지고 그분에 대한 갈망이 더욱 깊어진 모습으로 나올 수 있을까? 우리는 영혼의 그런 감춰진 영역들로 들어갈 수 있을까? 하나님의 임재에 대한 강렬한 인식보다 공허함이 더 분명한 현실인 영역, 정직하게 들여다보면 가장 고결한 행동조차 이기적인 동기로 얼룩져 있음이 드러나는 영역으로 들어갈 수 있을까? 그리스도께서는 그런 내면의 혼란을 충분히 감당하실 수 있는 분일까? 아니면 이런 생각들일랑 던져 버리고 그저 그리스도인의 삶을 이어 가는 것이 나을까?(29쪽).

이 책이 베스트셀러가 된 것은 많은 그리스도인들이 상황이 실제보다 나은 척 가장하는 데 신물이 났기 때문이다. 그들은 그리스도를 알고 그로 인해 변화를 경험하고 싶어 한다. 그들이 원하는 것은 그들 세계의 변화가 아니라 그들 안에서 이루어지는 변화다. 그들은 삶을 정직하게 대면하고도 무너지지 않는 법, 연기하는 대신 변화하는 법, 위험이 커도 감수하고 다른 사람들을 사랑하는 법을 알고자 한다. 그들은 영적 유행을 따라가다 탈진하는 데 질렸다. 그들은 진실을 원한다. 소망을 원한다. 내면으로부터의 변화를 원한다.

진정한 변화는 가능하지만 우리가 기대할 만한 모습과는 다르다. 진정한 변화를 위해서는 영혼 내부와 바깥 세계의 현실을 가차 없이 정직하게 바라볼 마음이 있어야 한다. 이 가이드의 목적은 독자가 자기 영혼과 주변 세계를 정직하게 바라보기 시작하고 최대한 풍성한 삶을 안겨 줄 그리스도 및 다른 이들과의 관계로 나아가도록 돕는 것이다.

이 가이드의 각 과는 다섯 부분으로 나누어진다.

1. 『영적 가면을 벗어라』의 발췌문. 이 발췌문은 본문의 해당 장의 주요 논점들을 잘 드러낸다. 본문에는 유용한 정보가 이 가이드에 실을 수 있는 것보다 훨씬 많이 담겨 있다. 그러니 이 가이드를 가지고 공부할 때는 책을 함께 읽어 나가야 발췌문의 내용을 온전히 이해할 수 있을 것이다. 스터디 가이드의 질문들에 제대로 대답하려면 많은 경우 책을 꼼꼼히 읽어야만 할 것이다.

2. 내면 들여다보기. 이 부분의 질문들은 먼저 읽은 발췌문을 숙고하고 그 내용을 자신만의 신념과 감정의 '틀'로 들여다보는 데 도움이 될 것이다. 이 질문들에 답하다 보면 발췌문의 내용에 찬성하든 반대하든 중립이든 모종의 입장을 수립하는 데 도움이 될 것이다.

3. 문제 파악하기. 이 부분을 통해 독자는 해당 장의 메시지를 깊이 새기게 될 것이고, 요점을 끄집어내고 내면으로부터의 변화의 열쇠를 명확히 이해하는 데 도움을 받을 것이다. 이 질문들에 답하다 보면 책의 해당 장을 면밀히 살피게 될 것이다.

4. 관계의 탐구. 내면으로부터의 변화의 궁극적 목적은 사랑이다. 이것은 진정한 사랑이 우리를 통해 다른 사람들에게 흘러가는 것을 막는 관계 방식 안에 갇혀 있게 만드는 많은 것들로부터 풀려난 상태를 말한다. 이 부분의 질문들에 정직하게 대답하면 각 과에서 배우는 모든 내용이 자신의 인간관계에 어떻게 적용되는지 잘 이해할

수 있다. 이 부분을 서둘러 해치우지 말기를 바란다. 신중하고 철저하게 내면을 들여다보고 실망스러운 세상에서 진정 사랑하며 살아가는 것에 대해 하나님의 가르침을 받으라.

5. 변화로 나아가기. 이 마무리 부분은 내면으로부터의 변화를 방해할 만한 일체의 신념이나 감정을 파악하도록 돕기 위한 것이다. 이 부분은 배운 내용을 일상생활에서 실천할 방법을 계획하는 데도 도움이 될 것이다. 이 대목에서 가장 큰 격려를 받게 될 테니, 주의 깊게 따라가 보기를 바란다.

혼자 이 책을 공부하면서 이 가이드를 활용해도 큰 유익을 얻을 수 있다. 하지만 함께 공부하는 소그룹에 참여한다면 더 많은 유익이 있을 것이다. 다른 이들의 경험에서 많은 것을 배울 수 있고 함께 교제하며 큰 힘을 얻을 수 있다. 경험상으로도 우리가 배운 내용을 실천하려 할 때는 다른 사람들에게 진척 상황을 설명해야 하는 경우, 곧 우리가 좋은 의도를 어떻게 실행하고 있는지 정기적으로 묻는 사람들이 있는 경우에 훨씬 실천을 잘한다.

일부 질문은 답변 내용이 너무 개인적이라서 그룹 사람들과 나눌 수 없을 것 같은 생각이 들 수 있다. 그렇더라도 자신의 감정을 그룹 사람들에게 정직하게 털어놓자. 가장 중요한 것은 자신에게 정직해지기 시작하는 것이다. 진정한 변화는 깊은 내면에서 시작되고, 자신의 가장 깊은 부분을 다른 사람들과 나눌 준비가 되기까지는 시간이 좀 걸릴 수 있다.

수천 명의 그리스도인들이 『영적 가면을 벗어라』의 메시지에 깊은 도전과 격려를 받았다. 본문과 짝을 이루는 이 스터디 가이드는 정말 중요한 지점에서 변화하기 시작하는 데 필요한 도구가 될 수 있을 것이다. 진정한 변화는 가능하다. 내면에서부터 시작할 의향만 있다면 말이다.

Chapter 1 진정한 변화를 위해서는 내면을 들여다봐야 한다

내면의 삶을 살짝 들여다보기만 해도, 하나님을 사랑하고 이웃을 사랑하는 것 말고도 아주 많은 일이 벌어지고 있음이 분명해진다. 잠깐 동안만 정직하게 자기 성찰을 해보면 우리가 지금까지 얼마나 달라졌든 상관없이 아직 가야 할 길이 멀다는 것을 깨닫게 된다. 우리 대부분은 자신에 대해 다른 사람은 짐작도 못할 내용을 안다. 몰래 하는 생각, 공상, 행동, 우리를 부끄럽게 만드는 비밀들 말이다. 우리는 내면의 상황이 올바르지 않다는 것을 안다. 뭔가 잘못되었다.

모든 것이 괜찮아 보이도록 삶을 배치하는 데 성공하면 내면에서 벌어지는 일을 직시하지 않게 된다. 그러면 외부적으로 하는 일을 의미 있는 방식으로 변화시킬 힘을 모두 잃게 된다. 우리는 변화하기보다는 재배치하고, 그로 인해 하나님이 부르시는 대로 변화된 사람들이 되지 못한다. 파괴적 생활 방식에서 벗어나 자유를 경험하지 못한다.

우리는 주님이 바리새인들을 꾸짖으시면서 선포하신 원리를, 하나님이 바라시는 모습으로 변화하기 위한 모든 노력의 지침으로 삼아야 할 것이다. 주님은 가식이 전혀 소용없을 것임을 분명히 하셨다. 우리는 삶의 회칠한 겉모습 배후에서 벌어지는 일을 제대로 이해해야 한다. 우리의 모습 전체를 직시하지 않으면 인생을 제대로 살 수 없다는 것이 주님의 가르침인 것 같다. 우리가 경험하는 일들 중에서 자연스럽게 부인하게 되는 부분들을 정직하게 직시하는 것은 고통스러운 일이다. 죽음에 비유하는 것이 무리가 아닐 만큼 고통스럽다. 그러나 그리스도의 가르침에 따라 변화하기 위해서는 우리가 부인하고 싶은 모든 것을 똑바로 보아야 한다. 진정한 변화를 위해서는 내면을 들여다봐야 한다(51, 53, 56-57쪽).

내면 들여다보기

1. 당신의 삶이 제대로 된 상태가 아니라는 데 동의하는가?

   당신의 삶—생각, 욕망, 행동, 태도—에서 충격이나 좌절을 느끼게 하는 일이 벌어지고 있는가?

2. 당신에게는 다른 사람들이 인식하거나 인식하지 못하는 파괴적 생활 패턴이 있는가? 몇 가지만 말해 보라.

   당신이 내면에서부터 변화하지 않고 행동만 수정했다면 어떤 식으로 그렇게 했는지 말해 보라.

3. 내면을 들여다보는 일에서 어떤 부분이 가장 두렵거나 불안하게 느껴지는가?

문제 파악하기

4. 아래의 척도를 사용하여 당신이 내면에서 일어나는 일, 곧 자신의 동기, 감정, 욕망, 실망을 얼마나 잘 이해하는지 점수를 매겨 보라. 자신에게 몇 점이나 주겠는가?

전혀 이해하지 못한다   완벽하게 이해한다

| 1 | 2 | 3 | 4 | 5 | 6 | 7 | 8 | 9 | 10 |

5년 전에 당신이 자신의 '내면의 자아'를 얼마나 잘 이해했는지 평가한다면 몇 점이나 주겠는가?

전혀 이해하지 못한다   완벽하게 이해한다

| 1 | 2 | 3 | 4 | 5 | 6 | 7 | 8 | 9 | 10 |

5. 그리스도인으로 살아온 당신은 이 시점에서 자신을 어떤 사람으로 분류하겠는가?

□ 성경의 명령대로 행하려고 열심히 노력하지만 좌절감을 느끼는 사람

□ 상당히 잘 해내고 있고 대부분의 시간에 만족하고 행복한 사람

□ 마음이 굳어지고 환멸에 빠진 사람

□ 기독교 지도자의 위치에 있고 잘해야 한다는 부담을 느끼는 사람

지금 당장 당신에게 가장 필요한 것은 무엇인가? 왜 그렇게 생각하는가?

□ 소망　　　　　　　□ 삶　　　　　　　□ 더 많은 것　　　　□ 사랑

6. 마태복음 23:25-26을 읽으라. 예수님은 바리새인들의 삶에서 무엇을 비판하셨는가?

예수님은 바리새인들을 왜 그렇게 가혹하게 꾸짖으셨을까?

내면으로부터의 변화는 왜 그렇게 중요할까?

7. "순종하겠다는 헌신은 하나님을 추구하고자 하는 열망보다는 깊은 좌절과 개인적 고통을 피하고 싶은 지독한 두려움에서 나온 결심일 때가 아주 많다. 고통을 부인하고 싶은 마음이 우리의 순종을 끌고 가는 동력일 때, 우리 영혼의 따뜻하고 부드러운 부분은 하나님을 따르는 일에 관여하지 않게 된다"(60쪽).

당신이 하나님께 순종하는 것은 영적 열정 때문인가, 두려움 때문인가? 어떤 면에서 그런가?

자기 보호에 연연하지 않는 그리스도인에게는 어떤 특징이 있을까?

관계의 탐구

8. "우리는 자기 보호를 위해 살아간다. 행복과 안도감을 가져다주는 것이라면 무엇이든 붙든다. 그 결과 우리가 가까워지고 싶은 사람과의 거리는 실망스러울 만큼 멀어진다. 그리고 삶의 질은 나빠진다"(51-52쪽).

당신의 삶에서 자기 보호적 자세를 볼 수 있는가? 그렇다면 설명해 보라.

당신의 삶의 질에 몇 점을 주겠는가? 근거는 무엇인가?

9. 요한복음 15:12-13과 베드로전서 1:22을 읽으라. 하나님에 대한 우리의 순종을 평가하는 척도는 무엇인가?

당신의 여러 인간관계를 생각해 보라. 당신은 순수하고 그리스도를 닮은 사랑으로 그 관계들에 임한다고 정직하게 말할 수 있는가? 어떤 면에서 그렇게 말할 수 있나?

당신이 사람들과 관계하는 방식의 특징은 무엇인가?

10. 가장 가까운 사람을 떠올려 보라. 최근에 사랑해서라기보다 자기 보호 차원에서 그 사람에게 반응한 일을 묘사해 보라.

당신의 자기 보호적 태도나 행동의 동기는 무엇인가?

변화로 나아가기

11. 스스로 생각할 때 당신은 얄팍한 대처자인가, 아니면 괴로운 사색자인가?

괴로운 사색자들이 진정한 변화를 경험할 가능성이 더 높은 이유는 무엇일까?

12. 편안한 상황, 풍부한 인간관계, 하나님과의 풍성한 교제 중에서 어떤 것이 당신에게 가장 큰 기쁨을 주는가?

당신이 삶과 관계에 접근하는 방식은 당신의 진정한 가치관을 어떤 식으로 반영하는가?

13. 당신은 어떤 식으로 상황이 실제보다 나은 척 가장하는가?

그런 가장은 내면으로부터의 변화를 어떻게 가로막는가?

14. 다음 성경 구절들은 변화의 출발점에 대해 무엇을 말해 주는가?
   • 야고보서 1:5
   • 야고보서 4:10

깊이 있는 변화의 여정을 시작하기 위해 당신이 할 수 있는 두 가지 일은 무엇인가?

Chapter 2 내면을 들여다보는 일은 답답하게 느껴질 수 있다

여러 세기 동안 그리스도인들은 어떻게 하면 우리가 우리의 구원을 이루되 (이 말은 진정한 노력을 포함하는 것 같다) 우리 안에서 일하시고 그분의 능력으로 그분의 뜻을 우리가 바라고 수행할 힘을 주시는 하나님을 어떤 식으로든 의지하는가 하는 문제와 씨름했다. 우리가 자신의 자원에 의지하여 달성 가능한 모든 것을 이루는 인본주의적 방식을 넘어서려면, 하나님께 순종하기를 구하면서 하나님을 의지하는 것이 영감을 주는 미사여구에 머물러서는 안된다. 하나님을 의지하는 일이 생생한 현실이 되어야 한다.

하지만 도대체 어떻게 하나님을 온전히 의지하는가? 그 답은 파악하기가 어렵다. 그래서 우리 자신과 변화를 이해하려는 현대의 접근 방식은 대부분 노력이라는 중심 요소로 되돌아간다. 우리의 문제가 나중에 후회할 만한 일을 하는 것이든, 자신을 하나님께 온전히 맡기고 싶은 것이든, 정말 하나님의 사랑을 받는 자임을 믿으려고 애쓰는 것이든, 해결 방안은 모두 동일하다. '더 힘껏 노력하라!'는 것이다(68-69쪽).

내면 들여다보기

1. 하나님을 의지하는 것은 당신에게 무엇을 의미하는가?

   하나님을 의지함이 당신의 삶에서 중요한 현실로 나타나고 있는가?

   그리스도인의 삶에서 하나님을 의지함은 어떻게 생겨나는가?

2. 어떤 태도나 행동을 변화시키기 위해 하나님과 함께 일하는 것에 대해 무엇을 배웠는가? 구체적 예를 들어 보라.

하나님의 능력을 의지하는 것과 인간의 노력은 어떻게 조화를 이룰까?

3. 당신이 자신의 삶에서 의식하는 가장 큰 문제 영역은 무엇인가?

지금까지 당신은 그런 문제 영역들을 변화시키는 것에 어떻게 접근했는가?

문제 파악하기

4. 행동, 생각, 감정 같은 '수면 위의' 사안들 중에서 노력으로 통제하거나 바꿀 수 있을 듯한 것은 무엇인가? (다시 말해, 어떤 영역들에서 당신은 꽤 '괜찮다'고 느끼는가?)

5. 동기, 충동, 기억, 태도 같은 '수면 아래' 사안들 중에서 아무리 노력해도 지속적인 통제가 어려운 것들이 있는가? 그중 일부를 파악하는 데 아래 목록이 도움이 될 것이다.

- 적개심
- 동성애 충동
- 폭력적 충동
- 지루함
- 의욕부족
- 피로
- 두려움
- 자기연민
- 타인과 가깝게 느끼지 못함
- 사랑의 결여
- 자존감 부족

보다 은밀한 이런 문제들과 이것들을 변화시킬 자신의 능력에 대해 어떻게 생각하는가?

6. 당신이 '수면 아래' 문제들을 변화시킬 수 있다고 생각하는 주된 근거는 무엇인가?

☐ 기독교적 의무의 성실한 수행   ☐ 성령의 결정적 역사

☐ 모종의 상   ☐ 기타 _____

이 선택지 중 내면을 들여다보는 작업이 필요한 것은 무엇일까?

각 선택지가 다 충분하지 않다는 데 동의하는가? 당신의 대답의 이유를 말해 보라.

관계의 탐구

7. "우리 주님이 인정하시는 옳은 일을 행하기 위해서는 특정 행위들을 수행
하는 것을 훨씬 능가하는 일이 필요하다. 주님은 분명히 그렇게 말씀하셨
다. 그분은 율법 전체를 하나님을 사랑하고 이웃을 사랑하라는 두 계명으
로 요약할 수 있다고 말씀하셨다(마 22:36-40). 심오한 내면적 변화 없이는
아무리 작은 형태라도 그 권고들을 따를 수 없다. 도덕적 노력만으로는 진
정한 사랑을 결코 만들어 낼 수 없다"(69쪽).

누군가에게 사랑으로 다가가려고 힘껏 노력했지만 진정한 사랑의 태도와
동기가 만들어지지 않았던 경험이 있다면 나눠 보라.

다음번에는 더 잘할 가능성이 얼마나 된다고 생각하는가?

8. "사람들 사이의 문제든 내면의 문제든 삶의 모든 문제가 하나님의 사랑의
기준을 어긴 관계 방식의 산물임을 확신할 때, 그리고 사랑하기를 배우는
것이 도덕적 노력보다 훨씬 큰 것을 요구하는 내면의 일임을 인식할 때, 우
리는 내면을 들여다보고 싶은 마음이 강하게 들 것이다"(69-70쪽).

아래 나열된 문제 중 몇 가지를 생각해 보고 그것들이 사랑에 어긋나는 관
계 방식에서 자랐을지 생각해 보라.

- 폭식증
- 약물 남용
- 부부 갈등
- 불안
- 동성애
- 분노 폭발
- 우울함
- 외로움
- 과식

당신의 삶의 문제 중 어떤 것이 사랑 없는 관계 방식에 근거하고 있을까?

9. 다음 성경 구절들은 우리 자신에 대한 진실을 직시하도록 돕는 데 있어서
다른 사람들이 어떤 역할을 한다고 말하는가?

- 잠언 20:5
- 야고보서 5:16

내면에서 시작되는 우리의 변화 과정에서 다른 사람들이 어떤 역할을 할

수 있을까?

10. 선을 행하는 것과 선하게 되는 것의 본질적 차이는 무엇일까?

11. 당신은 누구의 행동 패턴을 가장 존경하는가?

    누구의 성적 특성을 가장 흠모하는가?

    어떤 사람을 볼 때 변하고 싶은 마음이 가장 강하게 일어나는가? 왜 그
    런가?

12. 어떤 식으로 당신은 하나님이 원하시는 심오한 내적 변화를 외면하고 '성
    형 수술'로 버티고 있는가?

13. 당신의 삶에 유독 부족한 성적 특성은 무엇인가?

    그 성적 특성을 기르기 시작할 방법은 무엇일까?

자기 뜻대로 독자적으로 살아가면 더 큰 만족을 얻을 것이라는 사탄의 거짓
말에 하와가 넘어가면서 인류는 심각하게 잘못된 발걸음을 내디뎠다. 아담은
하와와 합류하여 하나님이 계시하신 뜻 바깥에서 삶을 추구함으로써 자기 경
영이라는 질병을 모든 후손에게 감염시켰다. 이제 누구도 생명을 찾기 위한
노력의 일환으로 하나님을 추구하지 않는다. 우리가 가장 자연스럽게 하는
일은 자신의 자원을 의지하겠다는 다짐에 충실한 삶의 전략을 세우는 것이
다. 단순한 신뢰는 유행이 지났고 자기 보호가 표준이 되었다.

성경은 사람들이 목마른 동시에 어리석다고 일관되게 폭로한다. 우리는 만
족을 누리도록 만들어졌고 그 만족을 갈망하지만, 모두가 하나님을 벗어나서
그것을 찾고자 한다. 그렇다면 내면을 들여다볼 때 우리 마음 깊은 곳에 있는
다음의 두 요소가 드러날 것이라고 예상할 수 있다. (1) 우리가 갖지 못한 것
에 대한 목마름 또는 깊은 갈망. (2) 우리가 바라는 생명을 찾기 위한 잘못된
전략에서 엿볼 수 있는 완고한 독립성.

우리는 내면을 들여다볼 때 채워지지 않은 갈망들을 발견하게 될 것을 예상
해야 한다. 그 갈망들은 우리의 존엄성을 증언할 뿐 아니라 고통을 면하게 해
줄 어리석고 무력한 전략들도 증언한다. 그리고 이 전략들은 우리의 부패성
을 드러낸다. 우리 각 사람은 영광스러운 폐허이고, 마음속을 깊이 들여다볼
수록 상처받지 않게 자신을 지키겠다는 비극적 결심과 함께 관계를 향유하는
경이로운 능력을 발견할 수 있다(83-85쪽).

내면 들여다보기

1. 당신은 그리스도가 아닌 다른 것 또는 다른 사람을 의지하여 깊은 만족과
   삶의 이유를 찾고 싶은 유혹을 삶의 어떤 영역에서 가장 많이 받는가?

다른 사람들과의 관계를 생각하면서 질문 2번과 3번에 답하라.

2. 당신은 살면서 어떤 욕망을 가장 많이, 반복적으로 느끼는가?

   그런 욕망을 어떻게 채우려고 시도했는가?

3. 당신은 무엇에 대해서 가장 많이, 반복적으로 실망을 느끼는가?

   그것에 대해 같은 방식으로 또 상처받지 않도록 자신을 보호하기 위해 어떤 시도를 했는가?

문제 파악하기

4. 잠언 4:23과 예레미야 17:9을 읽으라. 이 구절들은 생명을 찾기 위한 우리의 잘못된 전략들을 파악하는 일의 어려움에 대해 무엇을 말해 주는가?

   다음 성경 구절들은 우리가 내면에서부터 변화하기 시작할 힘을 주는 우리 자신에 대한 정보를 어디서 얻을 수 있다고 말하는가?
   • 시편 139:23-24
   • 히브리서 4:12

5. 당신은 '목마른가'? 왜 목마른가?

   이 세상에서는 모든 사람이 목마른가?

   목마른 것은 잘못된 일일까? 당신이 답변의 이유는 무엇인가?

6. 당신은 무엇에 목마른가? 다시 말해, 자신에게 없는 무엇을 가장 열망하는가? 당신에게는 무엇이 '생명'인가?

7. 예레미야 2:13을 읽으라. 당신은 어떤 식으로 "스스로 자기 웅덩이를" 팠는가?

스스로 웅덩이를 파는 일이 왜 죄인가?

8. 당신은 생명을 찾기 위한 자신의 전략을 통해 어느 정도나 만족을 경험했는가?

스스로 웅덩이를 파는 일은 어떻게 어리석음을 드러내는가?

관계의 탐구

9. 누구와의 관계가 당신을 가장 고통스럽게 했는가? 그 이유를 말해보라.

10. 어떤 관계에서 깊이 실망했을 때 당신은 통상 어떻게 반응하는가?

11. 당신에게는 의미 있는 관계가 얼마나 중요한가?

당신이 자신에 대한 다른 사람들의 반응에 실망하는 근본적인 이유는 무엇일까?

12. 당신이 관계에서 실망과 고통을 겪지 않으려고 어떻게 자기를 보호하는지 파악하라.

변화로 나아가기

13. 당신은 관계 문제에서 하나님을 신뢰하고 그분께 맡기는 것이 어려운가? 당신의 답변의 이유를 이야기해 보라.

당신은 어떤 식으로 하나님을 신뢰하는가?

어떤 식으로 하나님을 신뢰하지 않는가?

14. 이번 주에 사랑을 주된 동기로 하여 행동한 적이 있는가? 있다면 그 일을 이야기할 수 있는가?

주로 자기 보호라는 동기로 행동했던 사례를 이야기할 수 있는가?

15. 관계에서 고통을 겪지 않도록 자기를 보호하는 일은 정말 잘못일까? 아니면 자기 보호를 해도 되는 때가 있을까? 왜 그렇게 생각하는가?

16. 자기 마음의 거짓됨을 명백하게 깨달았던 사례를 말해 줄 수 있는가?

당신은 그 깨달음에 어떻게 반응했는가?

17. 당신은 자신의 깊은 갈망과 잘못된 전략을 탐구할 의향이 있는가?

이 지점까지 공부한 당신은 내면에서부터 시작되는 변화와 관련된 일련의 과정에 대해 어떻게 생각하는가?

여기서 우리는 두 범주의 그리스도인들을 볼 수 있다. 헌신의 기준이 높은 그리스도인들과 평범하고 괜찮은 삶에 만족하는 그리스도인들이다. 첫 번째 무리에는 고귀한 이상에 미치지 못하는 자신을 답답해하는 다수와 자신의 성취에 만족하는 소수가 있다. 두 번째 무리의 다수는 재정, 건강, 관계가 잘 굴러가는 한 꽤 행복하게 살아간다. 그러다 상황이 무너져 내리면 조금이라도 삶의 질서를 회복하려고 분주하게 움직인다. 그것이 여의치 않으면 위안을 얻을 다른 원천을 모색하기 시작한다. 위안을 압도하는 고통이 피할 수 없이 밀려오면, 억울함, 우울함, 달아나고 싶은 마음이 생긴다.

기준에 부응하려는 열정이 우리 주님이 인정하시는 삶을 만들어 내지 못했다는 데 주목하자. 그리고 주님은 평범한 사람들, 헌신적이기보다는 느긋한 사람들을 메스껍게 여기신다.

열정의 산물이든 자기만족의 산물이든, 우리 주님은 외적 청결함에 깊은 인상을 받지 않으신다. 그분은 우리가 표면 아래 계속 감춰 두려 하는 더러움을 치우기를 너무나 분명하게 원하신다. 우리가 하나님이 원하시는 대로 살려면 내면의 더러움을 찾아내야 하고 그것을 청소하기 위해 무엇을 해야 하는지 배워야 한다. 내면을 들여다봐야 한다(92-93쪽).

내면 들여다보기

1. 당신은 하나님의 기준에 부응하려는 헌신의 수위가 높은 그리스도인인가, 아니면 평범하고 꽤 괜찮은 삶에 만족하는 그리스도인인가? 어느 쪽에 더 가까운가?

2. 당신이 첫 번째 부류라면, 하나님의 이상적인 기준에 걸맞게 살려고 노력하다 자주 좌절감을 느끼는가?

옳은 일을 하려고 더 열심히 노력하는 것으로는 하나님을 기쁘게 하는 삶을 만들어 낼 수 없다는 말을 들을 때 어떤 기분이 드는가?

3. 당신이 두 번째 부류의 그리스도인이라면, 하나님이 현상에 안주하는 당신의 성향을 뚫고 들어가 다루어야 할 문제들을 드러내기 원하신다는 말을 들을 때 어떤 기분이 드는가?

문제 파악하기

4. 요한복음 6:35-36을 읽으라. 우리가 주리고 목마르다는 사실이 문제인가? 아니라면 무엇이 문제인가?

5. 자신의 갈망을 통렬히 의식하면 왜 고통을 경험하게 되는 것일까?

6. 자신의 갈망을 부인하면 하나님 및 다른 사람들과 우리의 관계에 무슨 문제가 생길까?

당신의 삶에서 사례를 들어 보라.

7. 다음의 척도를 사용해 당신이 자신의 깊은 갈망을 얼마나 인식하고 있는지 표시해 보라.

잘 인식하지 못한다									잘 인식한다
1	2	3	4	5	6	7	8	9	10

당신은 자신의 실망을 얼마나 인식하는가?

잘 인식하지 못한다									잘 인식한다
1	2	3	4	5	6	7	8	9	10

이 둘의 조합은 당신의 삶에서 어떤 결과를 만들어 내는가? 다시 말해, 갈망이 실망으로 끝날 때 당신은 어떤 감정을 느끼고 어떻게 대처하는가?

8. "책임감 있고 도덕적인 삶을 사는 데 방해가 되지 않도록 심신을 편안하게 하는 것은 온당한 일이다. 그러나 타락한 세상에서 살아가는 데 따라오는 불가피한 고통을 해소하는 것이 최우선적인 일이 되면, 그 순간에 우리는 하나님을 추구하는 길에서 벗어난 것이다"(109쪽).

이 진술에 동의하는가? 당신의 답변의 이유를 말해 보라.

고통의 해소가 '합당한' 욕구에서 벗어나 죄와 연관되는 때는 언제인가?

이 세상을 살아가는 동안 당신은 영혼의 아픔을 해소하기 위해 어느 정도나 애쓰고 있는가? 자신이 그렇게 애쓰고 있음을 어떻게 아는가?

관계의 탐구

9. 인간이 가장 열망하는 두 가지는 무엇인가?

우리는 과연 이 두 가지를 충분히 가질 수 있을까? 당신의 답변의 이유를 말해 보라.

10. 창세기 2:18-25을 읽으라. 기록에 남아 있는 이 첫 관계의 어떤 요소들이 하나님의 이상을 반영하는가?

11. 당신의 관계 중에는 이 모든 이상을 반영하는 관계가 있는가?

불완전한 관계로 상처를 받는 것이 어째서 자연스러운 일일까?

12. 당신은 존재의 중심에서 공허함을 인식하는가?

그 공허함은 당신이 사람들 및 하나님에게 다가가는 방식에 어떤 영향을 주는가?

13. 지난 한 주 동안 누군가가 당신에게 큰 실망을 안겼음을 인식한 적이 있

는가? 어떤 일이 있었는지 말해 줄 수 있겠는가?

그때 당신은 어떻게 반응했는가?

변화로 나아가기

14. 당신은 성숙을 어떻게 정의하는가?

성숙으로 가는 길에서 자신이 어디쯤에 있다고 느끼는가?

당신은 자신의 진보를 어떻게 측정하는가?

15. "모든 것이 잘못되었다. 우리는 이 단순한 사실을 직시해야 한다. 주님과 아무리 가까이 동행해도, 실망스럽고 때로는 악한 세상의 영향을 피할 수는 없다. 극심한 슬픔이 가시지 않는 것은 영적 미성숙의 증거가 아니라 슬픈 세상에서 정직하게 살아간다는 증거다"(111쪽).

"모든 것이 뭔가 잘못되었다"는 말에 동의하는가? 당신의 답변의 이유를 말해 보라.

당신은 결코 완전히 가시지 않는 상태로 내면의 중심에 자리 잡은 슬픔을 인식하는가? 그 슬픔이 어떻게 긍정적인 요소가 될 수 있을까?

16. 요한복음 7:37-38과 16:20-22을 읽으라. 이 성경 구절들은 이 세상을 사는 우리를 어떻게 격려하는가?

17. 당신은 그리스도인이기 때문에 늘 좋은 기분을 유지해야 한다는 부담을 느끼는가?

이 가이드로 책을 공부하면서 지금까지 배운 내용을 통해, 실망스러운 세상 때문에 실망감을 느낀다는 사실을 편안하게 받아들일 자유를 어떻게 얻을 수 있을까?

Chapter 5 생수의 강? 그러면 왜 그토록 고통이 많은 걸까?

깊이 변화된 사람들의 공동체가 되려면 우리의 목마름을 인정해야 할 뿐만 아니라 그리스도께서 그 목마름을 어떻게 처리하기로 약속하셨는지 주의 깊게 살펴야 한다. 그분은 우리가 헌신하기로 한 약속을 일정 수준 이상 지키면 즐거운 관계, 보람찬 경력, 유쾌한 활동을 통해 안락함을 주겠다고 약속하신 걸까? 아니면 생수가 흘러나오는 풍성한 삶은 그와 전혀 다른 것일까? 남편과 전혀 소통하지 못해도 그 시원한 생수를 맛볼 수 있을까? 아들이 성인이 되어 주님을 멀리 떠나도 부모가 평화와 안식에 대한 실질적인 무엇인가를 체감할 수 있을까?

주님은 우리 존재의 가장 깊은 곳에 생수의 강이 흘러넘치게 하겠다고 약속하셨다. 나는 그분의 말씀이 영적 헌신의 대가로 안락한 삶을 보장하겠다는 의미가 아니라고 생각한다. 그렇다면 그 말씀은 무슨 뜻일까? 주님이 그분에게 나아가는 모든 사람에게 생수의 강을 약속하셨다면, 왜 수많은 진실한 그리스도인들의 삶에 고통이 가득할까?(118-119쪽).

내면 들여다보기

1. 당신은 '풍성한 삶'이 무엇으로 이루어진다고 생각해 왔는가?

2. 혹시 하나님께 전심으로 순종하면 물질적 관계적 복을 받게 될 거라고 믿고 있는가? 무엇 때문에 그렇게 믿게 되었는가?

   그리스도인으로 사는 삶의 '보상'에 대해 당신은 어떤 면에서 실망했는가?

3. 고통스러운 상황과 실망스러운 관계 속에서도 진정한 기쁨과 평화를 누리는 것이 가능하다고 보는가?

당신은 이것을 어느 정도나 경험했는가?

문제 파악하기

4. 다음 성경 구절들은 그리스도를 따르는 것의 보상에 대해 무엇을 암시하는가?

- 마태복음 6:25-33
- 로마서 8:28-29
- 빌립보서 4:19

하나님이 이 구절들에서 실제로 약속하시는 내용이 무엇이라고 생각하는가?

5. 세 가지 수준의 갈망은 무엇인가? 이 갈망들이 채워지지 않을 때 어떤 결과가 따라오는가?

갈망의 수준	실망의 결과

6. 일상적으로 당신은 어떤 수준의 갈망을 가장 많이 의식하는가?

당신은 어떤 갈망을 채우려고 가장 많은 에너지를 쓰는가?

7. 지난 한 주 동안 당신이 느낀 일상적 갈망 중 몇 가지를 말해 보라.

당신의 결정적 갈망 중 일부를 말해 보라.

당신의 핵심적 갈망을 마지막으로 깊이 인식했던 때는 언제인가?

8. 지난 한 주 동안에 일상적 갈망이 채워지지 않아서 관리 가능한 불편을 경

험한 적이 있는가?

결정적 갈망이 채워지지 않아 얼어붙는 듯한 상실감을 경험한 적이 있는가?

그 실망감을 어떻게 다루었는가?

9. 지금 당신은 자신의 일상적 갈망, 결정적 갈망, 핵심적 갈망의 영역에서 어느 정도나 만족하고 있는가?

아주 만족하지 못함									아주 만족함
1	2	3	4	5	6	7	8	9	10

3년 전에는 이 영역들에서 얼마나 만족감을 느꼈는가?

아주 만족하지 못했음									아주 만족했음
1	2	3	4	5	6	7	8	9	10

관계의 탐구

10. "사람들은 바깥의 두 원이 채워진 것을 주님을 아는 말할 수 없는 기쁨으로 종종 오인한다. 바라던 하나님의 복을 누리는 것과 하나님 그분을 누리는 것을 혼동하는 것이다"(125쪽).

지난 1년 사이에 깊은 만족감을 느꼈던 때를 생각해 보라. 어떤 상황이었는가? 인간관계는 어떠했는가? 하나님과의 관계는 어떠했는가?

최근에 하나님이 주신 복이 아니라 그분 자체를 깊이 누렸던 때를 설명해 보라. 하나님의 임재 앞에서 어떤 만족감을 느꼈는가?

11. 결정적 갈망을 매일매일 채우는 자기만의 방법이 있는가?

12. 일상적 갈망과 결정적 갈망을 채우는 데서 행복을 찾으려 하면 어떤 불가

피한 결과가 따라오는가?

결정적 갈망이 채워지지 않는 경험은 우리가 하나님께 나아가는 데 왜 그렇게 중요한가?

최근에 중요한 인간관계에서 실망하고 하나님을 더 온전히 의지하게 된 경험이 있는가?

13. 당신의 삶에 있는 상처를 직시하지 않으면 당신의 생각, 태도, 행동에서 어떤 가식이 생겨나는가?

관계에서의 실망을 직시하면 어떤 긍정적 결과가 따라올 수 있는가?

변화로 나아가기

14. 당신은 지금까지 자신의 삶에서 실망을 얼마나 정직하게 직시했다고 생각하는가?

아주 부정직했다								온전히 정직했다	
1	2	3	4	5	6	7	8	9	10

15. 채워지지 않은 일상적 갈망과 결정적 갈망을 직시함으로써 당신은 핵심적 갈망을 더 깊이 채우는 방향으로 얼마나 더 나아가게 되었는가?

실망을 직시함으로써 대체로 당신은 하나님과 더 가까워졌는가, 멀어졌는가? 그 이유는 무엇인가?

16. 당신은 하나님 외의 무엇 또는 누구에게 의존하여 핵심적 갈망을 채우려고 하는가?

그런 잘못된 의존이 좌절, 불만, 두려움, 자책, 우울함으로 어떻게 이어졌는지 말해 보라.

17. 하나님은 어떤 갈망의 해소를 약속하셨는가?

    하나님이 우리가 바랄 만한 방식으로 해소를 약속하시지 않은 갈망은 무엇인가?

18. 갈망의 좌절에 몰두하는 데서 자유로워지면 어떤 결과가 나타날 수 있겠는가?

19. 여기까지 이 책을 공부한 당신은 내면에서 시작된 변화의 과정에 대해 무엇을 배웠는가? (세 가지 기본 요소를 밝힐 수 있겠는가?)

내면의 고통을 인정하는 일에 대한 심각한 저항이 있다(일반 사회보다 기독교
계에서 더 그런 것 같다). 낙심과 두려움 쪽을 슬쩍 보는 것조차 우리가 생각하
는 '승리하는 그리스도인'의 마땅한 행동에 어긋난다.

많은 그리스도인들이 영혼의 고통을 깊이 들여다보지 않고 삶이 그럭저럭 순
탄하게 흘러가게 하는 데 성공하는 반면, 내면을 들여다보는 사람들이 그 안
에서 발견한 것의 무게에 눌려 허물어지기도 한다. 그렇다면 왜 내면을 들여
다봐야 할까? 그렇게 해서 고작 엄청난 슬픔을 더 크게 인식하게 될 뿐이라면
뭐 하러 그렇게 한단 말인가? 사막 여행자에게 그가 얼마나 목이 얼마나 마른
지 확인하게 하는 것은 잔인한 일이 아닌가? 그렇다. 우리의 목마름을 인식하
는 데 따르는 결과가 고통의 증가일 뿐이라면, 내면을 들여다보는 것은 어리
석고 잘못된 일일 것이다. 그러나 자신의 목마름을 인식하는 것을 시작으로
하나님과의 더 친밀한 교제로 들어갈 수 있다면("주의 오른쪽에는 영원한 즐거
움이 있나이다"[시 16:11]) 그때는 내면을 들여다보는 것이 타당한 일이 된다.
일시적으로 어떤 고통이 발생한다 해도, 설령 그 고통이 아주 오래가고 극심
한 것으로 보인다 해도 말이다.

우리는 냉혹한 선택의 기로에 서 있다. 편안해지기 위해 살거나(내적 외적으
로 모두이지만 특히 내적으로), 하나님을 알기 위해 살거나. 둘 다 택할 수는 없
다. 하나를 선택하면 나머지는 버려진다(133-135쪽).

내면 들여다보기

1. 그리스도인들은 내면의 고통을 인정하는 일에 어느 정도나 거부감을 보이
   는가?

   당신에게도 그런 모습이 있는가? 그렇다면 그 이유는 무엇인가?

2. 내면을 들여다보고 자신의 고통과 문제들을 직시하면 더 풍성한 삶, 하나님과의 더 친밀한 교제가 시작될까, 아니면 그런 목표로 가는 길이 더 멀어질까? 왜 그렇게 생각하는가?

3. 개인적 위안을 추구하는 일과 하나님과의 의미 있는 관계를 추구하는 일이 대립된다고 생각하는가? 당신의 답변의 이유를 말해 보라.

문제 파악하기

4. 핵심적 갈망을 그리스도 이외의 것으로 채우려는 시도가 종종 강박 행동을 낳는 이유는 무엇일까?

   갈망의 좌절을 직시하는 일이 어떻게 습관적 죄의 노예가 되는 것을 막아 줄 수 있을까?

5. 당신의 삶에서 생각, 행동, 사람을 비롯한 그 무엇에 중독되었거나 노예가 되었다고 느껴지는 것이 있는가?

   [중독 내지 노예 상태라는] 당신의 곤경은 관계를 바라는 가장 깊은 갈망이 채워지지 않은 상태를 방치한 것과 혹시 어떤 연관성이 있을까?

6. 과거와 현재를 통틀어 당신의 삶에 있는 가장 큰 죄들은 무엇이라고 생각하는가?

   그 죄들은 '수면 위의' 죄인가 수면 아래의 죄인가?

7. 당신은 자기 보호의 죄를 어떻게 정의하겠는가?

   자기 보호가 왜 죄인가?

   자신의 목마름을 직시하는 일이 자기를 보호하는 방식으로 사람들과 관계하는 교묘한 죄를 밝히는 데 어떤 식으로 도움이 될까?

8. 다음의 성경 구절들은 각 저자가 하나님을 의지하는 자세에 대해 무엇을 드러내는가?

- 욥 19:25-27
- 시편 42:1-2
- 시편 63:1

당신은 하나님을 향한 이 성경 저자들의 열정을 어느 정도나 공유하고 있는가?

9. "하나님은 우리가 그분께 마음을 드리기를 갈망하신다. 하나님은 우리를 사랑하신다. 우리가 자신의 목마름을 받아들이고 하나님이 누구신지 깨닫는 만큼 우리는 하나님을 갈망하게 된다. 천상의 신랑과 상처 입었지만 변덕스러운 신부의 로맨스에는 지루한 요소가 전혀 없다. 우리 안에 어떤 상처가 있든 그것을 정직하게 직시하면 할수록, 우리가 갈망하는 다정한 힘으로 한결같이 반응하시는 하늘 연인의 아름다움에 더 열정적으로 이끌릴 수 있다"(151쪽).

어떻게 하면 그리스도와의 관계가 더욱 의미 있고 신나는 사랑의 관계로 발전하기 시작할까?

관계의 탐구

10. 그리스도를 더 잘 알고 싶은 마음이 들게 하는 사람을 생각해 보라. 그 사람의 어떤 면이 당신을 주님께로 이끄는 것일까?

그 사람은 어떤 식으로 자기 영혼의 고통을 인정하고 받아들이는 것 같은가?

11. 갈망의 좌절로 인한 고통에서 자신을 보호하면 왜 사랑할 수 있는 능력이 약해질까?

12. 지난 한 주 동안 자기를 보호하려다 진정한 사랑으로 누군가에게 다가가지 못한 일이 있다면 말해 보라.

그때 당신은 무엇으로부터 자신을 보호했는가?

당신의 자기 보호의 뿌리에는 어떤 다짐이 놓여 있었는가?

13. 당신은 어떤 관계 방식—친절, 유머, 수줍음—을 사용하여 상처받지 않게 자신을 보호하는가?

14. 다른 사람을 진심으로, 거리낌 없이 사랑한다고 얼마나 자주 느끼는가?

거의 느끼지 못한다   거의 언제나 느낀다

1	2	3	4	5	6	7	8	9	10

15. 당신이 자기 보호를 시도하지 않는다면 당신의 관계 방식은 어떻게 달라질까? 구체적인 사례를 들어 보라.

변화로 나아가기

16. 삶을 정직하게 들여다보면 왜 혼란이 발생할까?

사람들은 혼란을 느끼지 않으려고 어떤 방법들을 시도하는가?

17. 당신의 삶에 있는 몇 가지 어려운 문제와 경험을 차근차근 떠올려 보라. 어떤 느낌이 드는가?

당신은 이제껏 자신의 감정에 어떻게 대처해 왔는가?

18. 주체할 수 없이 혼란스러울 때 찾아오는 목마름을 채울 수 있는 유일한 것은 무엇인가?

왜 그렇게 생각하는가?

19. 우리가 모든 관계에서 참으로 실망했음을 인정할 때 무엇을 기대할 수 있

을지 말해 보라.

실망과 그로 인해 생겨나는 요구적 자세의 유일한 해독제는 무엇인가?

20. 우리가 다른 사람들과 어떤 방식으로 관계하는지 살피는 일이 어떻게 죄를 깨닫게 할까?

혹시 자신의 관계 방식에서 죄임을 깨닫게 된 부분이 있는가?

21. 자신의 목마름을 직시하는 경로에는 세 가지 중요한 행동이 들어 있고, 그 행동들을 통해 세 가지 반응이나 마음 상태가 일어나고, 우리 눈이 열려 세 가지 해독제를 발견하게 된다. 아래의 표에다 이 경로를 되짚어 기록해 보라.

행동	반응	해독제

Chapter 7 온갖 잘못된 곳을 바라보다

그러나 내면으로부터의 변화에는 나무의 썩은 열매를 떼어 내는 일보다 훨씬 많은 것들이 개입된다. 죄에 맞선 분투에는 올바른 일을 하고 나쁜 일을 하지 않으려는 노력보다 훨씬 더 거친 싸움이 필요하다.

주님은 우리에게, 관계에 접근하는 우리의 방식을 주의 깊게 살피고 어느 지점에서 사리사욕으로 사랑이 변질되는지 보라고 하신다. 율법의 전체 목적은 하나님 및 다른 이들과 깊은 관계를 맺는 길을 가리키는 것이다. 주님께로 오라는 초청에 담긴 의미를 이해하려면, 눈에 보이는 죄에 대한 합당한 관심을 뛰어넘어야 한다. 그리고 관계를 절실히 원하는 목마른 사람들이 어떤 식으로 사랑의 명령을 어리석게 위반하는지를 탐구해야 한다.

내면으로부터의 변화가 시작되려면 삶의 표면 아래를 들여다보되, 우리의 목마른 영혼의 깊은 갈망뿐 아니라 거짓된 마음의 자기 보호적 다짐들도 알아봐야 한다(168, 171-172쪽).

내면 들여다보기

1. 율법의 전체 목적이 우리를 깊이 있는 관계로 이끄는 것이라는 데 동의하는가? 자신의 답변의 이유를 말해 보라.

2. 자기 보호적 행태가 이 책이 말하는 것처럼 심각한 문제라고 생각하는가? 답변의 이유를 말해 보라.

3. 당신은 자기 보호적 자세와 자신에게 깊은 갈망이 있다는 사실 중 어떤 것이 직시하기가 더 어려운가? 왜 그런가?

4. 마태복음 23:23을 읽으라. 예수님은 무엇 때문에 바리새인들을 꾸짖으셨는가?

그런 꾸짖음에 비춰 볼 때 예수님은 그리스도인들이 무엇에 초점을 맞추기를 원하시는가?

5. 당신은 사랑의 법을 어겼을 때 그 사실을 어떻게 인지하는가?

지난 한 주 동안 사랑에 어긋나게 행했던 일을 한 가지만 말해 보라. (불친절한 행동을 거론하는 수준에 머물지 말자. 표면적으로 어떻게 보였건 그 행동에 사랑이 없었다면 그 이면의 자기 보호적 동기를 밝히자.)

6. 안전한 처신에 우선순위를 둔 노력은 삶의 목적을 어떤 식으로 방해하는가?

7. "우리를 만드신 하나님은 우리가 그분의 사랑을 충분히 신뢰하기를 원하신다. 그래서 자신의 갈망이 상처받지 않도록 방어하는 데 연연하지 않고 타인을 거침없이 사랑하기를 원하신다. 하지만 우리의 사랑은 너무나 서툴다. 왜 그럴까? 이 질문의 답은 심오하고도 단순하다. 우리는 자기 보호적 태도를 버리고 목마른 상태 그대로 하나님께 나아가기를 거부한다. 그 대신에 성경을 읽고 포르노 잡지를 불태운다. 생수의 근원이신 하나님을 그저 지나치고는, 삽을 집어 들고 물을 찾아 우리의 인간관계를 헤집어 파기 시작한다. 이 얼마나 어리석은가! 설상가상으로, 우리는 아주 교묘하게 터진 웅덩이를 만든다"(178쪽).

자기 보호적 자세가 당신의 삶에서 일상적으로 드러나는 방식을 설명해 보라.

자신의 목마름을 가지고 그리스도께 가는 대신에 스스로 터진 웅덩이를 팠던 몇 가지 사례를 이야기해보라. 명백한 사례와 교묘한 사례를 모두 말해 보라.

8. 자신의 관계 방식을 생각해 보라. 두 가지 이상의 관계 방식이 있다면, 어떤 상황에서 각각의 관계 방식이 나오는지 얘기해 보라.

9. 그룹으로 모여 이 가이드로 공부하고 있다면, 자신의 관계 방식을 구성원들이 어떻게 생각하는지 의견을 구해 보자. 당신을 잘 알고 다양한 상황에서 당신을 지켜보는 사람들에게도 의견을 청하라. 그들의 의견을 들을 때 어떤 느낌이 드는가? 격려가 되는가, 낙심이 되는가, 방어적이 되는가, 상처가 되는가?

10. 당신의 관계 방식들은 어떤 역할을 하는 것 같은가? (그것은 당신을 무엇에서 보호하는가?)

11. 에베소서 4:15-16에 따르면, 개인이 고유한 관계 방식과 역할을 갖는 것은 잘못된 일인가?

    왜 하나님은 각 사람이 다른 방식으로 제 역할을 하도록 창조하셨을까?

    우리가 하나님의 계획대로 관계를 맺고 있는지, 아니면 우리의 관계 방식을 통해 죄를 짓고 있는지 어떻게 알까?

12. 다른 사람들을 참되게 사랑하는 자유를 누리지 못하게 당신을 사로잡고 있는 깊은 갈망은 무엇인가?

    다른 사람들에게 사랑으로 다가갈 때 자신이 어떤 위험을 감수하고 있다고 느껴지는가?

13. 스스로가 자기 보호에 얼마나 몰두한다고 느끼는가?

전혀 몰두하지 않는다								극도로 몰두한다	
1	2	3	4	5	6	7	8	9	10

14. 자신의 목마름을 부인하면 자신의 관계 방식이 어떤 기능을 하는지 왜 인식하지 못하게 될까?

15. 우리의 관계 방식과 그것이 추구하는 목적 중에서 무엇을 더 중요하게 다루어야 할까? 왜 그렇게 생각하는가?

    자기 보호의 죄를 인식하는 것이 내면에서부터 시작되는 변화의 결정적인 단계인 이유는 무엇일까?

16. 성숙의 표지는 무엇인가(요 13:35)?

    사랑의 본질은 무엇인가(요 15:13)?

17. 자기 보호적 전략 없이 당신의 세계로 들어갈 생각을 하면 어떤 기분이 드는가?

    고통을 피하는 것과 하나님 및 다른 사람들을 사랑하는 것 중에서 생명을 찾을 수 있는 길은 무엇이라고 생각하는가? 그 이유는 무엇인가?

    당신이 자기 보호적 자세를 포기하지 못하게 하는 요인은 무엇인가?

Chapter 8 요구적 태도의 문제

변화를 원하는 진실한 그리스도인들은 두 가지 선택지를 받게 된다. 도움을 받아 마음속의 고통을 정직하게 들여다보거나, 행동의 죄를 책임감 있게 바로잡는 것이다. 마음의 고통과 행동의 죄. 우리는 이 두 범주를 다루어야 하지만 어느 쪽도 우리 영혼의 깊은 곳, 추하고 변형되고 병든 지점으로 우리를 안내하지 않는다. 내면에서부터 변화하기 위해 반드시 다루어야 하는 마음속의 죄를 파고드는 데는 어느 쪽도 도움이 되지 않는다. 죄는 그 외적 표현(행동으로 나타난 죄)보다 훨씬 많은 것을 포함하고 있고, 우리는 깊이 내재된 심리적 문제들(마음속의 고통)보다 더 심각한 것들과 맞서 싸운다.

우리 마음의 문제는 많은 이들이 생각하는 것보다 훨씬 심각하다. 우리는 내면을 들여다볼 때 나쁜 기억들과 아픈 감정 이상의 것을 만나게 된다. 정직하게 들여다본다면 결국 끔찍하고 추한 것이 드러날 것이다. 나는 그것을 '요구적 태도'라고 부르고 싶다(193-194쪽).

내면 들여다보기

1. 지금까지 당신은 마음속의 고통과 행동의 죄 중 어떤 것을 다루는 데 더 많은 시간과 노력을 들였는가?

   이 문제들을 어떤 식으로 다루었는가?

2. 다른 사람들이 당신에게 어떤 식으로 죄를 지었는가?

   당신이 다른 사람들에게 저지른 가장 큰 죄는 무엇이었는가?

3. 그리스도인으로 성장하려는 당신의 이런저런 시도를 가장 많이 방해하는

것은 무엇인가?

4. 우리는 무엇 때문에 요구하는 사람들이 될까? (이 문제의 근원은 무엇일까?)

5. 하나님께 기도의 응답을 요구하는 것이 정당하게 느껴졌던 경우를 몇 가지 떠올려 보라. 그때 당신은 무엇을 구하고 있었는가?

6. 다음 성경 구절들은 예수님이 성부의 권위에 순복하심에 대해 무엇을 말해 주는가?

   • 누가복음 22:42
   • 빌립보서 2:5-8

   예수님의 태도에서 나타나는 주된 특성은 무엇이었는가?

7. 당신의 삶에서 뭔가를 요구하고 싶은 유혹이 가장 커지는 때는 언제인가?

   왜 그렇다고 생각하는가?

8. 삶의 상황 때문에 특별히 답답했거나 고통스러웠던 때를 떠올려 보라.

   그 고통스러웠던 상황이 얼마나 오랫동안 이어졌는가?

   처음에 당신은 그 문제 상황에 어떻게 반응했는가?

   시간이 흐르고 고통을 해소해 달라는 당신의 기도에 하나님이 빨리 응답하시지 않는 동안 당신은 어떤 느낌이 들었고 어떻게 반응했는가?

9. 욥기 13:3을 읽으라. 자신의 상황에 대해 하나님과 논쟁을 벌이고 싶었던 때를 생각해 보라. 그때 당신에게 무슨 일이 있었는가?

10. "핵심 문제에 주목하자. 문제가 되는 것은 우리 영혼의 상처가 아니고(상처받아도 괜찮다) 위안과 만족을 바라는 우리의 욕망도 아니다(목말라도 괜찮다). 문제는 요구적 태도다. 우리의 목마름이 지금 당장 해소되어야 한다고 요구할 때, 우리는 성경적 윤리에서 벗어나 고통을 완화시키는 것이라면 무엇이든 정당화되는 실용주의 도덕으로 미끄러질 위험에 처하게 된다. 그러면 많은 경우 노골적인 도덕적 타협과 망가진 삶이 따라온다. 상처를 입고 위로를 요구하는 이들 중에는 명백히 죄악 된 삶을 살면서 하나님을 등지지는 않아도, 자신의 요구가 정당하다는 전제하에 하나님을 상대하는 경우가 많다"(210쪽).

이 주장을 접할 때 어떤 기분이 드는가?

하나님이 당신의 계획에 늘 부응하시는 건 아니라는 것을 깨달을 때 어떤 기분이 드는가?

현재 당신이 하나님을 대하는 자세와 그분과의 관계에 접근하는 방식을 묘사해 보라.

관계의 탐구

11. 다른 사람들에게 당신을 존중하고 이해하고 섬기라고 압박하고 싶은 유혹을 받는가? 어떤 때에 그런 유혹이 가장 크게 일어나는가?

12. 최근에 누군가에게 화가 나거나 실망했던 일을 묘사해 보라.

그 사람이 뭔가를 하거나 하지 않은 것이 어떤 식으로 당신의 행복을 위협하거나 목표가 좌절되게 만들었는가?

당신은 그 사람에게 어떻게 반응했는가?

13. 우리를 실망시킨 사람들로부터 자기를 보호하는 것이 정당화될 때가 있을까? 답변의 이유를 말해 보라.

14. 상황이나 사람들이 변하기를 정당하게 바라는 것에서 그런 변화를 부당하게 요구하는 것으로 넘어갈 때 당신은 그것을 어떻게 알 수 있을까?

   요구하는 태도는 왜 부당한가?

15. 당신의 삶에서 순탄하지 않은 관계를 생각해 보라. 당신은 어떤 전략에 따라 그 관계에 대처했는가?

변화로 나아가기

16. "하나님을 신뢰한다는 것은 아무것도 요구하지 않는 것을 뜻한다"라는 진술에 동의하는가? 당신의 답변의 이유를 말해 보라.

17. 당신의 삶을 숙고해 볼 때, 삶의 모든 부분을 어느 정도나 하나님께 맡기고 있는 것 같은가?

전혀 맡기지 않는다   온전히 맡긴다

1	2	3	4	5	6	7	8	9	10

   3년 전에는 당신의 삶을 어느 정도나 하나님께 맡겼는가?

전혀 맡기지 않는다   온전히 맡긴다

1	2	3	4	5	6	7	8	9	10

   3년 사이에 당신이 하나님을 더 신뢰하게 되었거나 덜 신뢰하게 되었다면, 그 변화의 이유가 무엇인지 설명해 보라.

18. 하나님을 신뢰하면 괴로움을 느끼지 않거나 고통의 해소를 바라지 않게 될까? 당신의 답변을 설명해 보라.

   괴로운 상황이나 깊은 고통 속에서 하나님을 신뢰했던 일을 묘사해 보라.

19. 시편 111:10과 잠언 1:7의 내용에 따르면, 무엇이 먼저 있어야 깊이 있는 변화가 가능할까?

20. 욥기 42:1-6에서 욥이 회개한 내용은 무엇일까?

21. 이사야 33:6은 어떤 격려의 약속을 하는가?

이 약속이 성취될 조건은 무엇인가?

자신의 안전을 보장하겠다는 결심은 제아무리 매력적으로 위장을 해도 항상 추하다. 무언가를 요구하는 일은 우리의 교만을 반영한다. 우리의 행복에 필수적인 것처럼 보이는 요소를 요구할 때도 그렇다. 교만의 죄는 하나님이 싫어하시는 것의 목록 중에서도 맨 위에 있다. 하지만 마음속의 죄는 누구도 알아보지 못하는 경우가 너무나 많다. 사람들은 자신의 관계 방식에 심각한 결함이 있을지도 모른다는 가능성에 거의 관심을 갖지 않는다. 우리가 다른 사람들에게 '특정한 인상'을 주는 것은 우리 마음에 고집스럽게 자리 잡은, 자기 보존을 위한 요구적 태도에서 생겨난 결과일 수 있음을 우리는 보지 못하고, 보고 싶어 하지도 않는다.

우리는 곧장 문제의 핵심으로 들어가야 한다. 행동의 죄와 마음의 고통만 가지고 법석을 떨어 봐야 우리 주님이 가장 기뻐하시는 변화는 결코 일어나지 않을 것이다. 마음속의 죄를 밝혀내어 똑바로 바라보고 제거해야 한다. 우리가 물을 찾기 위해 잘못된 방향으로 나아가는 어리석고 목마른 사람들임을 이해해야, 우리가 관계 맺는 방식을 열린 마음으로 바라보고 우리의 행동 근저에 있는 요구적이고 자기를 보호하려는 동기를 알아볼 수 있다(225-226, 228-229쪽).

내면 들여다보기

1. 자신의 행복에 필수적으로 보이는 것을 원하는 경우라도 요구는 무서운 죄라는 데 동의하는가? 당신의 답변의 이유는 무엇인가?

2. 자기 보호의 동기에서 나온 요구적 태도가 당신이 다른 사람들과 상호 작용하는데 얼마나 자주 영향을 미친다고 생각하는가?

거의 영향을 미치지 않는다							거의 언제나 영향을 미친다		
1	2	3	4	5	6	7	8	9	10

이것은 당신이 관계를 맺는 방식에 심각한 결함이 있는지의 여부를 어느 정도나 말해 주는가?

문제 파악하기

3. 자신의 관계 방식을 신중하게 평가하는 일에는 어떤 위험이 따르는가?

내면을 들여다보는 일의 유일한 가치는 무엇인가?

4. 당신에게는 자신을 알고 싶은 마음과 지금 하는 일들을 왜 하는지 알고자 하는 마음이 얼마나 있는가?

별로 없다									많다
1	2	3	4	5	6	7	8	9	10

인생의 목표가 이 세상에서의 위안인지 그리스도를 본받는 것인지 어떻게 알 수 있을까?

5. 당신은 마음속의 죄를 어떻게 정의하겠는가?

당신은 마음속의 죄를 자주 깨닫는가?

다른 사람들과 관계하는 악한 방식이 드러나게 달라고 성령께 얼마나 자주 기도하는가?

6. 당신은 어떤 목표를 가지고 성경을 읽고, 언제 읽는가?

성경 지식은 당신이 살아가는 방식에 어떤 식으로 깊이 영향을 끼치는가?

7. 다음 성경 구절들은 다른 신자들에 대한 우리의 책임에 대해 무엇을 말해 주는가?

- 마태복음 18:15
- 갈라디아서 6:1-2
- 히브리서 3:12-13
- 야고보서 5:14-16

8. 당신이 명백하게든 교묘하게든 사랑의 계명을 구체적인 방식으로 어겼을 때, 그 사실을 제대로 지적해 줄 수 있을 만큼 당신을 잘 아는 사람은 누구 인가?

반대로 당신이 그런 식으로 잘못을 지적해 줄 수 있을 만큼 잘 아는 사람은 누구인가?

9. 당신이 관계를 맺고 있는 개인과 그룹들을 생각해 보라. 내면에서 시작된 변화를 격려한다는 면에서 가까운 이들이 얼마나 영향력이 있다고 느끼는 지 다음의 척도에 표시해 보라.

피상적이고 미미한 영향   심도 있고 강력한 영향

1	2	3	4	5	6	7	8	9	10

10. 당신은 성경의 규범에 대한 불순종(행동의 죄)이나 자신의 관계 방식(마음 속의 죄)에 대한 다른 사람들의 지적을 받아들이는 데 얼마나 열려 있는 가?

11. 당신은 다른 사람들의 삶에 나타나는 죄를 얼마나 자주 지적하는가?

당신이 누군가에게 그의 죄를 알려 줄 때, 그렇게 하는 동기는 무엇인가?

12. 당신은 지금 자신의 삶에서 무엇이 변해야 하는지에 대한 통찰을 얻고자 할 때 주로 어디에 의존하는가?

13. 정직하게 하나님의 말씀 앞에 나간다는 것은 무엇을 의미하는가?

14. 당신은 자기 보호적인 태도를 덜어 내도록 서로 돕기 위해 다른 사람들과 좀 더 깊은 관계를 형성할 의향이 있는가?

    그럴 의향이 없다면 그 이유는 무엇인가?

    이런 수준에서의 상호 작용을 생각할 때 가장 걱정되거나 두려운 점은 무엇인가?

15. 당신에게 깊은 영향을 주고 내면에서부터 변화하도록 격려하는 관계가 아직 만들어지지 않았다면, 그런 수준에서 함께하고 싶은 상대를 떠올려 보라. 그 사람과 더 깊은 관계를 이루려면 무엇부터 시작해야 할까?

Chapter 10 문제 정의하기

변화의 과정을 이해하려면 깊이 있는 변화가 어디에서 오는지 깨달아야 한다. 뭔가를 하려고 아주 열심히 노력해서라기보다 우리 내면의 삶의 현실을 기꺼이 직시하려는 마음 때문에 깊이 있는 변화가 일어난다. 인격적 진실성, 어떤 것에 대해서도 가장하지 않겠다는 다짐이 내면에서 시작되는 변화의 전제 조건이다.

이 다짐은 지키기가 어렵다. 실망이 꽉 차오르다 못해 압도적 슬픔에 짓눌리고 분노가 고통으로 바뀔 때,……우리는 존재의 핵심까지 흔들릴 것이다. 그런데 그런 고통이 진정한 변화의 출발점이다. 누구도 해결하지 못했고 앞으로도 결코 해결하지 못할 바를 우리가 절실히 갈망한다는 무서운 실상을 직시해야만 우리는 다른 사람들에게 내 목마름을 채워 달라고 요구하는 일을 포기하고 부서진 마음으로 겸손하게 하나님을 의지하며 바라보게 된다.

자신의 실망을 고통스럽게 인식하여 자기 보호의 시도가 죄라는 것을 깨달아야만 비로소 진정한 변화가 일어날 수 있다. 삶의 문제들을 해결하기 위한 '실천적' 조언을 얻으려고 초조해하는 마음 근저에는 내면을 들여다보는 고통을 건너뛰려는 시도가 종종 숨어 있다. 내면의 직시를 피하고 우리의 깊은 실망과 관계적 죄를 직시하지 않으면, 우리는 기껏해야 피상적 변화만 내놓을 수 있을 뿐이다. 대부분의 조언은 하나님의 백성의 상처를 가볍게 여기고 건성으로 치료한다(259-260쪽).

내면 들여다보기

1. 이 가이드로 여기까지 공부한 지금, 당신은 정직하게 내면을 들여다보는 일이 내면에서 시작되는 변화의 첫 번째 전제 조건이라는 생각에 동의하는가? 당신의 답변의 이유를 제시해 보라.

2. 당신은 실제보다 상황이 나은 것처럼 여전히 가장하고 있는 삶의 영역이 있는가?

  그렇게 가장하는 동기는 무엇인가?

3. 갈망이 좌절될 때 당신은 어떤 감정을 가장 강하게 느끼는가? 분노인가 상처인가?

4. 이 가이드로 공부하면서 배운 교훈을 어떻게 적용할지 생각할 때 혹시 답답한 마음이 드는가? 어느 정도나 그런가?

  지식에서 행동으로 넘어가는 데 도움이 되는 요소 중에 당신에게 부족한 것이 있는가?

문제 파악하기

5. 지난 몇 주간 당신의 세계 안의 문제, 곧 상황이나 관계의 문제들을 인식하게 된 때가 있다면 떠올려 보라. 상처에 대한 당신의 반응을 구성하는 다양한 측면들을 묘사하면서 다음 도식의 빈칸을 채워 보라.

무슨 일이 있었는가?

| |
| |

나의 세계의 문제들

↓

어떤 기분이었는가?

| |
| |

내 마음의 고통

↓

당신은 어떤 행동을 했는가?

```
┌─────────────────────────────────────────────────┐
│                                                 │
│                                                 │
│                                                 │
│                                                 │
└─────────────────────────────────────────────────┘
```

내 행동의 죄

↓

근원적 문제는 무엇이었는가?

```
┌─────────────────────────────────────────────────┐
│                                                 │
│                                                 │
│                                                 │
│                                                 │
└─────────────────────────────────────────────────┘
```

내 마음의 죄

6. 당신은 어떤 방식으로 내면의 삶의 괴로운 현실을 외면하려고 했는가?

7. 잠언 4:23과 마태복음 15:15-20에 따르면, 우리 문제의 뿌리는 어디에 놓여 있는가?

8. 예수님이 바리새인들에게 잔과 대접의 속을 깨끗이 하라고 하신 것(마 23:26을 보라)은 그들의 관심을 어디로 유도하는 말씀이었는가?

당신의 삶에서 닦아 내야 할 내면의 더러움은 무엇인가?

9. 최고의 덕은 무엇인가?

최악의 문제는 무엇인가?

왜 그런가?

관계의 탐구

10. 자신에게 가장 의미 있는 사람을 생각해 보라.

그 사람은 어떤 식으로 당신을 실망시켰는가?

그 일에 대해 당신은 어떤 느낌을 받는가?

그 사람이 당신을 실망시킬 때 당신은 어떻게 반응하는가?

11. 우리가 어떤 식으로 피해를 당했는지 직시하는 일은 방어적 관계 패턴을 통해 안전을 보장하려고 우리가 내리는 선택을 인식하는 데 있어서 왜 그토록 중요할까?

당신이 피해자로 받았던 상처 때문에 노골적인 죄로든 교묘한 죄로든 다른 사람에게 상처를 주는 가해자가 된 경우를 설명해 보라.

12. 관계에서의 실망을 직시할 때 따라오는 세 가지 긍정적 결과는 무엇인가?

변화로 나아가기

13. 다음의 성경 구절들은 내면에서 시작되는 변화를 위해 우리가 시도하는 모든 노력이 궁극적으로 누구의 손에 있다고 말하는가?
   • 역대하 20:17
   • 시편 57:2
   • 잠언 16:9
   • 데살로니가전서 5:23-24

14. 당신은 성숙으로 가는 '열 가지 쉬운 단계'를 찾아야 한다는 부담을 느끼고 있을지도 모르겠다. 다음의 성경 구절들이 그 부담을 덜어 주는지 살펴보라.
   • 누가복음 8:15
   • 빌립보서 3:13-16
   • 히브리서 6:11-15

15. 지난 한 주 동안 당신의 태도와 행동, 관계에서 경험한 문제를 떠올려 보

라. 그 문제의 뿌리를 파악할 수 있겠는가? 다시 말해, 누군가가 당신에게 지은 죄가 당신도 죄를 짓게 만든 과정을 파악할 수 있겠는가?

16. 마태복음 16:24-26은 생명으로 가는 길이 무엇이라고 말하는가?

이 가이드로 지금까지 배운 모든 내용을 고려할 때, 예수님의 말씀은 당신의 삶에 어떻게 적용된다고 할 수 있을까? (그리스도께서 약속하신 풍성한 삶을 경험하기 위해서는 무엇을 바꾸어야 할까? 당신이 풍성한 삶을 어떻게 이해하고 있는지 잘 생각해 보라.)

Chapter 11 복음의 능력

많은 사람의 머릿속에서 변화는 온전함에 가까운(적어도 극적인) 것이어야 한다. 그렇지 않으면 변화로 인정하지 않는다. 그리고 자신이 가장 원하는 변화가 나타나야만 성장의 비밀을 찾았다고 확신할 수 있다. 이를테면 사랑하고 싶은 열망, 삶의 문제들을 평화롭게 감당할 힘, 유혹 한복판에서 올바른 일을 하고 싶은 깊은 욕망, 모든 절망감이나 적개심을 없애 주는 주님을 향한 열렬한 감사 같은 새로운 일련의 감정들 말이다.

때로 복음주의자들은 너무 많은 것을 기대하거나, 보다 정확히 표현하면 하나님이 약속하신 적이 없는 종류의 변화를 구한다.……우리는 온전함을 바라는 우리의 갈망을 뒷받침하는 방식으로 성경의 가르침을 해석한다. 그 결과, 천국에 가기 전에는 결코 달성하지 못할 기준을 가지고 우리의 진보를 측정한다.

그래서 우리는 하나님의 능력이 압박에서 평화로, 실망에서 기쁨으로의 온전한 변화를 보장한다고 주장하고는 참을 수 없는 부담을 안고 살아간다. 그 부담은 우리가 절망에 짓눌리게 하거나 우리의 상황이 실제보다 더 좋은 척 가장하게 만든다.

평화와 기쁨이 분투와 슬픔의 시간을 없애 주는 것이 아니라 그 시간 동안 우리를 붙들어 줄 뿐이라는 생각은 매력적이지 않다. 우리는 실망스러운 세상에서 불완전한 사람들로 살아가는 불가피한 고통을 제거하고 싶어 한다. 고통도 실패도 경험하지 않겠다고 우긴다. 그러다 보니, 그런 불가피한 고통과 실패가 일어날 때 낙심하게 된다.

물론 우리는 언젠가 흠 없게 될 것이다.……그러나 지금은 분투가 이어진다. 이 세상에서 살아가는 데 따르는 불가피한 고통은 그저 받아들여야 한다. 그런데 우리가 불가피한 고통을 제거해야 한다고 우길 때 불필요한 문제들이 발생한다. 내면에서부터 변화하면, 우리의 자기 보호적 임기응변에 동력을 공급하던 요구적 태도가 누그러지면서 이런 불필요한 문제들의 심각성과 빈도가 상당히 줄어든다(278-280쪽).

내면 들여다보기

1. 하나님이 당신의 삶에서 일하신다는 '증거'로 당신이 기다리는 모종의 변화가 있는가? 만약 있다면 그것은 무엇인가?

   당신은 누군가가 이룬 진보를 인정하려면 그가 온전히 변할 때까지 기다려야 한다고 생각하는가?

2. 당신의 삶에는 어떤 불필요한 문제들이 있는지 생각해 보라.

3. 당신은 하나님이 이 세상에서 어떤 종류의 변화를 약속하신다고 믿는가?

   왜 그렇게 믿는가?

문제 파악하기

4. 우리 세계의 문제들에 대한 꼭 필요하고 정직한 반응은 어떤 것일까?

   불필요한 반응은 어떤 것일까?

5. 당신의 세계에서 피할 수 없는 문제들에 대한 반응으로 당신이 만들어 낸 불필요한 문제를 몇 가지만 말해 보라.

   이런 불필요한 문제들의 뿌리는 무엇인가?

6. 자기 보호적 관계 방식을 통해 고통에서 벗어나겠다는 결심에는 어떤 동기가 깊이 숨어 있을까?

7. 생명은 오직 그리스도 안에서만 찾을 수 있다고 믿는가? 그렇다면 당신의 생활 방식과 관계에서 그 믿음은 어떻게 반영되는가? 또는 어떻게 왜곡되는가?

관계의 탐구

8. 친구나 자녀나 학생 등 다른 사람들이 성장하는 그리스도인이 되도록 격려할 때 당신은 주로 어디에 초점을 두는가?

□ 그들 세계의 문제   □ 그들 마음속의 고통
□ 그들 행동의 죄   □ 그들 마음속의 죄

성장하는 그리스도인들이 깊고 지속적인 변화를 경험하려면 이 중에서 무엇을 가장 깊이 다루어야 할까?

왜 그것에 초점을 두어야 한다고 생각하는가?

9. 당신이 친절하고 다정하게 대하기 어려운 사람을 떠올려 보라.

향후 열 번의 만남을 통해 그 사람을 보다 다정하게 대하기로 결심한다면 성공 확률이 얼마나 될 것 같은가?

당신의 내면에서 구체적으로 무엇을 다루어야 그 사람에 대한 태도와 접근 방식이 깊이 있게 변화할까?

10. 당신은 사람들과 만날 때 왜 자기 보호적 자세를 유지하는가? 그런 자세는 편안하고 안정된 관계가 당신의 삶에서 차지하는 위치에 대해 무엇을 말해 주는가(마 10:37을 보라)?

자기 보호적 관계 방식을 통해 목숨을 보존하겠다는 자세가 그리스도를 위해 살겠다는 헌신을 몰아낼 때 그 사실을 어떻게 인지할 수 있을까?

변화로 나아가기

11. "회개하지 않고 그리스도를 바라보는 일은 망상 속의 위로를 제공할 뿐이다." 이 진술의 의미를 설명해 보라.

12. 깊이 있는 회개란 무엇일까? 구체적으로 말하면, 당신은 무엇을 회개해야

할까?

13. 명백한 죄든 교묘한 죄든, 죄를 철저히 인식하는 것이 내면에서 시작되는 변화에 그토록 중요한 이유는 무엇일까?

14. 참된 회개는 사람들과 관계하는 방식에 어떤 영향을 미칠까?

15. 회개를 빈틈없이 정의하여 적어 보라.

회개에 대한 당신의 정의를 읽고, 당신의 삶에서 깊이 있는 회개의 어떤 증거가 보이는지 생각해 보라.

Chapter 12 깊이 있는 변화에 필요한 것

그리스도인의 삶에서 변화는 점진적으로 일어난다. 의식적 삶의 방향의 변화에서 관계에 대한 접근 방식의 변화로, 그 다음에는 우리의 존재 방향의 변화로 나아간다. 각 변화는 하나님이 하시는 일이기에 선하다. 첫 번째 변화에 피상적이라는 꼬리표를 다는 것은 잘못된 비하가 될 것이다. 그러나 첫 번째나 두 번째 변화에 머문다면, 내면을 보는 일이 하나님을 추구하고 알 수 있는 기회임을 이해하지 못했다는 뜻일 것이다. 성장하는 신자들은 자기 보호적 태도를 버림으로써 사랑하는 법을 배운다. 성숙한 신자들은 "나에게는, 사는 것이 그리스도이시니"(빌 1:21, 새번역)라는 바울의 말이 의미하는 바를 깨닫기 시작한다. 자기 존재의 중심 방향이 하나님 쪽으로 바뀌는 것을 느끼기 때문이다(297쪽).

내면 들여다보기

1. 당신은 변화의 과정 어디쯤에 있다고 생각하는가?

2. "나에게는, 사는 것이 그리스도이시니"(빌 1:21, 새번역)라는 바울의 말을 당신은 개인적으로 어떻게 이해하는가?

   당신은 생명을 찾을 수 있는 자리에 대한 바울의 생각에 어느 정도로 공감하는가?

3. 하나님이 당신에게 원하시는 변화를 생각하면 어떤 기분이 드는가?

   이 가이드로 책을 살피는 일이 끝나 가는 지금, 당신의 주된 감정은 무엇인가? 흥분인가, 불안인가, 소망인가, 낙심인가, 냉담함인가?

왜 그렇게 느끼는가?

4. 의식적인 삶의 방향을 바꾸거나 관계 접근 방식을 바꾸려면 두 요소가 밝혀져야 한다. 그 두 요소는 무엇인가?

5. 당신이 의식적인 삶의 방향을 바꾸었던 사례를 이야기해 보라. 관계 접근 방식을 바꾸었던 경우도 말해 보라.

   두 경우에 변화의 원인이 무엇이었는가?

6. 이 세상에서 최대한 깊이 있는 변화가 이루어지려면 두 가지 현실을 이해해야 한다. 그 두 현실이 무엇인가?

7. 하나님은 남자를 무엇을 하는 존재로 만드셨는가?

   하나님은 여자를 무엇을 하는 존재로 만드셨는가?

8. 내면에서부터 변화하기 위한 분투의 핵심에는 무엇이 있는가? 다시 말해, 철저히 내면을 들여다보면 무엇이 드러나는가?

9. 자기 보호적 움직임의 가장 본질적인 기능은 무엇인가?

   이 기능을 인식하는 것이 하나님이 우리를 위해 계획하신 모든 내용이 이루어지는 데 왜 그토록 중요할까?

10. 타락한 세상에서 사는 인생의 참을 수 없는 슬픔을 온전히 인정하는 것은 주님이 우리를 위해 염두에 두신 변화가 이루어지는 데 너무나 중요한 역할을 한다. 그 이유를 설명해 보라.

11. 당신이 남자라면 어떤 식으로 자신이 약화되었음을 감지하는가? 당신이 여자라면 어떤 식으로 자신이 손상되었음을 깨닫는가?

    자신의 남성성이나 여성성과 관련하여 수치심을 경험한 적이 있는가? 어떤 식으로 경험했는가?

12. 당신의 관계 방식이 어떤 식으로 당신의 성적 정체감을 보호하는지 묘사해 보라. (다시 말해, 당신은 인간관계에서 무엇이 가장 두렵고, 그것에서 자신을 보호하기 위해 어떻게 대처하는가?)

13. 당신이 인간관계(깊은 관계이든 가벼운 관계이든)에서 보여주는 여러 태도나 행동 중에서 남성으로든 여성으로든 하나님이 설계하신 당신의 모습에 충실하게 살고 있지 않음을 드러내주는 것들은 무엇인가?

14. 가장 깊이 있는 변화인 존재 방향의 변화가 이루어지려면 어떤 감정 상태가 먼저 있어야 하는가?

    이런 깊은 괴로움의 원인이 무엇인가?

15. 우리의 존재 방향의 변화에는 어떤 결과가 따라오는가?

16. 현재 당신의 삶에서 특히 괴로운 문제를 생각해 보라. 이 가이드로 공부하면서 배운 자기 발견의 모든 요소를 사용하여 다음 쪽의 순서도에 따라 자신의 문제를 추적해 보라. (이어지는 사례 연구를 읽으면 당신의 삶에서 이루어지는 변화의 과정을 알아내는 데 도움이 될 것이다.) 문제의 근원을 발견할 수 있겠는가? 당신이 내면에서부터 변화하려면 무엇이 필요하겠는가?

변화의 과정

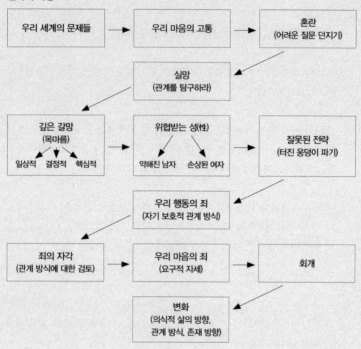

캐런은 신경성 폭식증에 시달렸다. 폭식과 구토 충동이 본인의 건강을 위협하고 친구들에게 걱정을 끼친다는 것을 알았지만 멈출 수가 없었다.

캐런이 상담을 받으러 왔을 때, 그는 자신의 상황에 절망하고 있었다. 그의 건강을 염려하는 모든 사람에게서 달아나 숨고 싶어 했고, 삶을 변화시키는 하나님의 능력을 여는 열쇠를 찾으려는 부질없어 보이는 탐색을 포기한 상태였다.

몇 달의 치료 기간 동안 우리는 그의 성장 배경을 들여다보면서 해결되지 않은 문제들을 밝혀내고 그의 인간관계를 탐구했다. 우리가 발견한 많은 내용 중에는 충격적인 사실들도 있었다. 캐런의 부모는 그가 여섯 살일 때 이혼했다. 외동이었던 그는 이후 몇 년 동안 정서적으로 외로웠고, 물리적으로도 대체로 혼자였다. 어머니가 파경의 충격으로 말을 잊은 슬픔과 비통함에 빠져 딸을 챙기지 않았기 때문이었다.

캐런이 열두 살 때 어머니는 데이트를 시작했다. 1년 후, 어머니의 남자친구 샘이 집으로 들어왔다. 어머니는 이 새로운 관계에 푹 빠져들었다. 샘은 캐런의 세계로 쳐들어와 그나마 남아 있던 어머니의 관심마저 훔쳐 갔고, 캐런의 사생활과 혼자만의 시간에 끼어들었고, 캐런이 아끼는 거실 의자까지 차지했다. 그리고 결국 샘은 그의 순수함과 자긍심까지 앗아 갔다. 이후 2년 동안 샘은 그를 성추행했다.

15살이 되었을 때 캐런은 외로움과 비참함을 이기지 못하여 극단적인 조치를 취했다. 두 번이나 목숨을 끊으려 했고 마침내 집에서 도망쳐 나왔다. 친아버지에게 자기를 받아 달라고 간청했지만 그는 딸을 책임지려 하지 않았다. 캐런은 친구들의 집으로 들어갔고 그들이 그를 예수 그리스도와의 인격적 관계로 이끌었다. 그리고 1년 뒤, 캐런은 어머니와 샘이 있는 집으로 돌아갔다.

이후 2년은 고통스러웠고 샘의 성적 접근이 이어졌다. 캐런은 그리스도와의 관계에서 위안을 얻으려 애썼다. 18살에 집을 떠나 대학에 진학했다. 이후 4년 동안 그리스도인으로 살아가면서 힘겨운 싸움을 벌였다. 한편으로는 그리스도께서 십자가에서 그를 위해 하신 일로 격려를 받았지만, 다른 한편으로는 그의 삶에 온갖 고통(그의 세계의 문제들)을 '사랑으로' 허락하셨다는 것을 도저히 이해할 수 없었다(혼란). 그는 유년기에 잃어버리고 포기한 모든 것 때문에 주체할 수 없는 슬픔을 느꼈고, 친구는 많았지만 누구에게도 사랑받지 못한다고 느꼈다(마음속의 고통). 그가 원한 것은 자신의 모습 그대로 사랑받고 누군가에게 중요한 존재가 되는 것(결정적 갈망)뿐이었지만, 친모조차도 그를 저버렸다(실망). 그는 하나님과도 멀어졌다고 느꼈고, 존재의 핵심에서 공허감에 시달렸다(핵심적 갈망). 다른 사람들과의 의미 있는 관계를 갈망했지만 또 다시 거절이나 학대를 당할까 봐 마음을 여는 것이 무서웠다(위협받는 성).

캐런은 대학에서 평균 학점 4.0을 받으면서 뭔가를 잘 해내면 어느 정도 성취감을 맛볼 수 있음을 알게 되었다. 성과를 통해 존중을 받고 사람들과 관계도 맺을 수 있었기에 성과 중심으로 진로를 계획했다. 캐런은 남의 말을 잘 들어 준다는 평판도 얻었다. 친구들은 그의 격려와 조언을 의지했다. 그것도 그의 영혼에 어느 정도 성취감을 안겨 주었다. 그렇게 해서 그는 적어도 두 가지 기술(잘못된 전략)에 의지하여 상당한 수준의 위안을 얻을 수 있었다.

이후 몇 년간 캐런은 유능함과 배려(관계 방식)로 많은 성공을 거두었다. 자신의 관계 방식이 사람들과의 관계에서 더 이상 고통을 겪지 않기 위해 만들어진 것(자기 보호)이라는 생각은 하지 못했고, 다른 사람들과 어울릴 때 보여주는 매력적인 모습에 악한 동기가 숨어 있다(행동의 죄)고는 상상조차 못했다.

30살 무렵 캐런은 거의 직업적 성공의 정점에 이르렀다. 수많은 친구들이 그의 도움과 격려에 의지했지만, 정작 본인은 전에 없이 공허했다.

서른을 맞이하는 일이 힘들었다. 샘과 친부와의 고통스러웠던 관계 때문에 결혼은 엄두가 나지 않았지만(손상된 여성성), 친밀한 관계에 대한 갈망은 여전했다. 그는 하나님이 자신을 도우신다는 것을 배운 사람이었다. 하나님은 여러 방식으로 그에게 복을 주셨다. 그러나 그의 영혼의 바닥없는 공허함을 채워 주시는 것 같지는 않았다.

음식은 숱한 외로운 밤에 일시적인 위안을 주었다. 사실 어린 시절에도 음식으로 위안을 얻었지만, 이제 캐런에게 야식은 저항할 수 없는 것이 되고 있었다. 야식은 제2의 저녁 식사가 되었고 감자칩 몇 봉지, 아이스크림 몇 통으로 이어졌다. 그러던 어느 날, 폭식 후에 자신이 혐오스러워진 그는 목구멍에 손가락을 집어넣어 음식을 모두 토했다. 그러자 몸이 훨씬 괜찮아졌을 뿐 아니라 마음도 아주 편안해졌다. 통제 불능의 행동에 따르는 결과를 통제할 수 있었기 때문이다. 그렇게 해서 마침내 그는 자기 삶의 뭔가를 통제할 수 있게 되었다.

그러나 캐런은 폭식과 구토를 이기지 못했다. 건강이 나빠지기 시작했고 몇몇 친구들이 그에게 일어난 일을 알아냈다. 캐런은 수치와 절망을 느꼈고 피해자가 된 것 같은 기분이 들었다. 강박이 그를 지배했다.

캐런의 치유와 변화는 서서히 이루어졌다. 그리고 그가 지난 31년 동안의 문제와 고통, 혼란, 실망, 채워지지 않은 갈망, 손상된 성, 잘못된 전략, 자기 보호를 철저하게 되돌아보자, 그 아래에 놓여 있는 것이 보이기 시작했다. 캐런은 억울함과 두려움에서 벗어났고, 사랑에 어긋난 그동안의 관계 방식과 삶을 대하는 기본 자세였던 요구적 태도가 죄임을 자각하기 시작했다. 그는 자신의 삶이 보다 편안해지고, 하나님이 보다 공평해지시고, 사람들이 보다 온전해져야 한다는 요구가 그동안 유능함과 힘이라는 방어벽 뒤에 자신을 가두었다는 것을 알게 되었다. 그 방어벽 때문에 그는 하나님과의 관계에서 마음껏 기쁨을 누릴 수 없었고 소중한 사람들에게 진정으로 자신을 내어 줄 수도 없었다.

캐런이 자기 죄의 뿌리를 발견하고 그것을 크게 슬퍼하면서 삶의 방향이 변화했다(회개). 그의 식습관이 균형 잡힌 상태로 서서히 회복되었을(의식적 삶의 방향의 변화) 뿐 아니라 친구들은 물론이고 가족들에게도 쌓았던 방어벽이 허물어지기 시작했다(관계 접근 방식의 변화). 지금도 그는 사람들의 반응에 자주 실망하지만, 그들을 진실하게 사랑하는 것이 삶에 꼭 필요하다는 확신을 갖고, 자신이 벽을 세우고 있음을 깨달을 때마다 바로 허물기 시작한다.

캐런의 가장 큰 변화는 주님과의 관계에서 나타났다. 그는 삶의 고통을 직시할수록 더 큰 아픔을 느꼈고, 그럴수록 하나님이 유일한 소망이심을 더욱 신뢰하게 되었다(존재 방향의 변화). 오늘날의 캐런은 열정과 활력이 가득한 여인이다. 여전히 의문이 있고 상처를 받고 실패하지만, 해가 갈수록 더 큰 믿음과 소망과 사랑을 얻는다. 캐런은 내면에서부터 변화하고 있다.